十三经概论（上）

蒋伯潜

中国学术名著丛书

吉林出版集团股份有限公司

目 录

自 序 / 1
绪 论 / 5

第一编 周易概论

第一章 周易解题（上）/ 35

第二章 周易解题（下）/ 45

第三章 释卦、爻 / 54

第四章 彖、象、文言 / 64

第五章 系 辞 / 74

第六章 周易之基本观念 / 89

第二编 尚书概论

第一章 尚书解题 / 99

第二章　书　序 / 111

第三章　记事之书一 / 120

第四章　记事之书二 / 132

第五章　记言之书一 / 139

第六章　记言之书二 / 151

第七章　记言之书三 / 162

第八章　记言之书四 / 175

第三编　毛诗概论

第一章　毛诗解题 / 185

第二章　诗之编制 / 196

第三章　诗之作法 / 206

第四章　诗之抒情 / 215

第五章　诗之美刺 / 226

第六章　诗之价值 / 243

第四编　周礼概论

第一章　周礼解题 / 253

第二章　天官冢宰 / 262

第三章　地官司徒 / 271

第四章　春官宗伯 / 280

第五章　夏官司马 / 287

第六章　秋官司寇 / 295

附录　补冬官之考工记 / 302

第五编　仪礼礼记概论附孝经尔雅

第一章　仪礼解题 / 309

第二章　礼记解题 / 319

第三章　孝经尔雅解题 / 331

第四章　仪礼述要 / 341

第五章　礼记述要（上）/ 353

第六章　礼记述要（下）/ 373

第七章　孝经尔雅述要 / 385

第六编　春秋经传概论

第一章　春秋经传解题（上）/ 399

第二章　春秋经传解题（下）/ 413

第三章　春秋之义 / 425

第四章　春秋之例 / 439

第五章　三传之释经 / 447

第六章　左传之文章 / 460

第七编　论语概论

第一章　论语解题（上）/ 477

第二章　论语解题（下）/ 488

第三章　论语论道德 / 497

第四章　论语论修养 / 506

第五章　论语论教学 / 517

第六章　论语论政治 / 528

第七章　论语记孔子 / 539

第八章　孔门弟子（上） / 553

第九章　孔门弟子（下） / 568

第八编　孟子概论

第一章　孟子解题 / 583

第二章　论　性 / 592

第三章　论　政 / 602

第四章　论修养与教学 / 612

第五章　论处世 / 621

第六章　论古与辟异 / 629

自 序

　　十三经者，我国古代之丛书也；《易》、《书》、《诗》、《礼》、《春秋》五经为其中坚，余则附庸而已。以传统的观念，定其等级，则五经为"经"；《左传》、《公羊传》、《穀梁传》为《春秋经》之"传"；《礼记》为"记"；《孝经》虽独以经为书名，亦"记"也；《论语》为孔子之言行录，亦"记"也；《孟子》本列诸子，而其体仿《论语》，则亦"记"尔；《尔雅》集录汉代经师之训诂，又其次矣。以经学的立场，别其今古，则《易》为《费氏易》，《诗》为《毛诗》，虽本经今古文无大异，要皆为古文；《礼》之《周礼》，《春秋》之《左传》，皆古文；《尚书》则为伪古文；《仪礼》与《春秋》、《公羊传》、《穀梁传》及《孝经》皆今文；《论语》则为张禹混合之本，而篇目与今文之《鲁论》同；《礼记》本集七十子后学下及秦汉儒者之论文而成，本身无所谓今古，而其中如《王制》，则今文说也；《尔雅》本身亦无所谓今古，而其训诂，则古文说也；《孟子》，子也，故独无今古之别。以现代的眼光，辨其性质，则《易》本卜筮之书，而寓哲理；《诗》本歌谣之集，纯为文学；《论语》、《孟子》记孔孟之懿行嘉言，与诸子论哲理之书相近；《春秋》为雏形粗具之编年史；《左传》详于记事，亦史也；《公羊》、《穀梁》详于义例之笺释，别为经解，而以大体言之，亦史也；《仪礼》记礼俗，《周礼》记官制，《尚书》记言者多，记事者少，皆史料；《礼记》半释《仪礼》各篇之义，半为通论，皆儒家言，《孝经》为后儒论孝之言，皆可隶之诸子之儒家；《周礼》，如余所揣度不谬，为战国才士之理想的官制，则亦可以成一家之言，而隶之诸子；《尔雅》直是杂录训诂，为字书辞典之滥觞。——故十三经之内容，实非常庞杂。虽然，于此可以见古代之文学焉，见古代所崇尚之卜筮焉，见儒家孔孟以下之哲理焉，见古代之史实焉，见古代之礼俗焉，见古人理想的或曾实行的官制焉，甚且见汉代经师之故训焉。吾人如欲了解古代之文化，终当于十三经中求之。

伯潜少承庭闱之训：始龀，先妣盛孺人即授以《孝经》；十龄左右，先君子授以《论》、《孟》、《诗》、《书》、《左传》，以至《仪礼》、《尔雅》；然诵读多而讲解少。读《尚书》，已苦其诘屈聱牙矣；《仪礼》、《尔雅》，尤苦其难于成诵，终未卒业；惟于《诗》，则喜其为韵语，易上口；于《孟子》、《左传》，则喜其能领会，有兴趣。年十三，从先师李问渠（永年）先生，受《周易》、《周礼》、《礼记》、《公羊》、《穀梁》。忆读《周易》，仅五日而毕全书，然仅强记一时，不能解，亦不能熟也；《周礼》，颇能解矣；《礼记》，则选读者多属通论，一知半解，颇亦喜之；《公羊》、《穀梁》，先师止为讲解，令与《左传》比勘，《春秋经》对照，兴味盎然，但亦未能成诵也。其印象最深者，则为复温《论语》时，先师于《朱注》之外，多所发挥，且令阅《洙泗考信录》；伯潜此时，诚有闻所未闻，见所未见之乐，其后之喜涉猎群经，皆李先生有以启之。嗣入杭州府学，有经学一科，先后受业于寿师梅溪（锡恭），钟师郁云（毓龙）。寿师自编《春秋讲义》，虽以《左传》为主，而参以《公》、《穀》，旁及《胡传》；钟师授《周礼》，以孙诒让《正义》为主，而时引秦汉以后之政制为论佐；讲习之余，自谓能得淹贯之益矣。卒业后，以家贫无力升学，执教于乡校，凡四年。先伯父耐貖者，曲园俞先生之弟子，素以经学名，著有《周官新诂》一稿，则受而读之。伯父家所藏多经解，乃就学海堂南菁书院所刻，择要令浏览，始得窥经学之门径焉。时先君子方致力于诸子，命录所为《诸子人物考》、《诸子著述考》、《诸子学说考》，于是见异思迁，觉群经不若诸子之可喜；嗣娶吾妻夏，之其家，谒伯岳灵峰先生伯定（震武），闻程朱之绪论，于是又见异思迁，觉经学不若理学之笃实；伯潜于经学，其卒不能专，不能深造而有得者，殆以此哉？比入故都，肄业北京高等师范，初仍醉心理学，自程朱而陆王，暑期假归，就正于灵峰先生，尝为所斥，窃憾理学门户之见太深，又不复作深究之想。及受文字学于先师钱玄同先生，以为不通声韵训诂，不足以治经，决先致力于此。又以钱师及马师幼渔之介，得谒太炎章先生于城南某寺，章先生与先伯父为同学，以世谊，得参末座，闻余论。彼于经学中，独崇古文一派；而马钱二师，虽尝受业于章先生，其论经学，颇右今文；疑不能决。闻当世今文大师为康有为，梁先生任公者，康先生之大弟子也；乃以胡适之先生之介往谒；后数年，又见康先生于西湖之丁家山。自闻章康梁三先生之言论，读其著述，乃知经学今古文之门户水火，亦不下于理学之程朱陆王。要之，伯潜之于学，忽经、忽子、忽汉、忽宋、忽今、忽古、忽程朱、忽陆王，殆欲无所不窥，而其结果则直是一无所见，一无所得，泛而不专，杂而不精，譬自门隙窥宫室之美，而终为门外汉也！今贫病残废，虱处瓯脱，苟活且难，遑云老学？

犹忆二十七年春，携眷避地上海。尝为粹芬阁主人沈君知方改订其《四书白话广解》，初约但为正谬润色，而下笔不能自休。沈君欲以此书纪念六十寿辰，会其病，急于付印，匆促杀青，未暇覆阅。排版甫竣，沈君即物故。其哲嗣以为伯潜所自著，遽印行之，且乞唐张诸先生为之序。于是伯潜直似郭象之注《庄子》，掠向秀之美而私诸己，读者不察，误会滋多。时伯潜方执教大夏大学，好学者常以经学请益，好事者妄以经学推许，夫岂始料所及乎？窃思在昔清季，承科举余风，中小学即有读经之科目，大学亦特设经科。民国肇建，废止读经，大为老师宿儒所不满。袁氏为政，竭力提倡读经。袁氏帝制未成而殂，读经之制，不久又废。学校当读经与否，双方争辩，甚嚣尘上，当时杂志有以讨论读经问题为专号者。平心论之，谓经为专制思想之渊薮，读经足以酿成帝制者，是惩羹而吹齑，因噎以废食也；谓学校教育科目繁多，吾国科学落后，尤当侧重，无暇遍读群经，则为时势所趋之事实。谓经为天经地义，天不变，道亦不变，故虽万世之后，亦必人人读经，固为盲从传统的尊经之说；谓经为古代文学哲理政俗所汇萃，固有文化之精华，不当完全屏弃，则又合于事理之谈也。故现行大学选修课程中，列有"群经概论"一科。既曰"概论"，限于时间，若举十三经一一讲读，非仅为势所不能，抑亦为理所不必。爰特不揣谫陋，编著《十三经概论》一书，就所谓十三经者，首录解题，次述内容，俾教者可省编纂之劳，学者可得诵习之资，有志深造者亦可先获一概念焉。至于纰缪偏陋之处，自知难免；但冀海内贤达赐以教正而已！

公元一九四四年春蒋伯潜识于新关故庐之喜无闻斋

绪 论

一、"经"与"十三经"

（一）目录特立经部

我国分别古代图书部居之目录学，始于西汉末刘歆之《七略》。歆承哀帝之命，继其父向，领校秘府之书，乃总群书而奏《七略》。《七略》者，《辑略》、《六艺略》、《诸子略》、《诗赋略》、《兵书略》、《数术略》、《方技略》也。初校书时，刘向校经传诸子诗赋，步兵校尉任宏校兵书，太史令尹咸校数术，侍医李柱国校方技，盖各就其专门学识，分任校勘，此与《七略》分类亦至有关。然经传、诸子、诗赋，皆向所校，而分为三类，则《七略》之分，以书籍之性质为标准可知已。《七略》已亡，犹可于《汉书·艺文志》中见其大概。班氏自云："今删其要，以备篇籍。"且于每类目录后，注明"出某书"、"入某书"，以明有所删，有所增。则《班志》以《刘略》为蓝本，又可知已。《七略》中之《辑略》，为其总论，已为《班志》所删。以下六略，即分古书为六类，而《六艺略》衰然居首,"六艺",即"六经"也。但《六艺略》于六经之外,旁及《论语》、《孝经》、小学诸书,六经传记各附其经;则《六艺略》之所著录,不仅六经本书,诸经传记亦在其列,又较然可知。嗣是以后,魏郑默之《中经》,晋荀勖因《中经》而另录之《新簿》,则分古书为甲、乙、丙、丁四部,甲部所录,其范围约等于《刘略》、《班志》之《六艺略》。宋王俭《七志》之《经典志》,梁阮孝绪《七录》之《经典录》,《隋书·经籍志》以至清《四库全书》之经类,莫不皆然。由此观之,自来目录,殆莫不为经传特立一部门,此固由于西汉以来,"尊经"已成为一般学者之传统的观念,要亦此类书籍自有其与诸子文艺不同的特征也。

(二)经之意义

然则此类书籍,特称曰"经",其义何居?是有二说:一以经为官书。一以经为圣人所作,为万世不易之常道。六经为周公旧典,犹后世御纂钦定之书,与私人著述不同,故为官书。《论语集解序》曰:"六经之策长二尺四寸;《孝经》谦,半之;《论语》八寸。"六经简策特大,犹今之特大版本,即以其为官书故。此一说也。《释名·释典艺》曰:"经,径也,常典也,如径路无所不通,可常用也。"《文心雕龙·宗经篇》曰:"经也者,恒久之至道,不刊之鸿教也。"《孝经序疏》引皇侃之言曰:"经者,常也,法也。"《玉海》卷四十一引郑玄《孝经注》曰:"经者,不易之称。"盖以为六经者,孔子所作,垂教万世;"天不变,道亦不变"(用董仲舒语)。孔子之道,万世不变,六经之教,亦万世不变。此又一说也。虽然,《国语·吴语》"挟经秉枹",则称兵书曰经矣;《内经》、《难经》,则称医书为经矣;《荀子》尝引《道经》,贾谊《新书》又云有《容经》;凡此,皆非官书,亦非周孔所作,万世不变之常道。按之上述二说,均不可通。近人章炳麟尝曰:"经者,编丝连缀之称，犹印度梵语之称'修多罗'也。"按古以竹简丝编成册，故称曰"经"。印度之"修多罗"，亦以丝编贝叶为书，义与此同，而译义则亦曰"经"。此说最为明通。据此，则所谓"经"者，本书籍之通称；后世尊经，乃特成一专门部类之名称也。

（三）六经与六艺

经本专指六经而言。六经者，《诗》、《书》、《礼》、《乐》、《易》、《春秋》也。《庄子·天运篇》引孔子对老聃之言曰："丘治《诗》、《书》、《礼》、《乐》、《易》、《春秋》六经以为文。"以此六书为六经，古籍中殆初见于此。《礼记·经解篇》以"温柔敦厚"为《诗》教，"疏通知远"为《书》教，"恭俭庄敬"为《礼》教，"广博易良"为《乐》教，"洁静精微"为《易》教，"属辞比事"为《春秋》教，虽未径称此六书为"经"，而以《经解》名篇，则亦以《诗》、《书》、《礼》、《乐》、《易》、《春秋》为六经矣。而《刘略》、《班志》谓之"六艺"者，则汉儒之言也。贾谊《新书·六术篇》曰："《诗》、《书》、《易》、《春秋》、《礼》、《乐》六者之术，谓之六艺。"按《周礼》地官司徒之属有保氏，其职曰："掌谏王恶而教国子以道，乃教之以'六艺'。一曰五礼，二曰六乐，三曰五射，四曰五驭，五曰六书，六曰九数。"此以礼、乐、射、御、书、数为"六艺"，与称六经为六艺者，截然为两事，亦学者所宜注意者也。

（四）六经之用

然则六经究何用乎？《庄子·天下篇》尝言之矣。曰："《诗》以道志，《书》以道事，《礼》以道行，《乐》以道和，《易》以道阴阳，《春秋》以道义。"《史记·滑稽列传》亦引孔子曰："六艺之于治，一也：《礼》以节人，《乐》以发和，《书》以道事，《诗》以达意，《易》以神化，《春秋》以道义。"与《庄子》所言，大致相同。《史记·太史公自序》又引申之曰："《易》，著天地阴阳五行，故长于变；《礼》，经纪人伦，故长于行；《书》，记先王之事，故长于政；《诗》，记山川溪谷禽兽草木牝牡雌雄，故长于风；《乐》，乐所以立，故长于和；《春秋》辨是非，故长于治人。是故《礼》以节人，《乐》以发和，《书》以道事，《诗》以达意，《易》以道化，《春秋》以道义。"按《诗》借物比兴，以达情感，以作风喻，故曰"道志"，曰"达意"，曰"长于风"。《书》所记者为唐、虞、夏、商、周五代君臣言论文告及其大事，故曰"道事"，曰"长于政"。《礼》之仪文，所以训导吾人之行为，举动仪态皆当以礼为节制，故曰"道行"，曰"节人"，曰"长于行"。《乐》则所以陶冶吾人之情感，使能和谐，故曰"道和"，曰"发和"，曰"长于和"。《易》之卦爻，皆以阴阳代表宇宙一切事物之变化，故曰"道阴阳"，曰"神化"，曰"长于变"。《春秋》寓褒贬，正名分，别是非，故曰"道义"，曰"长于治人"。此六经之用，见于古籍者也。《汉书·艺文志》曰："《乐》以和神，仁之表也；《诗》以正言，义之用也；《礼》以明体，明者著见，故无训也；《书》以广听，知之术也；《春秋》以断事，信之符也：五者，五常之道，而《易》为之原。"班氏强以六经配仁、义、礼、智、信五常，故仅明五经之用，而曰"《易》为之原"，不如《庄子》、《史记》所论多矣。

（五）六经缺乐

然《汉志》著录，《乐》独无经而仅有"记"，故六经实际上仅有五书。说者或曰《乐》本有经，遭秦始皇焚书之祸而亡；或曰《乐》本无经，非亡于秦火。但始皇焚书，何独严于与政治无直接关系之《乐》？且《易》以卜筮之书不焚，《诗》以讽诵不独在竹帛得全（均见《汉志》），即《书》、《礼》、《春秋》，亦于西汉初先后复出，何以《乐》独全亡其经，竟无残篇留于人世？则前说未可信也。《诗》本全部皆可合乐。《乐》与《诗》，本相附而行，《诗》为歌辞，乐则曲谱；度如今世之歌曲集附有五线曲谱者然。故《论语》记孔子之言曰："吾自卫反鲁，然后乐正雅颂各得其所。"是正《乐》即所以正《诗》也。故《史记·孔子世家》曰："三百五篇，孔子皆弦歌之，以求合《韶》、《武》、《雅》、《颂》之音。"而东汉末，曹操平荆州时所得东汉雅乐郎杜夔所能记忆者，《诗》三百篇中，尚有《驺虞》、《伐檀》、《鹿鸣》、《文王》四篇之乐谱。《诗》、《乐》相辅，此其明证。惟西汉经师所传者为五经之书本，所重者为文字之章句训诂，于此仅为曲谱，并无文字之《乐》，不复有专门的研究；而长于音乐之专家，如制氏之类，又仅能记其铿锵鼓舞，而不能言《诗》之义；盖经师与音乐专家各有所长，各有所短，如孔子之学术湛深，又于音乐有特殊的嗜好与研究者，已不复有其人。故所传者仅有论乐理之《乐记》耳。故后说所云，可谓"持之有故，言之成理"矣。《乐》既无经，则为经类中心之古籍，仅《诗》、《书》、《礼》、《易》、《春秋》五经而已。

（六）孔子与五经

此五经者，殆莫不与孔子有关。如《诗》，《史记》、《汉志》均有孔子从古诗中删定三百五篇之记载；此说纵未可信，而其正《乐》以正《诗》，孔子自述之，《论语》记录之，当为可信之事实（详见本书第三编《毛诗概论》）。如《书》，亦孔子自古代所传之《书》中，纂定二十八篇（详见第二编《尚书概论》）。如《礼》，西汉人所认为《礼经》者，即今本《仪礼》十七篇，此十七篇，为孔子所撰次以教人者（详见第五编《仪礼礼记概论》）。如《易》，本卜筮之书，自经孔子赞修，乃以天道论人事，成哲理修养之书（详见第一编《周易概论》）。如《春秋》，则固孔子之所作也;孔子作《春秋》,虽以鲁之《春秋》之史实为据,而其中有"微言大义"存焉(详见第六编《春秋经传概论》)。孔子自承为"述而不作,信而好古"之学者(见《论语·述而篇》);其于五经,似亦为整理古书之"述"的工作;但五经之材料虽古已有之,而经孔子加一番赞修笔削理董之手续后,殆莫不各赋以新含义与新生命,则与其谓为"述",无宁谓为"作"矣。孔子所谓"丘治《诗》、《书》、《礼》、《乐》、《易》、《春秋》六经以为文"者,即指此也。故孔子者,经学之开祖也。

(七)六经不专属于儒家

《汉志》著录诸子,分为十家,而又曰"其可观者九家而已",故又有"九流"之称。儒家者,十家之一家,九流之一流耳。儒家以孔子为不祧之祖。则六经不过儒家者流之宝典,似不足以函盖诸家。此说又不尽然。《庄子·天下篇》论"古之道术",以为古之所谓道术,无乎不在,且曰:"其明而在数度者,旧法世传之史,尚多有之;其在于《诗》、《书》、《礼》、《乐》者,邹鲁之士,搢绅先生,多能明之。"下即申论六经之用(引见上文)。及"天下大乱,贤圣不明,道德不一,天下多得一察焉以自好",于是"天下之人,各为其所欲焉以自为方",而"道术"乃裂为"方术"。其下即分别评论"墨翟、禽滑釐","宋研、尹文","彭蒙、田骈、慎到","关尹、老聃",及"庄周","惠施"诸子。按"邹鲁之士、搢绅先生",即指孔子。是以孔子与六经,为未分裂前之"道术",其余诸子为已分裂后之"方术"矣。《庄子》之书,道家之言也,非后世尊经尊孔者之言也;而其评骘之言如是,此何故哉?盖古者学在王官,故"宦学"乃得"事师","学古"必须"入官",无私人讲学之风也。古者竹简木牍,刀刻漆书,不特成书难,藏书亦难,故韩起为晋卿,聘鲁,然后得见《易象》与《鲁春秋》;季札为吴公子,聘鲁，然后得闻《诗》之风雅颂；孔子适周观书，亦必谋之守藏室史老聃。私人得见藏书，已属不易，况著述乎？私人讲学，私人著述，实以孔子为第一人（《老子》书，疑战国时人依托而作，汪中《述学》已有此说；今人冯友兰《中国哲学史》采之。以不在本书所论范围内，不复赘述）。故孔子不仅为儒家之始祖，实开十家九流之先河；而其六经，则古代道术之总汇，非儒家所得而私之也，自来目录学者，不列六经于诸子儒家，而特辟部门以著录之，盖以此耳。

（八）十三经之完成

彼时所谓"经"者，仅指《诗》、《书》、《礼》、《乐》、《易》、《春秋》六经。六经无《乐》，实际上仅有五经。但"经"之外，又有释经之"传"焉，如《春秋经》之传，著录于《汉志》者有《公羊传》、《穀梁传》、《左氏传》、《邹氏传》、《夹氏传》五种，今尚存前三种；又有附经之"记"焉，如《礼》有《礼记》，《乐》虽无经而有《乐记》。《论语》者，记孔子之言行者也，故亦附于经类；《孝经》者，孔子后学论孝道者也，依托孔子，故亦附于经类；《尔雅》者，缀辑汉代经师诂经之辞而成者也，故亦附于经类；此皆传记之属，《汉志》均入之《六艺略》中。而先秦时人记其理想的官制之《周官》，《汉志》亦附录《礼》类，刘歆又改称《周礼》，以其依托周公，故亦附于经也。于是《易》、《书》、《诗》之外，《礼》则《周礼》、《礼记》并《仪礼》而为三，《春秋经》则随三传而分为三，加以《论语》、《孝经》、《尔雅》，凡十有二矣。《孟子》，在《汉志》尚列诸子略儒家中。但赵岐《孟子题辞》谓西汉文帝时曾立博士，则其地位，在汉世已列于经子之间。五代时蜀主孟昶石刻十一经，去《孝经》、《尔雅》，而入《孟子》，此孟子入经部之始。及朱子取《礼记》中之《大学》、《中庸》与《论语》、《孟子》，定为四书，以为孔、曾、思、孟四子道统之传，于此可见。《孟子》在经类中之地位，于以确定，经部唯一大丛书"十三经"，亦至是始完成焉。此十三经，宋以前已各有注；其疏，则亦至南宋时始告完全。清高宗乾隆时，既刻十三经经文于石，立之太学，而阮元又合刻《十三经注疏》，且附以校勘记。此十三经完成之经过也。

二、经学略史

（一）孔门传道传经二派

《论语》记孔子之言曰："学而不思，则罔；思而不学，则殆。"（见《为政篇》）孔子所谓"学"，原不限于书本之诵习研究，而研习书本要当包于"学"之中。观彼此言，"学""思"平列，主兼顾而不偏废。学是向外的，思是向内的。《中庸》所谓"博学"、"审问"，即是"学"；所谓"慎思"、"明辨"，即是"思"。学问之求博审，思辨之求明慎，其目的总在乎"笃行"，此孔子之旨也。但其门下之大弟子，则有致力于"多学而识"者，如"博学"、"切问"之子夏；有致力于"一以贯之"者，如悟忠恕之道之曾子。子思、孟子，承曾子之传者也；宋儒所谓"道统"，即出于此。荀子，继子夏之学者也；汉儒所传之经，即由于此。是孔子之弟子门人，已分为"传道"、"传经"二派矣。西汉以后，迄于清末，儒家定于一尊，而学术思想，汉宋二派，门户对峙，纵或消长，不复有逾越二派之范围者矣。此二派之为学，虽有偏于向外或偏于向内，偏于学问或偏于思辨，偏于客观的书本之章句训诂或偏于主观的心性之体验存养之异，而其奉孔子为不祧之始祖，以经籍为研究之对象，则一。故顾炎武有经学即理学之说。然细按之，则终经学自经学，理学自理学，各有其主旨与精神，亦各有其短长，不能混而为一也。

（二）秦皇焚书

秦始皇既并六国，废封建而立郡县。始皇三十四年，置酒咸阳宫。仆射周青臣面谀始皇，博士淳于越独斥之，以为三代皆封建今遽改为郡县，事不师古而能久长者，非所闻也。始皇下其议。丞相李斯以为鄙儒"是古非今"，当禁绝之。禁之之法，莫如焚禁古书，绝其根株。于是"请史官非秦纪皆烧之；非博士官所职，天下敢有藏《诗》、《书》、百家语者，悉诣守尉杂烧之；偶语《诗》、《书》者弃市；以古非今者，族；令下三十日不烧，黥为城旦。所不去者，医药卜筮种树之书。若欲有学（《史记·始皇本纪》原文，"学"字下有"法令"二字。《集解》引徐广曰："一无'法令'二字。"《李斯传》亦无此二字），以吏为师。"始皇从其议，下焚禁《诗》、《书》之令。秦以前之古书，乃遭一极大之打击。推始皇李斯之旨，盖欲统制言论思想，以绝诸儒之是古非今，援引古书以反对当时政制之空前的改革；且冀复孔子以前学在王官之旧制，使学者"以吏为师"；故"以古非今"者罪至"族"，"令下三十日不烧"者，但"黥为城旦"；而"博士官所职"之书，未尝烧也。越四年而始皇即崩；五年而关东兵起，秦遂以亡；焚禁之令，亦行之不久也。我国易姓改代之际，秘府所藏，民间所存，辄毁于兵燹。隋牛弘《请开献书之路表》，述之颇详。秦亡之际，萧何随沛公入关，虽曾收丞相御史府中图籍；但何一刀笔吏耳，所收者地图户籍之类耳。项羽咸阳一炬，博士官所职者乃亦成灰烬。刘大櫆《焚书辨》亦尝慨乎言之。秦汉之际，经籍所遭之巨厄，凡此二次焉。

（三）两汉经学

1. 西汉传经之盛

刘邦以泗上亭长，马上得天下，不学无术，不暇亦不知措意于书籍文化之保存。惠帝四年，始下明令除挟书之禁，于是经籍先后复出。彼时老儒，以传经著者，如《诗》有申培、辕固、韩婴，《书》有伏胜，《礼》有高堂生，《易》有田何，《春秋》有胡母子都、董仲舒。而其所传之经，复以传之之人不同，而分为若干种。《诗》有《鲁诗》、《齐诗》、《韩诗》三家，《鲁诗》、《韩诗》，文帝时各立博士；《齐诗》，景帝时立博士。《书》有欧阳生、大夏侯胜、小夏侯建三家（俱自伏胜一系分出），《欧阳书》，武帝时立博士；大小夏侯，宣帝时增立。《礼经》博士，武帝时立；宣帝时分立大戴小戴二博士（大戴名德，小戴名圣，皆后苍弟子，后苍又高堂生三传弟子）。《易》有施雠、孟喜、梁丘贺三家（俱为田何数传弟子），武帝时但立《易》经博士，宣帝分立三家；而三家之外复有京房，为《易》学别传，立于元帝之世。《春秋公羊传》有严彭祖、颜安乐二家（俱为董胡后学大师眭孟弟子），武帝时，仅立《春秋公羊》博士，宣帝时分立二家。《穀梁传》别为瑕丘江公所传，宣帝时始立博士。所谓立博士学官者，言以此经为太学教授生徒之定本，特立一博士以教之，犹现代大学中特设此学程，特聘专家为教授耳。西汉时帝王之尊经，与经师传经之业之盛，即此可见。《史记·儒林传》明言自武帝即位，乡往儒学，及窦太后崩，武安侯田蚡为丞相。绌黄老刑名百家之言，延文学儒者数百人，而公孙弘以《春秋》，白衣为天子三公，封平津侯，于是天下学士，靡然向风。公孙弘者，辕固所讥为"曲学阿世"者也。而亦以经术夤缘，官至丞相，无怪热中利禄者，以为"经术苟明，取金紫如拾芥"，"遗子满籝金，不如教以一经"矣。俗所谓"书中自有千钟粟，书中自有黄金屋"者，西汉经生已具此种鄙陋之观念矣。此帝王以利禄为饵，提倡经学之当然的结果也。

2. 西汉经学特点

西汉经生又有所谓"通经致用"之说。如治《易》者有灾异一派，昌邑王贺在位时，能预知霍光之谋废立；而《洪范》五行可以察变，《禹贡》一篇可以治河，《诗》三百可以当谏书，《春秋》可以决狱。此种致用之法，与后世读《孝经》以退黄巾，读《大学》以退敌兵，自今日观之，殆同一迂诞耳。且所谓《易》之灾异，《书》之五行，《齐诗》之五际六情，《礼》之封禅群祀，《春秋公羊》大家董仲舒求雨闭诸阳，求晴闭诸阴之法术，殆莫不有方士的色彩，迷信的意味。盖自秦始皇汉武帝迷信方士神仙，加以提倡之后，起于战国时燕齐二国之方士，势力大盛，不特其迷信妄诞之说深入人心，而曲学阿世之经生亦复以求媚世主之故，采以缘饰经术，儒家已与方士混合为一矣，此二者，皆西汉经学之短也。西汉之世，纸未发明，竹简之外，惟有缣帛。《汉志》著录群书，或以篇计，或以卷计；以篇计者用简册，以卷计者用缣帛。简重帛贵，得书不易；彼时未有印刷，惟赖传钞，传钞至难，且易致误，故师生传授本经，至关重要，于是有所谓"师法"焉。但如《易》之传授，同出田何，而施、孟、梁丘，分为三家；《书》之传授同出伏胜，而欧阳、大小夏侯，分为三家；于是"师法"之外，复有所谓"家法"焉。此又西汉经学所可注意之事也。其时经师治经，多各专一经，甚且"或为雅，或为颂"，合数人以治一经。其于诸经，首在分章断句，离经辨志，故有所谓"章句"焉（如《汉志·六艺略》"《书》类"有《欧阳章句》三十一卷；《大小夏侯章句》各二十九卷）。即或加以训诂解说，有所谓"故训"、"解诂"、"说义"者（如《诗》类有《鲁故》二十五卷，《鲁说》二十八卷；《书》类有《欧阳说义》二篇）。要皆以申明经之大义为主，篇帙亦不甚多。其受业弟子，人数亦不甚多，且当时学官博士所传习之经本，皆以西汉时通行之隶书写成。盖老儒传经，书由钞写，义则口授，故家法虽殊，而经本则同以隶书写之。凡此诸端，虽迹近琐细，而西汉学风，可以概见矣。

3. 古文经之发现

西汉哀帝时，刘歆领校秘书，发现以古文写成之经本，不但文字或增或异，与博士本不同，且有篇章亦增多者（如《书》与《礼》），且有全经为博士所未尝见者（如《周官》、《左传》），此所谓"古文经"也。古文经之来历，或出于山岩屋壁，或得之民间，大率为诸王公卿所献（如《书》为鲁恭王所献，《左传》为张苍所献），而藏于中秘府者。既得此古文经，于是名博士官所传习之本曰"今文经"。信古文经者，以今文经为秦火之余，残阙不全；信今文经者，以古文经为刘歆所伪造，俱不可信：于是今文古文二派之分争以启。刘歆请立古文经《逸礼》、《毛诗》、《左传》于学官，为大常诸博士所反对，乃移书责让之。卒因此激起公愤，光禄大夫龚胜至以去就力争，大司空师丹亦奏歆改乱旧章，非毁先帝所立。歆惧，乃求出为河内太守。及王莽既篡，歆已为"国师"，封嘉信公矣，而故左将军公孙禄犹奏歆颠倒五经，毁灭师法，请诛之以谢天下。则当时学者对歆之深恶痛疾可知。此西汉末经学史上一大事也。

4. 东汉今古文分争与混合

东汉之初，今古文犹为对峙之局。光武帝时，尚书令韩歆，请立古文经《贾氏易》及《左传》博士。帝集公卿学士于云台，命韩歆及大中大夫许淑与博士范升辩论，至日中方罢，而陈元复上疏与范升抗辩。虽卒立《左传》博士，而博士李封卒后，《左传》又废。章帝时，又大会诸儒于白虎观，由古文家贾逵与今文家李育辩论，史称其"往返皆有条理"焉。此二次，为公开的辩论；此外私人间二派龃龉之事实，殆记不胜记。如今文家何休作《公羊墨守》、《左氏膏肓》、《穀梁废疾》，以张《公羊》，郑玄即作《发墨守》、《针膏肓》、《起废疾》以抗之。郑玄虽非专主古文者，而其左袒古文，于此可见。则起于西汉末之今古文之争，至东汉犹甚烈也。但学者已多倾向古文，帝王亦多右之。东汉著名经师，如贾逵、郑众、马融、许慎等，皆古文派之健将，今文派除何休外，几无名人。则虽谓今文经盛行于西汉，古文经盛行于东汉，亦无不可。郑玄固左袒古文经者，但其说经，则不拘家法，杂糅今古：如所作《毛诗笺》，以毛为主，是古文矣，而又兼采今文鲁齐韩三家之说；其注《三礼》，直欲融合古文之《周礼》与今文之《仪礼》，而调停其异。王肃专好攻许郑玄，而其混合今古文之说，则与郑同。故今文经与古文经，分于西汉之末，至东汉末而又混合焉。

5. 东汉经学特点

东汉经学与西汉异者，不仅此，据《后汉书·儒林传》所载，东汉经师多兼治数经，如郑玄者，几遍注群经；其弟子著籍者，辄以千计，多者万余；其说经之书，动辄十万百万言；此皆为西汉时所无之现象。盖其时纸已发明，书写较易；诸经大义，略已阐明，乃更就字句之训诂名物之考证，更求"甚解"（陶渊明自谓"读书不求甚解"。秦延君之注《尧典》，仅释篇名及首句"曰若稽古"四字已十余万言，此即所谓"甚解"也）；而经学家在此时，已成为有权威的学阀，故希望附光者，皆以得及门为荣，所谓万余人之及门弟子，初不必人人皆有志于治经，且不必人人冀得大师之面授也。但西汉时治文字学者，仅缀集各家训诂而成之《尔雅》，与教学僮识字之《凡将》、《训纂》，而东汉许慎之《说文解字》乃成我国文字学有权威有价值之名著，则东汉经生研究训诂文字之成绩，实远驾西汉而上之。故以烦琐恒订之流弊，概东汉一代之经学，而没其所长，殆亦失之。且东汉经师，如何休之治《公羊》，于大义微言，多所阐发，较之西汉《公羊》大师董仲舒，亦有以过之。故评两汉经学，概曰后不如前，亦非笃论。王肃以反对郑玄之故，不惜伪造《孔子家语》、《孔丛子》，以为其《圣证论》之根据，又伪造古文《尚书》孔安国《传》。肃在魏明帝时，已官至散骑常侍，则生于东汉末可知。东汉经学得此造作伪书之人以结其局，实为一大污点。但刘歆所提倡之古文经，除《易》、《诗》经文与今文本无大差异，《书》、《礼》、《论语》、《孝经》、较今文本所多篇章，如昙花一现，均已亡失外，今存者惟《左传》、《周礼》二书。说者谓《左传》乃歆抽取《国语》中之一部分以附《春秋》者，《周礼》乃歆所伪造以佐新莽者；而其所以造为《左传》，并谓诸经皆有古文本者，皆以证《周礼》之非伪而已（详见第四编《周礼概论》，第六编《春秋经传概论》）。则结西汉经学之局者亦有一伪乱古经之刘歆也。歆以西汉宗室，而佐新莽，尊为国师，其所提倡之古文经，亦至新室始立于学官；肃为魏之大臣，而晋武帝司马炎为其外孙，肃以内戚党司马，故其父朗之《易传》及肃所注各经西晋时均得立于学官。此二人殆遥遥相对者也。

（四）魏晋经学

魏晋之世之经学，有可注意者一事，即彼时老庄玄言复兴，其影响亦及于经学。最著者为王弼之《易注》。《易》学在西汉，有京房一派，专言灾异；在东汉，如虞翻注《易》，引用魏伯阳之《参同契》。孔子赞《易》变卜筮之书以言哲理，两汉易学乃俱有复反于迷信之倾向。所以者何？西汉经学，受方士与儒家混合之影响，已如上述。西汉末哀平之世，由预言发展而成之图谶出焉。秦时已有"三户亡秦"、"亡秦者胡"诸预言，陈涉之篝火狐鸣，刘邦之赤帝斩蛇，已为帝王瑞应之故事矣。光武中兴，亦有"刘秀作天子"之预言，《赤伏符》之瑞应。于是图谶乃大盛于东汉之初。于是六经之外，又有六纬。纬书者，以类似图谶之说附会经书者也。东汉以赤伏之符兴，以黄巾之贼亡，而其末年乃有与黄巾贼关系密切之张道陵所创之道士的五斗米教，变老庄之道家为道教焉。学术不能离社会而独立。

在此迷信气氛所弥漫之社会，学术界岂能独有干净土？郑玄注经，尚且援引纬书，何况其他？则《参同契》之类之渗入易学，殆无足怪。王弼注《易》，独排术数而谈哲理，此其所以独有千古欤！东汉经学，病在烦琐，已如上述，而魏晋人说经，独尚玄言，文辞隽永简约，一反东汉人之学风。王弼《易注》之外，如何晏等之《论语集解》，亦与东汉经师所注大异其趣。此魏晋经学之特色也。

东晋南渡以后，直至明末，为经学之衰落时代，经学之衰落，亦自有其因缘。因者，经学本身所发生之原因，即东汉末经学之流于烦琐，涉于迷信，不足以复系学者之信仰是。缘者，经学以外环境之刺激，即东晋以后文学突趋发展，北宋以后理学突然发生，学风已有转变是。自六朝以迄五代，为文学的黄金时代，骈文盛于六朝，至中唐而有化骈为散之古文，至晚唐而有骈文变本加厉之四六；近体诗发生于六朝，至唐而律诗、绝诗、古诗，皆发展而成为诗之全盛时代；长短句亦胚胎于六朝之民歌，至晚唐而成为新兴之文学，至五代，词几取诗而代之；六朝志怪之书，仅为故事式的笔记，至唐而传奇小说遂发达至于极点。此种趋势，宋以后犹未消释。古文与四六，诗与词，在两宋犹盛；而词之发展，更盛于晚唐五代，且由词衍变而为曲，元之北曲杂剧，明之南曲传奇，在文学史中各有其特殊的地位。至于小说，更由文言短篇之传奇体，发展而为白话长篇之章回体焉。文学既有此如火如荼之发展，则才智之士，厌弃烦琐之经学而群趋之，亦意中事耳。经学之研究，为书本的，客观的，烦琐的；学者固已渐厌之矣。自六朝以至于唐，佛教经论，移译渐多；而达摩既入中土，面壁十年，又创直指心性，不落言诠之禅宗；东晋之世，文人学士已多与方外往还者。至北宋之初，禅宗哲理遂与儒家道教之思想融合，而诞生所谓理学。其学为身心的，主观的，简要的，却与经学末流之弊相反。而周、程、张、朱、陆等大师相继迭起，又力足以张其军。至明之中世，复有王阳明等别倡新派的理学。于是宋明二代，乃以理学为学术之中心。则才智之士，不欲徒以诗文词曲见长者，群集于理学旗帜之下，亦固其所。此则经学衰落之缘也。

（五）六朝至五代之经学

虽然，此长期衰落的经学，亦自有其可述者，经学至南北朝，随政局之分裂而分裂；至隋唐，复随政局之统一而统一。南北对峙之经学，非东汉初世分争之今古二派，乃东汉末世混合今古之郑王二派，北宗郑而南宗王也。王学之盛于南，实随晋之王室渡江而南者。《北史·儒林传》评南北经学，有曰："南人简约，得其英华；北人繁芜，穷其枝叶。"实则南人文笔长于北人，又濡染于玄谈佛理，故其说经之文不似北人之悃愊无华耳。以所宗郑王二家较之，王固无以优于郑也。魏晋人多放诞之风，而礼学丧服之研究，特盛于南朝，雷次宗其最著者，此矛盾之现象也。一般论者，恒谓南北统一之后，政局则南入于北，经学则北入于南。此论亦未确。以起于南方之义疏论，固为唐世正义所本；然唐代孔颖达、贾公彦所疏之注，《诗》则郑笺，三《礼》则郑注，仅《周易》用王弼注，然亦非王肃所为；《尚书》用《伪孔传》，此出于王肃矣，而当时固以为出于孔安国也。汉魏人注经，唐宋人疏注。今存之《十三经注疏》，其注，则汉居七，晋居三，魏居一，唐人注者仅玄宗御注之《孝经》而已；其疏，则唐居九，宋居四。且唐宋人作疏，多受诏为之，如《五经正义》，且由多人纂疏而成，孔颖达仅以年劭望尊，总其成而尸其名耳，盖唐代官修之书，已由史及经也。官修之史，不及私人所作；官修之疏，亦不及私人所作，此又事势之必然者。明代之《五经大全》，则更为自郐以下者矣。要之，南北朝隋唐之经学，实承东汉烦琐之弊，而饾饤愈甚者也。

（六）宋代经学

宋之经学，则又另有其特色。宋之学风，一言以蔽之曰，由客观的趋向于主观的而已。由经学一变而为理学，固是易客观为主观；其经学实亦有倾向主观的趋势。唐人治《春秋》者，如啖助、赵匡一派已开兼综三《传》之风；至宋，乃有并弃三《传》而自为《春秋传》之胡安国；啖助等已疑《左传》，刘知幾已著《惑经》，至宋，乃有斥《春秋》为"断烂朝报"之王安石。朱子之《大学章句》，已分经分传，且为补《格致传》矣；其《孝经刊误》，已重分章节，删去经文矣；王柏之《书疑》、《诗疑》，乃并《诗》、《书》而疑之删之，朱子、吴棫之疑《尚书》伪古文，近则为明人梅鹭之先声，远则为清儒阎若璩等之嚆矢。至如郑樵、朱子之疑《诗序》，足以廓清说《诗》之蔽，尤足多焉。此皆宋代经学之迥异于前人者也。朱子为理学大师，而以读书穷理为格致要旨，故致力于注经，其学风大似两汉之经师。其《四书集注》，发挥义理，且胜汉儒；其《仪礼经传通解》，分析章节，引记解经，使韩愈以难读为苦之《仪礼》，涣然冰释。故其在宋代经学上之地位，实足与汉代经学之有郑玄，齐驱并驾。元明以后，科举定为功令，学者奉为圭臬，亦非幸致。虽然，宋儒对于古经，有怀疑的精神，固可钦者，而其径以己意割裂窜改，亦非学者应有之态度；其注解古经，有体会语气、阐发义蕴之长，但亦有以己之意见臆度古人、变更事实之短。又宋之理学，不但为儒、佛二学结合之产儿，且带有极浓厚之道教色彩。其开祖周濂溪之《太极图》，即传自道士陈抟者。邵雍之先天易数，亦出道教，故宋儒之《易》为道士之《易》。此亦其短处也。

（七）历代石经

此长时期中，尚有一事可注意者，即历代之刻石经是。石经之刻，始于王莽。西汉平帝末，莽命甄丰摹古文《易》、《书》、《诗》、《左传》于石。东汉灵帝时，诏诸儒正定《易》、《书》、《诗》、《仪礼》、《公羊》、《论语》六经（《儒林传》云五经，此从《蔡邕传》），刻石立太学门外，称为"熹平石经"。魏废帝芳时，邯郸淳以古文篆隶写经刻石，称为"正始石经"。唐文宗时又有"开成石经"。五代时，蜀主孟昶又有"蜀石经"，北宋初，太宗又翻刻之。南宋高宗御书石经，则立于临安（即今杭州）太学。清石经，则高宗乾隆时所刻，仁宗嘉庆时所磨改者也。石经之刻，本以经文传写多误，故以刻石者为定本，而雕版印刷之发明，实滥觞于此。《汉志·六艺略》所著录，《易》、《书》、《诗》、《礼》、《春秋》五经之外，已附《论语》、《孝经》、《尔雅》，而《春秋》类中又有《公羊》、《穀梁》、《左氏》三传，《礼》类中又有为今本《礼记》所采之《记》，王莽时改称《周礼》之《周官》；惟《孟子》犹列于诸子中耳。《蜀石经》所刻凡十一经，无《孝经》、《尔雅》而有《孟子》；《孟子》此时已正式列入经类矣，特至朱子定四书而《孟子》之地位更确定耳。且至南宋而《十三经注疏》始全；虽孙奭之《孟子疏》系伪托者，但伪托孙氏者，亦南宋人也。

（八）清代经学复兴

经学至清代而复兴。经学之所以复兴于清初，其因，为明末王学之反动；其缘，则满人以异族入主中国也。王学末流之弊二：一曰空疏，二曰诞妄。王学者，以禅宗为其精神者也。禅宗不立文字，故王学末流有"何必读书，然后为学"之观念；禅宗主顿悟，不重戒律，故王学末流有"满街皆是圣人"、"放下屠刀立地可以成佛"之观念。王阳明居政治要津，事功煊赫，蚁附之者已未必无藉此夤缘之人。至有明末叶，王学已成学阀，已成狂禅，已成依附末光者之集团。明末遗老目击此种浮夸之学风，又身受亡国之刺激，故深恶而痛绝之。顾炎武之排击王学，以为"经学即理学"，以"博学于文"、"行己有耻"为论学之主旨者，即由反对王学而欲返之于朱子。故清初之以理学名者，多独宗朱子，即承王学之传者，亦已带有朱学的色彩也。清廷猜忌最甚，故文字之狱迭兴，文史皆易贾祸，惟经学求生活于故纸堆中，与世无争，可以舒死。而清初大儒之喜言"通经致用"，如顾炎武者，实志在图复明室，与汉儒之言致用者异。诸儒之群趋于经学，盖亦政治环境迫之使然也。顾氏实事求是之精神，已奠清代经学之基础，故为清儒不祧之开祖。而阎若璩之辨伪古文《尚书》，开清儒怀疑之端，黄宗羲、胡渭之辨宋儒易图象数，亦有廓清之功。此清代经学之第一期，梁启超所谓复宋之古，对于王学而得解放者也。惠栋、戴震继起，经学之壁垒乃愈森严。惠栋为吴派领袖，其为学"尊闻好博"，以东汉许、郑为宗，经学之又称"汉学"，实由于此。然惠氏之述《周易》，视宋儒易学为不足论，而又笃信汉儒之易学；张惠言专门研究虞翻之《虞氏易》，实亦此派。故惠氏者，仅为汉代经学之"述者"而已。戴氏则为经学而治经学，不以己之意见自蔽，亦不盲从古人，惟搜求本证、旁证，作归纳的研究；近人谓清儒治经有科学的精神，合科学的方法者，即指此也。其《孟子字义疏证》一书，直欲冲破经学之范围，而建设其"唯情的哲学"，以代宋儒之"唯理的哲学"，即谥为"作者"，亦非阿好之言。戴派后学，如段玉裁、王念孙、王引之、孙诒让，以迄于章炳麟，于经学皆有良好之成绩，如十三经几皆有新疏，远超旧疏而上之，而经学附庸之文字学，亦能发挥光大。此清代经学之第二期，梁氏所谓复汉之古，对于宋学而得解放者也。与戴震同时之庄存与，已以治《公羊》著。其徒刘逢禄之《公羊释例》，远绍董、何，阐其绝学，于是西汉今文之学，乃得复兴。庄、刘皆常州人，故有"常州派"之称。其后魏源、廖平等继起，而康有为集其大成。此派治经，所重者为大义微言，而不屑屑于训诂名物之考据，与惠、戴大异其趣。康氏以孔子作六经为托古改制，以古文经为刘歆所伪造，斥之为"新学"，以别于汉学，对古经价值作新估定；前此经师，无其魄力。但其主观太强，故时有武断之弊。此清代经学之第三期，梁氏所谓复先秦之古，对于汉学而得解放者也。我国数千年来之文艺学术，似皆于清代作一总结束，故文学艺术史学等皆足以集前代之大成，经学其尤著者也。清代学者，于十三经殆莫不有超越前人之新疏。而其研究之范围，且由经衍及诸子；向视为经学附庸之文字学，亦蔚成可以独立之学问，不但形义方面，有其特殊之研究成绩，且旁通及于金石学、声韵学焉。而光绪末年在河南安阳殷墟所发现之龟甲，且为文字学根本改革之基础。此固非经学本身之问题，要亦与之有密切关系者。我国经学史有清代以殿其军，不可谓非光荣之事也。

总上所述，则我国经学以孔子为不祧之始祖。秦以后，两汉为经学全盛时期，六朝至明末为经学衰落时期，清代为经学复兴时期；而经类唯一之大丛书十三经，则完成于宋，而确定于清。此书为经学研究之总对象；我国固有文化之重要的部分寓焉。欲求了解我国古代文化，不得不先明了此伟大之丛书。但现代读十三经，只求明白其梗概，何者必须精读，何者但须略读，何者竟可不读，当视本书之性质与读者之需要而定，不必仍如科举时代之死读矣。否则徒耗精力时间于无用。所谓"非徒无益，而又害之"者也。本书之旨，即在使读者能明了十三经之内容与性质，即使不读本书，亦能挈领提纲，知其梗概，如进而阅读本书，更可收按图索骥之效；倘亦有志者之一助欤？

三、今古文经学述评

经有"今文"、"古文"之分，始于西汉末之刘歆；经今古文之混合，始于东汉末之郑玄；今文经学之复兴，始于清代中世以后之庄存与。此在上节已述及之。今文经者，西汉经师所传习之本，以汉隶钞写，立于学官者也；古文经者，西汉末刘歆所发现之本，以古代文字书写，得于山岩屋壁，遗于民间，藏于秘府者也。然而今古文之差别，不仅在其字体之不同，经文字句此多彼少，或脱字，或脱简；经文篇章此多彼少，如古文《尚书》较今文多十六篇，古文《礼》较今文多三十五篇，或经同传异，如《春秋》之传，《公羊》为今文，长于义例，为训诂之传，《左传》为古文，详于事实，为记载之传；或古文之经，竟为今文所无，如刘歆改称《周礼》之《周官》。不仅此也，如上节所述，六经独缺《乐经》之故，凡有二说：《乐》本无经，附于《诗》经者，今文说也；《乐》本有经，亡于秦火者，古文说也。"经"之名义，亦有二解：经本圣人所作，故为万世不变之常道，今文说也；经本周公旧典，故为官书，古文说也。今古文为经学史上一大问题，为研究经学者所当注意，而或主今文，或主古文，门户之争，势同水火。兹特先为评述，俾读者先得一明了之概念；至于十三经中，孰为今文本，孰为古文本，孰无所谓今古文之别，则当于本论中分别说明之。

（一）就事实批评今古文

一曰就今古文所由发生之事实衡之。刘歆提倡古文，排斥今文，以为今文经者，秦火之余，故斥太常博士为"抱残守缺"，则今古文经之发生，殆由于秦始皇之一炬。设令西汉以前，无始皇焚书之事，则五经本皆完具，刘歆即欲佐王莽之篡，又何从伪乱旧经耶？然按之《史记·始皇本纪》、《李斯列传》所载焚书之动机，乃在深恶博士淳于越等之"是古非今"，援引古制以反对废封建为郡县之划时代的改革。故"以古非今"者罪至"族"；"偶语《诗》、《书》"者次之，"弃市"；私藏《诗》、《书》百家语，"令下三十日不烧"

者，仅"黥为城旦"而已。即此，可知焚书之旨，不在尽焚民间之书，但使不敢援引《诗》、《书》百家语，"以古非今"耳。故又曰："若欲有学，以吏为师。"是非禁其"学"也，禁其"私学"，冀复孔子以前学在王官之旧，庶思想言论，便于统制而已。故历史，则秦纪不在焚烧之列；《诗》、《书》，则博士官所职不在焚烧之列焉。以政令焚禁民间书籍，往往不能完全如其预期之效果；如其所禁之书，本有相当的价值者，或反因被禁而更有人收藏；古今中外，殆莫不皆然。况焚书令下于始皇三十四年，始皇崩于三十八年，二世元年，山东之兵已起，去焚书仅五年耳。虽汉惠帝四年，始明令除挟书之禁；事实上，秦令已早不行于天下矣。项羽咸阳一炬，博士所职，秘府所藏，诚不免此浩劫；然如叔孙通、伏胜等皆故秦博士，至汉初犹存，岂无遗经为彼等保存者乎？咸阳之外，岂无遗经保存于民间者乎？且《易》以卜筮之书不焚，《诗》以讽诵不独在竹帛得全，何以《乐经》独致亡失？诸子百家语，同在焚禁之列，何以西汉后来均无古文本发现？古文经如《书》、《礼》、《论语》等较今文所多之篇，何以不久又皆亡失，仅如昙花一现，即归凋谢？故以情理按之，则诸经因秦火而残缺，殆非事实也。

（二）就主张批评今古文

二曰就今古文重要之主张衡之。今文家谓六经乃孔子所作以垂教万世者，故以程度之浅深为排列之次序。《诗》、《书》为文字的教育，故列最前；《礼》、《乐》为行为的训练，心情的陶冶，故次之；《易》谈哲理，《春秋》有微言大义，故列最后。《庄子》、《荀子》、《春秋繁露》、《史记》等皆是如此。古文经谓六经为周公旧典，固有史料，孔子述而不作，信而好古，但为旧史之保存者而已，故其排列六经，以时代之先后为次序。《易》之八卦，作于伏羲，故列于首；《尚书》有《尧典》，故次之；《诗》有《商颂》，故又次之；《礼》、《乐》为周公所制，故又次之；孔子据周公旧例，以修《春秋》，故列最后。《汉书·艺文志》、《儒林传》皆是如此。今文家又谓孔子之作六经，旨在"托古改制"，与老庄之托于黄帝，墨子之托于夏禹，许行之托于神农，同冀改革当时政治社会之制度以救世变；其所以托之古代者，诚如《淮南·修务》所云，"世俗之人，多贵古贱今，故为道者必托之于黄帝神农而后能入说"也。故如《尚书》所记尧舜禅让，未必即是实事，徒以托其"天下为公，选贤与能"之最高的政治理想而已（康有为《孔子改制考》即发挥此说者）。古文家则以为六经所记古代情形，皆系实事，孔子但加以整理，加以保存而已。孔子尝叹："吾犹及史之阙文也，……今无矣失！""述而不作，信而好古"之孔子，修史有阙文，亦必阙疑传疑，岂至"不知而作"？其传六经，亦以六经皆信史耳。由今观之：《尚书》，记言史也；《春秋》，记事史也；《周礼》载官制，《仪礼》记礼仪，《乐经》虽亡，当记乐制，此皆典章制度史也；《诗》则《玄鸟》、《生民》，咏商周之初世，《大雅》、《小雅》，见周政之兴衰，此荷马史诗之类也；《易》虽卜筮之书，而《系辞》中有古代发明史焉，六十四卦中有古代社会史焉（《系辞》"古者庖牺氏之王天下也……"一节，详记古代事物发明之史实。如屯卦曰"匪寇，婚媾"，此掳掠婚姻也；又如"见金夫，不有躬"，此买卖婚姻也）。故曰"六经皆史也"（六经皆史之说，明李贽《焚书》中已有之；清章学诚《文史通义》中亦有之；章炳麟申述更详）。故今文家独尊孔子，不但以孔子为教育家，且以孔子为哲学家、政治家，甚且视孔子如教主；古文家崇奉周公为先圣，孔子为先师，以孔子为史学家。如前说，则孔子为"作者"；如后说，则孔子仅一"述者"而已。据上所述，则今古文二派对于六经与孔子之印象不同，其主张亦因之而异。其于六经、孔子，所谓"仁者见仁，智者见智"，且各持之有故，言之成理，似无可轩轾于其间。但从今文说，则孔子与六经皆有生气；从古文说，则六经皆是死书，且如谓六经皆史，则其详实殆不能及后世最简陋之史书。从今文说，则孔子为一热心救世思想前进之学者；从古文说，则孔子乃一笃古守旧之老学究，而其在史学上之成绩，亦至可哂。孔子述五经，各赋以新生命，上节已曾言之。《乐》虽无经，孔子整理之成绩无从考见，然观《论语》所记闻《韶》三月，不知肉味，与太师挚言，深有得于乐理；《史记·孔子世家》所记，学琴师襄，专心致志；其正乐之功，不难推见。故孔子之于六经，似"述"而胜于"作"。六经之价值在此，孔子之伟大亦在此。则古文家之主张，似亦不及今文家也。

（三）就影响批评今古文

三曰就今古文说之影响于学术思想者言之。我国学术思想，直接受今古文经学之影响者，以下述三端为最明显。

1. 史学研究之影响

我国研究史学者，其基本观念，有相反之二派。一为"退化的历史观"。此派以为尧舜之世为我国历史上之黄金时代，其时君明臣良，郅治之隆，远非后世所能梦见，文化亦已极灿烂之致；此后，三代则帝降为王，春秋则王降为霸，战国则霸降为雄，秦以后，汉唐宋明清，虽各有短时期休明之治，终不能复三代以上之郅治。一为"进化的历史观"。此派恰与前派相反，以为先秦之世，诸子各以其学术鸣，为我国学术思想之全盛时代。前乎此。虽有尧舜三代之隆，而古史邈远未可尽信，文化发达未届完全；后乎此，统一完成，君权高张，学术思想受专制帝王之束缚，遂由停顿而渐致衰落。专制既革，复兴可期；发扬光大，责在今人，后来居上，不宜妄自菲薄。前者如老人之怀恋过去，恒予人以消极悲观的影响；后者如青年之希望将来，恒予人以积极进取之鼓励。经古文家认六经为信史；影响所及，乃产生此退化的历史观。经今文家认六经为孔子托古改制之作，所说尧舜三代之治，特孔子托往事以描写其所憧憬之改制后理想实现的乌托邦；影响所及，乃产生此进化的历史观。刘知幾《史通》有《疑古篇》，对于上古史事，已多怀疑之论。朱子、吴棫、梅鷟以后，继以阎若璩、丁晏诸学者，乃发现今存《尚书》为伪古文。怀疑古籍，此其先河；姚际恒作《古今伪书考》，乃举古书多种之可疑者而详考之。怀疑思想，古已有之。及康有为《新学伪经考》出，谓西汉末之古文，亦由刘歆伪造，且谓今文五经，亦孔子托古改制之作。于是五经非信史，古史举可疑矣。此今人顾颉刚等古史怀疑派之所由兴也。于是古史之研究，乃别开一新局面，而今文经学之影响，实有以促成之。此经学之影响及于史学之研究者也。

2. 子学研究之影响

西汉以后，儒学定为一尊，诸子之学渐以衰落；虽老庄玄言，魏晋曾呈复活，《墨子》辩经，鲁胜曾加注释，历代学者研究诸子学者终属寥寥。清儒治经之外，旁及诸子，如孙诒让之《墨子间诂》，郭庆藩之《庄子集释》，王先谦之《庄子集解》、《荀子集解》等，几同注疏群经；俞樾亦于《群经平议》之外，复作《诸子平议》；诸子学之研究，亦至清代中世之后而复兴。今文经学既盛，于是以为诸子皆托古改制，孔子亦托古改制；孔子之修六经，以述为作，开诸子之先声：此在康有为辈，原欲奉孔子为教主，而孔子之地位因此与诸子平立矣。平心论之，孔子特得私人著述风气之先声；诸子由"道术"裂为"方术"，其气象亦不如孔子之伟大。但孔子既为十家之先河，则孔子之经既有研读之必要，诸子之书亦各有研究之价值矣。近来研究诸子之风特盛，著述之富，几驾研究六经者而上之，其端实启于此。则今文经学及于古代学术研究之影响，亦不为小矣。

3. 文字学研究之影响

文字学由经学之附庸蔚成大国，不可谓非清代正统派学者之功。自顾炎武以下，至章炳麟、黄侃，文字之形、音、义，皆有特殊的研究之成绩；清儒之以文字学著者，皆非今文家也。然其研究文字形义之对象，几完全集中于《尔雅》与《说文》。《尔雅》，则有邵晋涵之《尔雅正义》、郝懿行之《尔雅义疏》，推而广之，则有王念孙之《广雅疏证》；《说文》，则段玉裁《说文解字注》外，著者尚有王筠之《说文句读》、《说文释例》，桂馥之《说文义证》，朱骏声之《说文通训定声》；旁及语词文句之文法的研究者，尚有王引之之《经传释词》，刘文淇之《助词辨略》，俞樾之《古书疑义举例》。然《尔雅》、《说文》二书，则清代研究文字者殆莫不奉为金科玉律焉，此二书固皆古文说也。故金文之研究，虽早起于宋代，至清而更甚，足为研究古代文字者之资；但以笃信古文说之故，于凡钟鼎文字之不合《说文》者，亦皆屏而不取。至德宗光绪时，发现于南阳之甲骨文字，可以是正《说文》之误者不少，而章炳麟诸人则直斥之为赝鼎，不值一顾；此无他，以其不合于《说文》而已。然由今文学之立场观之，则许慎《说文》之言，不尽可信。如谓古文变为籀文，籀文变为小篆，籀文笔画往往多于古文，不合文字由繁而简之原则；以隶书为施于徒隶之文字，亦为崇古文者轻蔑今文之谩言；而苍颉之造字，史籀之作大篆，程邈之作隶书，似乎古代各体文字皆由一人创造，颁行全国者，亦非事实；"六书"一名，除《周礼》外，不见他书；条理虽完善，特亦后人就古代文字归纳而得之大纲，决非古人造字时即有之者；凡此种种，不可谓非较进步之见解。盖自今文学复兴以后，《尔雅》、《说文》，已不复成为文字学之最高的权威，足以束缚研究者之思想，于是文字学之研究，一扩而及于钟鼎彝器之考古，再扩而及于甲骨文字之考古；范围扩大，研究自由，继长增高，遂得放一异彩。此亦今文学说之影响也。

要之，今文学所及于学术研究之影响，足以解放旧有之束缚，而使之辟一新境地，得一新生命焉。

故就焚书之事实言，就对于六经孔子之主张言，古文说不如今文说之可信；就及于学术研究之影响言，古文说不如今文说之良好。虽今文说亦有流弊，如援引纬书之诞妄，则涉迷信；臆度孔子之主张，则近武断，然舍其短而取其长，终觉瑕不掩瑜。治经者其亦知所择欤？

第一编　周易概论

第一章 周易解题（上）

一、易有三义

六经以《易》为首，古文家言也；十三经首列《周易》，盖取古文说。郑玄《易赞》及《易论》曰："《易》一名而含三义：易简，一也；变易，二也；不易，三也。"《易纬·乾凿度》曰："《易》一名而含三义：所谓易也，变易也，不易也。"又曰："易者，其德也。光明四通，简易立节，天以烂明，日月星辰布设张列，通精无门，藏精无门，不烦不扰，澹泊不失，此其易也。变易者，其气也。天地不变不能通气，五行迭终，四时更废，君臣取象，变节相移，能消者息，必专者败，此其变易也。不易者，其位也。天在上，地在下，君南面，臣北面，父坐子伏，此其不易也。"故孔颖达《周易正义》谓郑玄之说，出于《易纬》。按"易"之三义，《系辞》已言之，其曰："乾坤其《易》之缊邪？""乾坤其《易》之门邪？"又曰："乾以易知，坤以简能；易则易知，简则易从；易知则有亲，易从则有功，有亲则可久，有功则可大；可久则贤人之德，可大则贤人之业；易简而天下之理得矣。""夫乾，确然示人易矣；坤，隤然示人简矣。""夫乾，天下之至健也，德行恒易以知险；坤，天下之至顺也，德行恒简以知阻。"此皆易简之义也。其曰："在天成象，在地成形，变化见矣。是故刚柔相摩，八卦相荡，鼓之以雷霆，润之以风雨，日月运行，一寒一暑。""知变化之道者，其知易之所为乎？""非天下之至变孰能与于此？""是故阖户谓之坤，辟户谓之乾；一阖一辟谓之变。""《易》之为常也不可远，为道也屡迁，变动不居，周流六虚，上下无常，刚柔相易，不可为典要，唯变所适。"此皆变易之义也。其曰："天尊地卑，乾坤定矣；卑高以陈，贵贱位矣，动静有常，刚柔断矣。"又曰："易无思也，无位也，寂然不动，感而遂通。"此皆不易之义也。崔觐、刘贞简等并用此义，云："易者谓生生之德，有易简之义；不易者言天地定位不可相易；变易者谓生生之道，变而相续。"盖古人以为《易》道可以包举一切，尽天下之至赜至动，故有易简之义；而其中变化无穷，故又有变易之义；但其尊卑之位，阴阳刚柔之理，则董仲舒所谓"天不变道亦不变"者，故又有不易之义也。孔颖达又引周简子曰："易者，易（音亦）也，不易也，变易也。易者，易代之名，凡有无相代，彼此相易，皆是易义；不易者，常体之名，有常有体，无常无体，是不易之义；变易者，相变改之名，两有相变，此为变易。"此虽同言《易》含三义，而易代之易与易简之易，又不相同。二说相较，不如郑义为长。虞翻之《虞氏易》又有"日月为易"之说，此说出于魏伯阳之《参同契》。《说文》引秘书说曰："日月为易，象阴阳也。"以日月代表阴阳，似亦言之成理。但易字并非从日月二字会意，则其说为无据矣。

二、《周易》二解

《易》又称曰"《周易》"者,亦有二说。郑玄《易赞》及《易论》曰:"夏曰《连山》,殷曰《归藏》,周曰《周易》。"又释之曰:"《连山》者,象山之出云,连连不绝;《归藏》者,万物莫不归藏于其中;《周易》者,言易道周普,无所不备。"是"周"字为周普之义也。孔颖达曰:"案《世谱》等群书,神农一曰连山氏,亦曰列山氏,黄帝一曰归藏氏。既'连山'、'归藏'并是代号,则《周易》称周,亦取岐阳地名,《毛诗》云'周原膴膴'是也。又文王作《易》之时,正在羑里,周德未兴,犹是殷世也,故题周以别于殷。以此文王所演,故谓之《周易》。其犹《周书》、《周礼》题周以别余代。故《易纬》云'因代以题周'是也。"是"周"字为代名也。按《三易》见《周礼》:"太卜掌《三易》之法:一曰《连山》,二曰《归藏》,三曰《周易》。"杜子春曰:"《连山》,宓戏;《归藏》,黄帝。"杜郑及孔说《连山》、《归藏》之时代各不相同。桓谭《新论》曰:"《连山》八万言;《归藏》四千三百言。"伏羲、神农时未有文字,黄帝时书契初造,安得有此?即以属之夏殷岂有《夏易》文字反二十倍于殷之理?《新论》又谓"《连山》藏于兰台,《归藏》藏于太卜"。但《唐志》所载,李淳风所引之《连山》,《北史·刘炫传》已明言为炫伪造。《隋志》列《归藏》十三卷于《易》类,又曰:"《归藏》汉初已亡,晋《中经》有之,惟载卜筮,不似圣人之旨。"则亦疑为伪书矣。且《玉函山房佚书》所辑《归藏·坤开筮》有帝尧降二女为舜妃云云,节卦有殷王其国云云,可决其非羲、农、黄帝之书矣。若以连山、归藏为代号,又不应夏殷袭羲、农、黄帝之旧称也。郑玄以"易道周普"释《周易》，盖本《系辞》之"《易》之为书也，周流六虚"。孔氏以为无据，非也。即以周为代名，谓以别于殷代之《易》则可（殷人极重卜筮，今龟甲所刻卜辞犹可见，必有卜筮之书类似《易》者），必以《连山》、《归藏》为证，则大可不必矣。

三、周易作者

《易》以八卦为基础；八卦两两相重，为六十四卦。如乾☰、坤☷，为八卦中之二卦；此二卦重叠则"䷀"仍为乾，"䷁"仍为坤，"䷋"为否，"䷊"为泰，为六十四卦中之四卦，是曰"重卦"。六十四卦，每卦各有六爻。每卦有卦辞，每爻有爻辞。故欲知作《易》者为谁，当分别言之。其一作八卦者，其二重八卦为六十四卦者，其三作卦辞者，其四作爻辞者。

1. 作八卦者

《系辞》曰："古者庖牺氏之王天下也，仰则观象于天，俯则观法于地，观鸟兽之文与地之宜，近取诸身，远取诸物，于是始作八卦，以通神明之德，以类万物之情。"《礼纬·含文嘉》亦曰："伏羲德合上下，天应以鸟兽文章，地应以《河图·洛书》；伏羲则而象之，乃作八卦。"故孔安国、马融、王肃、姚信等并信此伏羲作八卦之传说。是作八卦者为伏羲也。

2. 重卦之人

重卦之人，则有四说：谓伏羲画八卦；因而重之者，王弼等也；谓神农重卦者，郑玄等也；谓夏禹重卦者，孙盛也；谓文王重卦者，司马迁也。孔颖达《周易正义》卷端，有《论重卦之人》一篇，主从王弼之说。其辞曰："其言夏禹及文王重卦者，案《系辞》，神农之时已有'盖取益与噬嗑'，以此论之，不攻自破。其言神农重卦，亦未为得。今以诸文验之。案《说卦》云：'昔者圣人之作《易》也，幽赞于神明而生蓍。'凡言作者，创造之谓也。神农以后，便是述修，不可谓之作也。则幽赞用蓍，谓伏羲矣。故《乾凿度》云：'垂皇策者羲。'《上系》论用蓍云：'四营而成《易》，十有八变而成卦。'既言圣人作《易》，十八变成卦，明用蓍在六爻之后，非三画之时。伏牺用蓍，即伏牺已重卦矣。《说卦》又云：'昔者圣人之作《易》也，将以顺性命之理；是以立天之道曰阴与阳，立地之道曰柔与刚，立人之道曰仁与义；兼三才而两之，故《易》六画而成卦。'既言圣人作《易》兼三才而两之，又非神农始重卦矣。又《上系》云：'《易》有圣人之道四焉；以言者尚其辞，以动者尚其变，以制器者尚其象，以卜筮者尚其占。'此之四事皆在六爻之后。何者？三画之时未有象辞，不得有尚其辞；因而重之，始有变动，三画不动，不得有尚其变；揲蓍布爻，方用之卜筮，蓍起六爻之后，三画不得有尚其占；自然以制器者尚其象，亦非三画之时。今伏羲结绳而为罔罟，则是制器，明伏羲已重卦矣。又《周礼》：'小史掌三皇五帝之书'，明三皇已有书也。《下系》云：'上古结绳而治，后世圣人易之以书契，盖取诸夬。'既象夬卦而造书契，伏羲有书契，则有夬卦矣。故孔安国《书序》云：'古者伏羲氏之王天下也，始画八卦，造书契，以代结绳之政。'又曰：'伏羲、神农、黄帝之书，谓之《三坟》。'是也。又八卦小成，爻象未备；重三成六，能事毕矣，若言重卦起自神农，其为功也，岂比系辞而已哉？何因《易纬》等数所历三圣，但云伏羲、文王、孔子，竟不及神农？明神农但有盖取诸益，不重卦矣。故今依王辅嗣，以伏羲既画八卦即自重为六十四卦，为得其实。"按《说卦》虽列《易传》中，先儒已多疑之（说详下），且孔氏所引，亦仅言圣人作《易》，未云伏羲；云作《易》，非谓画卦重卦。《乾凿度》为纬书，亦不可信，至于《周礼》，亦非周公之书（见第四编《周礼》解题章）。所谓三皇五帝之书，盖出依托。至孔安国《尚书序》之伪，更不待言（见第三编《尚书》解题章）。书契之作，相传出于仓颉，而仓颉者或云古帝王，或云黄帝时史官。伏羲画卦，非造书契；虽可谓为文字之滥觞，决不得即谓为文字。文字未备，安得有书？《上系》所云"《易》有圣人之道四"云云，此亦就成书之《易》而言，不得属之伏羲也。孔氏之说，其最似有理之根据，在《系辞》"盖取诸某卦"云云。《系辞下》曰："古者包牺氏之王天下也，……作结绳而为网罟，以佃以渔，盖取诸离。包牺氏没，神农氏作。斫木为耜，揉木为耒，耒耨之利以教天下，盖取诸益；日中为市，致天下之民，聚天下之货交易而退，各得其所，盖取诸噬嗑。神农氏没，黄帝、尧、舜氏作。……黄帝、尧、舜垂衣裳而天下治，盖取诸乾坤；刳木为舟，剡木为楫，舟楫之利，以济不通，以利天下，盖取诸涣，服牛乘马，引重致远，以利天下，盖取诸随；重门击柝，以待暴客，盖取诸豫；断木为杵，掘地为臼，臼杵之利，万民以济，盖取诸小过；弦木为弧，剡木为矢，弧矢之利，以威天下，盖取诸睽；上古穴居而野处，后世圣人易之以宫室，上栋下宇，以待风雨，盖取诸大壮；古之葬者，厚衣之以薪，葬之中野，不封不树，丧期无数，后世圣人易之以棺椁，盖取诸大过；上古结绳而治，后世圣人易之以书契，百官以治，万民以察，盖取诸夬。"所举十三卦，皆六十四卦中之卦名；如非伏牺重卦，则伏牺、神农安得取象于离、益、噬嗑乎？《朱子语类》曰："十三卦所谓'盖取诸离'，'盖取诸益'者，言结绳而为网罟，有离之象，非观离而后始有此也。"又曰："不是先有见乎离而后为网罟，先有见乎益而后为耒耜。圣人亦只是见鱼鳖之属，欲有以取之，遂做一个物事去拦截他；欲得耕种，见地上硬，遂做一个物事去剔起他；却合于离之象，合于益之象。"沈寓山《寓简》亦曰:"《大传》言盖取益,取诸睽,……凡一十三卦。盖圣人谓耒耜得益,弧矢得睽耳,非谓先有卦名,乃作某器也。"陈澧《东塾读书记》亦曰:"案《系辞》所言取诸者,与《考工记》轮人'取诸圜也','取诸易直也','取诸急也',文义正同。轮人意取诸圜,非因见圜物而取之也;意取易直与急,非因见易直与急之物而取之也。"然则《系辞》所云,不过追述古代发明某事某物,有合于某卦之象,非谓先重八卦为六十四卦,始从诸卦取象以发明事物。以情理推度,必如此解,方合事实。岂得执此以证重卦之人为伏羲乎?更进一层言之,我国历史邈远,上古帝王,未必俱有其人,所谓伏羲、神农等,皆为时代之拟人化;如以伏羲代表由渔猎进至畜牧之时代,以神农代表发明耕农之时代,以仓颉、沮涌代表创书契以佐记诵之时代,皆是也。伏羲画卦之传说,亦但谓彼时有所谓八卦而已。若谓必有伏羲其人,先画八卦,后重为六十四,则凿矣。文王重卦,《史记》盖两见。《周本纪》曰:"西伯盖即位五十年,其囚羑里,盖益《易》之八卦为六十四卦。"《日者传》曰:"自伏羲作八卦,周文王演三百八十四爻而天下治。"不仅《史记》有此记载也。扬雄《法言·问神篇》亦曰:"《易》始八卦,而文王六十四,其益可知也。"又《问明篇》曰:"文王渊懿也;重《易》六爻,不亦渊乎?"《汉书·艺文志》亦曰:"至于殷周之际,纣在上位,逆天暴物。文王以诸侯顺命而行道,天人之占可得而效,于是重《易》六爻,作上下篇。"王充《论衡·对作篇》亦曰:"《易》言伏羲作八卦,前是未有八卦,伏羲造之,故曰作也;文王图八卦,自演为六十四,故曰演。"又《正说篇》曰:"伏羲得八卦,非作之;文王得成六十四,非演也。"是两汉学者并谓文王重卦也。不仅两汉学者有是说也。《系辞下》曰:"《易》之兴也,其于中古乎?作《易》者其有忧患乎?"又曰:"《易》之兴也,其当殷之末世，周之盛德邪？当文王与纣之时邪？"正与司马迁所云"文王拘而演《周易》"（见《报任安书》。《自序》曰："昔西伯拘羑里，演《周易》。"亦同）相合。故重卦之人，当从司马迁说，定为文王。罗泌《路史余论》乃据《伪古文尚书》，以为"满招损，谦受益"益、稷已言之，证重卦不自文王，误矣。

3. 卦辞、爻辞作者

至于卦辞、爻辞作者，亦有异说。一说谓卦辞、爻辞并是文王作。盖《系辞》谓《易》兴于中古，作《易》者其有忧患，《易》之兴其当殷之末世，周之盛德，当文王与纣之事，而司马迁所谓拘而演《易》者，不仅重八卦为六十四，且作卦辞、爻辞也。郑玄等皆主此说。一说谓卦辞文王作，爻辞周公作。因爻辞中多文王后事，如升卦六四爻辞曰："王用享于岐山。"武王克殷之后，始追称文王为王，若文王作爻辞，不应云王用享于岐山。明夷卦六五爻辞曰："箕子之明夷。"（夷，伤也。）武王观兵之后，箕子始被囚奴，文王不应豫言。既济卦九五爻辞曰："东邻杀牛，不如西邻之禴祭。"说者皆谓西邻谓文王，东邻谓纣。文王时纣为天子，岂容抗至尊而自谓西邻，且言受福胜纣？验此诸文，知爻辞不出于文王。《左传》昭公二年，载晋韩起适鲁，观书鲁太史，见《易象》与《鲁春秋》，曰："吾乃知周公之德。"正以爻辞为周公作故。周公被流言之谤，亦得云忧患也。所以只言"《易》历三圣"，不及周公者，父统子业故耳。《左传正义》曰："故先代大儒郑众、贾逵或以为卦下之《象》文王所作，爻下之《象》周公所作。"马融等皆主此说。《周易正义》卷端《论卦辞爻辞谁作》一文，亦主从后说。一说谓卦辞、爻辞并是孔子所作。此说见于皮锡瑞之《经学通论》。皮氏谓六经皆孔子所作，文王但重八卦为六十四卦，非必别有卦辞；文王重卦既在制文字之后，必有文字，文字即是辞，故《系辞》有"其辞曰"云云，不必作卦辞而后为辞也。若卦辞、爻辞果出文王、周公，当如后世御纂钦定之书，颁之学官，以教士子矣；何以《礼记·王制》乐正崇四术，立四教，仅云教以《诗》、《书》、《礼》、《乐》，而不及《易》乎？至于《左传》多引筮辞，事在孔子以前者，盖左氏生孔子后，取《易》义以成文，或为后人增益耳。王应麟谓"八世之后莫之与京"（齐懿氏卜妻陈敬仲筮辞，见《左传》庄公二十二年），为田氏篡齐后之言；"公侯之子孙，必复其始"（晋封毕万于魏之筮辞，见闵公元年），为三卿分晋后之言。姚鼐亦谓毕万筮仕于晋一条，乃吴起增窜以媚魏者。诸如此类，不一而足。按如皮氏所说，若径谓文王但重卦，不作卦辞，则虽有六十四卦，亦不足以供卜筮之用。皮氏亦知无以自圆其说，故又谓必有文字，文字即辞，但不必为卦辞。皮氏何以知其非卦辞耶？《易》本卜筮之书，故不以教士子。后世钦定之书，岂尽以教士子耶？左氏浮夸，所载卜筮预言，其应如响，诚为事后追饰之言。但亦不得以此为卦辞、爻辞皆出孔子之证。窃意殷人信鬼重卜，《尚书·盘庚篇》以迁都不用卜，人民咨怨，故曰"非敢违卜用"；《洪范篇》箕子为武王陈大法，九畴之七曰"稽疑"，详言卜筮；清末发现于河南安阳殷都故墟之甲骨，所刻皆贞卜文字。凡此，皆足证文王时殷人已有占卜之书。文王被拘羑里，寂寞无聊乃重八卦为六十四卦，并作卦辞、爻辞，殆就殷代所用卜筮之法之辞而改作者。至孔颖达所举爻辞，亦非文王后事。如云"王用享于岐山"，惠栋《周易述》即据《尚书·禹贡》"冀州，既载壶口，治梁及岐"之文，以为岐山乃冀州之名山，而所谓"王"者，实指夏王。按爻辞用于卜筮，当以空灵普泛为主，若实指何人，反多拘墟。文王作爻辞用岐山者，犹孔孟言山多称泰山也。西邻、东邻亦是泛指。"箕子明夷"，疑若专指一人矣。但赵宾已以"箕子"为"荄兹"之通借矣。惠栋亦谓当作"其子"，见《周易述》。周公遭流言，虽亦在忧患中，而《系辞》明言"当殷之末世"，"当文王与纣之事"，又将何以解之？至韩起之言，亦但赞鲁文物之美而已。故卦辞、爻辞，当亦出于文王。

《周易》文字，除六十四卦之卦辞、爻辞外，尚有《彖》、《象》、《系辞》（各分上下篇）、《文言》、《序卦》、《说卦》、《杂卦》，凡十篇，谓之"十翼"。十翼者，《易》之"传"；卦辞、爻辞者，《易》之"经"也。故《史记》引《系辞》语，称《易大传》。据上所述，重卦之人为文王，作卦辞、爻辞者亦文王，则文王时，《易》之"经"已具矣。但尚只为卜筮之书耳。

第二章　周易解题（下）

一、十翼作者

卦辞、爻辞为文王作，则十翼又何人作耶？《史记·孔子世家》曰："孔子晚而喜《易》，序《彖》、《系》、《象》、《说卦》、《文言》。读《易》，韦编三绝，曰：'假我数年，若是，我于《易》，则彬彬矣。'"按所引孔子语，亦见《论语·述而篇》，而与此稍异。其言曰："加我数年，五十以学《易》，可以无大过矣。"说者或以"五十"为"卒"字之误；或以《论语》所记为五十以前之言，《史记》所载乃晚年学《易》后语；要之，孔子于《易》必曾下过切实工夫也。《汉书·艺文志》曰："孔氏为之《彖》、《象》、《系辞》、《文言》、《序卦》之属十篇，故曰，易道深矣，人更三圣，世历三古。"三圣者，伏羲、文王、孔子；三古者，上古、中古、近古也，故《易纬·乾凿度》曰："仲尼五十究《易》，作十翼。"《周易正义》卷首《论十翼》，亦谓十翼孔子所作，先儒更无异论；并列举十翼云，《上彖》一，《下彖》二，

《上彖》三，《下彖》四，《上系》五，《下系》六，《文言》七，《说卦》八，《序卦》九，《杂卦》十；郑学之徒，并同此说。但欧阳修《易童子问》已疑《系辞》、《文言》非孔子所作，并谓"十翼之说，不知起于何人，自秦汉以来，大儒君子不论。"郑樵《六经奥论》亦谓"今之《系辞》，乃孔门七十二弟子传《易》于夫子之言。"按《系辞》、《文言》中俱有"子曰"字，明为弟子所记述。《论衡·正说篇》曰："至孝宣皇帝之时，河内女子发老屋，得逸《易》、《礼》、《尚书》各一篇，奏之。皇帝下示博士，然后《易》、《礼》、《尚书》各益一篇。"《易》所益者，即《说卦》也。《隋书·经籍志》曰："秦焚书，《周易》独以卜筮得存。惟失《说卦》三篇，后河内女子得之。"所谓三篇者，盖兼《序卦》、《杂卦》言之。《易》既以卜筮之书不焚，何致独失此三篇乎？故程炯《古易考》独缺《序卦》、《杂卦》，以为非圣人之言；李邦直、朱新仲、傅选卿、朱彝尊等皆疑《序卦》；戴震亦谓《说卦》、《序卦》、《杂卦》三篇与《尚书·泰誓》俱后出，不类孔子之言；皮锡瑞亦疑《说卦》乃焦京之徒所为。故所谓"十翼"，除《系辞》、《文言》为孔子弟子所记，《说卦》、《杂卦》、《序卦》晚出不足信外，孔子所作，实仅《彖》、《象》二者而已。《史记》谓孔子"序《彖》、《系》、《象》、《说卦》、《文言》"者，疑谓孔子撰次《彖辞》，并系以《象辞》，《彖》、《象》即所以解说六十四卦之辞也。皮锡瑞旨在尊孔子为作者之圣，故并以卦辞、爻辞属之孔子，曰："孔子既作卦辞，又作《彖》以解之；既作爻辞，又作《象》以解之；乾、坤为《易》之门户，又特作《文言》以解之。"并以扬雄《太玄》之"首"、"赞"比卦辞、爻辞，"测"、"文"比《彖辞》、《象辞》。不悟文王既重卦，如无卦辞、爻辞，将何以用之卜筮？卜筮且不能用，但重八卦为六十四，尚复有何意义耶？盖

《易》自文王作卦辞、爻辞后，已成卜筮之书，然亦仅为卜筮之用而已。孔子作《彖》、《象》以益之，于是卜筮之《易》，始一变而为论哲理、切人事之书。故迹虽似"述"，实则"作"也，"去礼祥神怪而务人事"（用先师钱玄同先生语），孔子赞《易》之功，正在于此；初不必如皮氏之以卦辞、爻辞尽属孔子，方见其为伟大也。故十翼中《彖》、《象》四篇当定为孔子作，《系辞》二篇及《文言》当定为孔子弟子所记，至《说卦》、《序卦》、《杂卦》三篇则由后人依托附益。《彖》、《象》今本《周易》散入各卦中，《文言》分隶《乾》、《坤》二卦，其余四种另附于后。卦辞、爻辞合此十翼，乃成今之《周易》焉。

二、今本为古文《费氏易》

经学盛于西汉，至西汉末而有今古文之分，绪论中已言之。《周易》虽亦有今古文，而其本经无大差异。《史记·秦始皇本纪》载李斯焚书议曰："所不去者，医药卜筮种树之书。"故《汉书·艺文志》曰："及秦燔书，而《易》为卜筮之事，传者不绝。"刘歆《移让太常博士书》亦谓汉初，天下惟有《易》卜，未有他书。《易》既以卜筮故，遭秦火而全，故今古文经本无大差异也。《汉志》又曰："汉兴，田何传之，讫于宣、元，有施、孟、梁丘、京氏，列于学官；而民间有费、高二家之说。刘向以'中古文《易》经'校施、孟、梁丘经，或脱去'无咎'、'悔'、'亡'；惟费氏经与古文同。"按田何，字子庄，齐人；汉兴，高祖徙六国豪族于关中，何亦以齐田氏徙杜陵，号杜田生；孔门商瞿传《易》，至田何凡六传；见《史记》、《汉书》之《儒林传》。是《易》自孔子以至田何，传授不绝也。田何传之丁宽，丁宽传之田王孙，田王孙传之施雠、孟喜、梁丘贺。京房者，受《易》于焦延寿。延寿自云尝从孟喜问《易》。此四家皆传今文《易》，而焦京喜言灾异，故京氏《易》为易学之别传。《汉志》著录曰："《易》，经十二篇（或疑'十'字衍；因《汉志》所录周、服、杨、蔡、韩、王各氏之《易传》亦皆二篇也）。施、孟、梁丘三家。"又曰："《章句》，施、孟、梁丘氏各二篇。"其"《孟氏京房》十一篇，《灾异孟氏京房》六十六篇"，则京氏说《易》之书也。四家之《易》皆亡。仅存焦氏《易林》十六卷，为延寿所撰。此书以每一卦演为六十四卦，各系四言韵语之繇词，盖汉人之《易》，流为术数者也。费直，字长翁，东莱人；高相，沛人；其治《易》，皆无章句。二氏之《易》，皆未立于学官。见《汉书·儒林传》。此即《汉志》所云传于民间之费、高二氏《易》也。"中古文"为中秘所藏之古本文。费氏经与古文同，则亦古文《易》矣。今存十三经中者，即《费氏易》也。但今古文《易》之异，仅为脱去"无咎"、"悔"、"亡"等字，则其无大差别可知矣。

三、卦、爻、彖、象，《易》之经传

《易经》分上下二卷，上卷三十卦，下卷三十四卦，每卦各有卦辞。如乾卦曰："乾，元亨利贞。"六十四卦，本各取八卦之二，相重而成，故各有六爻，每爻各有爻辞。如乾卦曰："初九，潜龙勿用；九二，见龙在田，利见大人；九三，君子终日乾乾，夕惕，若厉，无咎；九四，或跃在渊，无咎；九五，飞龙在天，利见大人；上九，亢龙有悔，用九，见群龙无首，吉。"《彖》，亦称《彖传》，所以释卦辞。如乾卦曰："大哉乾元，万物资始，乃统天；云行雨施，品物流形，大明终始，六位时成，时乘六龙以御天；乾道变化，各正性命，保合太和，乃利贞，首出庶物，万国咸宁。"《象》，亦称《象传》。其释全卦之象者，谓之"大象"。如乾卦曰："天行健，君子以自强不息。"其释各爻爻辞者，谓之"小象"。如乾卦曰："潜龙勿用，阳在下也；见龙在田，德施普也；终日乾乾，反复道也；或跃在渊，进无咎也；飞龙在天，大人造也；亢龙有悔，盈不可久也；用九，天德不可为首也。"古数十翼，曰《彖》上下，《象》上下，可见《彖》、《象》本各为二篇；后乃散隶六十四卦。《文言》专释《乾》、《坤》二卦之义，盖以《乾》、《坤》为"《易》之缊"，"《易》之门"，故释之特详。旧亦别为一篇，后乃分隶《乾》、《坤》二卦。顾炎武据《三国志·魏志·高贵乡公纪》所载《易》博士淳于俊答高贵乡公语，谓连合经传，本于郑玄。姚配中又谓"经传之合，始自费直"。朱子记嵩山晁氏《卦爻象象说》，谓古经始乱于费氏而大乱于王弼。以上三说虽不同，而汉时之《易》，经传本分，则尚可推想而知。

四、《周易》注本

《易》本卜筮之书，为鬼神术数之学，自孔子赞修之后，乃一变而言哲理，前章已述及之。施、孟、梁丘三家之《易》虽均已亡失；而《汉书·儒林传》惟言孟喜得《易》家《候阴阳灾变书》，诈言师田王孙将死时独传之，同门梁丘贺谓无此事云云；《艺文志》著录《易》类之书，亦有《灾异孟氏京房》六十六篇；则三家除孟氏以言灾异见长，其别传为焦、京一流外，施及梁丘二氏，盖长于言哲理矣。虞翻注《易》，自谓五世传《孟氏易》，今其注尚有见于唐李鼎祚《周易集解》中者。清张惠言颇能加以发挥。此《周易》之古注也。郑玄亦注《周易》已亡；王应麟尝辑之；惠栋加以补正，丁杰复为刊误。但孟喜"卦气"之说，郑玄"爻辰"之说，终是汉《易》阴阳灾异之流，但为易学之别传而已。十三经承唐之《五经正义》，用王弼注，孔颖达疏。王弼注《易》，后儒多讥其空疏，并采老子之义。但能独崇哲理，一扫术数，且即以《彖》、《象》、《系辞》、《文言》等篇解经，正合于《汉书·儒林传》所载费直说《易》之家法，其用《老子》解《易》，亦是魏晋间《老》《庄》与《易》并为"三玄"之习尚。虞翻不尝引魏伯阳之《参同契》乎？以视弼之采用《老子》，不更等而下之乎？故程子尝曰："学《易》须先看王弼《易注》。"王应麟亦曰："辅嗣之注，学者不可忽也。"故《困学纪闻》中录之至二十三条之多。可见不仅孔颖达《正义》以为"独冠古今"矣。《隋书·经籍志》有晋顾夸等《周易难王辅嗣义》一卷，《册府元龟》亦载顾悦之《难王弼易义》四十余条。按悦之即顾夸之字。今其书虽已亡，足征晋人已有以弼注为非者矣。又王弼注复卦"七日来复"，尝引郑玄说。则郑注有藉以仅存者。宋人赵师秀诗乃谓"辅嗣《易》行无汉学"，何哉？今本有晋韩康伯补注，凡弼所未注者，韩氏补之也。盖《易》本卜筮之书，故汉学末派寖流于谶纬，不仅焦京之言灾异而已。王弼乘其极敝而攻之，故能排击汉学，自标新帜也。

五、宋儒易学

宋儒之易学，当首推程颐之《易传》。程子《答张闳中书》论《易》谓"有理而后有象，有象而后有数，得其义，则象数在其中矣"。故所著《易传》亦惟言理，而不言象数。顾炎武尝曰："见《易》说数十家，未有过于《程传》者。"非虚誉也。胡瑗亦是如此，再变而为李光、杨万里，乃更以《易》理参证史事矣。但宋世又有一派言象数之易学，以陈抟、邵雍为最著。陈抟得道家之图，创为先天、后天、太极、《河图》、《洛书》之说。周敦颐之《太极图说》，亦即出此。邵雍本长于象数之学，为宋代理学之别支，其《皇极经世》一书，即以《易》之象数为本。惠栋《易汉学提要》尝曰："汉学之有焦、京，亦犹宋学之有陈、邵，均所谓《易》外别传也。"此评至确。但其《易汉学》乃采及《龙虎经》，此非方外炉火之说欤？与陈、邵之《易》，出于道教者，又何以异？朱子尝疑《河图》是伪书，以邵子之《易》为《易》外别传。《朱子语类》亦曰："《先天图》传自希夷（陈抟字）；希夷又自有所传，盖方士技术，用以修炼者。"此评亦至确。而其《易本义》乃又冠以九图，且为之说曰："有天地自然之《易》，有伏羲之《易》，有文王、周公之《易》，有孔子之《易》。"所谓天地自然之《易》，谓《河图》、《洛书》也；所谓伏羲之《易》，谓先天八卦及六十四卦方位也；所谓文王、周公之《易》，谓后天八卦及六十四卦卦变也。此非陈、邵之说欤？又有《易学启蒙》一书，亦发明图书之义者，则由蔡元定属稿，非朱子自撰，王懋竑《白田杂著》曾以《朱子文集》、《朱子语类》钩稽参考，知出门人依附矣。总之，"先天诸图为道士借《易》理以为修炼之术"，元陈应润《爻变义蕴》所论甚是。故吴澄、欧阳修皆不信之。而黄宗羲之《易学象数论》，其弟宗炎之《图书辨惑》，胡渭之《易图明辨》，于图书象数之说，皆辨斥精详。故吾人读《易》，如用朱子之《易本义》，当去其卷端所冠九图。至其注解，则多本程子《易传》，足供参阅。

六、清儒易学

清儒说《易》者，多推惠栋及张惠言。惠有《周易述》，张有

《周易虞氏义》、《虞氏消息》、《虞氏易礼》、《易事》、《易言》、《易候》。惠氏之经学以汉儒为宗，似有"凡汉人之说皆可信，凡非汉人之说皆不可信"之偏见。张氏说《易》，则虞翻一家专门之学也。吾人苟非志在对于汉人易学、虞氏易说、作狭而深之研究者，实无阅读惠、张二氏著作之必要。焦循有《易章句》，简明切当，最便初学；有《易通释》，六通四辟，可藉以会通《易》理；有《易图略》，驳正孟喜"卦气"、京房"纳甲"、郑玄"爻辰"之说，其廓清汉儒术数之流之易学，不亚于黄、胡诸家之辨斥宋儒以图象说《易》。至其以"假借"说《易》，虽本于《韩诗外传》（见焦循所著之《易通释》），而其触类引申，可谓独辟蹊径。焦氏《与朱椒堂书》尝谓"《易》之道，大抵教人改过，亦即以寡天下之过，而改过在变通行权，即易也。"可谓得孔子"学《易》无大过"之旨。

七、《周易》读法

综上所述，则吾人今日，欲阅读《周易》，于本文当注重卦、爻、《彖》、《象》，而《系辞》、《文言》次之，《说卦》、《序卦》、《杂卦》则可置而不论。注说《周易》之书，可供参考者，则王弼《易注》，程子《易传》，朱子《易本义》，焦循《易章句》、《易通释》而已。至于黄宗羲之《易学象数论》，胡渭之《易图明辨》，焦循之《易图略》，为廓清象数图书之障蔽计，亦可浏览及之。《四库全书书目提要》总论《易》类之书曰："圣人觉世牖民，大抵因事以寓教；《诗》教寓于风谣，《礼》教寓于节文，《尚书》、《春秋》寓于史，而《易》则寓于卜筮。故《易》之为书，推天道以明人事者也。《左传》所记诸占，盖犹太卜之遗法。汉儒言象数，去古未远也。一变而为京、焦，入于机祥；再变而为陈、邵，务穷造化；《易》遂不切于民用。王弼尽黜象数，说以《老》、《庄》；一变而为胡瑗、程子，始阐明儒理；再变而李光、杨万里，又参证史事；《易》遂日启其论端。此两派六宗，已互相攻驳。"此于历代易学象数义理二大派，已述其大概。盖《易》本古代卜筮之书，经孔子赞修，始一变而言哲理。《易》之所以得列于六经之林者以此。吾人生今日而读《易》，若仍笃信象数图书之说，则仍以《易》还之卜筮，不适为孔子之罪人哉？

第三章 释卦、爻

一、卦之意义

《周易》内容以六十四卦为主,六十四卦以八卦为本。《易纬》曰:"卦者,挂也;言悬挂物象以示于人,故谓之'卦'。"训"卦"为"挂",是谓音训。惟卦字殊不见有悬挂之义。或谓八卦初非为卜筮而造,乃用以记数者。如☰为三,☷、或☳、或☶为四,☵、或☲、或☱为五,䷁为六;二卦相重,其所代表之数可多至十二,即䷀是也。《管子》尝云:"伏羲制九数。"殆即指画卦而言欤?原始社会最初需要者,即为记数之工具。则所谓"八卦",殆起于悬挂之以记数之物。世言神农之世,民结绳而用之,而作八卦之伏羲《庄子》亦列之于结绳时期,殆亦因此。《易纬》谓八卦之卦有悬挂之义,或即根据此类传说,亦未可知也。八卦以"—"与"--"为基本。疑"—"与"--",乃画用土制成之物。此物之二面,一为平或凸出者,一为中凹者。如此形状相同者凡二块,占卜之时,投掷于地,二块同是平凸面或凹面向上者,则画"—"以记之;二块一为平凸面向上，一为凹面向上者，则画"--"以记之；投掷三次，则所画便成一卦矣。物系土制，其数凡二，故其名曰"圭"，字从二"土"；用于占卜，故又加"卜"字以表义，遂成"卦"字矣。初民迷信最盛，而其知识又极简单，故为此极简陋之卜具以稽疑于神；而谓之"卦"者，尚是文字既作以后追加之名也。不观夫乡间之土地庙，神前尚有二块以竹根制成之"筊牌"，掷地以卜休咎者乎？此殆上古最早之卜具，遗留至今而犹保存于民间者也，此物古谓之"杯珓"。《广韵》曰："杯珓，古者以玉为之。"程大昌《演繁露》曰："问卜于神，有器名'杯珓'以两蚌壳投空掷地，观其俯仰，以断休咎。后人以竹木略斫削使如蛤形，而中分为二，改字作'校'，或作'籨'，更误作'筊'。"初时殆取现成之蚌壳用之，后乃改用竹木，改用土制或玉制，而其形仍像蚌壳，名之曰"籨"、曰"筊"、曰"校"、曰"珓"，从竹从木从玉，虽各以其所用材料而异，而其从"教"声或"筊"声，音终相近；其曰"圭"曰"卦"，则因土制而得是名也。或曰："《说文》云：'圭，瑞玉也。'王侯所执之瑞玉，非可以移于杯珓。"不知训瑞玉之"圭"，字当从玉作"珪"；如从二圭，又何所取义乎？此由业师马夷初先生之说引申之者，似较训"卦"为"挂"之旧解为长也。

二、八卦

八卦者，一曰乾，☰是也，二曰坤，☷是也；三曰震，☳是也；四曰艮，☶是也；五曰离，☲是也；六曰坎，☵是也；七曰兑，☱是也；八曰巽，☴是也。记此八卦，旧有口诀曰："乾三连，坤六段，震仰盂，艮覆碗，离中虚，坎中满，兑上缺，巽下断。"盖乾与坤，震与艮，离与坎，兑与巽，两两相对，适成四对也。《易纬·乾凿度》谓此八卦,即"天、地、雷、山、火、水、泽、风"八字。故《说文序》溯文字之起原,亦上及八卦。或谓汉代坤德六合殿之题署,"坤"字作"巛",即坤卦之变,此☷即坤字之证;"益"为"溢"之本字,以皿中水满见意,而其篆文作䀤,上从水字横写,恰为坎卦,此☵即水字之证。近人又因卦画笔势皆方,近似古巴比仑之楔形文字,以为此乃汉族西来之证。按坤坎二卦,可谓巧合;但其余六卦,则殊费解。《周易·说卦》尝谓乾为天,坤为地,震为雷,艮为山,离为火,坎为水,兑为泽,巽为风,故曰:"天地定位,山泽通气,雷风相薄,水火不相射。"但此八者,特八卦所代表之八种自然物或现象,非谓八卦即此八字也。按之《说卦》,八卦所代表之事物不仅此。如曰"乾为马,坤为牛,震为龙,巽为鸡,坎为豕,离为雉,艮为狗,兑为羊",则以之代表动物矣;又曰"乾为首,坤为腹,震为足,巽为股,坎为耳,离为目",则以之代表身体之各部矣;如又谓乾为父,坤为母,震为长男,巽为长女,坎为中男,离为中女,艮为少男,兑为少女,则又以之代表家庭之各人矣。故八卦决非天地雷风水火山泽八字;其代表种种事物,盖取便于卜筮之用耳。

三、六十四卦

取八卦中之任二卦重之,则为六十四卦。《周易》所列六十四卦次序,虽有《序卦篇》加以说明,但终不免有牵强附会之处。今就其上一卦加以检点,分作八类,列举六十四卦如下,下注数字,即《周易》中原来之次序;六十四卦每卦各有卦辞,亦附录焉。

第一类——上卦皆为"乾"者:

乾䷀(1) 乾,元亨利贞。(重乾)

讼䷅（6）　讼，有孚，窒惕，中吉，终凶，利见大人，不利涉大川。（天水讼）

履䷉（10）　履虎尾，不咥人，亨。（天泽履）

否䷋（12）　否之匪人，不利君子贞，大往小来。（天地否）

同人䷌（13）　同人于野，亨，利涉大川，利君子贞。（天火同人）

无妄䷘（25）　无妄，元亨利贞，其匪正，有眚，不利有攸往。（天雷无妄）

遁䷠（33）　遁，亨，小利贞。（天山遁）

姤䷫（44）　姤，女壮，勿用取女。（天风姤）

第二类——上卦皆为"坤"者：

坤䷁（2）　坤，元亨，利牝马之贞；君子有攸往，先迷后得主，利，西南得朋，东北丧朋。（重坤）

师䷆（7）　师，贞，丈人吉，无咎。（地水师）

泰䷊（11）　泰，小往大来，亨，吉。（地天泰）

谦䷎（15）　谦，亨，君子有终。（地山谦）

临䷒（19）　临，元亨利贞，至于八月，有凶。（地泽临）

复䷗（24）　复，亨，出入无疾，朋来无咎，反复其道，七日来复，利有攸往。（地雷复）

明夷䷣（36）　明夷，利艰贞。（地火明夷）

升䷭（46）　升，元亨，用见大人，勿恤，南征吉。（地风临）

第三类——上卦皆为"震"者：

震䷲（51） 震，亨，震来虩虩，笑言哑哑，震惊百里，不丧匕鬯。（重震）

豫䷏（16） 豫，利建侯行师。（雷地豫）

恒䷟（32） 恒，亨，无咎，利贞，利有攸往。（雷风恒）

大壮䷡（34） 大壮，利贞。（雷天大壮）

解䷧（40） 解，利西南，无所往，其来复，吉，有攸往，夙吉。（雷水解）

归妹䷵（54） 归妹，征凶，无攸利。（雷泽归妹）

丰䷶（55） 丰，亨，王假之，勿忧，宜日中。（雷火丰）

小过䷽（62） 小过，亨，利贞，可小事，不可大事，飞鸟遗之音，不宜上，宜下，大吉。（雷山小过）

第四类——上卦皆为"艮"者：

艮䷳（52） 艮其背，不获其身，行其庭，不见其人，无咎。（重艮）

蒙䷃（4） 蒙，亨，匪我求童蒙，童蒙求我；初筮，告，再三渎，渎则不告，利贞。（山水蒙）

蛊䷑（18） 蛊，元亨，利、涉大川，先甲三日，后甲三日。（山风蛊）

贲䷕（22） 贲，亨，小利有攸往。（山火贲）

剥☷（23）　剥，不利有攸往。（山地剥）

大畜☷（26）　大畜，利贞，不家食，吉，利涉大川。（山天大畜）

颐☷（27）　颐，贞吉，观颐，自求口实。（山雷颐）

损☷（41）　损，有孚，元吉，无咎，可贞，利有攸往，曷之，用二簋，可用享。（山泽损）

第五类——上卦皆为"离"者：

离☲（30）　离，利贞亨，畜牝牛吉。（重离）

噬嗑☲（21）　噬嗑，亨，利用狱。（火雷噬嗑）

晋☲（35）　晋，康侯用锡马蕃庶，昼日三接。（火地晋）

睽☲（38）　睽，小事吉。（火泽睽）

鼎☲（50）　鼎，元吉，亨。（火风鼎）

旅☲（56）　旅，小亨，旅贞吉。（火山旅）

未济☲（64）　未济，亨，小狐汔济，濡其尾，无攸利。（火水未济）

大有☲（14）　大有，元亨。（火天大有）

第六类——上卦皆为"坎"者：

坎☵（29）　习坎，有孚，维心，亨，行有尚。（重坎）

屯☵（3）　屯，元亨利贞，勿用，有攸往，利建侯。（水雷屯）

需䷄（5）　需，有孚，光亨贞，吉，利涉大川。（水天需）

比䷇（8）　比，吉，原筮元永贞，无咎，不宁方来，后夫凶。（水地比）

蹇䷦（39）　蹇，利西南，不利东北，利见大人，贞吉。（水雷蹇）

井䷯（48）　井，改邑不改井，无丧无得，往来井井，汔至亦未繘井，羸其瓶，凶。（水风井）

节䷻（60）　节，亨，苦节不可贞。（水泽节）

既济䷾（63）　既济，亨，小利贞，初吉终乱。（水火既济）

第七类——上卦皆为"兑"者：

兑䷹（58）　兑，亨利贞。（重兑）

随䷐（17）　随，元亨利贞，无咎。（泽雷随）

大过䷛（28）　大过，栋桡，利有攸往。（泽风大过）

咸䷞（31）　咸，亨利贞，取女吉。（泽山咸）

夬䷪（43）　夬，扬于王庭，孚号有厉，告自邑，不利即戎，利有攸往。（泽天夬）

萃䷬（45）　萃，亨，王假有庙，利见大人，亨利贞，用大牲，吉，利有攸往。（泽地萃）

困䷮（47）　困，亨贞，大人吉，无咎，有言不信。（泽水困）

革䷰（49）　革，巳日乃孚，元亨利贞，悔亡。（泽火革）

第八类——上卦皆为"巽"者：

巽☴（57）　巽，小亨，利有攸往，利见大人。（重巽）

小畜☴（9）　小畜，亨，密云不雨，自我西郊。（风天小畜）

观☴（20）　观，盥而不荐，有孚颙若。（风地观）

益☴（42）　益，利有攸往，利涉大川。（风雷益）

渐☴（53）　渐，女归吉，利贞。（风山渐）

涣☴（59）　涣，亨，王假有庙，利涉大川，利贞。（风水涣）

中孚☴（61）　中孚，豚鱼吉，利涉大川，利贞。（风泽中孚）

家人☴（37）　家人，利女贞。（风火家人）

以上六十四卦中，每一类之第一卦，即取八卦中之同一卦复叠而成，故仍以八卦之名名之。此外，或就卦画之形状取名，例如颐卦☲，状似人口中有齿，故名曰"颐"，噬嗑卦☲，状似人口中有物，故名曰"噬嗑"。或就上下二卦取义，例如鼎卦，上离为火，下巽为风，有风炉自下洞通风扇之象，古代用鼎烹物，故名曰"鼎"。或更就上下二卦之义，辗转引申，以成新义，例如观卦，上巽为风，下坤为地，风行地上，必有可观，故名曰"观"；又如益卦，上坎为水，下震为动，水动则溢，故名曰"益"，益即溢之本字。但亦有终难索解者，例如乾离二卦相合，何以名"同人"；乾震二卦相合，何以名"无妄"？有二卦此上彼下，适相反者，如☲则为"否"，取天地上下隔绝而否塞之义；☷☰则为"泰"，取地天上下相交则通泰之义。有二卦之形状适相反者，如恒卦为☳☴，咸卦为☱☶；渐卦为☴☶，归妹卦为☳☱。总之，为由八卦彼此错综重叠而成者。至于每卦之卦辞，亦多在可解不可解之间。其辨别休咎，有所谓"吉"、"凶"、"悔"、"吝"、"亡"、"无咎"、"利"、"不利"等；其所卜事项，有"见大人"、"涉大川"、"往"、"来"等：此皆用之卜筮者也。

四、爻及爻辞

《系辞》曰："爻者，言乎变者也。"又曰："爻也者，效此者也。"又曰："爻也者，效天下之动者也。"以"效"训"爻"，是为音训，疑亦后起之义。八卦各有三爻，六十四卦重八卦之二以成卦，故有六爻。"爻"与"茭"、"玟"、"校"等字音近，疑即从所谓"杯珓"者而得名。八卦掷筊三次而成卦，故有三爻，六十四卦倍之，故有六爻也。阳爻以"—"表之，阴爻以"--"表之。每卦六爻，最下者曰"初爻"，递数而上，曰"二"曰"三"曰"四"曰"五"，最上者曰"上爻"。阳爻曰"九"；阴爻曰"六"。惟初上二爻，曰"初九"、"初六"，曰"上九"、"上六"；其中间四爻，则曰"九二"、"六二"，曰"九三"、"六三"，曰"九四"、"六四"，曰"九五"、"六五"；此则《周易》中之术语也。如乾☰，六爻皆阳，故曰"初九、九二、九三、九四、九五、上九"；坤☷，六爻皆阴，故曰"初六、六二、六三、六四、六五、上六"；其余各卦，皆视其各爻之阴阳与次序而异其名。六十四卦，每爻皆有爻辞。如乾卦爻辞曰："初九，潜龙勿用。九二，见龙在田，利见大人；九三，君子终日乾乾夕惕若，厉，无咎；九四，或跃在渊，无咎；九五，飞龙在天，利见大人；上九，亢龙有悔，用九，见群龙无首,吉。"此卦爻辞,本编第二章已曾引之。按龙,所以代表阳爻。初九阳爻在最下之位,故有潜龙勿用之象;移之人事,则指有德之隐君子。九二居下卦之中,位虽不尊,而居乎正中,故有见龙在田之象;在田,犹今语云在野也。故移之人事,则指在野之名流,为社会所矜式者,此师儒之位也;故曰"利见大人"。九三位在下卦之上,故须朝乾夕惕,兢兢自守。九四在上卦之下位,故有跃跃欲试之象,进亦无咎。九五居上卦之正中,此圣人为天子之象,故曰"飞龙在天"。上九则以阳刚而居最上之位,故为亢龙;地位虽高,如骄傲则有悔矣。用九见群龙无首者,居领袖之地位,而不自以为领袖,故可无咎。其余六十三卦之爻辞,亦大率类此。

第四章 彖、象、文言

一、彖传

《易》乾卦"彖曰"句、刘瓛注曰："彖者，断也。"此亦音训。"《彖辞》"本指卦辞所以断吉凶，故曰"彖"。今本《易经》中每卦皆有"彖曰"云云，则孔子赞《易》之《彖传》，所以释卦辞者也。故《左传》襄公九年《疏》释"彖"曰："统论一卦之体，明其所由之主。"例如蒙卦☷，卦辞曰："蒙，亨，匪我求童蒙，童蒙求我；初筮，告，再三，渎，渎则不告；利贞。"其义颇有难明者。《彖传》乃释之曰："蒙，山下有险；险而止，蒙。蒙亨，以亨行时中也。匪我求童蒙，童蒙求我，志应也。初筮告，以刚中也。再三渎，渎则不告，渎蒙也。蒙以养正，圣功也。"蒙卦上艮为山，下坎为险，故曰"山下有险，蒙"。坎险而艮止，故曰"险而止，蒙"。山下有水，是泉水初出之象。泉者，水之始也；童蒙者，人之始也。蒙之所以亨者，蒙以时中行，故亨通也。此下则就教育童蒙之道言之，我求童蒙者，教师为主动也；童蒙求我者，童蒙为主动也；匪我求童蒙，童蒙求我，即《论语》"不愤不启，不悱不发"之旨，必先引起童蒙学习的需要，而后应之，故曰"志应也"，初筮则告者，就卦言，则以下卦阳刚之爻居乎中，故曰"以刚中也"；就教育言，则以教师为主动之教法，试用时尚可得童蒙之反应，若再三用之，则渎矣，渎则不复能得其反应矣。所以者何？因渎蒙故。谚云："教儿婴孩。"童蒙教育，如得其正，则作圣之功已奠其始基矣，故曰"蒙以养正，圣功也。"又如泰卦䷊，卦辞曰："小往大来，吉，亨。"其辞极简。《彖传》曰："'泰，小往大来，吉，亨，'则是天地交而万物通也，上下交而其志同也。内阳而外阴，内健而外顺，内君子而外小人，君子道长，小人道消也。"乾为天，坤为地，地在天上，为地气上达于天之象，故曰"天地交而万物通"；移之人事，则为"上下交而其志同矣"。上卦为往，下卦为来，乾纯阳，故大；坤纯阴，故小；上坤下乾，故有小往大来之象。上卦为外，下卦为内；乾，健也，象君子；坤，顺也，象小人；外坤内乾，故有外小人而内君子之象；内有亲近之意，外有疏远之意，故曰"君子道长，小人道消"。否卦䷋、恰与泰卦相反，天上地下，有天地阻塞，上下隔绝之象。故卦辞曰："否之匪人，不利君子贞，大往小来。"《彖传》曰："'否之匪人，不利君子贞，大往小来。'则是天地不交而万物不通也，上下不交而天下无邦也。内阴而外阳，内柔而外刚，内小人而外君子，小人道长，君子道消也。"他卦《彖传》，亦皆类此。故卦辞只用于卜筮，但明休咎，而其辞闪烁；《彖传》则释卦辞休咎之所以然，每就人事明之，其辞亦较为明确。卜筮之《易》，所以经孔子赞修，而成哲理修养之书，此其一端。

二、象辞

《系辞》曰："象也者，像此者也。"六十四卦之卦爻，各有其象；《象传》者，释卦爻之象者也。其释全卦之象者，谓之"大象"，释一爻之象者，谓之"小象"，此在本编第二章中亦已曾言之，且举乾卦《象传》以为例矣。惟乾卦于卦辞之后，次以爻辞，又次以《彖传》，又次以《象传》，而《大象》与《小象》亦前后相联；坤卦以下，则卦辞以后，即次以《彖传》，又次以《大象》，后乃分载各爻爻辞，《小象》亦分系各条爻辞之后。盖《彖传》、《象传》本各自为篇，其后乃分隶各卦，而乾卦所录次序，复与坤卦以下六十三卦不同也。例如大过，《象》曰："泽灭木，大过；君子以独立不惧，遁世无闷。"此大象也。大过，兑上巽下，其卦为䷛。兑为泽，巽为木，泽在木上，为大水浸没树木之象，故名曰"大过"。当大浸稽天，天下滔滔之世，能避世养晦，而又独立不惧，不为威武所屈，贫贱所移者，惟君子耳。此释全卦之象者也。"初六，藉用白茅，无咎。"此初爻之爻辞。《象》曰："藉用白茅，柔在下也。"此言初六以阴爻在下，为柔在下之象，亦即用白茅为藉之象。"九二，枯杨生稊，老夫得其女妻，无不利。"此第二爻之爻辞。《象》曰："老夫女妻，过以相与也。"枯杨而又生稊，是老夫少妻之象；夫妻老少不同，其相与亦太过矣。"九三，栋桡，凶。"此为第三爻之爻辞。《象》曰："栋桡之凶，不可以有辅也。"言栋本不应桡，其所以桡屈者，因阳刚太过，不可以有辅故。"九四，栋隆，吉，有它，吝。"此第四爻之爻辞。《象》曰："栋隆之吉，不桡乎下也。"九四为栋隆而不桡乎下之象，则九三之桡，为桡乎下可知。

不桡而隆，故吉。有它吝，则无它，不至于吝矣。"九五，枯杨生华，老妇得其士夫，无咎，无誉。"此第五爻之爻辞。九五在上卦之位，与九二在下卦之位同，而所处之卦则异；故一为老夫少妻之象，一为老妇少夫之象。老妇少夫，势不可久，虽亦无咎，但亦无誉。故《象》曰："枯杨生华，何可久也；老妇士夫，亦可丑也。""上六，过涉灭顶，凶，无咎。"此上爻之爻辞。上六居大过最高之位，故有涉水灭顶之象。但既灭顶而得凶矣，则诚所谓"公无渡河，公竟渡河，渡河而死，当奈公何"也，故《象》曰："过涉之凶，不可咎也。"除乾卦外，其余六十三卦之《大象》、《小象》，皆系如是排列者。孔子之《象传》，亦多用卦象引申及于人事。例如乾卦《大象》曰："天行健，君子以自强不息。"乾为天，其卦纯阳，故重乾象天行之健；君子之自强不息，即象此刚健不息之天行。坤卦《大象》曰："地势坤，君子以厚德载物。"坤为地，"博厚配地"，"万物载焉"（用《中庸》语）；君子之厚德载物，有容乃大，即象此博厚载物之地势。蒙卦《大象》曰："山下出泉，蒙，君子以果行育德。"果行育德，蒙以养正之功也，即取象于泉之始出山下。大畜卦《大象》曰："天在山中，大畜，君子以多识前言往行，以畜其德。"天在山中者，在群山环绕中观天，所见者小，故有见识鄙陋之意；欲补此弊，惟多识前言往行以畜其德耳。六十四卦之《象辞》皆是如此。孔子赞《易》，变卜筮之书为哲理修养之书，此又其一端。

三、文言

《文言》为孔子弟子所记，单释乾、坤二卦者，今分隶此二卦之后。兹举乾《文言》为例，释其大意如次：

（一）释

1. 释卦辞

> 元者，善之长也；亨者，嘉之会也；利者，义之和也；贞者，事之干也。君子体仁足以长人，嘉会足以合礼，利物足以和义，贞固足以干事。君子行此四德者，故曰："乾，元亨利贞。"

此节释卦辞，自成一大段。盖以"仁"、"礼"、"义"、"信"四德配"元"、"亨"、"利"、"贞"。体仁以长人，故为"元"善，嘉会以合礼，故得"亨"通；利物和义者，以义为"利"也；贞固干事者，无"信"不立也。

2. 分释爻辞

> 初九曰，"潜龙勿用"，何谓也？子曰："龙德而隐者也。不易乎世，不成乎名，遁世无闷，不见是而无闷；乐则行之，忧则违之，确乎其不可拔，潜龙也。"

此节释初九爻辞。有龙德者，有可以君天下之德者也，有龙德而隐，故为潜龙。足以当此者，其唯孔子乎？大下滔滔，能不同流合污，随俗浮沉，故曰"不易乎世"；能不钓名沽誉，立异鸣高，故曰"不成乎名"；淡泊宁静，不求闻达，故"遁世无闷"；众人皆醉，惟我独醒，故虽"不见是而无闷"；乐则行之，举世非之而不沮；忧则违之，举世荣之而不动；所以者何？能"不惑"故，能"不动心"故。立志既坚，则磨而不磷，涅而不缁，富贵浮云，糟糠不厌，威武不屈矣，诚哉其"确乎不可拔"也！

  九二曰，"见龙在田，利见大人"，何谓也？子曰："龙德而正中者也。庸言之信，庸行之谨，闲邪存其诚，善世而不伐，德博而化。《易》曰，'见龙在田，利见大人'，君德也。"

此节释九二爻辞。见龙在田，为名流在野之象。信言谨行，闲邪存诚，所以"成己"也；善世不伐，德博而化，所以"成物"也。己立立人，己达达人，此师儒之事也。"天降下民，作之君，作之师。"有君德者，得位则以政治兼善天下，不得位则以教育兼善天下；非孔子孰能当此乎？

  九三曰，"君子终日乾乾，夕惕若厉，无咎"，何谓也？子曰："君子进德修业。忠信，所以进德也；修辞立其诚，所以居业也；知至，至之，可与言几也；知终，终之，可与存义也。是故居上位而不骄，在下位而不忧。故乾乾固其时而惕，虽危无咎矣。"

此节释九三爻辞。九三在下卦最上之位，此如众所共仰之在野名流，以社会的地位言则高高在上，以政治的地位言，则固无位而在下者也。叔季之世，处士往往纯盗虚声；虚声既隆，不复以忠信进德，以修辞立诚居业，况于知至善而求所以至之，知何以善其终而求所以终之乎？此其人，决不足以言"与几"，决不足以言"存义"。不能知"几"，则足以召祸；不能"存义"，则必致隳节。盖一方既以社会的地位之高而自骄满，一方又以无政治的地位而多怨尤也。君子不如此也，昼乾夕惕，进德修业，孳孳如恐不及，惟求乎己，不以虚名骄人，不以失位尤人？故虽不阿世，不随俗，若有危厉，而终得无咎也。

　　九四曰，"或跃在渊，无咎"，何谓也？子曰："上下无常，非为邪也；进退无恒，非离群也；君子进德修业，欲及时也；故无咎。"

此节释九四爻辞。九四已由下卦跃居上卦之下位，故有"或跃在渊"之象。"或'之者，疑之也。用之则行，舍之则藏，有道则见，无道则隐，出处进退，绰有余裕。故虽或上或下，非为邪也，或进或退，非离群也。退隐非君子之素志，进德修业，本欲及时而行之，九四有可进之机，故曰无咎。

　　九五曰，"飞龙在天，利见大人"，何谓也？子曰："同声相应，同气相求，水流湿，火就燥，云从龙，风从虎，圣人作而万物睹；本乎天者亲上，本乎地者亲下，则各从其类也。"

此节释九五爻辞。九五以阳爻居上卦之正中，故有"飞龙在天"之象；以圣人之德，处天子之位，尧、舜、禹、汤、文、武是也。圣主之作，必有名世之臣，为之辅佐，舜、禹、益、伊尹、太公是也。声应气求，云龙风虎，物以类聚，拔茅连茹，此盛世之象也。

　　上九曰，"亢龙有悔"，何谓也？子曰："贵而无位，高而无民，贤人在下位而无辅，是以动而有悔也。"

此节释上九爻辞。上九以阳刚之爻，居最高之位，有"亢龙"之象。天道亏盈，地道变盈，鬼神害盈，人道恶盈（用谦卦《彖传》语）；故日中则昃，月满则亏，水盈则溢，器盈则覆，盈不可久，此自然之原则，人事之必然。为领袖者，既居高位，辄易自满而自是；自满则骄，自是则愎；于是上下隔绝，民众脱离，无民无辅，将成独夫；若此者必致动而有悔矣。

以上六节，分释六爻，合成一段。

3. 再释爻辞

　　潜龙勿用，下也；见龙在田，时舍也；终日乾乾，行事也；或跃在渊，自试也；飞龙在天，上治也；亢龙有悔，穷之灾也；乾元用九，天下治也。

　　潜龙勿用，阳气潜藏；见龙在田，天下文明；终日乾乾，与时偕行；或跃在渊，乾道乃革；飞龙在天，乃位乎天德；亢龙有悔，与时偕极；乾元用九，乃见天则。

此二节再就六爻爻辞反复申明之。初九阳气潜藏在下，故为"潜龙"，故云"勿用"。九二龙虽见而不潜，但尚在田，故曰"时舍"；师儒以教育为职责，故曰"天下文明"。九三终日乾乾，进德修业，不失其时，故曰"与时偕行"。九四由下卦跃登上卦，有自试之机；乾以下卦表在野，上卦表在朝，转变之枢，在乎九四，故曰"乾道乃革"。九五则以盛德居大位，可以成郅治之隆焉，故曰"上治"，曰"位乎天德"。亢龙，则位与时有穷极之危矣，动而有悔，"穷之灾也"；盈不可久，"与时偕极"也。"用九"者，用阳刚之德，象天行之健，至诚无息，而四时行，百物生，天地位，万物育，此尧舜无为之治也；民无能名，帝力何有，群龙无首，庶几似之；此云"天则",即《论语》所谓"惟天为大,惟尧则之"也。

自篇首至此,释乾卦卦辞、爻辞竟,为一大段。

(二)赞

1. 赞卦辞

乾元者,始而亨者也;利贞者,性情也。乾始能以美利利天下。不言所利,大矣哉!大哉乾乎!刚健中正,纯粹精也;六爻发挥,旁通情也;时乘六龙,以御天也;云行雨施,天下平也。

2. 赞爻辞

君子以成德为行,日可见之行也。潜之为言也,隐而未见,行而未成,是以君子弗用也。

君子学以聚之,问以辨之,宽以居之,仁以行之。《易》曰,"见龙在田,利见大人",君德也。

九三重刚而不中,上不在天,下不在田,故乾乾因其时而惕,虽危无咎矣。

九四重刚而不中,上不在天,下不在田,中不在人,故或之;或之者,疑之也,故无咎。

夫大人者,与天地合其德,与日月合其明,与四时合其序,与鬼神合其吉凶,先天而天弗违,后天而奉天时;天且弗违,而况于人乎,况于鬼神乎?

亢之为言也,知进而不知退,知存而不知亡,知得而不知丧。其唯圣人乎?知进退存亡而不失其正者,其唯圣人乎!

此又是一大段。乾《文言》全篇分二大段，同为文饰乾卦卦辞、爻辞之言，前半篇是"释"，后半篇是"赞"，非重复也。后半篇分为七节，第一节就卦辞立言，以赞全卦。其余各卦卦辞，如坤卦则曰"利牝马之贞"，屯卦则曰"利建侯"，需卦则曰"利涉大川"，讼卦曰"利见大人"，同人卦曰"利涉大川"，"利君子贞"，诸如此者，不一而足；惟乾卦则不言所利。不言所利，而以美利利天下，正是乾卦之伟大处也。六爻皆阳，故其德为"刚健中正"，其象为"六龙"，其业为"行云施雨"，以平天下也。以下六节，分赞六爻。潜龙在渊，有德而隐，韬光养晦，不成乎名，穷居守志，独善其身。此岂君子之志哉？不得已也。"是以君子弗用。"君子学问以修其业，居行以成其德，德业既成，虽未能达而兼善，尧舜其君，尧舜其民，亦当如孔子之诲人不倦，得天下英才而教育之；师之德，即君之德也。《学记》曰："能为师，然后能为长，能为长，然后能为君；故师者，所以学为君也。"义与此同。九三、九四，皆重刚而不得中位。九三在下，故须乾乾因其时而惕；九四在上，故进退绰有余裕焉。九五则以盛德之君子，得正中之大位，正有为之时也。故如天地之无不持载覆帱，如日月之代明，四时之错行，建诸天地而不悖，质诸鬼神而无疑，凡有血气，靡不尊亲矣。知进不知退，知存不知亡，知得不知丧者，人固有之，国亦有之，是谓"亢龙"，后必有悔者，盈不可久也。保泰持盈，而不失其正者，惟圣人能之耳。

总览全篇，可以悟处世立身之道，当因其时其地而异。虽行藏系于用舍，事功关乎时运，而德业进修，全在乎己，须及其时；且吾人当以"成己"、"成物"为志，不当以自隐无名为务之旨，亦极显明。乾卦之卦辞、爻辞，原为占繇，用于卜筮，而《文言》就人事加以阐发，至于此极；赞《易》之功，更为伟大矣。

第五章　系　辞

《文言》为孔子弟子所记，《系辞》亦孔子弟子所记；《文言》所说为乾、坤二卦，故二篇各成首尾，《系辞》虽亦分上下二篇，而结构不整，首尾不完，疑非一时之言，一时所记，而杂缀成篇者。就其内容按之，约可分为五项。

一、论乾、坤二卦

六十四卦，无非六爻阴阳不同；乾卦六爻皆阳，坤卦六爻皆阴，故二卦为《易》之基本。《文言》专说乾、坤二卦以此；《系辞》有专论乾、坤二卦诸条，亦以此也。兹录专论二卦各条于下：

　　天尊地卑，乾、坤定矣；卑高以陈，贵贱位矣；动静有常，刚柔断矣；方以类聚，物以群分，吉凶生矣；在天成象，在地成形，变化见矣。是故刚柔相摩，八卦相荡，鼓之以雷霆，润之以风雨；日月运行，一寒一暑。乾道成男，坤道成女；乾知大始，坤作成物；乾以易知，坤以简能；易则易知，简则易从；易知则有亲，易从则有功；有亲则可久，有功则可大；可久则贤人之德，可大则贤人之业；易简而天下之理得矣；天下之理得而成位乎其中矣。

夫乾，其静也专，其动也直，是以"大"生焉；夫坤，其静也翕，其动也辟，是以"广"生焉。广大配天地，变通配四时，阴阳之义配日月，易简之善配至德。子曰："易其至矣乎？夫《易》，圣人所以崇德而广业也。知崇礼卑；崇效天，卑法地，天地设位，而《易》行乎其中矣。成性存存，道义之门。"

乾、坤，其《易》之缊邪？乾、坤成列，而《易》立乎其中矣。乾、坤毁，则无以见《易》；《易》不可见，则乾、坤或几乎息矣。

子曰："乾、坤，其《易》之门邪？"乾，阳物也；坤，阴物也；阴阳合德，而刚柔有体，以体天地之撰，以通神明之德。

夫乾，天下之至健也，德行恒易以知险；夫坤，天下之至顺也，德行恒简以知阻。能说诸心，能研诸侯之虑，定天下之吉凶，成天下之亹亹者。

由此诸条观之，则乾卦象天，其道成男，其位尊，其性刚健，其德易，能知大始，静专动直，以成其大；坤卦象地，其道成女，其性柔顺，其德简，能作成物，静翕动辟，以成其广；二者，《易》之缊也，《易》之门户也。

二、释《周易》术语

《周易》中有学术上专用之术语,术语之含义未明,读《易》即无从索解矣。《系辞》中释《周易》术语各条,疑亦孔子之言,为弟子所记录者。

圣人设"卦",观"象",系"辞"焉而明吉凶。"刚柔"相推而生"变化"。是故"吉凶"者,失得之象也;"悔吝"者,忧虞之象也;"变化"者,进退之象也;"刚柔"者,昼夜之象也;"六爻"之动,三极之道也。是故君子所居而安者,《易》之序也;所乐而玩者,爻之辞也。是故君子居则观其象而玩其辞,动则观其变而玩其占,是以自天祐之,吉无不利。

"象"者,言乎象者也;"爻"者,言乎变者也;"吉凶"者,言乎其失得也;"悔吝"者,言乎其小疵也,"无咎"者,善补过也。是故列贵贱者存乎"位",齐小大者存乎"卦",辨吉凶者存乎"辞",忧悔吝者存乎介,震无咎者存乎悔。是故卦有小大,辞有险易。"辞"也者,各指其所之。

圣人有以见天下之赜,而拟诸其形容,象其物宜,是故谓之"象"。圣人有以见天下之动,而观其会通,以行其典礼,系辞焉以断其吉凶,是故谓之"爻"。言天下之至赜而不可恶也,言天下之至动而不可乱也;拟之而后言,议之而后动,拟议以成其变化。

是故"易"者，象也，"象"也者，像也；"彖"者，材也；"爻"也者，效天下之动者也；是故吉凶生而悔吝著也。"阳卦"多阴，"阴卦"多阳，其故何也？阳卦"奇"，阴卦"偶"。其德行何也？"阳"一君而二民，君子之道也；"阴"二君而一民，小人之道也。

"二"与"四"，同"功"而异"位"，其善不同，"二"多誉，"四"多惧，近也；"柔"之为道不利远者，其要无咎，其用柔中也。"三"与"五"，同"功"而异"位"，"三"多凶，"五"多功，贵贱之等也；其柔危，其刚胜邪？

道有变动，故曰"爻"；爻有等，故曰"物"；物相杂，故曰"文"；文不当，故吉凶生焉。

"卦"、"象"、"辞"、"刚柔"、"吉凶"、"悔吝"、"无咎"、"彖"、"爻"、"阴阳"、"奇偶"、"卦位"……皆《易》之术语也。

三、释各卦爻辞

《系辞》中有摘各卦爻辞一二语而释之者，当是孔子平时讲述，或偶尔言及，弟子拉杂记者。或先引《易》语，后缀孔子之言；或孔子先有所论，引《易》语作证；《系辞》由缀辑而成，于此可见。

"鹤鸣在阴，其子和之；我有好爵，吾与尔靡之。"（中孚卦九二爻辞）子曰："君子居其室，出其言，善，则千里之外应之，况其迩者乎？居其室，出其言，不善，则千里之外违之,况其迩者乎?言出乎身加乎民,行发乎迩见乎远。言行,君子之枢机;枢机之发,荣辱之主也。言行,君子之所以动天地,可不慎乎?"

"同人,先号咷而后笑。"(同人卦九五爻辞)子曰:"君子之道,或出或处,或默或语。二人同心,其利断金;同心之言,其臭如兰。"

"初六,藉用白茅,无咎。"(大过卦爻辞)子曰:"苟错诸地而可矣;藉之用茅,何咎之有?慎之至也。夫茅之为物,薄而用可重也。慎斯术也以往,其无所失矣!"

"劳谦,君有终,吉。"(谦卦九三爻辞)子曰:"劳而不伐,有功而不德,厚之至也,语以其功下人者也。德言盛,礼言恭。谦也者,致恭以存其位者也。"

"亢龙有悔。"(乾卦上九爻辞)子曰:"贵而无位,高而无民,贤人在下位而无辅,是以动而有悔也。"(按所记孔子语,亦见乾《文言》;足证《系辞》为断片的记录)

"不出户庭,无咎。"(节卦初九爻辞)子曰:"乱之所生也,则言语以为阶。君不密,则失臣;臣不密,则失身;几事不密,则害成。是以君子慎密而不出也。"

子曰:"作《易》者其知盗乎?《易》曰:'负且乘,致寇至。'(解卦六三爻辞)负也者,小人之事也;乘也者,君子之器也;小人而乘君子之器,盗思伐之矣。漫藏诲盗,冶容诲淫。《易》曰,'负且乘,致寇至。'盗之招也。"

《易》曰:"自天祐之,吉无不利。"(大有卦上九爻辞)子曰:"祐者,助也。天之所助者,顺也;人之所助者,信也。履信思乎顺,又以尚贤也;是以自天祐之,吉无不利也。"

《易》曰:"憧憧往来,朋从尔思。"(咸卦九四爻辞)子曰:"天下何思何虑?天下同归而殊涂,一致而百虑,天下何思何虑,日往则月来,月往则日来,日月相推而明生焉;寒往则暑来,暑往则寒来,寒暑相推而岁成焉,往者屈也,来者信(同伸)也,屈信相感而利生焉,尺蠖之屈,以求信也;龙蛇之蛰,以存身也;精义入神,以致用也;利用安身,以崇德也。过此以往,未之或知也,穷神知化,德之盛也。"

《易》曰:"困于石,据于蒺藜,入其宫,不见其妻凶。"(困卦六三爻辞)子曰:"非所困而困焉,名必辱;非所据而据焉,身必危;既辱且危,死期将至,妻其可得见耶?"

《易》曰:"公用射隼于高墉之上,获之,无不利。"(解卦上六爻辞)子曰:"隼者,禽也;弓矢者,器也;射之者,人也。君子藏器于身,待时而动,何不利之有?动而不括,是以出而有获,语成器而动者也。"

子曰:"小人不耻不仁,不畏不义,不见利不劝,不威不惩。小惩而大诫,此小人之福也。《易》曰:'履校灭趾,无咎。'(噬嗑卦初九爻辞)此之谓也。善不积,不足以成名;恶不积,不足以灭身。小人以小善为无益而弗为也,以小恶为无伤而弗去也,故恶积而不可掩,罪大而不可解。《易》曰:'何(同荷)校灭耳,凶。'(同卦上九爻辞)"

子曰:"危者,安其位者也;亡者,保其存者也,乱者,有其治者也。是故君子安而不忘危,存而不忘亡,治而不忘乱,是以身安而国家可保也,《易》曰:'其亡其亡,系于苞桑。'（否卦九五爻辞）"

子曰："德薄而位尊，知小而谋大，力心而任重，鲜不及矣。《易》曰：'鼎折足，覆公𫗧，其形渥，凶。'（鼎卦九四爻辞）言不胜其任也。"

子曰："知几，其神乎？君子上交不谄，下交不渎，其知几乎？几者，动之微，吉凶之先见者也。君子见几而作，不俟终日。《易》曰：'介于石，不终日，贞吉。'（豫卦六二爻辞）介如石焉，宁用终日，断可识矣。君子知微知彰，知柔知刚，万夫之望。"

子曰："颜氏之子，其殆庶几乎！有不善，未尝不知；知之，未尝复行也。《易》曰：'不远复，无祗悔，元吉。'（复卦初九爻辞）"

天地絪缊，万物化醇；男女构精，万物化生。《易》曰："三人行，则损一人；一人行，则得其友。"（损卦六三爻辞）言致一也。

子曰："君子安其身而后动，易其心而后语，定其交而后求。君子修此三者，故全也。危以动，则民不与也；惧以语，则民不应也；无交而求，则民不与也。莫之与，则伤之者至矣。"《易》曰："莫益之，或击之；立心勿恒，凶。"（益卦上九爻辞）

以上各条，皆杂记孔子言论有关各卦爻辞者。所记甚琐碎，而就天道引申及于人事，则与《彖》、《象》、《文言》同旨。子贡常言"夫子言天道，不可得闻"，说者乃谓孔子未尝以《易》语人；其实，正因孔子于天道之吉凶变化，皆以人事言之耳。此如世事报应，在现世不在来生，世人或信或不信，皆以为迷信之谈；其实前事为因，后事为果，种瓜得瓜，种豆得豆，未有或爽者，乃人事之必然也。以人事论因果，在一般人闻之，必以为未尝论因果矣。

四、杂论数卦

《系辞》中有就六十四卦中，随意取数卦论之者，似亦孔子偶尔谈及，而弟子记之。例如：

> 是故履，德之基也；谦，德之柄也；复，德之本也；恒，德之固也；损，德之修也；益，德之裕也；困，德之辨也；井，德之地也；巽，德之制也。履和而至；谦尊而光；复小而辨于物；恒杂而不厌；损先难而后易；益长裕而不设；困穷而通；井居其所而迁；巽称而隐。履以和行；谦以制礼；复以自知；恒以一德，损以远害；益以升利；困以寡怨，井以辩义；巽以行权。

此节但就履、谦、复、恒、损、益、困、井、巽九卦，论其德业。"古者包牺氏之王天下也……"节，则就离、益、噬嗑、乾、坤、涣、随、豫、小过、睽、大壮、大过、夬十三卦，而论其象，以为古来事物之发明，皆由先有意象而后制器，即所谓"以制器者尚其象"也，此节《系辞》，本编第一章中已引之，不复重录。

五、总论全书

《系辞》中总论《周易》全书者，其关于作《易》之时代者，如：

> 《易》之兴也，其于中古乎？作《易》者，其有忧患乎？
>
> 《易》之兴也，其当殷之末世，周之盛德邪？当文王与纣之事邪？是故其辞危。危者使平，易者使倾，其道甚大，百物不废，惧以终始，其要无咎；此之谓《易》之道也。

其论赞《周易》全书者，如：

> 《易》与天地准，故能弥纶天地之道；仰以观于天文，俯以察于地理、是故知幽明之故。原始反终，故知死生之说。精气为物，游魂为变。是故知鬼神之情状与天地相似，故不违；周乎万物而道济天下，故不过；旁行而不流，乐天知命，故不忧；安土敦乎仁，故能爱。范围天地之化而不过，曲成万物而不遗，通乎昼夜之道而知，故神无方而《易》无体。一阴一阳之谓道；继之者善也，成之者性也。仁者见之谓之仁，知者见之谓之知，百姓日用而不知，故君子之道鲜矣。

此节谓《易》与天地准，故能弥纶天地之道，知幽明之故，死生之说，鬼神之情状，范围天地之化而不过，曲成万物而不遗，故曰"神无方而《易》无体"，盖以《易》本卜筮之书也，但又云道济天下，故不过，旁行不流，乐天知命，故不忧，安土敦仁，故能爱，"一阴一阳之谓道"下，又承之以"继之者善，成之者性"，则又成为哲理之书矣。诚哉，"仁者见之谓之仁，知者见之谓之知"也。

> 显诸仁，藏诸用，鼓万物而不与圣人同忧。盛德大业

至矣哉！富有之谓大业，日新之谓盛德；生生之谓易，成象之谓乾，效法之谓坤，极数知来之谓占，通变之谓事，阴阳不测之谓神。夫《易》，广矣，大矣！以言乎远则不御，以言乎迩则静而正，以言乎天地之间则备矣！

此节极赞《易》之广大，通乎远迩，备乎天地之间，大业盛德，富有日新；而乾成象，坤效法，占以知来，事则通变，神至不测，而其本不外乎"生生"也。

子曰："生变化之道者，其知神之所为乎？《易》有圣人之道，四焉：以言者尚其'辞'，以动者尚其'变'，以制器者尚其'象'，以卜筮者尚'占'。"是以君子将有为也，将有行也，问焉而以言；其受命也如响，无有远近幽深，遂知来物。非天下之至精，其孰能与于此？参伍以变，错综其数。通其变，遂成天下之文。极其数，遂定天下之象。非天下之至变，其孰能与于此？《易》无思也，无为也，寂然不动，感而遂通天下之故。非天下之至神，其孰能与于此？夫《易》，圣人之所以极深而研几也。唯深也，故能通天下之志；唯几也，故能成天下之务；唯神也，故不疾而速，不行而至。子曰，"《易》有圣人之道四焉"者，此之谓也。

此节谓《易》之"辞"、"变"、"象"、"占"四者，圣人之道。非天下之"至精"、"至变"、"至神"，不能与于此。故圣人极深而研几焉，以通天下之志，以成天下之务，不疾而速，不行而至焉。盖亦赞《易》之辞也。

子曰："夫《易》何为者也？夫《易》，开物成务，冒天下之道，如斯而已者也。"是故圣人以通天下之志，以定天下之业，以断天下之疑。是故蓍之德圆而神，卦之德方以知，六爻之义易以贡。圣人以此洗心退藏于密，吉凶与民同患，神以知来，知以藏往，其孰能与此哉？古之聪明睿知神武而不杀者夫！是以明于天之道而察于民之故，是兴神物，以前民用。圣人以此斋戒以神明其德夫！是故阖户谓之坤，辟户谓之乾，一阖一辟谓之变，往来不穷谓之通，见乃谓之象，形乃谓之器，制而用之谓之法，利用出入民咸用之谓之神。

此节言《易》所以开物成务，圣人以之通群志、立大业、断大疑、洗心藏密、知来藏往、非聪明睿知神武而不杀者，不能与此。至其论蓍卦爻之德，乾坤阖辟，变通不穷，见象、形器、制法、用神，则又赞卜筮之言也。

是故《易》有太极，是生两仪，两仪生四象，四象生八卦，八卦定吉凶，吉凶生大业。是故法象莫大乎天地；变通莫大乎四时；县象著明莫大乎日月；崇高莫大乎富贵；备物致用，立成器以为天下利，莫大乎圣人；探赜索隐，钩深致远，以定天下之吉凶，成天下之亹亹者；莫大乎蓍龟。是故天生神物，圣人则之。天地变化，圣人效之；天垂象，见吉凶，圣人象之；河出图，洛出书，圣人则之。《易》有四象，所以示也，系辞焉，所以告也；定之以吉凶，所以断也。

此节言自太极而有八卦，以定吉凶、生大业；圣人则《河图》、《洛书》，立蓍龟之法，系辞以断吉凶，无非象法天地。

子曰："书不尽言，言不尽意。"然则圣人之意其可见乎？子曰："圣人立象以尽意，设卦以尽情伪，系辞以尽其言；变而通之以尽利，鼓之舞之以尽神。"

"书不尽言，言不尽意"，谓《易》之道，不可执着文字以求之，圣人立象、设卦、系辞、变通神化，善读者当会其言外之意也。

　　是故形而上者谓之道，形而下者谓之器，化而裁之谓之变，推而行之谓之通，举而饰之天下之民谓之事业。……是故夫象，圣人有以见天下之赜而拟诸其形容，象其物宜，是故谓之象；圣人有以见天下之动而观其会通，以行其典礼，系辞焉以断其吉凶，是故谓之爻。极天下之赜者存乎卦，鼓天下之动者存乎辞，化而裁之存乎变，推而行之存乎通，神而明之存乎其人，默而成之、不言而信存乎德行。

形上之道，形下之器，化裁推行，变通在人；故卦、象、以极天下之赜，爻、辞、以鼓天下之动，神而明之，则存乎其人也。

以上七节均见《系辞》上篇。《系辞》下篇，亦有数节：

　　八卦成列，象在其中矣；因而重之，爻在其中矣；刚柔相推，变在其中矣；系辞焉而命之，动在其中矣。吉凶悔吝者，生乎动者也；刚柔者，立本者也；变通者，趣时者也；吉凶者，贞胜者也；天地之道，贞观者也；日月之道，贞明者也，天下之动，贞夫一者也。夫乾，确然示人易矣；坤，隤然示人简矣。爻也者，效此者也；象也者，像此者也。爻象动乎内，吉凶见乎外，功业见乎变，圣人之情见乎辞。

此节言卦爻成象，刚柔生变，系辞明动，动生吉凶悔吝；全部《周易》，此数语可以括之。乾、坤为《易》之本，示人以至易至简；爻者效此，象者像此；爻象动，则吉凶见，因变可以见功业，因辞可以见圣人之情焉。

天地之大德曰生，圣人之大宝曰位。何以守位曰仁，何以聚人曰财，理财正辞，禁民为非曰义。

"《易》者，生生之道。"生生不已者，天地之大德，故"易与天地准"。"崇高莫大乎富贵"，圣人不得位，不能行其法天之生生之道，故曰"圣人之大宝曰位"。守位以仁者，即《论语》所谓"仁能守之"也。不仁者而得天下，固不能一朝居也。《大学》言"财聚则民散，财散则民聚"，散财可以聚民，故曰"何以聚人曰财"。至于理财以义，即"以义为利"，正辞以义，即正名实，辨是非也。此《易》道之通于政治者。

其称名也，杂而不越；于稽其类，其衰世之意耶？夫《易》，彰往而察来，显微而阐幽，开而当名，辨物，正言，断辞，则备矣。其称名也小，其取类也大，其旨远，其辞文，其言曲而中，其事肆而隐，因贰以济民行。以明得失之报。

此节言《易》之称名小而取类大，故旨远辞文，言曲中而事肆隐，故能彰往察来，显微阐幽，当名辨物，正言断辞，以明得失，以济民行也。

是故变化云为，吉事有祥；象事知器，占事知来。天
地设位，圣人成能；人谋鬼谋，百姓与能。八卦以象告，爻
象以情言；刚柔杂居，而吉凶可见矣。变动以利言，吉凶以
情迁；是故爱恶相攻而吉凶生，远近相取而悔吝生，情伪相
感而利害生。凡《易》之情，近而不相得，则凶，或害之，
悔且吝。将叛者其辞惭，中心疑者其辞枝；吉人之辞寡，躁
人之辞多；诬言之人其辞游，失其守者其辞屈。

此节论八卦以象为主，爻象以情为主。所谓吉凶以情迁者，即下句所
云爱恶相攻，远近相取，情伪相感也。故近而不相得，则悖乎常情，
凶害悔吝随之。末又自《易》之辞推论及于人之辞。知辞之有惭、有
枝、有寡、有多、有游、有屈，则可以知言矣。

《易》之为书也不可远，为道也屡迁，变动不居，周
流六虚，上下无常，刚柔相易，不可为典要，唯变所适；其
出入以度，外内使惧，又明于忧患与？故无有师保，如临父
母。初率其辞而揆其方，既有典常；苟非其人，道不虚行。

《易》之为书也，原始要终，以为质也。六爻相杂，
唯其时物也。其初难知，其上易知，本末也。初辞拟之、卒
成之终。若夫杂物撰德，辨是与非，则非其中爻不备。噫！
要亦存亡吉凶，则居可知矣。知者观其彖辞，则思过半矣。

《易》之为书也，广大悉备：有天道焉，有人道焉，
有地道焉。兼三材而两之，故六。六者，非它也，三材之道
也。道有变动，故曰爻；爻有等，故曰物；物相杂，故曰
文；文不当，故吉凶生焉。

此三节皆论《易》之为书。首节言《易》之不可远，而其道变动不居，周流六虚；次节言《易》之原始要终，以初上二爻为本末，而备于中爻；末节言《易》之广大，天地人三材之道，无乎不具。但《易》本是卜筮之书，故不能完全脱离术数。《系辞》中亦曾言及之。如曰：

> 大衍之数五十，其用四十有九；分而为二，以象两，挂一，以象三；揲之以四，以象四时；归奇于扐，以象闰；五岁再闰，故再扐而后挂。天数五，地数五，五位相得而各有合。天数二十五，地数三十，凡天地之数五十有五。此所以成变化而行鬼神也。乾之策二百一十有六，坤之策百四十有四，凡三百有六十，当期之日。二篇之策，万有一千五百二十，当万物之数也。是故四营而成《易》，十有八变而成卦，八卦而小成。引而申之，触类而长之，天下之能事毕矣。显道神德行，是故可与酬酢，可与祐神矣。
>
> 天一地二，天三地四，天五地六，天七地八，天九地十。

此二节皆言《易》之"数"，不知《易》数卜筮之法者，直觉无从了解。吾人今日读《易》，但求能明其哲理之大概，不必于术数中求之也。

卦辞、爻辞，文王所作，《易》之经也，《彖传》、《象传》，孔子所作，《文言》、《系辞》，孔子弟子所记，《易》之传也，吾人读《易》，即此已足。至于《说卦》论八卦之位与象，《序卦》释六十四卦之次序，《杂卦》论六十四卦之意义，皆后人所附益，不足信，不足观也。

第六章 周易之基本观念

《左传》昭公二年，晋韩宣子聘鲁，观书鲁太史，见《易象》与《鲁春秋》。《易象》即未经孔子赞修之《易》也，《易》，何以谓之"易象"？因"易"与"象"，为《易》之基本观念故。兹分别论之如次。

一、易

（一）易即变化不息

"易"者，变易也。《系辞》曰："在天成象，在地成形，变化见矣。"又曰："刚柔相推而生变化，……变化者，进退之象也。"又曰："爻者，言乎变者也。"又引子曰："知变化之道者，其知神之所为乎？"又曰："非天下之至变，孰能与于此？"又曰："一阖一辟谓之变。……天地变化，圣人效之。"是《易》者，圣人效天地之变化，作为此书，以论变化之理者也。故《史记》论六经之用，一则曰"《易》以神化"，再则曰"《易》长于变"。子在川上曰："逝者如斯夫！不舍昼夜！"川流滔滔，昼夜不止，前波既逝，后波又来，相续不断；同是一波，而后波非复前波之水矣。孔子之叹，为川流而发，亦非专为川流而发者，岂惟川流？宇宙万物，莫不如是。故程子曰："此道体也。天运而不已，日往则月来，寒往则暑来；水流而不息，物生而无穷；皆与道为体，运乎昼夜，未尝已也。"朱子亦曰："天地之化，往者过，来者续，无一息之停。"吾人世俗之见，往往以为自有天地以来，便有此山河，有此人物；数千万年以来，人物虽非，山河依旧。实则现有之山河，非复初有山河时之山河；今日之山河，非复昨日之山河矣。故苏轼有言，"盖将自其变者而观之，则天地诚不能以一瞬"也。即以吾人言之，自宇宙间有"我"以来，由婴孩而成童，而青年，而壮年，以至于衰老；今日发苍苍，视茫茫，齿牙动摇脱落之"我"，尚是襁褓中之"我"耶？"我"之由婴孩而为老人，决非如京剧中过昭关之伍子胥，一夜尽白其须发者；则自去年以至今年，自上月以至此月，自昨日以至今日，乃至自前一小时以至此一小时，即在一分、一秒、一转瞬、一弹指之顷，"今吾"已非"故吾"矣。佛言众生流转相，有"生"、"住"、"异"、"灭"四相；质言之，则有"生"即有"异"，由"异"而渐至于"灭"，中间并无所谓"住"也，生生灭灭，新陈代谢，变动不居，此乃天道，即今语所谓"自然的法则"也。宇宙之变，未尝有一刻之停滞；万事万物，莫不受此廓然大公的自然法则之支配；故《中庸》谓之"至诚无息"。人当法天。法天者，法其"至诚无息"而已。故乾卦《象传》曰："天行健，君子以自强不息。"非特乾也，《周易》全书，殆无不以一"易"字为其基本观念；书名曰"易"，殆以此欤？

（二）变化原力为阴阳

"动则变，变则化"（用《中庸》语），此定理也。故天地万物之变化，皆起于"动"。天下岂有真"静"之物哉？地球之绕日也，自转公转，动而未尝息也，而常人则曰地静。石土之崩解也，风化之，雨洒之，亦未尝息也，而常人则曰此皆静物。故物未有不动者，动则变化生焉。然则"动"之因果何在乎？《系辞》释之曰："刚柔相推而生变化。"又曰："刚柔相推，变在其中矣。"刚柔，即阴阳也。故又曰："一阴一阳之谓道。"天地间万物万事，皆各有相反而实相成之相对的二种性质，数之有正负也，电之有阴阳也，人之有男女也，禽兽之有雌雄牝牡也，时日之有寒暑昼夜也，天象之有日月，有昼夜，有晴雨也，以及冷之与热，苦之与乐，富贵之与贫贱，以及邪正、顺逆……皆可作如是观。此二种相对的性质，无以名之，名之曰"阴阳"，曰"刚柔"；阴阳、刚柔非能完全表示此二者之德业而恰如其分也，不过较数学之以 x、y 代表未知数，稍胜一筹耳。而此二者，却为一切变化之原动力焉。但此含义极富、代表极多之所谓"阴阳"，以文字名之，终不如以符号表之：一则符号简，可以一望而知，胜于文字之繁；二则符号本身并无意义，不若文字之易有歧义，且有遗义也。《易》之"—"、"--"，即用以代表阴阳之符号耳。

（三）变化原则由简而繁

《系辞》曰："是故《易》有太极，是生两仪；两仪生四象，四象生八卦。"宋儒道士式之易学，即因此而有所谓《太极图》；且更进而求之冥渺之中，而有所谓"无极"者。按《说文》曰："极，栋也。"则所谓"极"者，即屋顶最高之横梁也。如以符号表之，便当作"—"。"仪，匹也。""—"、"--"成对，即两仪矣。"—"、"--"皆自表太极之"—"出来，故曰"太极生两仪"。此二种符号相叠，便可成不同的四种形式："⚏"、"⚎"、"⚍"、"⚌"是也，故曰"两仪生四象"。如画作三重，便成八卦，故曰"四象生八卦"。任取八卦中之二卦，而错互重叠之，则成六十四卦，有三百八十四爻，可以代表"天下之至赜"与"天下之至动"，而成

《周易》一书。推其原始，皆由一画分化而为"—"、"--"，此实万物万事由简易而繁难的变化之公式也。乾卦在八卦为☰，在六十四卦为䷀，皆由"—"积成；坤卦在八卦为☷，在六十四卦为䷁，皆由"--"积成；二卦皆为纯粹的原始的卦画；虽谓其余六十二卦皆自此二卦变出，亦未尝不可。故孔子曰："乾坤其《易》之门邪？""乾坤成列，而《易》立乎其中矣。"惟其为六十四卦之始，故以之代表"易"、"简"。故《系辞》曰："乾以'易'知；坤以'简'能。"又曰："夫乾，确然示人'易'矣；坤，隤然示人'简'矣。"事物变化既皆由简易而趋于繁难；有此变化之公式，则知简易之前因，即可推知繁难之后果。故《系辞》又曰："德行恒易以知险；……德行恒简以知阻。""彰往以知来"，"温故以知新"，即由此也。《中庸》言"至诚之道，可以前知"。似谓至诚之圣人，皆为先知的预言家者。实则人事殆莫不有其先后因果之关系。个人之成败，一家之兴替，一国之治乱强弱，乃至世界国际战争之爆发，政策主义之变动，殆皆有其远因近因。如能明了其种种之因，而又不为感情所蔽，成见所囿，则凡所预测，虽不中，亦不远矣。由卦爻以推断未来之吉凶者，卜筮之《易》也；由前事之因以推论未来之果者，哲理之《易》也。

二、象

（一）现象、意象、法象

《系辞》曰："《易》也者，象也。"故"象"亦为全部《周易》之基本观念。《韩非子·解老》曰："人希见生象也，而案其图以想其生；故诸人之所以意想者，皆谓之象。"此解颇迂曲且所解只是"意象"，仅为"象"之意义之一种。《系辞》曰："象也者，像此者也。""像"是后起字,古字本作"象"。故孟、京、虞诸本,"像"字皆仍作"象'。但此语所释,又只是"法象",亦仅为"象"字意义之一种。疑"象"字为"相"字之同音假借。借"象"作"相",今象棋子,红棋之"相",蓝棋作"象",即其证。《说文》曰:"相,省视也,从目、从木。"目者,能视之官;木者,所视之物。故凡目之视物曰"相",如"吾不敢复相天下士矣"之"相"是;凡目所见事物之状态亦曰"相",如"金玉其相"之"相","寿者相'之"相',皆是。前者为动词,省视之义也;后者为名词,所省视之事物之状态也。后一义,谓之对象,一切事物之自然的人为的静态或动态,凡为人目省视之对象者,皆"现象"也。观察此等客观的现象,所摄得者曰印象,并未观察具体的现象,而由吾心就以前所具之印象构成之,或并未有此种印象而由吾心抽象的意念虚拟之者,曰想象。印象、想象,皆"意象",非"现象"也。如作画,风景实物之写真,旧画之临摹,皆取法于现象者也。意匠经营,自成新稿者,取法于意象者也。凡所取法之现象或意象,皆谓之"法象"。《易》之象,盖兼此三义:一曰现象,二曰意象,三曰法象。《系辞》所云"天垂象","在天成象","仰则观象于天","见乃谓之象",皆指现象而言。其曰"设卦观象","八卦成列,象在其中矣","君子居则观其象",以及"失得之象"、"忧虞之象"、"进退之象"、"昼夜之象"云云,皆"意象"也。《系辞》曰:"圣人有以见天下之赜,而拟诸其形容,象其物宜,是故谓之象。"又曰:"天垂象,圣人则之。"又曰:"象也者,像此者也。"则以天象及天下事物之象为"法象"矣,此以"现象"为"法象"者。《系辞》所谓罔罟取象于离,耒耨取象于益,为市交易取象于噬嗑,舟楫取象于涣……所举凡十三事,取象于十四卦,则以"意象"为"法象"者也。

（二）各卦之象

六十四卦，无非代表现象、意象；且既成卦，则所代表之现象亦成意象矣。如屯卦䷂，上坎为雨，下震为雷，所代表者，雷雨之现象也。泰卦䷊，上地下天，所代表者，天地相交之意象也。履卦《象》曰："上天下泽，履，君子以辨上下，定民志。"履卦䷉，上乾为天，下兑为泽；由此现象，得上下各安其位之意象；君子以此卦之意象为法象，于是辨上下，定民志焉。此由卦之意象顺引之以为法象者也。大畜卦《象》曰："山中有天，大畜君子多识前言往行，以畜其德。"大畜卦䷙，上艮为山，下乾为天，所以代表在群山环绕中观天之现象；由此现象，得坐井观天、识见鄙陋之意象；君子以此卦之意象为法象，于是多识前言往行，以畜其德焉。此由卦之意象反推之，以为法象者也。谦卦《象》曰："地中有山，谦，君子以裒多益寡，称物平施。"谦卦䷎，上坤为地，下艮为山，故为"地中有山"；然地中有山，与泰卦之上地下天，同为必无之现象，故但为代表卑下之至之意象；君子以此卦之意象为法象，得恶盈好谦之义，故发为裒多益寡，称物平施之事焉。六十四卦之大象，皆此类也。各爻之小象，亦皆以爻象为法象，而引申之以及于人事。故六十四卦，无非由现象以得卦爻之意象，而复取卦爻所代表之现象意象以为人事之法象。《系辞》曰："圣人，有以见天下之动而观其会通，以行其典礼。"盖谓器物制度，礼俗……一切人事，皆先有其意象，皆先有所效法之法象为其本原。故曰"以制器者尚其象"；"拟之而后言，仪之而后动"（"仪"今本作"议"，误。陆、荀诸本作"仪"，见《释文》）；"见乃谓之象，形乃谓之器，制而用之谓之法，利用出入，民成用之谓之神"也。

三、阐发易象之辞

　　"易"与"象",为《周易》之二大基本观念,而所以阐发之者,则在乎"辞",《系辞》曰:"辞也者,各指其所之。"卦爻仅有符号,旨趣未明,故以"辞"指明之。《系辞》言"系辞焉以断吉凶","辨吉凶者存乎辞","致天下之动者存乎辞","以言者尚其辞"。"理财正辞,禁民为非"。卦辞、爻辞,"辞"也;《象传》、《象传》,亦"辞"也。"辞"者,所以阐发"易"与"象"二基本观念,而其本身,则不得谓为《周易》之基本观念也。吾人读《易》,不能不藉"辞"以明"易"、"象"之理,但不可执着文辞以求有得。盖"辞"为得鱼之"筌"而固非"鱼"也。

第二编　尚书概论

第一章 尚书解题

一、《尚书》名称

《尚书》者,上古之书也。孔颖达《尚书正义》释尚书二字之义曰:"尚者,上也,言此上代以来之书,故曰《尚书》。"按《尚书》始于《尧典》,终于《秦誓》,其时代起自上古之唐尧,终于春秋初世,为我国上古时代之史料,故名曰《尚书》。秦以前之经传诸子中,凡引《尚书》,皆但称《书》,不曰《尚书》;似《尚书》一名,起于西汉。西汉初世,去秦穆公作《秦誓》时,已四百余年矣。故陆德明《经典释文叙录》亦曰:"以其上古之书,故曰《尚书》。"但原注引郑玄说,以为孔子撰书,尊而命之曰《尚书》。尚者,上也。盖言若天书然。又引王肃曰:"上所言,下为史所书,故曰《尚书》。"郑玄谓《尚书》为孔子所撰,王肃谓《尚书》乃上所言,下为史所书,皆本于《汉书·艺文志》。《汉志·六艺略》叙《尚书》曰:"《易》曰:'河出图,洛出书,圣人则之。'故

《书》之所起远矣，至孔子，纂焉，上断于尧，下讫于秦，凡百篇，而为之序，言其作意。"此郑玄所本。又叙《春秋》曰："古之王者，世有史官，君举必书，所以慎言行，昭法式也。左史记言，右史记事；事为《春秋》，言为《尚书》。帝王靡不同之。"此王肃所本。按谓《尚书》经孔子撰定，自来学者皆信之。但谓经孔子撰定之书，若天书然，故名《尚书》，则《易》、《诗》、《礼》皆经孔子修撰，亦当名之曰"尚易"、"尚诗"、"尚礼"乎？古之王者有史官记其言动，度亦如后世起居注之类耳，然必左右二史，分记言动，殊非事实。且《礼记·玉藻》曰："动则左史书之，言则右史书之"，与《汉志》所言恰相反。《尚书》之中，如《皋陶谟》，重在记皋陶及禹之言，不重在记舜之言；如《无逸》，则所记皆周公告成王之言；如《君奭》，则所记为周公告召公之言，非王言也。如《顾命》，虽亦记成王临终之言，康王即位之言，而十之七八皆记礼仪陈设；如《禹贡》，则全篇记九州山川赋贡，竟无记言之文矣。故郑、王二解，终不若陆、孔二氏以《尚书》为上古之书也。

二、孔子纂《书》

　　《尚书》为古代相传之史料，经孔子撰定，说似可信，而其所刊落者，度亦不少。《正义》引《尚书纬》曰："孔子求《书》，得黄帝玄孙帝魁之书，迄于秦穆公，凡三千二百四十篇。断远取近，定可以为世法者百二十篇。以百二篇为《尚书》，十八篇为《中候》。"则较《汉志》所云孔子纂书百篇者，又多二篇。《汉书·儒林传》曰："世所传《百两篇》者，出东莱张霸。分析今（原文作"合"，依王引之校改）二十九篇以为数十，又采《左氏传》、《书叙》为作首尾，凡百二篇。篇或数简，文意浅陋。成帝时求其古文者，霸以能为《百两》征。以《中书》校之，非是。霸辞受父，父有弟子尉氏樊并。时太中大夫平当，侍御史周敞劝上存之。后樊并谋反，乃黜其书。"此事亦见王充《论衡·正说篇》（《论衡》以霸为东海人，余同）。此种百二篇之《尚书》，当时已证明其伪，虽未必即为《尚书纬》所云之百二篇，窃疑纬书起于哀平之际，或即因霸事而有此附会耳。故孔子纂《书》之说可信，而所撰之《尚书》有百二篇之多，则不可信也。

三、今存《尚书》乃伪古文

《汉志》言孔子纂《书》，凡百篇，而为之序。《书序》百篇，至今犹存；且《汉志》所云上断于尧，下讫于秦，亦与今存《尚书》首尾全合。然则孔子所撰定之《尚书》，为百篇而非百两篇明矣。今存《尚书》凡五十八篇，殆因秦火而亡其四十二篇耶？曰：是亦不然。《书序》非孔子作，不但非孔子作，且出《史记》之后，特摭拾《史记》及他书为之，康有为《新学伪经考》中有《书序辨伪》一篇，辨之甚明。当于下章详述之。《书序》既不出于孔子，则孔子所纂之《书》，为百篇之说，亦根本动摇。至于今存十三经中之《尚书》五十八篇，则王肃所造之伪书耳。其中之孔安国《传》及《序》，亦出肃伪造，自吴棫、朱子、梅鷟、顾炎武、李巨来诸儒，已多疑之，至阎若璩之《尚书古文疏证》，崔述之《古文尚书辨伪》，段玉裁之《古文尚书撰异》，王鸣盛之《尚书后案》，丁晏之《尚书余论》，更证明其为伪书，为出于王肃，铁案如山，不可移易；虽毛奇龄为作《古文尚书冤词》，亦不能平反之。故当正其名曰《伪古文尚书》。有孔安国《传》之《伪古文尚书》，据《释文叙录》及《隋书·经籍志》，为东晋元帝时豫章内史梅赜所献。梅，亦作枚；赜，亦作颐（《世说新语》记其拜陶侃事，作梅颐，阎若璩《尚书古文疏证》从之。《隋志》作梅赜，惠栋《尚书古文疏证》

从之。《释文》作枚赜）。字仲真，汝南人。《正义》述其传授，引《晋书》曰，晋太保郑冲授扶风苏愉，愉授天水梁柳，柳授城阳臧曹，曹授汝南梅赜。按《晋书》，郑冲有传，仅言其亲授高贵乡公曹髦《尚书》，而无传古文《尚书》事。梁柳附见《皇甫谧传》仅言其作郡，亦无传古文《尚书》事。至于苏愉、臧曹、梅赜，则《晋书》中并无其人。《正义》又引《晋书·皇甫谧传》曰："谧从姑子外弟梁柳得古文《尚书》。"《谧传》中亦并无此语。故崔述谓梅鷟《尚书考异序》谓《伪古文尚书》为皇甫谧所作，疑亦为《正义》所误。盖谧所著《帝王世纪》，汤之后有外丙、仲壬二代，正与《孟子》、《史记》合，而与《伪孔传》释《伊训》"汤崩逾月，太甲即位"之说，恰相反也。是梅赜有无献《书》之事，已大可疑矣。朱子曰："某尝疑孔安国《书》是假书。"又曰："孔《书》是东晋方出，前此诸儒皆不曾见，可疑之甚。"吴棫亦曰："安国所增多之《书》，皆文从字顺，非若伏生之《书》诘曲聱牙，至有不可读者。夫四代之《书》，作者不一，乃至二人之手而遂定为一体乎？"蔡沈亦曰："伏生倍文暗诵，乃反得其难者，安国考定于科斗古书错乱磨灭之余，乃专得其所易，则又不可晓者。"赵汝谈《南塘说书》中亦有疑古文《尚书》非真者五条。顾炎武、李巨来皆疑为魏晋间汉魏间人赝作。李氏更指出伪《大禹谟》中"人心惟危、道心惟微"二语，宋儒所崇为道学渊源者，乃出于《荀子·解蔽篇》之引《道经》。其言曰："人心之危，道心之微，危微之幾，惟明君子而后能知之。"《荀子》凡引《诗》、《书》，皆称《诗》云《书》云，此独称"《道经》曰"，则秦火之前，荀子所见之《尚书》，并无此语可知。伪古文《尚书》中，破绽甚多，不胜枚举，且清儒自阎若璩以下，其书现在，好学之士，自不难翻阅之也。至于《孔传》之伪，更易辨别。传中地名，多非安国时所有，此更为显而易见者。且安国受诏作《传》云云，《史》、《汉》中皆无其事。故今存十三经中之

《尚书》五十八篇，不但非孔子所撰定，亦非西汉末晚出之古文《尚书》。特因唐太宗时孔颖达撰《五经正义》，采用此伪《孔传》之古文《尚书》，遂成定本，得滥厕于十三经中耳。

四、古文《尚书》

张霸之百二篇《尚书》，汉末即亡；伪孔安国传之五十八篇《尚书》，至今犹存；存亡虽异，其为伪古文《尚书》则同。然则汉世殆另有真古文《尚书》耶？曰：然，非也。《汉志》著录《尚书》，首列"古文经四十六卷"，自注曰："为五十七篇。"此五十七篇者，西汉末所谓古文《尚书》也。《汉志》叙其来历曰："武帝末，鲁共王坏孔子宅，欲以广其宫。而得古文《尚书》及《礼》、《记》、《论语》、《孝经》，凡数十篇，皆古字也。共王往入其宅，闻鼓琴瑟钟磬之音，于是惧，止不复坏。孔安国者，孔子后也，悉得其书。以考二十九篇，得多十六篇。安国献之。遭巫蛊事，未列于学官。刘向以中古文校欧阳大小夏侯三家经文，《酒诰》脱简一，《召诰》脱简二，率简二十五字者脱亦二十五字，简二十二字者脱亦二十二字，文字异者七百有余，脱字数十。"二十九篇者，所谓今文《尚书》也。欧阳大小夏侯经文，即此二十九篇之今文《尚书》。据《汉志》所言，是今文《尚书》不但有脱简及脱异之文字，且篇数亦较古文《尚书》为少，如孔子所纂《尚书》果有百篇，则今文《尚书》所存不及其三之一，古文《尚书》虽亦非完璧，较今文已多十六篇矣。鲁共王者，名馀，景帝子，初封淮阳王，景帝前三年，徙王鲁，薨于武帝元光六年。武帝在位凡五十四年。即位之初，始立年号曰建元，凡六年。改元元光，凡六年。则元光六年，为武帝十二年。去征和元年巫蛊狱起，凡三十八年。共王卒于元光六年，何以得在武帝末坏孔子宅，因以发现古书？如其事在元光六年以前，孔安国何以迟至三十八九年之后而始献之？且《史记·五宗世家》载鲁共王一生，何以不记此发现古文遗经之大事？是鲁共王之得古文《尚书》，殆与梅赜之献伪古文《尚书》，同为一可疑之传说矣。《史记·儒林传》曰："孔氏有古文《尚书》。安国以今文读之，因以起其家。《逸书》得十余篇，盖《尚书》滋多于是矣。"曰孔氏有古文《尚书》，则非由鲁共王坏壁之后而始得之矣。曰逸书十余篇，则古文较今文所得之十六篇为《逸书》矣。刘逢禄以为十六篇乃《逸周书》之类。刘歆引《武成》语，正在《逸周书·世俘解》中，是其证也。故西汉博士不信此十六篇而以今文《尚书》为备也（见刘歆《移让太常博士书》。今《汉书·楚元王传》载此书，云"以《尚书》为不备"，衍一"不"字）。马融《尚书序》曰："逸十六篇，绝无师说。"郑玄《尚书注》分十六篇为二十四篇，而并未为之作注，东汉古文大盛，而此十六篇古文尚书，马氏以为绝无师说，郑氏不为作注。则其是否真为孔子所撰定，亦大可疑矣。说者或以此十六篇篇目皆见于《书序》为证。不知《书序》本非孔子作也。或以此十六篇篇目多见于《史记》为证。不知经传子史中所引古书篇名，不但有出此十六篇外者，且有出《书序》百篇之外者，皆孔子删落之余，犹《公羊传》引不修《春秋》也。《墨子·兼爱》、《明鬼》中尝引《禹誓》矣，《兼爱》中又尝引《汤说》矣，《非乐》中又尝引《武观》、《官刑》矣，《尚同》中又尝引《相年》矣；《左传》襄公四年尝引《夏训》矣，《定公》四年尝引《伯禽》、《唐诰》矣；《礼记·缁衣》尝引《尹吉》矣，《坊记》尝引《高宗》矣；《尚书大传》尝引《大战》、《揜诰》、《多政》矣，《史记·殷本纪》尝引《大戊》矣；《汉书·律历志》尝引《丰刑》矣；此皆在《书序》百篇之外者。如以为亦孔子所撰定，则其数远过百篇；如以为此则孔子所刊落，《书序》所录乃孔子所撰定，亦未免过信《书序》矣。至于"孔安国以今文读之"者，因其书为孔氏所世藏，以古文字书写，而安国通晓古文字，故能译读为今文耳；非谓别有多于今文《尚书》之古文十六篇也。故此十六篇古文，终于亡失，窃疑当时即有其书，亦群知其非经孔子撰定之逸书，故学者未之重视，汉世不列学官，绝无师说，不为注释，终致散失。康有为直斥为刘歆伪造；即使不出于歆，亦摭拾孔子纂《书》时刊落之余耳。

五、今文《尚书》

《尚书》之经孔子撰定者，实仅今文二十九篇而已。《汉志》著录《尚书》有"《经》二十九卷"。自注曰："大小夏侯二家。欧阳《经》三十二卷。"其下又有："欧阳《章句》三十一卷。大小夏侯《章句》各二十九卷。大小夏侯《解故》各二十九卷。"按欧阳氏之《经》，卷数亦当与其《章句》相同。"欧阳《经》三十二卷"，"二"或作"一"，是也。所以较大小夏侯多二卷者，《盘庚》分上中下三篇故。此二十九篇今文《尚书》之来历，见《史记·儒林传》。其言曰："伏生者，济南人也。故为秦博士。孝文帝时，欲求能治《尚书》者，天下无有。乃闻伏生能治，欲召之。是时，伏生年九十余，老，不能行。于是乃诏太常，使掌故晁错往受之。秦时焚书，伏生壁藏之。其后，兵大起，流亡。汉定，伏生求其书，亡数十篇，独得二十九篇，即以教于齐鲁之间。学者由是颇能言《尚书》，诸山东大师无不涉《尚书》以教矣。"《汉书·儒林传》同。《汉志》之叙述则略为简单。《释文叙录》始有"伏生失其本经，口诵二十九卷传授"之说，《隋志》始有伏生女伏姬传经之说。但按之《史》、《汉》所载，则伏生所传之《尚书》，原秦时所壁藏，汉兴复求得之，非失其本经，口诵传授也。且既藏于秦时，其非写以汉隶可知；所谓口诵传授，殆亦如孔安国之以今文读之耳。其后伏生以授济南张生及千乘欧阳生和伯；欧阳生以授千乘倪宽；宽复传欧阳生之子；欧阳氏世世相传，至欧阳生之子高，字子阳；于是《尚书》有欧阳氏之学。张生又授夏侯都尉，以传其族子始昌，再传之夏侯胜，是为大夏侯；胜又传其从兄子建，是为小夏侯；于是《尚书》有大小夏侯之学。此今文《尚书》传授源流，《史》、《汉》、《儒林传》中，载之甚明。伏生所藏，本为古文，及以之教人，则以汉世通行之隶书写之；盖受《尚书》者，固未能尽通古文字也。龚自珍《总论汉代古文今文名实》，谓未读之前，孔氏所有者固为古文，伏生所藏者亦为古文；既读之后，则张生、欧阳生、大小夏侯所传者，固译成今文，即孔安国所传者，亦成今文。且以译他国文字为喻；同一原本，而译主不同，所译之本可由一二而至六七。推其本原，则皆为古文书写、孔子撰定之本。其说最为明通。但今文《尚书》，《汉志》著录虽曰二十九卷；而《正义》引孔安国从兄太常蓼侯孔臧与安国书云："时人惟闻《尚书》二十八篇，取象二十八宿，谓为信然。"则伏生所传，似又仅二十八篇矣。按《尚书》二十八篇象二十八宿之说，亦见王充《论衡》。《论衡》尚有"其一曰斗"句。《正说篇》曰："传者或知《尚书》为秦所燔，而谓二十九篇，其遗脱不烧者也。"则王充亦以为有二十九篇矣，段玉裁谓《正义》所引孔臧书不可信。王引之谓二十八篇之说见《孔丛子》及《汉书·刘歆传》（附见《楚元王传》）臣瓒注，盖晋人始有此说。则段、王二氏亦以二十八篇之说为不可信矣。然则所谓二十八篇究加何篇乃为二十九篇，则说者又各不同。《论衡·正说篇》又曰："至孝宣皇帝之时，河内女子发老屋，得逸《易》、《礼》、《尚书》各一篇，奏之。宣帝下示博士。然后《易》、《礼》、《尚书》各益一篇，而《尚书》二十九篇始定。"据此，似伏生所传原为二十八篇，益此后得之一篇，始有二十九篇也。《正义》又引刘向《别录》曰："武帝末，民有得《泰誓》于壁内者，献之。与博士，使读之。"此与刘歆《移让太常博士书》所云"《泰誓》后得，博士集而读之"相合。则《尚书》所加一篇，即《泰誓》矣。王引之《经义述闻》即从此说。然《释文叙录》又曰："汉宣帝本始中，河内女子得《泰誓》一篇，献之。与伏生所诵，合三十篇。"是后得之《泰誓》，又在二十九篇之外矣。龚自珍《泰誓答问》力主《泰誓》不在二十九篇之内，即取《释文叙录》之说。龚氏谓二十八篇所以为二十九篇者，当从《顾命》中分出《康王之诰》；因《史记·周本记》明言作《顾命》，又曰作《康诰》，所谓《康诰》，非命康叔封之《康诰》，而为从《顾命》中分出之《康王之诰》，此又一说也。陈寿祺《左海经辨》中有《今文尚书有序说》一篇，以《书序》为二十九篇中之一篇，为立十证以明之。此又一说也。王引之《经义述闻》及康有为《伪经考》中，已详辨《书序》非孔子作，且出《史记》后，其不在二十九篇之内，显而易见。故皮锡瑞《经学通论》以为伏生所传二十九篇，本分《顾命》与《康王之诰》为二，及传至欧阳大小夏侯，因诏下后得之《泰誓》，使博士读说以教，乃又合《顾命》与《康王之诰》为一篇，加《泰誓》仍为二十九篇。故《论衡》既谓伏生所传为二十九篇，又曰益《泰誓》一篇而《尚书》二十九篇始定。此又一说也。但今存《泰誓》则显为伪书，与《牧誓》辞气语意全不相类；且从天地万物父母遥远说起，极似魏晋文章发端；数纣之恶，皆以后世暴君之事想象汇集而成；吴棫、顾炎武等已疑之矣，故居今日而数今文《尚书》，如合《康王之诰》于《顾命》，当仅有二十八篇也。《汉志》云二十九卷者，殆并后得之《泰誓》计之耳。

六、《尚书》篇目

壁中古文《尚书》较今文多十六卷，则为四十五卷，《汉志》云四十六卷者，殆并后出之《书序》计之，班氏固信《书序》为孔子作者也。又云为五十七篇者，《盘庚》分上中下三篇，《泰誓》亦分上中下三篇，《九共》分九篇，故篇数增出十二篇，为五十八篇。桓谭《新论》谓古文《尚书》凡五十八篇者，此也。《正义》引郑玄云："建武时亡《武成》一篇。"班氏在建武后，不数《武成》，故自注云"五十七篇"也。伪古文《尚书》于今文二十八篇中，分《顾命》与《康王之诰》为二，《盘庚》仍分上中下三篇，又从《尧典》中分出《舜典》，《皋陶谟》中分出《益稷》，化二十八篇为三十三篇；又增以伪造之古文二十五篇，以求合古文五十八篇之数焉。列举之，则今文二十八篇：

（1）《尧典》（《大学》引，作《帝典》；《孟子》引，作《尧典》），（2）《皋陶谟》，（3）《禹贡》，（4）《甘誓》，（5）《汤誓》，（6）《盘庚》，（7）《高宗肜日》，（8）《西伯戡黎》，（9）《微子》，（10）《牧誓》，（11）《洪范》，（12）《大诰》（今文《尚书》次序，《大诰》在《金縢》前，与《书序》不同），（13）《金縢》，（14）《康诰》，（15）《酒诰》，（16）《梓材》，（17）《召诰》，（18）《洛诰》，（19）《多士》，（20）《无逸》，（21）《君奭》，（22）《多方》，（23）《立政》，（24）《顾命》（或分出《康王之诰》），（25）《费誓》，（26）《吕刑》，（27）《文侯之命》，（28）《秦誓》。

古文所多十六篇：

（1）《舜典》（非伪古文《尚书》中从《尧典》分出之《舜典》），（2）《汩作》，（3）《九共》，（4）

《大禹谟》，（5）《益稷》（按当作《弃稷》。非伪古文《尚书》中从《皋陶谟》分出之《益稷》），（6）《五子之歌》，（7）《胤征》，（8）《汤诰》，（9）《咸有一德》，（10）《典宝》，（11）《伊训》，（12）《肆命》，（13）《原命》，（14）《武成》，（15）《旅獒》，（16）《冏命》（按当作《毕命》。非伪古文《尚书》中之《冏命》）。（又按康有为《伪经考》中有《尚书篇目异同真伪表》，所列十六篇伪古文篇目，即指壁中古文《尚书》，因康氏笃信今文，故以此十六篇为伪古文也。康氏以《九共》为九篇，故《九共》之外，惟列《舜典》、《汩作》、《大禹谟》、《允征》、《汤诰》、《伊训》、《武成》七篇，与《正义》异。）

伪古文二十五篇：

（1）《大禹谟》，（2）《五子之歌》，（3）《胤征》，（4）《仲虺之诰》，（5）《汤诰》，（6）《伊训》，（7）《太甲》上、中、下，（8）《咸有一德》，（9）《说命》上、中、下，（10）《泰誓》上、中、下（非汉世后得之《泰誓》），（11）《武成》（非建武时亡失之《武成》），（12）《旅獒》，（13）《微子之命》，（14）《蔡仲之命》，（15）《周官》，（16）《君陈》，（17）《毕命》，（18）《君牙》，（19）《冏命》。（《太甲》、《说命》、《泰誓》各分三篇，共计二十五篇。）

壁中古文十六篇早亡，而今文二十八篇，则存于伪古文《尚书》

中。吾人欲读《尚书》，阅此二十八篇足矣。

七、《尚书》注本

关于《尚书》之著述，最古者为《尚书大传》。此书旧题汉伏胜撰。据郑玄序，则为伏胜之遗说，而其徒张生、欧阳生录之也。梁章钜《退庵随笔》谓其文或说《尚书》，或不说《尚书》，与《尚书》经义在离合之间，盖犹《诗》之有《韩诗外传》耳。然今文《尚书》家言，往往本之。清人辑本，以陈寿祺定本最为完备。至于十三经所用之注，则为伪孔安国《传》。此传虽题孔安国撰，实与伪古文《尚书》同出王肃伪造，可以不阅。孔颖达据伪孔《传》为疏，除有小处可采外，亦不足观。马融、郑玄之注，已成残佚。宋儒之注，以蔡沈为最著，金履祥之《尚书注》次之。宋人注书，揣摩语意，实胜汉唐；而其凭主观以变乱事实，则颇与经生态度未合。但在今日观之，则《尚书》为古代史料，古代史料之可疑者亦正不少也。清人如江声之《尚书集注音疏》，孙星衍之《尚书今古文注疏》，及吴汝纶之《尚书故》，均有可观。亦有单注《禹贡》者，如胡渭之《禹贡锥指》，夏允彝之《禹贡合注》；有专注《尚书》中之地名者，如蒋廷锡之《尚书地理今释》；有考伪古文真伪者，如阎若璩之《尚书古文疏证》，丁晏之《尚书余论》；而王鸣盛之《尚书后案》，段玉裁之《古文尚书撰异》，亦属于此类。如欲考证《尚书》中所载古事，则崔述之《上古考信录》、《丰镐考信录》，并有参考之价值云。

第二章 书 序

一、《书序》所录百篇

上章引《汉书·艺文志》曰："《书》之所起远矣；至孔子，纂焉，上断于尧，下讫于秦，凡百篇，而为之序。"此孔子作《书序》百篇之说所本。《汉书·楚元王传》所附《刘歆传》，及《儒林传》中，皆有此说。《史记·三代世表序》曰："孔子因史文，次《春秋》，纪元年，正时月日，盖其详哉。至于叙《尚书》，则略无年月。"《孔子世家》又曰："序《书》传。"似《史记》亦谓孔子作《书序》矣。然细按之，则《史记》所云"叙《尚书》"、"序《书》传"者，乃次序之谓，非为《尚书》作序也。《孔子世家》又曰："孔子晚而喜《易》，序《彖》、《系》、《象》、《说卦》、《文言》。"亦非作序之意。则孔子作《书序》之说，出于刘歆、班固明矣。所谓《书序》，今尚存在，伪古文《尚书》散置各篇首。其无书而徒有序者，则附见。今举序中百篇之目如下：

（1）《尧典》，（2）《舜典》，（3）《汩作》，（4）《九共》九篇，（5）《稿饫》（上三篇共一序），（6）《大禹》，（7）《皋陶谟》，（8）《弃稷》（上三篇共一序），（9）《禹贡》，（10）《甘誓》，（11）《五子之歌》，（12）《胤征》，（13）《帝告》，（14）《釐沃》（上二篇共一序），（15）《汤征》，（16）《汝鸠》，（17）《汝方》（上二篇共一序），（18）《夏社》，（19）《疑至》，（20）《臣扈》（上三篇共一序），（21）《汤誓》，（22）《典宝》，（23）《仲虺之诰》，（24）《汤诰》，（25）《咸有一德》，（26）《明居》，（27）《伊训》，（28）《肆命》，（29）《徂后》（上三篇共一序），（30）《太甲》三篇，（31）《沃丁》，（32）《咸乂》四篇，（33）《伊陟》，（34）《原命》，（35）《仲丁》，（36）《河亶甲》，（37）《祖乙》，（38）《盘庚》三篇，（39）《说命》三篇，（40）《高宗肜日》，（41）《高宗之训》，（42）《西伯戡黎》（《史记》黎作饥），（43）《微子》，（44）《太誓》三篇，（45）《牧誓》，（46）《武成》，（47）《洪范》，（48）《分器》，（49）《旅獒》，（50）《旅巢命》，（51）《金縢》，（52）《大诰》，（53）《微子之命》，（54）《归禾》，（55）《嘉禾》，（56）《康诰》，（57）《酒诰》，（58）《梓材》（上三篇共一序），（59）《召诰》，（60）《洛诰》，（61）《多士》，（62）《无逸》，（63）《君奭》，（64）《成王政》，（65）《将蒲姑》，（66）《多方》，（67）《周官》，（68）《立政》，（69）《贿肃慎之命》，（70）

《亳姑》，（71）《君陈》，（72）《顾命》，（73）《康王之诰》，（74）《毕命》，（75）《君牙》（《礼记·缁衣》引，作《君雅》），（76）《冏命》，（77）《蔡仲之命》，（78）《费誓》（《史记》作《肸誓》），（79）《吕刑》（《史记》作《甫刑》），（80）《文侯之命》，（81）《秦誓》。

此八十一篇中，《九共》多八篇，《咸乂》多三篇，《太甲》、《盘庚》、《说命》、《太誓》各多二篇，共计百篇。《汉志》以此百篇为孔子所纂，而为之序，言其作意者也。

二、《书序》可疑

百篇之序，有极简短者，如云"伊尹作《咸有一德》"，"咎单作《明居》"，"周公作《无逸》"，"周公作《立政》"，但言此数篇为何人作，未尝言其作意也。亦有并作者亦未叙明，但附举其篇名于他篇之下者，如《九共》、《槀饫》附见《汨作》，《鳌沃》附见《帝告》，《疑至》、《臣扈》附见《夏社》，上节注明数篇共一序者，皆属此类，此则有篇名而无序文者也。据《伪孔传》之序，则孔安国始分置各篇之首，前盖集为一篇。如百篇之《书》，果经孔子一手纂定，且为作序，言其作意，何以残缺不完如此？

（一）《书序》与《史记》不合

又按《书序》所说，十之八九，见于《史记》，而亦有与《史记》显然不同者。如《盘庚》三篇，《序》以为盘庚迁都时作，《史记·殷本纪》则曰："帝盘庚崩，百姓思盘庚，乃作《盘庚》三篇。"《高宗肜日》及《高宗之训》，《序》以为祖己训高宗而作，

《史记·殷本纪》又曰："帝武丁崩祖己嘉武丁之以祥雉为德，立其庙为高宗，遂作《高宗肜日》及《训》。"《太誓序》曰："唯十有一年，武王伐殷；一月戊午，师渡孟津。"《史记·周本纪》则以为十一年十二月戊午。周之一月，即殷之十二月；但既云一月，则当云十二年矣。又如《文侯之命》，《序》以为平王锡晋文侯仇，《史记·晋世家》则以为襄王命晋文公重耳。此皆显异《史记》者。如《书序》果为孔子所作，司马迁果系采《书序》以作《史记》，似不应有此显著之殊异。又如《汤征》，《史记·殷本纪》明载其文，不但为今文《尚书》所无，且亦为古文十六篇所无；《殷本纪》又有所谓《大戊篇》，又不但为今古文所无，《书序》中亦无此篇目。可见《史记》所采材料，如《逸周书》之类者本属极多，不得谓司马迁纯采《书序》也。且《书序》所叙，共有百篇，而其篇名之见于《史记》者仅五十六篇。既采《书序》，何以又不全采之乎？故《书序》之同《史记》者。乃《书序》之袭《史记》，非《史记》袭《书序》也。《书序》之异于《史记》者，乃摭《史记》之文以成《书序》者，故作差互以欺后人也。

（二）《书序》与《大传》、诸子不合

不仅《史记》为然也。《尚书大传》中亦有《九共》、《帝告》、《说命》、《太誓》、《大战》、《嘉禾》、《揜诰》、《多政》、《骙命》（即《冏命》）九篇篇名。而《大战》、《揜诰》、《多政》三篇，且在《书序》所列篇目之外。则其余六篇虽在《书序》之中，亦不能以之证《书序》之必出于孔子，《书序》所列诸篇必经孔子纂定矣。

不仅《尚书大传》为然也。诸子传记之书所引篇名，有同于《书序》者，如《孟子·万章篇》尝引《尧典》（《礼记·大学》引，作《帝典》），《孟子·梁惠王篇》、《国语·周语》、《墨子·尚贤篇》尝引《汤誓》，《墨子·非命篇》尝引《仲虺之告》（《左传》襄公三十年引，作《仲虺之志》），《万章篇》又尝引《伊训》，《公孙丑篇》、《离娄篇》及《礼记·表记》、《缁衣》、《大学》、《说苑·敬慎篇》均尝引《太甲》，《左传》哀公十一年尝引《盘庚之诰》，《礼记·文王世子》、《学记》、《表记》、《缁衣》均尝引《兑命》（即《说命》），《孟子·滕文公篇》、《万章篇》、《礼记·坊记》、《左传》成公二年、昭公元年、二十四年、《国语·周语》、《郑语》、《荀子·议兵》、《管子·法禁》、《墨子·尚同》、《兼爱》、《天志》、《非命》、《说苑·臣术篇》均尝引《太誓》，《孟子·尽心篇》尝说及《武成》，《孟子·万章篇》、《礼记·缁衣》、《大学》、《左传》僖公三十三年、昭公二十年、定公四年、《荀子·富国篇》均尝引《康诰》，《礼记·缁衣篇》尝引《君奭》，《缁衣篇》及《坊记篇》尝引《君陈》，《缁衣篇》又尝引《君雅》（即《君牙》），《左传》定公四年尝引《蔡仲之命》，《礼记·表记》、《缁衣》及《孝经》均尝引《甫刑》，《墨子·尚贤篇》、《尚同篇》引则作《吕刑》，《礼记·大学》尝引《秦誓》。亦有出于《书序》之外者，如《墨子·兼爱》、《明鬼》二篇尝引《禹誓》，其文与今存之《甘誓》，或同或异；《兼爱篇》所引《汤说》，其文与今存之《汤誓》，或同或异；《非乐篇》尝引《武观》、《官刑》；《尚同篇》尝引《相年》；《左传》定公四年尝引《伯禽》，《唐诰》；《礼记·缁衣》尝引《尹吉》（郑玄注曰："'吉'当作'告'，《书序》以为《咸有一德》。"按所引之文虽有"咸有一德"句，而篇名则显异，郑说恐未可据），《坊记》尝引《高宗》（按所引非高宗之言，而曰《高宗》云，当为篇名，非人名）。可见古书所引，亦非《书序》中之篇名所可包括。总之，传记诸子所引，凡在今文《尚书》二十八篇之外者，殆《逸周书》之类，为孔子纂书时刊落之余，如《墨子·明鬼篇》之引诸国春秋，《公羊》庄公七年之引《不修春秋》耳。所序各篇之《书》，既非孔子定本，则其序之不出于孔子，自可知矣。

（三）《尧典》、《舜典》不当分

今文《尚书》二十八篇，只有《尧典》，并无《舜典》；古文十六篇中有《舜典》，已亡；伪古文截《尧典》"往钦哉"句以上为《尧典》，"慎徽五典"以下为《舜典》。《书序》则有《尧典》，又有《舜典》。古文已亡，无从稽考。伪古文之伪，不待辨而自明。但《书序》之有《舜典》，则极可疑。《大学》引《尧典》语，作"《帝典》曰"（《孔丛子·论书篇》同）。盖尧舜同德，故虽禅代，而纪录同篇也。《孟子》及《尚书大传》称《尧典》者，盖以首句"曰若稽古帝尧"，故即举尧以该之耳。若《尧典》之外，别有《舜典》，则《大学》仅云《帝典》，究指何篇乎？此可疑者一也。《尧典》自"月正元日，受终于文祖"以下，皆记舜即位后事，经文彰彰可考。其下备载舜事，并总叙舜征庸在位生死年数以结之。是舜一生事实，已具见于《尧典》中矣，何得别有《舜典》一篇乎？此可疑者二也。《序》曰："虞舜侧微，尧闻之聪明，将使嗣位，历试诸难，作《舜典》。"夫既谓之"典"，则为一朝实录，征信攸关；岂有实事载之《尧典》之中，而本篇惟记历试劝进之事者乎？此可疑者三也。

（四）《书序》说《文侯之命》亦误

《文侯之命序》曰："平王锡晋文侯秬鬯圭瓒，作《文侯之命》。"《尚书正义》引郑玄注曰："义误为仪，仪、仇、皆训匹也。故名仇，字仪。"按郑注，则晋文侯名仇矣。《正义》又引王肃曰："遭天之大愍，谓幽王为犬戎所杀。"是王肃亦以为周平王事矣。《经典释文》虽曰："马（融）本无平字。"此特偶脱一字耳。《史记·晋世家》则曰："天子使王子虎命晋侯为伯，赐大辂，彤弓矢百，旅弓矢千，秬鬯一卣，珪瓒，虎贲三百人，作《晋文侯命》。"是以为周襄王锡晋文公重耳矣。《新序·善谋篇》同。按《史记·秦本纪》，则犬戎之难，平王室者，惟秦襄公。《周本纪·晋世家》皆无晋文侯仇勤王之事。《左传》隐公六年虽有"周之东迁，晋郑焉依"之语，《国语·郑语》虽有"晋文侯于是乎定天子"之语，似与《书序》合，但所谓"晋郑焉依"者，特谓周既东迁，邻近晋郑二同姓国耳，未明言晋文侯仇定东迁之王室也。《左传》僖公二十八年，记晋文公败楚师于城濮之后，至于衡雍，作王宫于践土，献楚俘于王，王命尹氏及王子虎、内史叔兴父策命晋侯为侯伯，赐之大辂之服、戎辂之服、彤弓一、彤矢百、旅弓矢千、秬鬯一卣、虎贲三百人。所记正与《史记》相同。盖周襄王庶弟叔带与隗后谋逆变乱，襄王避居于郑，晋文公举兵勤王，平叔带之乱，定襄王之位，事在鲁僖公二十五年。重耳有此大功，故襄王锡命，以为侯伯。至晋文侯仇，如果有平犬戎定平王之大功，平王如果有锡命文侯仇之大典，《史记·周本纪》、《晋世家》中，何以并无记载？故就《舜典》及《文侯之命》二篇之《序》论之，其不可据，更为显然也。

（五）《书序》不在今文二十九篇内

说《尚书》者多以《书序》为今文《尚书》二十九篇之一。按今文二十八篇，因《顾命篇》中分出《康王之诰》，故为二十九篇；因加后得之《泰誓》，乃复合《康王之诰》于《顾命》，故仍为二十九篇。此在上章已言及之矣。倘今文《尚书》二十八篇，并《序》为二十九篇，再加后得之《泰誓》，则为三十篇矣，何以《汉志》仍云经二十九卷乎？《泰誓》后得，刘向《别录》（《尚书正义》引）、刘歆《七略》（《文选》注引）、王充《论衡·正说篇》、马融《尚书注》、郑玄《书论》（上二说并《尚书正义》引）、赵岐《孟子·滕文公篇注》、房宏说（《尚书正义》引），均同，（王充、房宏二人以为在宣帝时，余说均云在武帝时）当为不可移易之事实及诏下博士读说，乃加入欧阳大小夏侯书中耳。上章所引皮锡瑞之说，最为明通。今文无《泰誓》，《泰誓》之序，亦年月舛误，与《史记》不合。为之回护者，谓"唯十有一年'之"一"，乃文字之偶误。但《汉书·律历志》引《书序》，亦作"十一年"，其非传写偶误可知。此亦《书序》不足据之一点也。其他尚多，不复枚举。

三、《书序》与古文有关

今文《尚书》有序之说，陈寿祺《左海经辨》中之《今文尚书有序说》持之最力，所举凡十七证。康有为《伪经考》中之《书序辨伪》已就陈氏所举之十七证，一一驳之矣。按《尚书正义》曰："伏生《书》二十九卷，而序在外。"即据伪古文之孔颖达，亦知《书序》不在今文二十九篇之内矣。即成帝时伪造古文《尚书》百二篇之张霸，恐亦未见此百篇之《书序》。何则？如《书序》已为当时学者所共见习闻，则已群信孔子所撰之《书》，共为百篇，霸作伪《书》，将以欺世，岂敢加以二篇，致溢百篇之数？且成帝时，《左氏传》尚存秘府，张霸又安得而采之？故《汉书》谓霸采《左氏传》、《书序》云云者，亦妄也。陈氏康氏原文过繁，不能引述。康氏以古文《尚书》所多十六篇为刘歆伪造，故谓《书序》亦出刘歆。此虽未能信为必然，而《书序》之晚出，及其与古文《尚书》之不无若干关系，则可断言。

四、读《尚书》不当信《书序》

吾人今日阅读《尚书》，如以古史学之立场言，则并此二十八篇之上古史料，亦须重新估定其价值，因即为孔子所撰定，而其中尚羼有主观的托古改制之作用也。如以经学之立场言，则可信者仅今文《尚书》二十八篇而已，不但王肃伪造之伪古文《尚书》决不可信，已亡失之古文《尚书》十六篇可不必再加探讨，即现存之《书序》，亦不得不廓而清之。《书序》原非《尚书》经文，所以为此不惮烦之辨说者，以其为初步阅读《尚书》者之葛藤也。《毛诗》亦有大小序，其为读《诗》者初步之葛藤，亦与《书序》无异，当于下篇详辨之。葛藤既斩，则诵读《诗》、《书》，方有坦途可循耳。

第三章 记事之书一

今文《尚书》二十八篇,为孔子所纂定,已如上述。此二十八篇,非纯为记言者。今先就二十八篇中,选取记事之书,述其崖略。

一、尧典

"典"字从"册"在"丌"上,象书册搁置架上之形,本书籍之通名。《说文》曰:"典,五帝之书也;从册在丌上,尊阁之也。"此以"五典"为五帝之典,因谓"典"字专指五帝之书耳。《尧典》兼志尧舜二帝事,故《大学》称为《帝典》;其曰《尧典》者,举尧以包舜也。舜以尧婿,受尧之禅,故虽唐虞代异,并无如后世征诛篡弑之事,故由夏视之,殆同属一代也。且此篇为夏代作史者所追记,故首句云"曰若稽古帝尧"。"曰若"者,发语之辞,"稽古"者,追述之称也。《尚书》中,惟此篇与《皋陶谟》首称"曰若稽古",盖《皋陶谟》所记为皋陶与禹告舜之言,事亦在虞代也。伪古文《大禹谟》乃亦以"曰若稽古大禹"开篇,盖模仿二篇成文;夏史记本代开国之君之言,何须如此?《尧典》全文,分二大段:

1. 记尧事

第一段（自篇首"曰若稽古帝尧"至"舜让于德，弗嗣"）记尧之事。此段又分三节：

（1）总述帝尧德政。其文曰：

> 曰若稽古帝尧，曰放勋，钦明文思安安，允恭克让，光被四表，格于上下。克明俊德，以亲九族；九族既睦，平章百姓；百姓昭明，协和万邦；黎民于变时雍。

此节首叙尧德之大，可以横被四表，纵格天地；既能自明其明德矣，乃推而至于亲睦九族，平章百官，协和万邦，则黎民皆化而和矣。此与《大学》之由"明明德"以"亲民"，由诚正修齐而治平，恰相符合。孔子纂《书》，定此为首篇，即非孔子之笔，要亦合于其德治之步骤者也。

（2）记命羲和，定历法。其文曰：

> 乃命羲和，钦若昊天，历象日月星辰，敬授人时。（唐以前本"人"作"民"）分命羲仲，宅嵎夷，曰旸谷，寅宾出日，平秩东作，日中星鸟，以启仲春；厥民析，鸟兽孳尾。申命羲叔，宅南交，平秩南讹，敬致（此句疑有阙文，且当在"平秩南讹"句上），日永星火，以正仲夏；厥民因，鸟兽希革。分命和仲，宅西，曰昧谷，寅饯纳日，平秩西成，宵中星虚，以殷仲秋；厥民夷，鸟兽毛毨。申命和叔，宅幽都，平在朔易，日短星昴，以正仲冬；厥民隩，鸟兽氄毛。帝曰：咨，汝羲暨和，期三百有六旬有六日，以闰月定四时成岁，允厘百工，庶绩咸熙。

此节所记如果可信，则我国历法之发明，远在尧世，距今将五千年矣。《论语·尧曰篇》，记尧之命舜，首曰"天之历数在尔躬"，竟以历数为受命之符，盖重视之也。为尧定历法者，羲氏仲叔，和氏仲叔也。据此所记，四人分宅东南西北四隅，测鸟、火、虚、昴四星以正春夏秋冬四季日夜之长短，则亦重在实地测验矣。民则春析，夏因，秋夷，冬隩；鸟兽则春而孳尾，夏而希革，秋而毛毨，冬而毛氄毛；各以四时气候而异，亦足征其所测之无误。历法既定，则百工于是允厘，庶绩于是咸熙矣。

（3）记询群臣、举用人才。其文曰：

帝曰："畴咨若时登庸？"放齐曰："胤子朱启明。"（此非尧子丹朱，乃胤国之君）帝曰："吁！嚚讼，可乎？"帝曰："畴咨若予采？"驩兜曰："都！共工方鸠僝功。"帝曰："吁！静言庸违，象恭滔天！"帝曰："咨！四岳，汤汤洪水方割，荡荡怀山襄陵，浩浩滔天，下民其咨，有能俾乂？"佥曰："於！鲧哉！"帝曰："吁！咈哉！方命圮族。"岳曰："异哉？试可乃已。"帝曰："往钦哉！"九载，绩用弗成。

此节所记，群臣荐举朱、共工、鲧，无一能得其人者；非谓尧世无人才，或尧不能知人善任也，盖为下文举舜张本而已。

（4）记举舜试用。其文曰：

帝曰："咨，四岳，朕在位七十载，汝能庸命，巽朕位。"岳曰："否，德忝帝位。"帝曰："明明扬侧陋。"

师锡帝曰:"有鳏在下,曰虞舜。"帝曰:"俞!予闻,如何?"岳曰:"瞽子,父顽、母嚚、象傲,克谐以孝,烝烝乂,不格奸。"帝曰:"我其试哉!女于时,观厥刑于二女。"厘降二女于妫汭,嫔于虞。帝曰:"钦哉!"慎徽五典,五典克从;纳于百揆,百揆时叙;宾于四门,四门穆穆;纳于大麓,烈风雷雨弗迷。帝曰:"格,汝舜,询事考言,乃言底可绩。三载,汝陟帝位。"舜让于德,弗嗣。

此节记尧以四岳之荐而得舜,乃妻以二女,试其能否"刑于寡妻";又以五典、百揆、四门、大麓诸职事历试之。及询事考言,知其能胜大任,乃有陟帝位之命。舜仍谦让未遑也。伪古文《尚书》,乃凭空将此节打成二橛,划"帝曰钦哉"以上为《尧典》,则其文犹未完;划"慎徽五典"以下为《舜典》,则其辞太突兀矣。

2. 记舜事

第二段(自"正月上日,受终于文祖"至篇末"陟方乃死")记舜之事,此段又分二节:

(1)记舜摄政时事。其文曰:

正月上日,受终于文祖。在(察也)璇玑玉衡,以齐七政。肆(乃也)类于上帝,禋于六宗,望于山川,祭于群神。辑五瑞,既月乃日,觐四岳群牧,班瑞于群后。岁二月,东巡守,至于岱宗,柴,望秩于山川,肆觐东后,协时月,正日,同律度量衡,修五礼,五玉、三帛、二生、一死、贽,如五器;卒,乃复。五月,南巡守,至于南岳,如岱礼。八月,西巡守,至于西岳,如初。十有一月,朔巡守,如西礼。归,格于艺祖,用特。五载一巡守,群后四朝；敷奏以言，明试以功，车服以庸。肇十有二州，封十有二山，濬川。象以典刑，流宥五刑，鞭作官刑，扑作教刑，金作赎刑，眚灾肆赦，怙终贼刑。钦哉，钦哉，惟刑之恤哉！流共工于幽州，放驩兜于崇山，窜三苗于三危，殛鲧于羽山，四罪而天下咸服。

此时尧尚在位，舜摄其政，孟子所谓"尧老而舜摄也"。舜摄政时所行政事，此已述其大要：一曰齐七政，正历法也；二曰类上帝，禋六宗，望山川以及群神，主祭祀也；三曰觐四岳群牧，巡守四方，代行朝觐巡守之事也；四曰肇州、封山、濬川，区分地域也；五曰象刑，定刑典也；六曰流放四凶，去不仁也。于是天下咸服焉。

（2）记舜即位后事。其文曰：

二十有八载，帝乃殂落；百姓如丧考妣，三载，四海遏密八音。月正元日，舜格于文祖，询于四岳，辟四门，明四目，达四聪。咨十有二牧曰，食哉惟时，柔远能迩，惇德允元，而难任人，蛮夷率服。舜曰："咨！四岳，有能奋庸熙帝之载，使宅百揆，亮采惠畴。"佥曰："伯禹作司空。"帝曰："俞！咨，禹，汝平水土，惟时懋哉！"禹拜稽首，让于稷契暨皋陶。帝曰："俞！汝往哉！"帝曰："弃，黎民阻饥；汝后稷，播时百谷。"帝曰："契，百姓不亲，五品不逊；汝作司徒，敬敷五教，在宽。"帝曰："皋陶，蛮夷猾夏，寇贼奸宄；汝作士，五刑有服，五服三就，五流有宅，五宅三居，惟明克允。"帝曰："畴若予工？"佥曰："垂哉！"帝曰："俞！咨，垂，汝共工。"垂拜稽首，让于殳斨暨伯与。帝曰："俞！往哉，汝谐。"

帝曰："畴若予上下草木鸟兽?"佥曰："益哉!"帝曰："俞!咨,益,汝作朕虞。"益拜稽首,让于朱虎、熊罴。帝曰："俞!往哉,汝谐。"帝曰："咨,四岳,有能典朕三礼?"佥曰："伯夷。"帝曰："俞!咨,伯,汝作秩宗,夙夜惟寅,直哉惟清。"伯拜稽首,让于夔、龙。帝曰："俞!往钦哉!"帝曰："夔,命汝典乐,教胄子。直而温,宽而栗,刚而无虐,简而无傲;诗言志,歌永言,声依永,律和声,八音克谐,无相夺伦,神人以和。"夔曰："於!予击石拊石,百兽率舞。"帝曰："龙,朕墍(同疾)谗说殄行,震惊朕师;命汝作纳言,夙夜出纳朕命,惟允。"帝曰："咨,汝二十有二人,钦哉!惟时亮天功。"三载考绩,三考,黜陟幽明。庶绩咸熙;分背三苗。舜生三十,征庸三十(下"三十",一作"二十"),在位五十载,陟方乃死。

此节记尧崩之后,舜乃正式即位。"帝乃殂落"之"帝",尚是指尧,故"格于文祖","咨于四岳",尚称"舜"以别之;及记其举用禹等,始称之为"帝"。舜即位后之大事,惟在举贤命官,因其他要政,已详上节也。禹作司空,平水土;弃作后稷,播百谷;契作司徒,敷五教;皋陶作士,典刑法;垂作共工,典工事;益作虞,主草木鸟兽;伯夷作秩宗,典礼;夔典乐,教胄子;龙作纳言,出纳王命:所命凡九人。曰"二十有二人"者,并四岳为十,加十二州牧为二十二也。济济多士,诚盛世之隆也。"庶绩咸熙"者,内政休明也;"分北三苗"者,外夷慑服也。此二句所以总述舜之政绩。末又撮记舜之一生以结之;仍称"舜"者,明此篇以尧为主体也。篇中记尧舜举人时,虽亦有君臣问答之辞,但所记重在唐虞二帝之事,故为记事之文。

二、禹贡

此篇则纯为记事之文,直无一言一语矣。

1. 记九州

首句曰:"禹敷土,随山刊木奠高山大川。"此为全篇总冒。以下六段。分述九州,可以列为一表:

州名境域	山川原泽	土宜	田赋	贡物	贡道	附注
冀州	既载壶口,治梁及岐。既修太原,至于岳阳。覃怀底绩,至于衡漳。恒卫既从,大陆既作。	厥土惟白壤。	厥田惟中中。厥赋惟上上错。	岛夷皮服。	夹右碣石,入于河。	冀州为帝畿,故有赋无贡;皮服,则岛夷之贡也。
兖州 济、河惟兖州。	九河既道,雷夏既泽,灉、沮会同。桑土既蚕,是降丘宅土。	厥土黑坟。厥草惟繇。厥木惟条。	厥田惟中下。厥赋贞。作十有三载,乃同。	厥贡漆丝。厥篚织文。	浮于济、漯,达于河。	"厥赋贞"者,与田同等也。兖州被水灾最烈,故"作十有三载乃同"。
青州 海、岱惟青州。	嵎夷既略,潍、淄其道。	厥土白坟,海滨广斥。	厥田惟中上。厥赋中上。	厥贡盐絺,海物惟错,岱畎丝枲,铅松怪石。莱夷作牧。厥篚厌丝。	浮于汶,达于济。	青州滨海,其地斥卤。莱夷作牧,谓亦入贡也。
徐州 海、岱及淮惟徐州。	淮沂其乂,蒙羽其艺。大野既猪,东原底平。	厥土赤埴坟。草木渐包。	厥田惟上中。厥赋中中。	厥贡惟土五色,羽畎夏翟,峄阳孤桐,泗滨浮磬,淮夷蠙珠暨鱼。厥篚玄纤缟。	浮于淮、泗,达于河。	淮夷之贡,亦附徐州。

州名境域	山川原泽	土宜	田赋	贡物	贡道	附注
扬州 淮、海惟扬州。	彭蠡既猪，阳鸟攸居。三江既入，震泽底定。	厥土惟涂泥。厥草惟夭，厥木惟乔。	厥田惟下下。厥赋下上错。	厥贡惟金三品、瑶、琨、筱、荡、齿、革、羽、毛、惟木。岛夷卉服。厥篚织、贝，厥包橘柚锡贡。	沿于江、海，达于淮、泗。	扬州亦附岛夷之贡。
荆州 荆及衡阳惟荆州。	江、汉朝宗于海。九江孔殷。沱、潜既道，云土梦作乂。	厥土惟涂泥。	厥田惟下中。厥赋上下。	厥贡羽、毛、齿、革、惟金三品，杶、榦、栝、柏、砺、砥、砮、丹，惟箘、簵、楛，三邦厎贡厥名。包橘柚，锡贡菁茅。厥篚玄纁、玑组。九江纳锡大龟。	浮于江、沱、潜、汉，逾于洛，至于南河。	三邦疑指荆南之蛮。
豫州 荆、河惟豫州。	伊、洛、瀍、涧，既入于河，荥波既猪，导菏泽，被孟猪。	厥土惟壤，下土坟垆。	厥田惟中上。厥赋错上中。	厥贡漆枲絺纻。厥篚纤纩。锡贡磬错。	浮于洛，达于河。	
梁州 华阳、黑水惟梁州。	岷、嶓既艺，沱、潜既道，蔡、蒙旅平，和夷厎绩。	厥土青黎。	厥田惟下上。厥赋下中三错。	厥贡璆铁银镂砮磬，熊罴狐狸织皮。	西倾因桓是来，逾于沔，入于渭，乱于河。	西戎之贡，附于梁州者，由西倾而来。
雍州 黑水、西河惟雍州。	弱水既西，泾属渭汭，漆沮既从，沣水攸同。荆、岐既旅，终南惇物，至于鸟鼠。原隰厎绩，至于猪野。三危既宅，三苗丕叙。	厥土惟黄壤。	厥田惟上上。厥赋中下。	厥贡惟球、琳、琅玕。（织皮，昆仑、析支、渠搜、西戎即叙。）	浮于积石，至于龙门、西河，会于渭汭。	织皮，当为昆仑等西戎之贡，附于雍州以入贡者。

本篇记九州，盖以治水先后为叙。冀州为帝都所在，故列于首；不明指其境域，以帝畿统其余八州，且兖、豫、雍诸州与之接境，其区域

亦不言而自明也。次则兖、青、徐、扬四州，皆下流滨海之地；次则荆、豫二州，地居中流；终以梁、雍二州，地居上流。鲧湮洪水，以堤防障水，与水争地，故九年而功不成。禹承其父之职，改用疏导之法，使水有所归，故先从下流施功，溯流而上也。九州各有高山、大川，薮泽、原隰，大川既导，大泽既猪（同潴），则水势杀而原隰平矣。于是辨其土壤，志其物产。赋者，田赋，故视其田之上下，民之多寡，州域之大小，而定赋之上下。贡者，九州侯牧各以其特产贡于帝都也，故冀州本州不言贡，惟记附于冀州之岛夷贡其皮服。筐者，盛之以筐筐者也；包者，裹之以縢囊之类者也。所记贡道，曰"达于河"者，由河以至冀也；曰"达于济"，"达于淮泗"者，由济、淮、泗诸水以达于河也。雍州既言"至于龙门、西河"，已达冀州矣，而又曰"会于渭汭"者，昆仑等西戎织皮之贡，附于雍州，至渭汭而与雍州之贡相会，同达于河也。此段所记，大致如是。

2. 记名山

第二段自"导岍及岐"以下，总叙山脉，亦可列成简表：

```
       北条——导岍及岐，至于荆山，逾于河，壶口、雷首，至于太岳，砥柱、
              析城，至于王屋，太行、恒山，至于碣石，入于海。
导山  中条 ┌ 西倾、朱圉、鸟鼠，至于太华，熊耳、外方、桐柏，至陪尾。
           └ 导嶓冢，至于荆山、内方，至于大别。
       南条——岷山之阳，至于衡山，过九江，至于敷浅原。
```

北条为黄河以北诸山；中条为黄河以南、长江以北诸山，西倾一支在黄河南岸，嶓冢一支在长江北岸；南条为长江以南诸山。我国本部山脉系统观此已可明了其大概矣，所记南条之山，独简略者，以彼时长江以南，尚未开化，疑禹治水亦未尝亲历其地也。

3. 记大川

第三段自"导弱水"以下，总叙大川，共有九条：

（1）导弱水，至于合黎，余波入于流沙。

（2）导黑水，至于三危，入于南海。

（3）导河积石，至于龙门，南至于华阴，东至于底柱，又东，至于孟津，东过洛汭，至于大伾，北过降水，至于大陆，又北，播为九河，同为逆河，入于海。

（4）嶓冢导漾，东流为汉，又东，为沧浪之水，过三澨，至于大别，南入于江，东汇泽为彭蠡，东为北江，入于海。

（5）岷山导江，东别为沱，又东，至于澧，过九江，至于东陵，东迆北，会于汇，东为中江，入于海。

（6）导沇水，东流为济，入于河，溢为荥，东出于陶丘北又东，至于菏，又东北，会于汶，又东北，入于海。

（7）导淮自桐柏，东会于泗、沂，东入于海。

（8）导渭自鸟鼠同穴，东会于澧，又东会于泾，又东过漆、沮，入于河。

（9）导洛自熊耳，东北会于涧、瀍，又东会于伊，又东北入于河。

以上九川，西流者二，弱水、黑水是也，其余七川皆东流。东流入海者五，入河者二。而最南者为长江，可见禹之治水，至长江而止。最可怪者为沇、济，既入于河，又溢为荥泽，汇为菏泽，会汶水以入海；漾汉既入于江，而必以彭蠡泽（即鄱阳湖）属之于汉，且曰东为北江入海，以别之于江。古代水道诚与今不同；若其记此二水，则颇有出于情理之外者矣。

4. 记定赋封国

第四段记水土既平，则壤定赋，划区封国。此段先总束上三段，示水土已平，然后记定赋封国之大概。其文曰：

> 九州攸同，四隩既宅，九山刊旅，九川涤原，九泽既陂，四海会同。六府孔修，庶土交正，底慎财赋，咸则三壤成赋。中邦锡土姓，祗台德先，不距朕行。五百里"甸服"：百里赋纳总，二百里纳铚，三百里纳秸服，四百里粟，五百里米。五百里"侯服"：百里采，二百里男邦，三百里诸侯。五百里"绥服"：三百里揆文教，二百里奋武卫。五百里"要服"：三百里夷，二百里蔡。五百里"荒服"：三百里蛮，二百里流。东渐于海，西被于流沙，朔南暨，声教讫于四海。

赋以土壤之高下为标准，故曰"咸则三壤成赋"。三壤者，上下中三等也；每等又有上中下三级，乃有九级焉。至于行政区域，则分五服，甸、侯、绥、要、荒是也。甸服为帝畿，而其所赋之物，视远近而异，则以运输困难故。侯服所以封建诸侯，最近者为天子卿士采邑，男邦及诸侯次之。其实，当时政治势力所及者至"侯服"而止；绥、要、荒三服，则仅羁縻之而已。

末句"禹锡玄圭，告厥成功"，为全篇作一总结。

《禹贡》之概要，已如上述。名曰"贡"者，水土既平，赋贡斯定，志成功也。禹之治水，由舜简任。其父鲧，以治水失败，既被放殛（《尧典》"殛鲧于羽山"，列四罪之一；殛者，"极"之借字，亦"流"、"放"、"窜"之属《大学》所谓"放流之，屏诸四夷，不与同中国"，盖犹屈原之遭放逐耳，非诛杀之谓），而又擢用其子；则舜之于禹，知遇之隆，可谓至矣。禹既感大舜知遇之隆，又痛己父流放之祸，且目击洪水之灾，民生之苦，故八年于外，专心致志，胼手胝足以赴之，三过家门而不入，生启呱泣而弗子，其成功非幸而致也。"敷土"者，先定治水计划之大纲也；"随山刊木"者，洪水泛滥，故随山脉连绵而行，刊木为表，以志所经之地势，且既使益掌火，烈山泽而焚之，以除林薮，以辟途径，而后刊木以为标帜也。至于九州治水之功，度亦由禹规定施工之方案，程功之期限，使九州之牧，各部落之酋长，各率其臣民，分工合作，同时宣劳；因如此巨大之工程，必非数人手足之力、八年之期所能奏功也。及水土既平，乃记之如此，非谓禹率众工，先治此州，次及他州，先导此川，次及他川也。此亦读《禹贡》者所当注意者也。

第四章　记事之书二

《尚书》二十八篇中，记事者尚有《周书》二篇，《金縢》与《顾命》是也。此二篇亦如《尧典》，虽亦记有言辞，而终以记事为主，故亦为记事之文也。

一、金縢

《金縢篇》可分二大段：前半追记武王疾笃，周公告祭先王，乞以身代之故事；后半接记成王初亦未尝不为管蔡之流言所惑，及发金縢而见周公祝文，始大感悟之故事。

1. 记武王时事

其首段曰：

既克商二年，王有疾，弗豫。二公曰："我其为王穆卜。"周公曰："未可以戚我先王。"公乃自以为功，为三坛，同墠；为坛于南方，北面，周公立焉，植璧秉珪，乃告太王、王季、文王。史乃册祝曰："惟尔玄孙某，遘厉虐疾。若尔三王是有丕子之责于天，以旦代某之身！予仁若考，能多材多艺，能事鬼神。乃玄孙不若旦多材多艺，不能事鬼神；乃命于帝庭，敷佑四方，用能定尔子孙于下地，四方之民罔不祗畏。呜呼！无坠天之降宝命！我先王亦永有依归。今我即命于元龟。尔之许我，我其以璧与珪，归俟尔命；尔不许我，我乃屏璧与珪。"乃卜三龟，一习吉。启籥见书，乃并是吉。公曰："体，王其罔害。予小子新命于三王，惟永终是图。兹攸俟，能永念予一人。"公归，乃纳册于金縢之匮中。王翼日乃瘳。

武王末受命，克商时年已耄矣。而其时周室新造，多邦未孚；王遽疾笃，设有不测，所关至为重大。周公既凛新邦缔造之艰难，又念手足孔怀之至谊，故毅然告卜先王，请以身代；其忠诚亲爱之笃，于此可见，故二公主为王敬卜，而周公独引为己事也。"为三坛同墠"者，立太王、王季、文王三王之位也；又为坛于其南者，周公所立也。"册"同"策"，所以书祝文，史司之。祝文中所云"某"，当是武王之名。祝文之意，盖谓如太王、王季、文王在天之灵，有须长子负责服事，则武王不如旦之多材多艺，能事鬼神，故不若以旦代之。武王已受天命，为天子，能定子孙于下地，四方之民亦无不敬畏之；倘有不测，则天命既坠，周室覆亡，先王之灵亦失所依归矣。祝告既毕，乃卜三龟，皆吉；开检卜筮之书，则武王与周公并是吉也。故曰"体，王其罔害"云云。体者，所卜之兆也。祝卜既毕，乃藏此祝文之策于金縢之匮中，而武王之疾果瘳。此其所记，固涉于迷信；但在重视鬼神卜筮之古代，当为实事也。

2. 记成王时事

其次段曰：

武王既丧，管叔及其群弟，乃流言于国曰："公将不利于孺子！"周公乃告二公曰："我之弗辟，我无以告我先王！"周公居东二年，则罪人斯得。于后，公乃为诗以贻王，名之曰《鸱鸮》；王亦未敢诮公。秋，大熟，未获。天大雷电以风，禾尽偃，大木斯拔，邦人大恐。王与大夫尽弁，以启金縢之书，乃得周公所自以为功代武王之说。二公及王乃问诸史与百执事。对曰："信。噫！公命我，勿敢言！"王执书以泣曰："其勿穆卜！昔公勤劳王家；惟予冲人弗及知！今天动威，以彰周公之德。惟朕小子其新逆；我国家礼亦宜之。"王出郊，天乃雨，反风，禾则尽起。二公命邦人，凡大木所偃，尽起而筑之，岁则大熟。

此段首云"武王既丧"，乃武王崩后记述之辞，距前事当有间，非谓方瘳而又死也。武王崩，成王立为天子，周公摄政。成王以幼主统新邦，周公以叔父摄王政，诚震荡之局，危疑之时也。而管叔与蔡叔、霍叔，以己与周公亲属之关系相同，而彼摄天子，我监武庚，因妒生怨，因怨造谣，以为"公将不利于孺子"；流言遍于国中，莫能知其所自。周公闻此流言，乃避居于东，以远嫌疑。昔人有咏史诗曰："周公恐惧流言日，王莽谦恭下士时。若教当时身便死，一时真伪有谁知！"周公虽欲自明，其道无由。及居东二年，罪人斯得；"罪人斯得"者，谓已访知流言所自也。流言起于群弟，此诚人伦之变。故作《鸱鸮》之诗以自叹。此诗在《诗·豳风》中，周公以小鸟喻成王，以恩勤育子、拮据其手、卒瘏其口、谯谯其羽、翛翛其尾之老鸟自喻，以风雨飘摇、翘翘木杪之巢喻新造之周，而以鸱鸮喻流言之人。今读此诗，尤为感动，故成王亦未敢诮公；但亦未明诗中鸱鸮，所指果为何人也，及遇大风之灾，乃与大夫服礼服，启金縢之匮，盖将以卜耳。及启匮而见周公先时所藏之祝文，乃问诸史及执事，始知周公虽有此事，而戒人以勿言，故为二公及成王所未知，于是大为感悟，执书而泣，决往亲迎周公（"新"当作"亲"，犹《大学》之"新民"作"亲民"也）。于是反风起禾，岁以大熟。篇末所记，又涉迷信；而成王之因见祝文而感悟，则亦事实也。此篇虽记周公祝告之辞，成王感动之语，而详其始末，终以记述此故事为主，故亦为记事之文。

二、顾命

《顾命篇》，在今存《尚书》中，分其末段为《康王之诰》。按其实际，则二篇仍当合为一篇。全篇所记，可分三大段：第一段记成王临终托孤事，篇名《顾命》，即取义于此；第二段记康王即位典礼，则纯为记叙之文矣；末段记康王即位后朝见群臣诸侯，亦篇末应记之事也。

1. 记成王顾命

首段曰：

惟四月，哉生魄，王不怿。甲子，王，乃洮，颒水，相被冕服，凭玉几。乃同召太保奭、芮伯、彤伯、毕公、卫侯、毛公、师氏、虎臣、百尹御事，王曰："呜呼！疾大渐，惟几，病日臻，既弥留，恐不获誓言嗣。兹予审训命汝：昔君文王、武王，宣重光，奠丽陈教则肄，肄不违，用克达殷，集大命。在后之侗，敬迓天威，嗣守文武大训，无敢昏逾。今天降疾，殆弗兴弗悟。尔尚明时朕言，用保元子钊，弘济于艰难！柔远能迩，安劝小大庶邦。思夫人自乱于威仪；尔无以钊冒贡于非几！"兹既受命还，出，缀衣于庭。

此段为《顾命》本文。成王有疾，自知不起，乃强起凭几，被冕服，而以玺（"同"即玺也）召召公奭等同受遗命，辅康王钊，所谆谆告诫者，谨守文武遗训，安辑庶邦，弘济艰难，弗使嗣王陷于非仪耳。

2. 记康王即位仪式

次段曰：

越翼日，乙丑，王崩。太保命仲桓、南宫毛，俾爰齐侯吕伋，以二千戈，虎贲百人，逆子钊于南门之外，延入翼室，恤宅宗。丁卯，命作册度。越七日，癸酉，伯相命士须材。狄设黼扆缀衣，牖间南向，敷重篾席，黼纯，华玉，仍几；西序东向，敷重底席，缀纯，文贝，仍几；东序西向，敷重丰席，画纯，雕玉，仍几；西夹南向，敷重笋席，玄粉纯，漆仍几。（以上所设几席）越玉五重，陈宝：赤刀、大训、弘璧、琬琰，在西序；大玉、夷玉、天球、河图，在东序；胤之舞衣，大贝、鼖鼓，在西房；兑之戈、和之弓、垂之竹矢，在东房。（以上所陈宝物）大辂在宾阶面；缀辂在阼阶面；先辂在左塾之前，次辂在右塾之前。（以上所陈各辂）二人雀弁，执惠，立于毕门之内；四人綦弁，执戈上刃，夹两阶戺；一人冕，执刘，立于东堂；一人冕，执钺，立于西堂；一人冕，执戣，立于东垂；一人冕，执瞿，立于西垂；一人冕，执锐，立于侧阶。（以上仪仗。记即位时陈设布置，至此止）王麻冕黼裳，由宾阶跻。卿士邦君麻冕蚁裳；入即位。太保、太史、太宗皆麻冕彤裳；太保承介圭，上宗奉同瑁，由阼阶跻；太史秉书，由宾阶跻，御王册命曰："皇后凭玉几，道扬末命，命汝嗣训，临君周邦，率循大卞，燮和天下。用答扬文武之光训！"王再拜，兴，答曰："眇眇予末小子，其能而乱四方，以敬忌天命！"乃受同，瑁。王三宿，三祭，三咤。上宗曰："飨。"太保受同，降。盥以异同，秉璋以酢，授宗人同，拜。王答拜。太保受同，祭，哜，宅；授宗人同，拜。王答拜。太保降，收。（以上即位仪式）

此段记康王即位时之陈设、仪仗、仪式，极为隆重详明。太保，即召公奭，奉成王遗命，立康王者也，故为群臣领袖，授同（即玺。下云"异同"者，副玺也）于王。末曰"收"者，谓礼成也。

3. 记康王初朝诸侯

末段曰：

诸侯出庙门，俟。王出，在应门之内。太保率西方诸侯，入应门左；毕公率东方诸侯，入应门右；皆布乘黄朱。宾称奉圭兼币曰："一二臣卫，敢执壤奠。"皆再拜稽首。王义嗣德答拜。太保暨芮伯咸进，相揖，皆再拜稽首曰："敢敬告天子：皇天改大邦殷之命，惟周文武诞受羑若，克恤西土。惟新陟王，毕协赏罚，戡定厥功，用敷遗后人休。今王敬之哉！张皇六师，无坏我高祖寡命！"王若曰："庶邦侯甸男卫，惟予一人钊报诰；昔君文武，丕平富，不务咎，至齐信用，昭明于天下；则亦有熊罴之士，不二心之臣，保乂王家，用端命于上帝。皇天用训厥道，付畀四方，乃命建侯树屏，在我后之人。今予一二伯父，尚胥暨顾绥尔先公之臣服于先王；虽尔身在外，乃心罔不在王室，用奉恤厥若，无遗鞠子羞！"群公既皆听命，相揖，趋出。王释冕，反丧服。

前段所记，为康王在庙中即位之典礼；本段接记出庙之后，朝见群臣。"诸侯出庙门俟"，先王出也，故下文紧接"王出，在应门之内"。今本乃以"诸侯……"句属前二段，为《顾命篇》末句。不思诸侯既俟庙门之外，则庙中之仪式虽终，事犹未毕；若以此句为全篇之殿，则所谓"俟"，俟何人何事耶？古今来当绝无此种文理！康王入应门之后，登治朝以见群臣诸侯，太保等先进嘉谟以勉新王；康王乃对群侯致辞，明曰"报诰"，其为答辞可知；则亦不应名此篇为"康王之诰"矣。"义嗣"者，言为义当嗣立之新王。至此，康王始正式践天子之位焉。朝觐既毕，乃"释冕反丧服"者，前以即位冕服，礼毕仍服丧服也。本篇以记事为主，首尾完具，后儒强分为二篇，殊为失之。

昔人谓《尚书》为记言之史，本编第一章中已辨其误。但二十八篇中，以记事为主者，仅此四篇。故均移录原文，并为分段说明，庶几读者得悟《尚书》中亦有记事之文也。

第五章　记言之书一

《尚书》中虽有《尧典》、《禹贡》、《金縢》、《顾命》等记事之篇，但终以记言者为多。记言之《书》，上告下者凡十四篇，曰《盘庚》、《大诰》、《康诰》、《酒诰》、《梓材》、《多士》、《多方》、《吕刑》、《文侯之命》，诰命之属也；曰《甘誓》、《汤誓》、《牧誓》、《费誓》、《秦誓》，所谓"五誓"也。下告上者凡八篇，曰《皋陶谟》、《高宗肜日》、《西伯戡黎》、《洪范》、《召诰》、《洛诰》、《无逸》、《立政》。臣下互相告者凡二篇，曰《微子》、《君奭》。今各撮述其大概如次。

一、盘庚

《史记·殷本纪》曰："帝盘庚之时，殷已都河北。盘庚渡河南，复居成汤之故居。乃五迁无定处（《集解》引孔安国曰："自汤至盘庚，凡五迁都。"按汤自南亳迁西亳，仲丁迁敖，河亶甲迁相，祖乙迁耿，盘庚复迁西亳，凡五迁），殷民咨胥皆怨，不欲徙，盘庚诰谕诸侯大臣曰：'昔高后成汤与尔之先祖俱定天下，法则可修；舍而弗勉，何以成德？'乃遂涉河南，治亳，行汤之政。然后百姓由宁，殷道复兴，诸侯来朝，以其遵成汤之德也。帝盘庚崩，弟小辛立，是为帝小辛。帝小辛立，殷复衰，百姓思盘庚，乃作《盘庚》三篇。"据此，则《盘庚》之作，乃在盘庚崩后。《书序》乃曰："盘庚五迁，将治亳；殷民咨胥怨；作《盘庚》三篇。"是以《盘庚篇》之作，在将迁亳时，且五迁皆在盘庚之世矣，不但与事实不合，与本文亦不合也。且《史记》虽云作《盘庚》三篇，实则此篇分为三大段，但脉络贯通，故今文仍合为一篇。

1. 上篇——既迁后诰臣民

上篇曰：

> 盘庚迁于殷，民不适有居，率吁众戚，出矢言曰："我王来，既爰宅于兹，重我民，无尽刘；不能胥匡以生！卜稽曰其如台？先王有服，恪谨天命；兹犹不常宁，不常厥居，于今五邦。今不承于古，罔知天之断命；矧曰其克从先王之烈，若颠木之有由蘖，天其永我命于兹新邑，绍复先王之大业，底绥四方？"

首句曰"盘庚迁于殷，民不适有居，率吁众戚，出矢言"，明为既迁之后，民不安于新都，故议论纷呶耳。故一则曰"我王来，既爰宅于兹"，再则曰"天其永我命于兹新邑"，均为既迁后语。按其语意，亦重在怨盘庚既迁之后，"不能胥匡以生"，"不承于古，罔知天之断命"，虑其不能"绍复先王之大业，底绥四方"。下文曰："盘庚敩于民，由乃在位，以常旧服，正法度，曰无或敢伏小人之攸箴。"则盘庚之由在位众臣以教于民者，旨在"尚旧服，正法度"，此亦既迁后事；"小人之攸箴"，即指上文矢言云云也。此下"王命众悉至于庭"，记盘庚召集众臣而训诰之；"王若曰"以下，方是盘庚诰民之言。不云"王曰"而云"王若曰"者，追记之辞也。盘庚之旨，不外"常旧服，正法度"二端。其言曰：

> 格，汝众，予告汝训汝，猷黜乃心，无傲从康！古我先王亦惟图任旧人共政；王播告之修，不匿厥旨；王用丕钦，罔有逸言；民用丕变。今汝聒聒起信险肤，予弗知乃所讼！非予自荒兹德，惟汝含德，不惕予一人。予若观火；予亦拙谋作乃逸。若网在纲，有条而不紊；若农服田力穑，乃亦有秋。汝克黜乃心，施实德于民，至于婚友，丕乃敢大言；汝有积德，乃不畏戎毒于远迩。惰农自安，不昏作劳，不服田亩，越其罔有黍稷。汝不和吉言于百姓，惟汝自生毒，乃败祸奸宄，以自灾于厥身！乃既先恶于民，乃奉其恫；汝悔身何及？相时憸民，犹相顾于箴言；其发有逸口。矧予制乃短长之命？汝曷弗告朕，而胥动以浮言？恐沈于众，若火之燎于原，不可向迩，其犹可扑灭？则惟汝众自作弗靖，非予有咎！迟任有言曰："人惟求旧；器非求旧，惟新。"古我先王暨乃祖乃父胥及逸勤；予敢动用非罚？世选尔劳；予不掩尔善。兹予大享于先王，尔祖其从与享之，作福作灾；予亦不敢动用非德。予告汝于难，若射之有志。汝无侮老成人，无弱孤有幼；勉出乃力，听予一人之作猷。无有远迩，用罪伐厥死，用德彰厥善。邦之臧，惟汝众；邦之不臧，惟予一人有佚罚。凡尔众，其惟致告；自今至于后日，各恭尔事，齐乃位，度乃口；罚及尔身，弗可悔！

先王旧服，在"无逸"、"无傲"。故曰"无傲从康"，曰"王用丕钦，罔有逸言"，曰"予亦拙谋作乃逸"，曰"若农服田力穑，乃亦有秋"，曰"惰农自安，不昏作劳，不服田亩，越其罔有黍稷"，曰"无侮老成人，无弱孤有幼，勉出乃力"，皆勉以"常旧服"也。法度之正，在众臣听命于一人。故曰"黜乃心"，曰"若网在纲，有条而不紊"，曰"予制乃短长之命"，曰"听予一人之作猷"，曰"无有远迩，用罪伐厥死，用德彰厥善"，皆告以"正法度"也。其曰"古我先王亦惟图任旧人共政"，又引迟任"人惟求旧"之言，亦"常旧服"之意。而其所以一再提及先王与诸臣之祖父者，明其为世臣，当与国共休戚，且当知先世之旧服也。惟然，故当"若射之有志"，"和吉言于百姓"，"施实德于民"。乃"聒聒起信险肤"，"胥动以浮言"，"则惟汝众自作弗靖"耳。法度俱在，"罚及尔身"，悔何及乎？——盘庚此诰，在既迁之后，故惟以常旧服正法度训勉臣民，曾无一语及迁都事也。

2. 中篇——将迁时诰臣民

中篇又追溯将迁时事，故曰："盘庚作，惟涉河以民迁，乃话民之弗率，诞告用亶，其有众咸造，勿亵在王庭。"作，兴也，与《孟子》"由汤至于武丁，贤圣之君六七作"之"作"同。惟，思也。盘庚作，思涉河以民迁，而民弗顺，故集其众于王庭而告之也。"盘庚乃登进厥民曰"以后，方记盘庚将迁时诰民之言。其辞曰：

明听朕言，无荒失朕命！呜呼！古我前后罔不惟民之承保，后胥戚，鲜以不浮于天时。殷降大虐，先王不怀，厥攸作，视民利用迁。汝曷不念我古后之闻？承汝俾汝，惟喜康共；非汝有咎比于罚。予若吁怀兹新邑，亦惟汝故，以丕从厥志。今予将试以汝迁，安定厥邦。汝不忧朕心之攸困，乃咸大不宣乃心，钦念以忱动予一人；汝惟自鞠自苦。若乘舟，汝弗济，臭厥载；尔忱不属，惟胥以沈。不其或稽，自怒曷瘳？汝不谋长以思乃灾。汝诞劝忧今，其有今罔后。汝何生在上？今予命汝一无起秽以自臭，恐人倚乃身，迂乃心。予迓续乃命于天。予岂汝威？用奉畜汝众。予念我先神后之劳尔先，予丕克羞尔，用怀尔。然失于政，陈于兹，高后丕乃崇降尔疾，曰："曷虐朕民？"汝万民乃不生生，暨予一人猷同心，先后丕降与汝罪疾，曰："曷不暨朕幼孙有比？"故有爽德，自上其罚汝；汝罔能迪。我先后既劳乃祖乃父，汝共作我畜民。汝有戕则在乃心；我先后绥乃祖乃父，乃祖乃父乃断弃汝，不救乃死。兹予有乱政，同位具乃贝玉；乃祖乃父丕乃告我高后曰，"作丕刑于朕孙"，迪高后丕乃崇降弗祥。呜呼！今予告汝不易，永敬大恤，无胥绝远。汝分猷念以相从，各设中于乃心。乃有不迪不吉，颠越不恭，暂遇奸宄，我乃劓殄灭之，无遗育，无俾易种于兹新邑！往哉生生，今予将试以汝迁，永建乃家！

武庚迁都之意已决而民弗顺，故以此诰之也。其意谓先王亦尝迁其都矣，非以汝辈有咎，以迁居为罚也，欲承汝俾汝，惟喜康共而已。予之欲迁，亦以汝故。譬之乘舟而弗济，则所载之物必臭；欲济而无共济之心，则胥以沉溺而已。汝辈安土重迁，但忧目前，不顾其后，将何以生于世乎？予岂威胁汝民，以承养汝民而已。殷人信鬼，故以先王及臣民祖父在天之灵动之，谓予有失政，高后固当降殃；汝辈不与予同心，中怀戕贼，不但高后将降罪疾，汝之祖若父亦将弃汝，不救汝死矣。末文以刑罚惕之，谓有颠越奸宄者，将殄灭之，不使滋生于新邑云云。

3. 下篇——初迁时诰臣民

下篇则为初迁时勖勉臣民之诰。故曰："盘庚既迁，奠厥攸居，乃正厥位，绥爰有众。""曰"字以下，为盘庚之言：

> 无戏怠，懋建大命！今予其敷心腹肾肠（"肾肠"二字疑衍），历告尔百姓于朕志，罔罪尔众，尔无共怒，协比谗言予一人。古我先王将多于前功，适于山，用降我凶德，嘉绩于朕邦。今我民用荡析离居，罔有定极。尔谓朕曷震动万民以迁。肆上帝将复我高祖之德，乱越我邦家。朕及笃敬，恭承民命，用永地于新邑。肆予冲人非废厥谋，吊由灵，各非敢违卜，用宏兹贲。呜呼！邦伯，师长，百执事之人，尚皆隐哉！予其懋简相尔，念敬我众。朕不肩好货，敢恭生生，鞠人谋人之保居，叙钦。今我既羞告尔于朕志，若否，罔有弗钦。无总于货宝，生生自庸，式敷民德，永肩一心！

此新都初奠时盘庚告邦伯师长百执事之诰也。意谓予之所以震动万民以迁者，因我民荡析离居，罔有定极耳。此后当上下一心，无戏怠，勉建大命，无总于货宝，生生自庸，以式敷民德焉。

总之，《盘庚》虽分上中下三篇，实仍为一气呵成者。上篇记既迁后之诰，以事实言，其次序最后，所以列之首段者，因本篇为追念盘庚能"常旧服，正法度"，复兴殷道而作也。中篇记盘庚将迁时之诰，下篇记盘庚初迁时之诰，皆追叙之法，在后世记叙文中亦常有之；故事虽在前，序反居后也。古代极重卜筮，凡有大事，必卜以决疑。上篇述臣民矢言，有"卜稽曰其如台"（台，音怡，何也）之语；下篇记盘庚之诰，又有"非敢违卜"之语；盖盘庚之迁，尝卜之不吉，而秘不以告臣民也。

二、大诰、多士、多方

《盘庚》之诰，虽凡三次，其文分为三篇，而诰者同为盘庚，其事同为迁都，所诰者同为盘庚之臣民，故文亦首尾连贯，故仍当合为一篇。《大诰》、《多士》、《多方》、虽同因纣子武庚之叛而作，同为周公以成王之命作诰，但《大诰》作于讨武庚时，诰周之群臣友邦，《多士》、《多方》作于武庚既平之后，《多士》诰殷之遗臣，《多方》诰殷之庶邦，故当分为三篇。武王伐纣时，殷之臣民久憔悴于纣之虐政，其望解倒悬，如大旱之望云霓，故武王能一戎衣而有天下。及事过境迁，故国之思又油然而生。盖殷之历世长久，由汤至于武丁，贤圣之君六七作，纣去武丁未远，其故家遗俗，流风善政，犹有存者；而纣子武庚，痛宗社之亡，思干父之蛊，惩前毖后，度亦有以得民心也。其时周邦新造，武王初崩，成王以冲龄即位，周公以叔父摄政，正主少国疑之日。而管、蔡、霍三叔以同为武王之弟，远监殷邦，不得与闻国政，心怀嫉妒，反与武庚携手，以图一逞，故为流言以间周公。观《大诰》、《多士》、《多方》三篇所言，不但殷之臣民有复国之壮志，殷之庶邦有翊戴之决心，西土人心盖亦不静矣。此时周公一身，周室之存亡系焉。《大诰》曰："予造天役，遗大投艰于朕身。"此虽以成王之名义出之，实周公之言也。三篇文繁，不能备录，姑撮述其大意如下。

（一）大诰

《大诰》以成王之命告周之诸侯群臣，故首言："王曰：'猷，大诰尔多邦越（同与）尔御事。'"本篇表示往征武庚之决心，以为卜之既吉，又有耆贤十人翊赞之，故一则曰"宁王（即文王）遗我大宝龟","朕卜并吉","朕得吉卜","矧今卜并吉","卜陈惟若兹";再则曰"民献有十夫,予翼","爽邦由哲,亦惟十人迪知上帝命";而其所以决计征武庚者,旨在竟文王、武王之大功,故曰:"若涉渊水,予惟往求朕攸济,敷贲,敷前人受命,兹不忘大功。"全篇盖以此为中心,故设为譬喻以明之曰:"若考作宝,厎定厥法,厥子乃弗肯堂,矧肯构?厥父菑,厥子乃弗肯播,矧肯获?厥考翼其肯曰,予有后弗弃基?""厎定厥法"者,谓已定造屋之计划也;堂,奠基;构,成屋也。菑,耕田去草也;播,种谷;获,收获也。考翼犹云父辈、父执。言如造屋种田,先人已定计划矣,已锄去草矣,而其子弗能奠基,播种,况能成屋收获乎?其父执能谓此后嗣弗弃先人之基业乎?故又曰:"若稽夫,予曷敢不终朕亩?"篇中屡云"予不敢不极卒宁王图事","予曷其不于前宁人图功攸终","予曷敢不于前宁人攸受休毕','予曷敢不越卬敉宁王大命",皆此旨也。至其对于友邦君及御事诸臣,则皆以父执待之,以感情动之,故曰:"弗吊,天降割(通害)于我家,不少延,洪惟我冲人嗣无疆大历服。"又曰:"呜呼!允蠢(犹云"如真动乱'),鳏寡哀哉!"又曰:"若兄考(老也),乃有友伐厥子,民养其劝弗救?"中又设为反对赞成二方之言。"尔庶邦君越庶士御事罔不反曰:'艰大,民不静,亦惟在王宫邦君室,越予小子考翼,不可征;王害(同曷)不违卜?'"此反对者之言也,谓兹事艰大,西土之人亦不静,且其人在王宫邦君室,于成王为父辈,不可征,盖指三叔也。"尔邦君越尔多士尹氏御事绥予曰:'无毖于恤,不可不成乃宁考图功。'"此赞成者之言也,谓勿惩毖于忧恤,当完成汝文考所图之大功。反对者为成王设身处地着想,固亦可感;赞成者勉以完成先人之功,尤为可嘉也。本篇在将征武庚、讨管蔡时作。而于武庚仅曰"殷小腆,诞敢纪其叙";于管蔡,仅借邦君御事反对者之口,隐约言之；未尝声罪致讨者，一则以"诰"与"誓"文体不同，一则为亲者讳，不欲扬三叔之恶也。故《大诰》者，其旨正而大，其辞微而婉，在《尚书》中，实有一读之价值者也。

《康诰》首段曰："惟三月，哉生魄，周公初基作新大邑于东国洛；四方民大和会，侯甸男邦采卫百工播民和见士于周；周公咸勤。乃洪《大诰》治。"此段与《康诰》本文完全无关。吴汝纶《尚书故》谓当在《大诰》篇末，因脱简，误缀《康诰》前，是也。"初"、"基"二字，同义叠用，"士"，通"事"，"和见士"，谓皆从事于周之新邑也。"治"，故也。言周公初营洛邑，大会四方之民，诸侯百官及播迁之殷民皆从事焉者，乃洪《大诰》故。此言成王颁《大诰》以征武庚之效。是亦读《大诰》者所应注意也。韩愈《进学解》尝曰："《周诰》、《殷盘》，诘屈聱牙。"《殷盘》指《盘庚》，《周诰》指《大诰》。二篇皆普告臣民之诰，而文句古奥如此者，非故为艰深之辞也。盖在当初，皆依口语率尔成章，不加文饰；《汉书·艺文志》所谓"书之号令，其言不立具，则听受施行者弗晓"也。其后阅时既久，口语有古今之异，而文字一成不变，故觉其难解耳。其实，不仅《盘庚》、《大诰》为然；因韩愈举此二篇为例，故附加说明于此。

（二）多士

《多士》首曰："惟三月，周公初于新邑洛，用告商王士。"故此篇为周公以成王之命诰，殷之遗臣，故亦称"王若曰"，而其事则在洛邑已成之后，盖武庚之乱既平，乃营洛邑，而迁殷之臣民也。质言之，盖防殷民复生反侧，与汉高祖徙六国豪族于关中，同一政策。殷民初迁，乃作此文以诰之；名曰《多士》者，以王首呼"尔殷遗多士"也。此诰首言周之代殷，犹殷之代夏，乃天命使然："自成汤至于帝乙，罔不明德恤祀"，故天亦保之；纣王"诞淫厥泆，罔顾于天显民祗"，以是上帝不保，降兹大丧。次言我之迁尔于洛，亦是天命，"我乃明致天罚，移尔遐逖，比事臣我多逊"耳。末言自今以后，尔多士当臣服奔走于我周，"宅尔邑，继尔居，尔厥有干有年于兹洛，尔小子乃兴"。综观全篇，无非当代新王对胜代遗民诰诫之言。即以文章论，亦不及《盘庚》、《大诰》之可诵也。

（三）多方

《多方》首言："惟五月丁亥，王来自奄，至于宗周。"《多士篇》首言"惟三月"，且有"王曰，多士，昔朕来自奄"之语，则《多方》之诰，在诰多士之后，相去尚不久也。"周公曰"之后，又言"王若曰"者，亦周公以王命诰也，但所诰者为殷之诸侯耳，故曰："猷！告尔四国多方惟（同与）尔殷侯尹民。"本篇首言夏桀淫昏，夏民叨懫，天乃降命成汤，以尔多方，代夏作民主，次言纣王以尔多方大淫图天之命，故天又降丧。"惟圣罔念作狂，惟狂克念作圣。"圣狂之分，端在一转念间耳。天惟五年俟夏之子孙（本文作"须暇之子孙"，须，俟也；暇，夏之借字），乃"罔可念听"者；天又求之尔多方，乃"罔堪顾之"；于是简畀殷命于我周王。我周既承天命代殷，"尔多方曷不夹介乂我周王享天之命？""曷不惠王熙天之命？""尔乃屡迪不静，自作不典，我于是教告之，于是戢要囚之，至于再，至于三。如有仍不用命者，我乃大罚殛之，此皆尔自速其辜也。"总之，本篇大意，与《多士》略同；惟《多士》系诰殷之臣庶，本篇则诰殷之诸侯耳。

三、吕刑

《吕刑》为周穆王时书。《史记·周本纪》曰："甫侯言于王，作修刑辟命，曰《甫刑》。"甫即吕也。吕，国名，在成周之南，见

《国语·郑语》，宣王时改名曰甫。吕侯为姜姓，即穆王时所封。本篇首曰："惟吕命王，享国百年，耄荒，度作刑以诘四方。'"享国百年，耄荒"，非谓穆王享国百年，而耄期倦勤也，言周自武王克商至穆王时享国百余年刑政已渐替耳（武王克纣至穆王元年凡一百二十一年，穆王在位仅五十五年）。故本篇为穆王因吕侯重定刑制，布告天下之诰。"王曰"以下是其本文。首溯刑法之原曰："若古有训，蚩尤惟始作乱，延及于平民，罔不寇贼鸱义奸宄，夺攘矫虔。苗民弗用灵，制以刑，惟作五虐之刑曰法；杀戮无辜，爰始淫为劓、刵、椓、黥，越兹丽刑并制，罔差有辞。"旧说以此为据，谓我国刑法始于蚩尤。惟细按原文之意，似谓蚩尤始作乱，延及平民，民风于是大坏；而古代作五虐之刑，乃专以制弗用灵之苗民者；则作刑法者似非蚩尤，而为汉族之帝王也。但穆王曰"若古有训"，是已明言此为古代之传说矣。下文又曰："乃命三后恤功于民：伯夷降典，折民惟刑；禹平水土，主名山川；稷降播种，农殖嘉谷。三后成功，惟殷于民。士制百姓于刑之中，以教祗德。"盖以平水土之禹，教稼穑之后稷，与折民以刑之伯夷平列为三后，而其旨重在刑典，故又云士制百姓于刑之中也。然按《尧典》，为士主五刑者，乃皋陶，非伯夷；伯夷在舜时乃作秩宗者也。但《尧典》记舜命伯夷作秩宗，有曰："夙夜惟寅，直哉惟清。"岂以礼禁未然之先，法施已然之后，礼与刑互相表里耶？抑以秩宗定律，而士执法耶？代远年湮，已无可详考矣。穆王所定之刑，似重在罚锾，故曰："墨辟疑赦，其罚百锾，阅实其罪；劓辟疑赦，其罚惟倍，阅实其罪；剕辟疑赦，其罚倍差，阅实其罚；宫辟疑赦，其罚六百锾，阅实其罪；大辟疑赦，其罚千锾，阅实其罪。"死罪亦可以罚锾赦免，则富人犯罪可以纾死，故论者多以为非。其实，墨劓剕宫大辟，为肉刑之最惨酷者；且曰"疑赦"，则不疑者不得赦可知；况明云"阅实其罪"乎？但既以疑赦，而又罚锾，未免太苦贫民耳。穆王之刑，条文似极繁细，故曰："墨罚之属千；劓罚之属千，剕罚之属五百，宫罚之属三百，大辟之属二百，五刑之属三千，上下比罪。"论者以春秋时晋郑之刑书刑鼎所刑，为我国有成文法之始；本篇但以制刑布告诸侯臣民，而其言若此，度已有详细规定之刑律矣。且穆王既定刑法，而其告诫诸臣，以敬刑审狱为言，如曰"非佞折服，惟良折狱"，"有德惟刑"之类，盖尚存忠厚之旨焉。

第六章　记言之书二

《盘庚》因迁都诰臣民，《大诰》因征武庚诰臣民，《多士》、《多方》于平武庚后诰殷之臣民，《吕刑》因制刑法诰臣民，皆为普告臣民之诰。至于《康诰》，则因封康叔而作，《文侯之命》则因赏赉晋文公而作，均为个人而发，故与前五篇虽同属诰类，而其用不同。读者亦宜注意及之。

一、康诰、酒诰、梓材

康叔名封，武王之弟，封于卫者也。《康诰》首言："王若曰：孟侯，朕其弟小子封，惟乃丕显考文王克明德慎罚……"且自称"乃寡兄"，明为武王之言。《书序》乃曰："成王既伐管叔、蔡叔，以殷余民封康叔，作《康诰》、《酒诰》、《梓材》。"《史记·卫世家》亦曰："周公旦以成王命兴师伐殷，杀武庚、禄父、管叔，放蔡叔，以武庚殷余民封康叔为卫君，乃申告康叔，故谓之《康诰》、《酒诰》、《梓材》以命之。"按诰文既称"王曰"，则周公作诰，亦是代成王立言；康叔为成王叔父，成王安得称之曰"朕其弟小子封"，而自称"寡兄"乎？如谓系周公之称谓，则上文之"王若曰"为不词矣。卫固殷畿内地；但武王克殷，分殷畿内之地以封康叔，亦意中事也。《史记》与《书序》所以有此误者，因此篇之首有"惟三月哉生魄，周公初基作新大邑于东国洛……乃洪《大诰》治"一段耳，不知此为《大诰》篇末脱简，误缀于此；洛与卫固远不相涉也。惟《史记》及《书序》以《酒诰》、《梓材》二篇连属本篇，则甚是。此三篇皆诰康叔者，本当合为一篇，所以特分为三者，或因武王诰康叔，先后凡三次；或因三篇所诰，义有不同欤？

（一）康诰

《康诰》首称文王克明德慎罚，故能诞受天命，乃寡兄亦尚能以此自勖，故汝小子封得在兹东土。"明德慎罚"，即一篇之旨也。次称文考绍闻衣（殷之借字）德言，嘱康叔往求殷先哲王与夫商耇成人，宅心知训，俾德裕其身；并以"民情可见，小人难保"警之；以"往尽乃心，无康好逸豫乃其义民"勉之；以"怨不在大，亦不在小，惠不惠，懋不懋"告之；以"助王宅天命作新民"期之：此皆"明德"之说也。其曰"人有小罪，非眚，乃惟终"，则厥罪虽小，不可不杀；"乃有大罪，非终，乃惟眚灾"，则不可杀；又曰"非汝封刑人杀人，无或刑人杀人"，"非汝封劓刵人，无或劓刵人"（原文作"非汝封，又曰劓刵人无或劓刵人"。"非汝封"三字，当在"又曰"之下）；又曰"要囚，服念五六日，至于旬时"，又曰"凡民自得罪，寇攘奸宄，杀越人于货（越，语词。于，取也），暋不畏死，罔弗憝"，"元恶大憝，矧惟不孝不友"，足以大乱民彝，"乃其速由文王作罚，刑兹无赦"：此皆"慎罚"之事也。又结之曰："惟文王之敬忌乃裕民。"所敬者德，所忌者罚也。"予惟不可不监告汝德之说于（同与）罚之行"者，盖谓此也。但武王之意终以明德为主，故曰，"若保赤子，民乃康乂"；又曰，"丕则敏德，康乃心，顾乃德，远乃猷裕，乃以民宁，不汝瑕殄"也。末又戒之曰："惟命不于常。"勉之曰："往哉封！勿替敬典，听朕告汝；乃以殷民世享。"则封康叔之初，望其能子孙享国久长也。

（二）酒诰

纣之恶，以酗酒为其一端，殷民化之，酗酒遂成恶俗。故《微子篇》屡言"沈酗于酒"，而汉世后得之《泰誓》中，数纣之罪，亦有"淫酗肆虐，臣下化之"云云也。妹邦为纣故都所在，遗俗犹存，故封康叔时殷殷以酒为告诫也。本篇首述文王之教，惟祭祀用酒，勉康叔以"聪听祖考之彝训"，俾妹邦臣民服田力穑，事其考长；农事之暇，牵车牛，远服贾，以养父母；值父母寿庆，乃敢用酒。并谓西土君民，尚克用文王教，不腆于酒，故能受殷之命。又言殷之先王，自成汤至帝乙，君侯臣民皆罔敢湎于酒。及纣王荒腆于酒，其民化之，腥闻于天，卒亡殷国。乃引古人之言曰："人无于水监，当于民监。"盖勖其以殷为监也。末又嘱其严行酒禁："厥或诰曰'群饮'，汝勿佚，尽执拘以归于周，予其杀。又惟殷之迪诸臣惟工，乃湎于酒，勿庸杀之，姑惟教之；有兹明享，乃不用我教辞，惟我一人弗恤，弗蠲乃事，时同于杀。"盖西土臣民随康叔往卫者，群饮则杀之，殷所遗之臣工湎于酒，则姑先教之，不用教辞，然后杀之也。是其罚虽严，亦有分别矣。

（三）梓材

《梓材》，盖以邦君地位之重要勉康叔也。故首曰："以厥庶民暨厥臣达大家，以厥臣达王，惟邦君。"为邦君者，当时知自勉，不可引养引恬，庶可享国万年也。篇中曾设三喻曰："若稽田，既勤敷菑，惟其陈修，为厥疆畎；若作室家，既勤垣墉，惟其涂塈茨；若作梓材，既勤朴斵，惟其涂丹雘。"篇名梓材，即取于此。说者乃谓"梓材"二字，取义于"乔梓"之喻（《尚书大传·梓材》："南山之阳有木焉，名乔，高高然而上，乔者，父道也；南山之阴有木焉，名梓，晋晋然而俯，子道也。"见《文选》及《世说新语》注引），无论武王与康叔为兄弟而非父子，即如《史记》及《书序》所说，以封康叔者为周公成王，亦与"乔梓"之义邈不相关；且本篇中亦无"乔梓"之喻也。

总之，《康诰》以明德慎罚为旨，《酒诰》以禁酒为旨，故分为二篇；《梓材》则旨在勉康叔勿以先王既勤明德，可以托荫自懈，亦不能独立成篇。故此三篇，似不如合作一篇为愈也。

二、文侯之命

《文侯之命》为周襄王命晋文公重耳，非平王命晋文侯仇者，本编第二章中已详辨之。襄王称文公曰"父义和"，伪孔安国《传》因以"义和"为晋文侯仇之字。按马融曰："能以义和诸侯。"则"义和"非字矣，其曰"闵予小子嗣，造天丕愆，殄资泽于下民，侵戎我国"者，指庶弟叔带与隐后之乱也。其曰"汝多修，扞我于艰"者，指重耳出兵勤王，平叔带之乱，定襄王之位也。况本篇所记赍文公之秬鬯弓矢等，正与《左传》相合乎？襄王之时，王室式微，虽文诰犹存，而其辞意已不逮古矣。

三、五誓

《康诰》、《酒诰》、《梓材》，武王所以诰卫康叔也，《文侯之命》，襄王所以诰晋文公也，皆为一人而发，与《盘庚》、《大诰》、《多士》、《多方》、《吕刑》诸篇之普告诸侯臣民者异。但以上九篇，皆为诰命之类。上告下者，尚有用于军旅之"誓"，其体与诰命不同。《尚书》中有"五誓",《甘誓》、《汤誓》、《牧誓》、《费誓》、《秦誓》是也。兹以次述其梗概如下。

(一) 甘誓

《史记·夏本纪》曰:"有扈氏不服,启伐之,大战于甘;将战,作《甘誓》。"《书序》亦曰:"启与有扈战于甘之野,作《甘誓》。"是有扈为国名,甘为地名也。夏时扈国在今陕西鄠县北。至秦,始改名鄠,见《帝王世纪》。"扈"与"鄠"实一字也。甘,在今鄠县西南,因甘水得名。《水经注》谓甘水东有甘亭,昔夏君伐有扈,作誓于是亭。按启时恐未必已有甘亭,殆后世好事者为之,以志此古代战争之遗迹耳。本篇文殊简洁,录之于次:

> 大战于甘,乃召六卿。王曰:"嗟!六事之人,予誓告汝。有扈氏威侮五行,怠弃三正;天用剿绝其命。今予惟恭行天之罚。左不攻于左,汝不恭命;右不攻于右,汝不恭命;御非其马之正,汝不恭命。用命,赏于祖;不用命,戮于社,予则孥戮汝!"

"誓"者,将战誓师之辞,有所征讨时用之。故首呼军中执事之人,命听誓言;次乃宣布敌方罪状;次乃申明军纪也。有扈氏之罪曰"威侮五行,怠弃三正"。此八字殊费解。古代政治与宗教不分,每一代辄有为其政治中心之宗教式的传说。夏代所崇奉者,即所谓"五行说"也。五行者,金、木、水、火、土也。此五种者,为民生日用之资,故谓之"五行",行即用也。《洪范篇》,箕子为武王陈洪范九畴,以"五行"为第一,此夏代之遗说也。故"威侮五行"者,非谓威侮金木水火土也,谓反对五行说耳。夏代主五行说,而有扈氏反对之,启以此为大罪。"三正",当从俞樾《群经平议》说,训"正"

为"长","三正",即大国三卿,命于天子者。有扈氏既反对五行说,又怠弃天子所命之"三正",其叛夏之迹,已昭然矣,故启声其罪而讨之,自谓"恭行天罚"也."左不攻于左"以下,则为申明军纪之言,凡属誓辞,皆与此同。

(二)汤誓

《史记·殷本纪》曰:"伊尹从汤。汤自把钺以伐昆吾,遂伐桀,作《汤誓》。"《书序》亦曰:"伊尹相汤伐桀,升自陑,遂与桀战于鸣条之野,作《汤誓》。"是《汤誓》者,汤伐桀时誓师之辞也。其文曰:

> 王曰:"格(来也),尔众庶,悉听朕言。非台(音怡,我也)小子敢行称乱;有夏多罪,天命殛之。今尔有众汝曰:'我后不恤我众,舍我穑事,而割正夏。'予惟闻汝众言。夏氏有罪,予畏上帝,不敢不正。今汝其曰:'夏罪其如台(亦音怡,何也)?'夏王率遏众力,率割夏邑,有众率怠弗协,曰:'时日曷丧?予及汝皆亡!'夏德若兹,今朕必往。尔尚辅予一人,致天之罚;予其大赉汝。尔无不信,朕不食言。尔不从誓言,予则孥戮汝,罔有攸赦!"

"格尔众庶,悉听朕言"者,呼将士而告之也。启伐有扈,以天子讨诸侯,故《甘誓》但宣布其罪状,辞极简括。汤伐桀,以诸侯伐天子,在彼时尚为创局,故誓辞中反覆言之。初言"非台小子敢行称乱",徒以"有夏多罪,天命殛之"耳。又假设民众之言:一则以舍农事而征夏为不恤民,再则以夏罪如何为问;即于解答中申明夏王之罪,夏民有"时日曷丧,予及汝皆亡"之言,然后曰"夏德若兹,今朕必往",以表示其决心。"尔尚辅予一人致天之罚"以下,始以赏罚申明其军纪。以较《甘誓》，其措辞盖有异焉。

（三）牧誓

《史记·周本纪》曰："武王遂率戎车三百乘，虎贲三千人，甲士四万五千人，以东伐纣。二月甲子昧爽，武王朝至于商郊牧野，乃誓。"《书序》亦曰："武王戎车三百两，虎贲三百人，与受战于牧野，作《牧誓》。"是《牧誓》者，武王伐纣时誓师之辞也。虎贲人数，《史记》与《书序》异。按《司马法》曰："革车一乘，士十人。"《乐记》曰："虎贲之士说剑。"则虎贲即士也。一乘十人，三百乘则三千人矣。似当从《史记》。但《墨子·明鬼》云"武王虎贲之卒四百人"，《风俗通·三王篇》云"武王虎贲八百人"，则虎贲之数，古多异说矣。此亦无关宏旨者。受者，纣之名。"牧野"，说者多谓为地名。俞樾则谓"郊牧野"三字同义叠用，但指商之郊外而言，是也。本篇首云："时甲子昧爽，王朝至于商郊牧野，乃誓。"此记誓师之时与地也。又曰："王左杖黄钺，右秉白旄以麾，曰：'逖矣西土之人！'"此记誓师时情事也。"王曰：'嗟！我友邦冢君，御事、司徒、司马、司空、亚旅、师氏、千夫长、百夫长，及庸、蜀、羌、髳、微、卢、彭、濮人，称尔戈，比尔干，立尔矛，予其誓！'"呼从征将士及友邦君民而誓之也。此下方是誓辞本文。其言曰：

　　王曰："古人有言：牝鸡无晨；牝鸡之晨，惟家之索。今商王受，惟妇言是用；昏弃厥肆祀弗答，昏弃厥遗王父母弟不迪；乃惟四方之多罪逋逃，是崇，是长，是信，是使，是以为大夫卿士，俾暴虐于百姓，以奸宄于商邑。今予发惟恭行天之罚！"

此宣布纣王之罪。"惟妇言是用"，宠妲己也；昏弃肆祀，故"殷民乃攘窃神祇之牺栓牲，用以容，将食无灾"也，（见《微子篇》）昏弃遗王父母弟，谓不用微子、箕子、比干也；信任多罪逋逃，谓用飞廉、恶来等小人也。此数纣之罪，较《汤誓》为具体矣。又曰：

今日之事，不愆于六步七步，乃止齐焉，夫子勖哉！不愆于四伐五伐六伐七伐，乃止齐焉，勖哉夫子！尚桓桓如虎、如貔、如熊、如罴，于商郊，弗迓克奔，以役西土，勖哉夫子！尔所弗勖，其于尔躬有戮！

此则勖勉将士，申明军纪之辞也。"伐"者，一击一刺也。凡战，将士须旅进旅退，步伐整齐，故以此勖将士也。"迓"即"御"，止也；弗迓克奔者，勉其奋勇前进也。旧说乃谓命其弗杀已奔逃之殷军，盖泥于武王以至仁伐至不仁，王者之师必不以杀敌为事耳。不知杀敌致果，战事之常经；上句已明云"尚桓桓如虎、如貔、如熊、如罴，于商郊"矣。果如旧解，则武王同于"不重伤，不禽二毛"之宋襄公矣。俗儒读经，往往先存一成见，故遇与其成见不合者，必曲为之解，而不顾其与事实情理不合也。即如此篇末句但云"其于尔躬有戮"，《甘誓》、《汤誓》皆云"予则孥戮汝"，说经者以为王者之政，罪人不孥；启与汤不至如此不仁，故训"孥"为"奴"，以没为奴隶释"孥戮"。不知"罪人不孥"，但为文王之政，故孟子亟称之。不得以文王之政，强启与汤而同之；况此为军纪，又与平日罚罪人之刑不同乎？

（四）费誓

《史记·鲁世家》曰："伯禽即位之后，有管、蔡等反也；徐戎、淮夷，亦并兴反。于是伯禽率师伐之于肸，作《肸誓》。"

《书序》亦曰："鲁侯伯禽宅曲阜，徐夷并兴，东郊不开，作《费誓》。"《肸誓》即《费誓》也。按伏生所传二十八篇书目，《费誓》又作《鲜誓》。费，地名，读如字，与春秋时鲁季氏之费邑，读曰"秘"者有别。今山东鱼台县西南有费亭。管、蔡与武庚叛，而徐戎、淮夷响应于东。故周公东征，其子伯禽亦自鲁兴师伐淮夷、徐戎，以分其势，而收夹击之效。故《费誓》与《甘誓》、《汤誓》、《牧誓》不同，但以申明军纪为旨，不宣布淮夷、徐戎之罪状也。兹以其含义无关宏恉，不复赘说。

（五）秦誓

《秦誓》与《费誓》同为周代诸侯之誓，故今本《尚书》列此二篇于末。伏生二十八篇及《书序》均列《费誓》于《吕刑》与《文侯之命》之前者，以时代为序次也。今本次序虽与伏生《书序》不同，亦自持之有故，言之成理耳。惟《秦誓》虽亦誓师之辞，而穆公旨在表示悔过，故其内容大异于《甘誓》、《汤誓》、《牧誓》、《费誓》四篇。兹录其原文于下：

公曰："嗟！我士，听无哗！予誓告汝群言之首。古人有言曰：'民讫自若是多盘：责人，斯无难；惟受责，俾如流，是惟艰哉！'我心之忧；日月云迈，若弗云来！惟古之谋人，则曰未就予忌；惟今之谋人，姑将以为亲，虽则云然，尚猷（同犹）询兹黄发，则罔所愆。番番（同皤，发白貌）良士，旅力既愆，我尚有之；仡仡勇夫，射御不违，我尚不欲。惟截截善谝言，俾君子易辞，我皇多有之？昧昧我思之。如有一介臣，断断猗无他技，其心休休焉如其有容，人之有技，若己有之，人之彦圣，其心好之，不啻若自其口出，是能容之，以能保我子孙黎民，亦职有利哉！人之有技，冒疾以恶之，人之彦圣，而违之俾不达，是不能容，以不能保我子孙黎民，亦曰殆哉！邦之杌陧，曰由一人；邦之荣怀，亦尚一人之庆！"

《史记·秦本纪》曰："缪公复益厚孟明等，使将兵伐晋，以报殽之役。晋人皆城守不敢出。于是缪公乃自茅津渡河，封殽中尸，为发丧，哭之三日。乃誓于军，以申思蹇叔、百里傒之谋，作《秦誓》。"《书序》曰："秦穆公伐郑，晋襄公帅师败诸殽，还归，作《秦誓》。"《史记》谓穆公伐晋报殽之败，封尸之后，乃作《秦誓》；《书序》以为败殽还归后即作《秦誓》，二说不同；但其为穆公悔过而作，则明甚也。按鲁僖公三十年，晋文公与秦穆公围郑。郑人烛之武说穆公，与之盟。秦师先退，晋师亦还。穆公使杞子、逢孙、杨孙戍郑。三十二年，杞子自郑使告于穆公，谓已掌郑北门之管，若潜师往袭，郑可得也。穆公问诸蹇叔，蹇叔以为劳师袭远，必无功。穆公不听，命孟明、西乞、白乙为帅，出师袭郑。蹇叔哭而送之。穆公怒曰："尔何知？中寿，尔墓之木拱矣！"秦师袭郑，郑商人弦高遇诸涂，矫命犒师，而遽告之郑。郑人备之。杞子奔齐，逢孙、杨孙奔宋。秦以郑既有备，乃灭滑而还，时晋文公方卒，襄公出师袭诸殽，大败秦师，获其三帅。以其母文嬴之请，释三帅。穆公素服郊迎，哭曰："孤违蹇叔，以辱二三子，孤之罪也！不替孟明。孤之过也，大夫何罪？且吾不以一眚掩大德！"秦大夫及左右皆曰："是败也，孟明之罪也，必杀之！"穆公曰："周芮良夫之诗曰：'大风有隧，贪人败类；听言则对，诵言如醉；匪用其良，覆俾我悖！'是贪故也，孤之谓矣。孤实贪以祸夫子，夫子何罪？"使复为政。鲁文公三年，秦伐晋，取王官，自茅津济河，封殽尸而还，遂霸西戎，此事始末，详见《左传》。故本篇所谓"黄发"，所谓"番番良士"，即指老臣蹇叔；所谓"截截善谝言"者，即指杞子也。篇中颇多嘉言：如责人不难，受责如流则难；询兹黄发，则罔所愆；愿有番番之良士，不欲仡仡之勇夫，更不愿有截截之谝言；休休有容之大臣，可以保子孙黎民，娼疾不能容之小人不能保子孙黎民；邦之杌陧荣怀，皆由一人。孔子纂《书》，以此篇为殿，旨深哉！

第七章　记言之书三

"诰命"与"誓",皆上告下之言也。下告上者,则为"谟"类,《尚书》共有八篇。然严格言之,则《皋陶谟》为皋陶与禹在帝舜前之对话,《洛诰》为周公与成王命使互相告语;纯粹的臣下告上之言,仅《高宗肜日》、《西伯戡黎》、《洪范》、《召诰》、《无逸》、《立政》六篇而已。此六篇中,《洪范》、《无逸》二篇,尤有价值。

一、洪范

《洪范》者,箕子为武王陈治天下之大法也。本篇首述其事曰:

惟十有三祀,王访于箕子。王乃言曰:"呜呼!箕子,惟天阴骘下民,相协厥居;我不知其彝伦攸叙。"箕子乃言曰:"我闻在昔:鲧陻洪水,汩陈其五行,帝乃震怒,不畀洪范九畴,彝伦攸斁;鲧则殛死,禹乃嗣兴,天乃锡禹洪范九畴,彝伦攸叙。"

武王于克纣之后，下访胜国遗臣，足征其虚怀若谷。武王以不知彝伦攸叙为问，而箕子答之如此，则"洪范九畴"，即彝伦之所由叙也。畴，类也。本篇所述，即此"洪范九畴"也。兹列举之如下：

1. 五行　初一曰"五行"：

　　一曰水，二曰火，三曰木，四曰金，五曰土。水曰润下，火曰炎上，木曰曲直，金曰从革，土爰稼穑。润下作咸，炎上作苦，从革作辛，稼穑作甘。

此为夏代所奉行之"五行说"之大概，"润下"、"炎上"、"曲直"、"从革"、"稼穑"，水火金木土五者之性，亦即五者之用也。水性就下，火性炎上，此夫人知之者，木则可曲可直，金则可以改铸，土则可以稼穑，要亦不难索解；惟金曰"从革"，于土又变文以"爰"为"曰"，乍看似不易了解耳。至于咸、苦、酸、辛、甘云云，则以五味配五行耳。我国言五行者，往往以与五味、五色、五方、五官、五脏等相配，至今中医尚以此诊病处方焉。说者乃谓水可制盐，故曰作咸；火焦味苦，故曰作苦；果实未熟时皆酸，故曰作酸，然则金之作辛，土之作甘，又将如何解之？总之，五行说极盛于夏代，必有其所以为说者在；箕子但举其大略而已。

2. 五事　次二曰"敬用五事"：

　　一曰貌，二曰言，三曰视，四曰听，五曰思。貌曰恭，言曰从，视曰明，听曰聪，思曰睿。恭作肃，从作乂，明作晢，聪作谋，睿作圣。

貌、言、视、听、思，为人人所同具之五事，能敬用此五事，则貌恭而肃，言从而乂，视明而晢，听聪而谋，思睿而圣矣。貌恭者，正其衣冠仪容，非令色足恭之谓；言从者，不悖于情理，非面谀诡随之谓；视明者，能明事理，别是非，非目察秋毫之谓；听聪者，知言从谏，非耳别五音之谓；思睿者，慎思明辨，非幻想之谓也。其有关于修己治人者，确非浅鲜也。

3. 八政　次三曰"农用八政"：

　　一曰食，二曰货，三曰祀，四曰司空，五曰司徒，六曰司寇，七曰宾，八曰师。

足食、通货，为人民生计、社会经济之本。国之大事，在祀与戎（用《左传》语），古以祭祀与兵戎并重，故"祀"列第三。司空者，司工也；司徒者，掌教万民者也；司寇者，掌刑法以正万民者也；故与"宾"、"师"同列于"食"、"货"之次焉，此八者，治国之要政也。"八政"曰"农用"者，以农立国，农即民耳。

4. 五纪　次四曰"协用五纪"：

　　一曰岁，二曰月，三曰日，四曰星辰，五曰历数。

此指天文历数而言。尧命羲和钦若昊天以授民时，舜察璇玑玉衡以齐七政；尧之命舜，舜之命禹，均以"天之历数在尔躬"为言。盖天文历数，与民事亦至有关也。

5. 皇极　次五曰"建用皇极"：

　　皇建其有极，敛时（同是）五福，用敷（同普）锡厥民。惟时厥庶民于汝极,锡汝保极。凡厥庶民无有淫朋,人无有比德,惟皇作极。凡厥庶民有猷、有为、有守,汝则念之。不协于极,不罹于咎;皇则受之。而康而(同尔)色曰,"予攸好德",汝则锡之福。时人斯其惟皇之极,无虐茕独而畏高明(即《易》"高明之家,鬼瞰其室"之"高明")。人之有能有为,使羞(进也)其行,而(同尔)邦其昌。凡厥正人,既富方谷,汝弗能使有好于而(同尔)家;时人斯其辜于其无好德,汝虽锡之福,其作汝用咎。无偏无陂,遵王之义;无有作好,遵王之道;无有作恶,遵王之路;无偏无党,王道荡荡;无党无偏,王道平平;无反无侧,王道正直:会其有极,归其有极。曰皇极之敷言,是彝是训,于帝其训。凡厥庶民,极之敷言,是训是行,以近天子之光;曰天子作民父母,以为天下王。

《洪范》于"皇极"一节,发挥最为详尽。极者,准则之意;皇极者,帝皇所建之准则,犹今语所谓"中心思想"也。能建立一中心思想,使庶民信仰之,遵行之,以成荡荡平平而正直之"王道",则可以作民父母以为天下王矣。中心思想既定,则庶民无有淫朋,无有比德;惟遵行此"皇极"而已。皇极惟何?曰"攸好德"而已。故庶民之有猷有为有守者,王则念之;有能有为者,王则进之。凡厥正人,当使既富方谷,且能使有好于尔家;其无好德者,则毋锡之福也。今世列强殆莫不各有其皇极焉;虽其建为皇极之中心思想,各有不同,而其建皇极以敷锡厥民,则古今中外之所同也。

6. 三德 次六曰"乂用三德":

一曰正直,二曰刚克,三曰柔克,平康,正直;强弗友，刚克；燮友，柔克。沈潜，刚克；高明，柔克。惟辟作福，惟辟作威，惟辟玉食，臣无有作福作威玉食。臣之有作福作威玉食，其害于而家，凶于而国（二"而"字皆同尔），人用侧颇辟，民用僭忒。

三德者，即"正直"、"刚克"、"柔克"也。刚克、柔克者，即克刚克柔也。正直者平康，能刚者强，能柔者和。人之性，不外乎"沉潜"、"高明"二型。沉潜者多柔和，而能刚强，则庶几矣；高明者多刚强，而能柔和，则庶几矣。毗刚毗柔者，人性之常；刚而不能柔则愎，柔而不能刚则懦，此又人性常有之短也。沉潜者近于有所不为之"狷"，高明者近于进取之"狂"。正直者，其庶几近于"中行"矣。中行难得，狂狷者亦可用，要在用之得其宜耳，故曰"乂用三德"，乂即治也。"惟辟作福……民用僭忒"一节，与本文义不相涉，疑系上节错简。上节言惟皇建极，臣民惟当奉皇极而训行之。故推论及于惟辟得作威作福玉食；如臣有作威作福玉食者，则大权旁落矣，尚能建立皇极乎？故人因是而偏侧，民因是而僭忒，乃害于家而凶于国矣。

7. 稽疑　次七曰"明用稽疑"：

择建立卜筮人，乃命卜筮。曰雨、曰霁、曰蒙、曰驿、曰克、曰贞、曰悔，凡七；卜五，占用二；衍忒。立时人作卜筮。三人占，则从二人之言。汝则有大疑，谋及乃心，谋及卿士，谋及庶人，谋及卜筮。汝则从，龟从，筮从，卿士从，庶民从，是之谓大同，身其康强，子孙其逢吉。汝则从，龟从，筮从，卿士逆，庶民逆，吉。卿士从，龟从，筮从，汝则逆，庶民逆，吉。庶民从，龟从，筮从，

汝则逆，卿士逆，吉。汝则从，龟从，筮从，卿士逆，庶民
　　逆，作内吉，作外凶。龟筮共违于人，用静吉，用作凶。

稽疑者，决疑也。灼龟以占吉凶曰卜，揲蓍以占吉凶曰筮。殷人信鬼重卜筮，故安阳殷墟所发现之甲骨，所刻皆贞卜之辞。"雨"、"霁"、"蒙"、"驿"、"克"五者，皆灼龟所得之兆，卜所用也；"贞"、"悔"二者，《易》中犹多见之，占所用也：合之，凡七。过此七者，则忒矣。古重卜筮，用以决疑，故箕子列为洪范九畴之一。但卜筮之外，尚须谋及己心与卿士庶民，则较完全迷信龟筮者，已胜一筹矣。

8. 庶征　次八曰"念用庶征"：

　　曰雨，曰旸，曰燠，曰寒，曰风，曰时。五者来备，
　　各以其叙，庶草蕃芜；一极备，凶；一极无，凶。曰休征：
　　曰肃，时雨若；曰乂，时旸若；曰哲，时燠若；曰谋，时寒
　　若；曰圣，时风若。曰咎征：曰狂，恒雨若；曰僭，恒旸
　　若；曰豫，恒燠若；曰急，恒寒若；曰蒙，恒风若。曰惟王
　　省岁，卿士惟月，师尹惟日。岁月日时无易，百谷用成，乂
　　用明俊，民用章，家用平康；日月岁时既易，百谷用不成，
　　乂用昏不明俊，民用征，家用不宁。庶民惟星。星有好风，
　　星有好雨。日月之行，则有冬有夏。月之从星，则以风雨。

此以天气之晴、雨、寒、热、风五者之得"时"与否，为人事休咎之"征"也。五者备而各以其叙，则岁熟而物阜民康；一极备，一极无，则岁凶而物歉民病矣。肃、乂、哲、谋、圣，即上文次二五事之休明也；狂、僭、豫、急、蒙者，肃乂哲谋圣之反也。古常有天人相

应之说，故五事之臧否，足以感召天气，而其征有休咎焉。其以王配岁，卿士配月，师尹配日，庶民配星，亦是古说。星有好风好雨者，即所谓"箕好风毕好雨"也；月之从星则以风雨者，即"月离于毕，俾滂沱矣"之类也。星或好风，或好雨；日月运行，冬夏寒暑以异；调节支配之者惟岁。此谓所以统治卿士师尹庶民者惟王，则又以天时喻人事矣。

9. 五福六极　次九曰"飨用五福，威用六极"：

> 五福：一曰寿，二曰富，三曰康宁，四曰攸好德，五曰考终命。六极：一曰凶短折，二曰疾，三曰忧，四曰贫，五曰恶，六曰弱。

用，以也。五福与六极适相反：凶短折者寿与考终命之反，贫者富之反，疾、忧、弱者康宁之反，恶者好德之反也。飨以五福，威以六极，降祥降殃，皆由天命，而实人自召之也。——《洪范》之大旨如此，在今日视之，诚不免带有迷信的色彩，但在殷末周初，固一有系统有价值之理论；故在我国古代学术史上，亦自有其地位焉。

二、无逸

《无逸》者，周公告成王之言也。成王、周公，分则君臣，谊则叔侄，故此篇虽为下告上之言，其所箴戒，亦谆谆矣。岂特成王？凡守成之主，皆当凛"无逸"之戒；岂特人主？凡承父兄绪业之青年，皆当凛"无逸"之戒也。本篇共分六段。

1. 总说　其首段曰：

周公曰："呜呼！君子所其无逸！先知稼穑之艰难，乃逸，则知小人之依。相小人，厥父母勤劳稼穑，厥子乃不知稼穑之艰难，乃逸，乃谚；既诞，否则侮厥父母，曰：'昔之人无闻知！'"

"所其无逸"者，犹言以无逸为立场也。君子，指在位之人；小人，指庶民。君子先知稼穑之艰难而后逸，然后能知小民之隐（依为隐之借字），相彼小民，其父母以力田起家；其子承父之荫，不复知稼穑之艰难，于是逸乐焉，畔嗻焉，及其长大，稍拂其意，辄蔑视其父母，以为田舍翁闻见固鄙陋也。此虽单就稼穑言，亦可包一切辛苦经营，藉以起家之事业也。在位之君子，无论为帝王之胤嗣，大臣之荫子，推而至于富家儿，类皆席丰履厚，不知先人创业之艰苦者，读此当知所勉矣。

2. 以殷先王为例　次段曰：

周公曰："呜呼！我闻曰：在昔殷王中宗，严恭寅畏天命，自度治民，祗惧不敢荒宁；肆中宗之享国，七十有五年。其在高宗，时旧（久也）劳于外，爰暨小人，作（及也）其即位，乃或亮阴（即谅暗，天子居丧时所处之倚庐）三年不言；惟其不言，言乃雍（和也），不敢荒宁，嘉靖殷邦，至于小大，无时或怨；肆高宗之享国，五十有九年。其在祖甲，不义惟王（惟，为也。武丁欲立少子祖甲，祖甲以为王为不义而逃之，乃立其兄祖庚。祖庚崩，乃立祖甲），旧（久也）为小人，作其即位，爰知小人之依（隐也），能保惠于庶民，不敢侮鳏寡；肆祖甲之享国，三十有三年，自时（同是）厥后，立王生则逸，生则逸，不知稼穑之艰难，不闻小人之劳,惟耽乐之从;自时厥后,亦罔或克寿,或十年,或七八年,或五六年,或四三年。"

此举殷之诸王为例。知稼穑之难,知小民之隐,以无逸为戒,不敢荒宁,故能绥民靖邦;否则反之。此理至易明也。若谓勤劳者享国久长,逸乐者年祚短促,则似迷信之说矣。不知户枢不蠹,流水不腐,勤劳者身体自能康强;耽于逸乐者,奢惰淫佚,纵情声色,适足以自戕其身。不但帝王为然,今世堕落腐化之人,嫖赌烟酒,无所不用其极者,不啻为慢性之自杀也!

3. 以周先王为例　次段又曰:

周公曰:"呜呼!厥亦惟我太王、王季,克自抑畏。文王卑服,即康功田功(即,就也成也;康,大也;田,甸也,定也),征柔懿恭,怀保小民,惠鲜(通赐)鳏寡,自朝至于日中昃,不遑暇食,用咸和万民。文王不敢盘于游田,以(使也)庶邦惟正之供(惟正是法也)。文王受命惟(通已)中年,厥享国五十年。"

此又举周文王为例也。

4. 规嗣主　次段又曰:

周公曰:"呜呼!继自今,嗣主则无淫于观于逸于游于田,以万民惟正之供!无皇(宽假也)曰:'今日耽乐。'乃非民攸训(通顺),非天攸若(亦顺也);时(通是)人丕则有愆。无若殷王受之迷乱,酗于酒德哉!"

此方是勉成王之辞。

5. 推论　次段又曰：

  周公曰："呜呼！我闻曰古之人犹胥训告，胥保惠，胥教诲（胥，相也）；民无或胥诪张（同侜张）为幻。此厥不听，人乃训（同顺）之，乃变乱先王之正刑，至于小大；民否则厥心违怨，否则厥口诅咒。"

此又进一层言，谓古先哲王与其良弼，能相训教，相保惠，民亦化之，故无诪张为幻者；此之不从，惟耽乐是从，则民亦化之，乃至变乱先王之正法矣；民有不化于恶风者，亦心违怨而口诅咒矣。故帝王之勤逸，所影响于民风民意者实更大也。

6. 总结　次段又曰：

  周公曰："呜呼！自殷王中宗及高宗及祖甲及我周文王，兹四人迪哲。厥或告之曰：'小人怨汝詈汝。'则皇自敬德，厥愆曰'朕之愆'。允若时（同是），不啻不敢含怒。此厥不听，人乃或诪张为幻曰：'小人怨汝詈汝。'则信之。则若时，不永念厥辟（法也），不宽绰厥心，乱罚无罪，杀无辜；怨有同，是丛于厥身！"周公曰："呜呼！嗣王其监于兹！"

此段总结上文。殷周贤王，不但以无逸为诫，即有人以小民怨詈告之，不但不敢含怒而已，且自承过愆，自敬其德。否则闻民之怨詈，不念其法，不宽其心，惟乱肆杀罚，则民怨将丛集于一身矣！此固为君国者言；然在平人，固亦有人告之以有过则喜者，亦有愎谏怙过者；过勿惮改，可以进德，怙恶文过，可以拒谏，其理亦犹是也。

三、高宗肜日

《高宗肜日》载祖己告殷高宗武丁之言。肜音融，祭之明日又祭，殷曰肜，周曰绎。高宗祭成汤之翌日，有飞雉升鼎耳而雊（亦作呴，雉鸣也）。高宗以为不祥。祖己乃告王曰："惟天监下民，典厥义。降年有永有不永；非天夭民，民中绝命。民有不若德，不听罪；天既孚命正厥德，乃曰其如台，呜呼！王司敬民，罔非天胤；典祀无丰于昵！"高宗肜日之祭，所祭何人，本篇未明言，《尚书大传》、《史记·殷本纪》及《书序》亦未明言。说者谓高宗盖祭其父小乙，祖己所云"典祀无丰于昵'者，正谓丰于小乙而薄于小辛（小乙之兄）。事或然欤？又曰降年有永有不永云云者，高宗以野鸟入庙，恐年祚不得久长，故祖己以此告之也。《书序》谓此篇为祖己训王时作，《史记》谓此篇乃高宗崩后，祖己追记，说亦不同。

四、西伯戡黎

《西伯戡黎》记祖伊告纣之言。西伯伐黎国（《史记》作饥国）灭之，祖伊恐，奔告于王曰："天子，天既讫我殷命，格人（即正人）元龟，罔敢知吉。非先王不相我后人，惟王淫戏用自绝，故天弃我，不有康食。不虞天性，不迪率典。今我民罔弗欲丧，曰：'天曷不降威？'大命不挚，今王其如台？"王曰："呜呼！我生不有命在天？"祖伊反，曰："呜呼！乃罪多参在上，乃能责命于天？殷之即丧，指乃功，不无戮于尔邦！"纣之愎谏怙恶，于此可见。然祖伊之言，切直极矣；未闻纣以此为罪而杀之。则后世专制帝王之杀谏臣，曾商纣之不若矣！

五、召诰

成王在丰，欲宅洛邑，使召公先往相宅；卜宅既定，召公乃以众民攻位奠基于洛水之汭。周公至洛，视察新邑，祭郊社既竟，乃朝诸侯庶民。召公乃锡周公，使告成王。《召诰》所记即召公告成王之辞；故名虽为"诰"，与上告下诸诰不同。本篇大旨，在勉成王敬命敬德，无遗寿耇，顾畏民嵒，监于夏殷，庶可祈天永命。盖亦老成谋国之谠言也。

六、立政

成王以冲龄即位，周公摄政，及成王稍长，周公归政，乃作《立政》以告成王。故本篇首句曰："拜手稽首，告嗣天子王矣。"本篇大旨，谓立政首在用人，所谓"宅乃事，宅乃牧，宅乃准"，三宅三俊，乃可相我国家，治义庶民，故曰："继自今，立政其勿以憸人，其惟吉士。"次则庶狱庶慎，"以列用中罚"。立政之要，在于此矣。

七、洛诰

至于《洛诰》，则为成王、周公互相告语，不得谓之下告上或上告下之言。周公既至洛，使使以新都之图及所卜吉兆告之成王。以下即记成王与周公彼此相告之辞。周公有"我其明农"之言，盖欲归政成王，退而治农事也。成王命周公后者，命其留后治洛，不欲遽令其退居闲散之职也。末言成王在新邑，烝祭文王、武王，则尝往洛主祭矣。但又云"王命周公后",则仍留周公治洛矣。按《康诰》篇首"惟三月哉生魄……乃洪《大诰》治"一段,吴汝纶谓是《大诰》篇末错简,前已言之。今按其意,似当在《洛诰》之首。盖此以《洛诰》名篇,正因篇首叙"周公初基作新大邑于新国洛"云云也。且《召诰》首曰:"惟二月既望,越六日乙未,王朝步自周,则至于丰……"《多士》首曰:"惟三月,周公初于新邑洛,用告商王士……"《多方》首曰:"惟五月丁亥,王来自奄,至于宗周……"《洛诰》与此三篇,所记并为营洛邑时事,其首记月日,体例相同,揆之情事,亦属当然也。"惟三月哉生魄……乃洪大诰治"一节,与《康诰》固邈不相涉;但以缀于《大诰》之后,亦与《尚书》他篇文体不类。吴氏徒以末句"乃洪大诰治"中,恰有"大诰"二字,故移之《大诰》之末。其实此句当以"洪大"二字同义连文,"大诰"二字偶尔连用,恐非篇名。此说未经前人道及,尚不敢自信为定论,窃愿与读者共商讨之也。

第八章 记言之书四

　　姚鼐《古文辞类纂序》曰："奏议类者，盖唐虞三代圣贤陈说其君之辞，《尚书》具之矣。周衰，列国臣子为国谋者，谊忠而辞美，皆本谟诰之遗。"是以谟诰为奏议之原也。按《尚书》中以"诰"名篇者五，仅《召诰》为奏议之类；《大诰》、《康诰》、《酒诰》，则诏令之类也；《洛诰》，则奏议诏令兼而有之者也。以"谟"名篇者，仅《皋陶谟》一篇，诚奏议之类矣；而又与《洪范》、《无逸》诸篇，纯为下告上者异，盖皋陶与禹在帝舜之前，与舜互谈，颇似颜渊、子路侍坐于孔子，各言其志者然。是《尚书》各篇之文体，不能拘执篇名以求之矣。

一、皋陶谟

　　《皋陶谟》，今本分下半为《益稷》。但"帝曰来禹汝亦昌言"以下，提及益稷者，仅"暨益奏庶鲜食"、"暨稷奏庶艰食鲜食"二语，且均为禹语；且与《皋陶谟》文义词气皆相连属，分为二篇，名曰"《益稷》"者，妄也。今录本篇原文，分行列之，以明其为对话体。

> 曰若稽古皋陶，曰允迪厥德，谟明弼谐。
>
> 禹曰："俞！如何？"
>
> 皋陶曰："都！慎厥身修思永。惇叙九族，庶明励翼，迩可远在兹。"
>
> 禹拜昌言曰："俞！"
>
> 皋陶曰："都！在知人，在安民。"
>
> 禹曰："吁！咸若是，惟帝其难之。知人则哲，能官人；安民则惠，黎民怀之。能哲而惠，何忧乎驩兜？何迁乎有苗？何畏乎巧言令色孔壬？"
>
> 皋陶曰："都！亦行有九德，亦言其人有德。"乃言曰："载采采。"
>
> 禹曰："何？"
>
> 皋陶曰："宽而栗，柔而立，愿而恭，乱而敬，扰而毅，直而温，简而廉，刚而塞，强而有义，彰厥有常吉哉。日宣三德，夙夜浚明有家；日严祗敬六德，亮采有邦，翕受敷施。九德咸事，俊乂在官，百僚师师百工惟时抚于五辰，庶绩其凝（成也）。无教逸欲，有邦兢兢业业，一日二日万几；无旷庶官，天工人其代之。天叙有典，勑我五典五惇哉；天秩有礼，自我五礼有庸哉；同寅协恭和衷哉；天命有德，五服五章哉；天讨有罪，五刑五用哉；政事懋哉懋哉！天聪明，自我民聪明；天明畏，自我民明威。达于上下，敬哉有土！"
>
> 皋陶曰："朕言惠，可厎行。"
>
> 禹曰："俞！乃言厎可绩。"

皋陶曰："予未有知,思曰赞赞襄哉!"

帝曰："来,禹,汝亦昌言。"

禹拜曰："都!帝,予何言?予思曰孜孜。"

皋陶曰："吁!如何?"

禹曰："洪水滔天,浩浩怀山襄陵,下民昏垫。予乘四载,集山刊木;暨益奏庶鲜食。予决九川,距四海,濬畎浍,距川;暨稷奏庶艰食鲜食,懋迁有无化居,烝民乃粒,万邦作乂。"

皋陶曰："俞!师汝昌言。"

禹曰："都!帝,慎乃在位。"

帝曰："俞。"

禹曰："安汝止,惟几惟康,其弼直,惟动丕应徯志,以昭受上帝,天其申命用休。"

帝曰："吁!臣哉邻哉!邻哉臣哉!"

禹曰："俞!"

帝曰："臣作朕股肱耳目:予欲左右有民,汝翼;予欲宣力四方,汝为;予欲观古人之象,日月星辰山龙华虫(即雉)作会(同绘),宗彝藻火粉米黼黻絺绣,以五采彰施五色作服,汝明;予欲闻六律五声八音,在治忽,以出纳五言,汝听。予违,汝弼,汝无面从,退有后言。钦四邻。庶顽谗说,若不在时,侯以明之,挞以记之,书用识(同志)哉,欲并生哉。工以纳言,时而飏之,格则承之庸之;否则威之。"

禹曰："俞哉!帝,光天之下,至于海隅苍生,万邦黎献,共惟帝臣。惟帝时举,敷纳以言,明庶以功,车服以庸。谁敢不让,不敬应帝,不时敷同日奏罔功?无若丹朱傲，惟慢游是好，傲虐是作，罔昼夜頟頟，罔水行舟，朋淫于家，用殄厥世。予创若时（即如此），娶于涂山，辛壬癸甲，启呱呱而泣，予弗子，惟荒度土功；弼成五服，至于五千，州十有二师，外薄四海、咸建五长，各迪有功。苗顽弗即工，帝其念哉！"

帝曰："迪朕德，时乃功惟叙。皋陶方祗厥叙，方施象刑惟明。夔曰（同爰，于是也）戛击鸣球，搏拊琴瑟以咏，祖考来格。虞宾（指尧后）在位，群侯德让。下管鼗鼓，合止柷敔，笙镛以间，鸟兽跄跄，箫韶九成，凤凰来仪。夔曰：'於！予击石拊石，百兽率舞。'庶伊允阶。"

帝庸（乃也）作歌曰："勅天之命：惟时惟几。"乃歌曰："股肱善哉！元首起哉！百工熙哉！"

皋陶拜手稽首飏言曰："念哉！率作兴事，慎乃宪，钦哉？屡省乃成，钦哉！"乃赓载歌曰："元首明哉！股肱良哉！庶事康哉！"又歌曰："元首丛脞哉！股肱惰哉！万事堕哉！"

帝拜曰："俞！往钦哉！"

1. 伪古文之误《书序》曰："皋陶矢厥谟，禹成厥功，帝舜申之，作《大禹》、《皋陶谟》、《弃稷》。"按之本篇，"皋陶矢厥谟"者，谓"思日赞赞襄哉"以上也；"禹成厥功"者，谓禹亦昌言以下，自述治水成功之言也；"帝舜申之"者，谓"臣哉邻哉"以下，舜所言也，疑本篇篇名，本作"《大禹皋陶谟》"。《弃稷》或别有一篇，或当与下文《禹贡》序连读，谓弃稷与禹治水分土，俱未可知。作伪古文《尚书》者，据《书序》之语，别造《大禹谟》一篇，又分《皋陶谟》"帝曰来禹汝亦昌言"之下为《益稷篇》。不知此篇后半,并未记益稷二人之言之事,如必分为二篇,不如径名后半为《大禹谟》也。

2. 《皋陶谟》大意 《皋陶谟》为舜时事,盖亦夏史所追记,故首句"曰若稽古皋陶",与《尧典》同一句法。"允迪厥德,谟明弼谐"八字,亦犹《尧典》以"钦明文思安安,允恭克让……"赞尧也。以下即为禹与皋陶之对话。皋陶之旨,以"身修思永"为本,推而至于"知人"、"安民"。"宽而栗,柔而立,愿而恭,乱而敬,扰而毅,直而温,简而廉,刚而塞,强而有义",即所谓"行有九德"也。"日宣三德","日严祗敬六德",斯"九德成事",而"身修思永"矣。"知人则哲",斯"俊乂在官"矣。"安民则惠",斯"庶绩其凝"矣。"无教逸欲","兢兢业业"者,即"慎厥身修思永"也。"无旷庶官",即知人能官人也。五典法天叙,五礼法天秩,五服五章法天命有德,五刑五用法天讨有罪,即所谓"天工人其代之"也。天岂能视听哉?天岂能明威哉?自我民聪明,自我民明威而已。天意即民意,故曰"达于上下"也。其曰"予未有知,思曰赞襄"者,谦辞也。皋陶能行九德,身修思永,故曰"允迪厥德";能陈谟赞襄,故曰"谟明弼谐"耳。禹所陈,则皆平水土之实事,故曰"予思孜孜"。至于帝舜所申述者,则在其知人善任,故举皋陶典刑、夔典乐二事为例,而结之曰"庶伊允谐",诚所谓"迪朕德,时乃功惟叙"也。故作歌曰:"股肱喜哉!元首起哉!百工熙哉!"皋陶则以为股肱之良或惰,庶事之康或惰,系于元首之明或丛脞,故又赓歌云云尔。帝拜昌言,而曰"往钦哉",谓自今以往,愿与诸臣共勉之也。舜与皋陶、禹君臣之推诚相与,相互勖勉,于此可见;本篇非纯为下告上之言,亦于此可见矣。

二、微子、君奭

其臣下互相告语，而不闻于君上者，则有《微子》、《君奭》二篇。

（一）微子

《书序》曰："殷既错天命，微子作诰父师少师。""诰"下疑脱一"告"字；或因叠用"诰"字，古书但作"＝，传写者因而误夺之也。说者谓"父师少师"指比干、箕子，而篇中微子既言"我其发出狂（同往）"，父师又有"诏王子出迪"之言，遂谓微子见殷之将丧，先抱祭器奔周，故殷亡后，得封于宋以存殷后。此实大误。"父师"者，"大师"之误；太师少师皆乐官，《论语》记鲁之乐官散之四方，有太师挚、少师阳，是其证。微子为纣之庶兄，在殷为贵戚之卿，与国同休戚；如见殷将亡而先降周，孔子岂肯列之三仁哉？此所谓"发出狂"，所谓"出迪"，《论语》所谓"去之"者，但言去纣避位而已。此吴汝纶说，远胜旧解之误者也。观本篇所记，微子既曰"我用沈酗于酒，用乱败厥德于下"，父师又曰"方兴沈酗于酒"，则纣之荒淫，殆日以酗酒为事矣。武王封康叔于卫，谆谆以禁酒为嘱，其以此哉！

（二）君奭

《书序》又曰："召公为保，周公为师，相成王，为左右；召公不悦，周公作《君奭》。"《史记·燕世家》曰："成王既幼，周公践祚；召公疑之，作《君奭》。"是《君奭》之作，旨在释召公之疑也。《列子·杨朱篇》亦曰："周公摄天子之政，召公不悦，四国流言。"是直以召公之不悦，为管蔡流言所由起也。《列子》伪书，魏晋人所依托，不足据；而《史记》亦有此说，则其来亦已久矣。吴汝纶乃谓召公将致仕，周公乃作《君奭》以挽留之，召公感其诚意，故后又辅康王以承成王之绪。此说甚是，故篇中记周公之言曰："君奭，我闻在昔：成汤既受命时，则有若伊尹，格于皇天；在太甲时，则有若保衡；在大戊时，则有若伊陟、臣扈，格于上帝，巫咸乂王家；在祖乙时，则有若巫贤；在武丁时，则有若甘盘：率惟兹有陈，保乂有殷。"此以殷之贤臣为喻也。又曰："惟文王尚克修和我有夏，亦惟有若虢叔，有若闳夭，有若散宜生，有若泰颠，有若南宫括。""武王惟兹四人，尚迪有禄。"此以文武时之贤臣为喻也。又曰："今予小子旦，若游大川，予往，暨汝奭，其济。""耇造德不降，则我鸣鸟不闻，矧曰其有能格？""惟曰襄我二人，汝有合哉！""天休滋至，惟时二人弗戡。"此以同舟共济勉召公，言惟汝奭与我有合，天休滋至，惟我二人犹虞弗胜；若老成人去志甚坚，而不肯降心相从，则我将鸣鸟不闻矣，况曰其能格于上帝乎？"鸣鸟不闻"者，犹《诗·伐木篇》以"鸟鸣嘤嘤"为"求其友声"之喻，谓并鸣鸟之声亦不得闻也。故其结语曰："呜呼！君惟乃知民德，亦罔不能厥初，惟其终；祗若兹，往致用治。"此其推诚以勉召公，至矣尽矣。综观全篇，并无一语以释召公之疑者。旧解乃以"召公不悦"为周公作《君奭》之因，直以悻悻小人嫉妒同列之心度召公；果如所说，则召公直管叔、蔡叔之流；诬蔑先贤，而又与本篇之旨全不吻合，殊不解其何为而出此也！且召公之不悦，在流言纷起之时耶？则周公居东，政将奚托？在武庚既平之后耶？则金縢之书已现，周公之心已明，而谓召公犹疑之乎？

三、二十八篇总述

今文《尚书》二十八篇，已说明其大致。综观各篇，有纯为记事之文者，《禹贡》是也；有言事并记，而所重在事者，《尧典》、《金縢》、《顾命》是也；有记誓师之辞者，《甘誓》、《汤誓》、《牧誓》、《费誓》是也；有名虽为"誓"，而实陈悔过之旨者，《秦誓》是也；有普告臣民者，《盘庚》、《大诰》、《多士》、《多方》、《吕刑》是也；有专诰一人，用于封建锡赉诸侯者，《康诰》、《酒诰》、《梓材》、《文侯之命》是也。有记臣下告君之辞者，《高宗肜日》、《西伯戡黎》、《洪范》、《召诰》、《无逸》、《立政》是也；有君臣遣使往返告语者，《洛诰》是也；有君臣面相告语者，《皋陶谟》是也，有臣下相告者，《微子》、《君奭》是也。至其篇名，或取全篇所记事之大端，言之要旨，如《尧典》与《禹贡》，《洪范》与《无逸》；或取篇中所记发言之人，如《微子》与《召诰》；或取所告语之人，如《康诰》与《君奭》；或取首句为篇名，如《高宗肜日》与《西伯戡黎》。孔子纂《书》，取此二十八篇，盖各有所取；然谓此二十八篇为古代最可信之史实，则亦未尽然也。

第三编　毛诗概论

第一章　毛诗解题

一、今存之《诗》为《毛诗》

《诗经》，古但曰"《诗》"；犹《易经》但曰《易》，《书经》但曰《书》也。惟《易》、《书》二经亦称《周易》、《尚书》，则又与《诗》不同耳。《易》本卜筮之书，《书》为古代史料，《诗》则我国最古之诗歌总集，故径名曰"《诗》"。秦之焚书，卜筮之书不焚，故《易》虽有今古文，无大差异；《书》则今古文篇数多少不同，且有伪古文之纠纷；《诗》亦有今古文，亦无大差异。虽三百十一篇内，《小雅》中有《南陔》、《白华》、《华黍》、《由庚》、《崇丘》、《由仪》六篇，有目无诗，说者或谓遭战国及秦而亡，晋之束晳且有《补亡诗》之作。然此六篇，为今古文本所同缺，则其三百五篇之本经，固无甚别异，《汉志》谓"遭秦而全者，以其讽诵不独在竹帛"，是也。《易》之今文皆传自田何，《书》之今文皆出于伏胜，今文《诗》则汉初即有三派。一曰《鲁诗》，为鲁人申培所传；一曰《齐诗》，为齐人辕固生所传；一曰

《韩诗》，为燕人韩婴所传。《汉志》著录："《诗》，经二十八卷，鲁齐韩三家。"又有《鲁故》（故同诂），《鲁说》；《齐后氏故》（后仓），《齐孙氏故》，《齐后氏传》，《齐孙氏传》，《齐杂记》；《韩故》，《韩内传》，《韩外传》，《韩说》等。今此诸书皆亡，仅存《韩诗外传》矣（近人杨树达《汉书补注补正》谓《内传》仍存《外传》中）。今存十三经中之《毛诗》，则为古文《诗》。《汉志》有《毛诗》二十九卷，又有《毛诗故训传》者是也。今文《诗》二十八卷，而《毛诗》多一卷者，因有《诗序》一卷也。然则传《毛诗》者为何人乎？《汉志》曰："又有毛公之学，自谓子夏所传，而河间献王好之，未得立。"盖西汉时立于学官者，仅今文《诗》三家也。《汉志》但云毛公，未著其名。郑玄《诗谱》乃曰："鲁人大毛公为《训诂传》于其家，河间献王得而献之，以小毛公为博士。"陆玑作《毛诗草木虫鱼鸟兽疏》，始曰："荀卿授鲁国毛亨，毛亨作《训诂传》以授赵国毛苌；时人谓亨为大毛公，苌为小毛公。"皮锡瑞《经学通论》颇以《毛传》为不可信，略曰："若毛公为六国时人，著有《毛诗故训传》，史迁无缘不知。又郑君始言大小毛公有二；陆玑始著大小毛公之名。郑，汉末人，不应所闻详于刘（歆）班（固）；陆，吴人，不应所闻又详于郑。"按唐人陆德明之《经典释文叙录》，始详记《毛诗》之传授；但共载二说，所引徐整之言与另一说又不同。徐整亦吴人也。且徐氏以大毛公为河间人，亦与郑、陆二氏以为鲁人者异。是古文《毛诗》之来历，未可信也。《汉书·楚元王传》曰："及歆为侍中，得亲近，欲建立《左氏春秋》、《毛诗》、《逸礼》及古文《尚书》皆列于学官。哀帝令歆与五经博士讲论其义，诸博士不肯置对。歆乃移书责之。"而歆《移让太常博士书》中，仅提及古文《逸礼》三十九篇，古文《书》十六篇及左氏丘明之《春秋传》，未尝提及《毛诗》，此亦可疑者也。惟今文《诗》三家均亡,而《毛诗》独存,且其本经与今文无大差别,则吾人欲读《诗经》,只得据今存之《毛诗》矣。

《毛诗》亦凡三百五篇;此外六篇亦有目无诗。信古文说者,以为亡于秦火。但既云"《诗》以讽诵不独在竹帛而全",何以独亡此六篇?岂秦始皇独焚此六篇耶?必不然矣。按《仪礼·乡饮酒》曰:"工歌《鹿鸣》、《四牡》、《皇皇者华》,笙《南陔》、《白华》、《华黍》;乃闲歌《鱼丽》,笙《由庚》,歌《南有嘉鱼》,笙《崇丘》;歌《南山有台》,笙《由仪》。"梁启超曰:"窃疑歌与笙同时合作,相依而节,如今西乐所谓'伴奏',例如歌《鱼丽》时即笙《由庚》以为伴,《由庚》但有音符之谱而无辞可歌,其音节则与所歌之《鱼丽》相应也。《南陔》之与《鹿鸣》,《白华》之与《四牡》,《华黍》之与《皇皇者华》,《崇丘》之与《南有嘉鱼》,《由仪》之与《南山有台》,并同。"故朱子等皆谓此六篇为"笙诗",本只有声而无辞,非原有此六篇之诗,经秦火而亡也。故今存《毛诗》三百五篇,并非残本也。《论语》记孔子之言,一则曰"《诗》三百,一言以蔽之";再则曰"诵《诗》三百",盖仅举其成数而言之耳。

二、风雅颂

此三百五篇之《诗》分编为三部分:一曰《风》,《周南》、《召南》及《邶》、《鄘》、《卫》、《王》、《郑》、《齐》、《魏》、《唐》、《秦》、《陈》、《桧》、《曹》、《豳》十三《国风》是也。二曰《雅》,《大雅》及《小雅》是也。三曰《颂》,《周颂》、《鲁颂》、《商颂》是也。《风》系由各地方采集,而分国编纂者。《汉书·艺文志》曰:"孟春之月,行人振木铎徇于路以采诗，献之太师，比其音律，以闻于天子。"辀轩采诗之制，散见各古书中，不仅《汉志》，可见古代确曾有此种制度。《汉志》录汉代"歌诗"，如《宗庙歌诗》之类，即"颂"之属；如《临江王愁思节士歌诗》之类，即"雅"之属；《吴楚汝南歌诗》之类，即"风"之属。其编制尚略同《诗经》也。

三、《诗》之地域

诗之地域以《国风》考之，则秦、王、豳约当今之陕西省及河南、甘肃二省之一部，唐约当今之山西省，魏约当今山西、河南二省接境处，邶、鄘、卫、郑、陈、桧约当今河北省之西南隅及河南省，齐、曹及颂中之鲁，当今之山东省，二《南》中《汝坟》、《汉广》、《江有汜》诸篇，约当今河南省之南部、湖北省之北部。故《诗经》中之诗，为古代所谓"中原"之作品；其地域以黄河流域为主，最南亦在长江以北，盖古代之文化中心区也。

四、《诗》之时代

三百五篇中，时代最早者，为《风》诗中《豳风》之《七月》，《颂》诗中之《商颂》五篇。《七月》，后世注家多谓系周公追述后稷、公刘之德而作。然细观其诗，不见有周公追述之证据，盖自豳迁岐以前之农歌也。豳，《孟子》作邠。太王为狄人所逼，去豳迁岐。则《七月》之诗，为太王以前之民间文学。梁启超以篇中所云"七月"、"八月"……，所用皆夏正，断为夏代作品。但以民国元年政府已明令改用阳历，民间尚沿用阴历为例推之，安知非商代改正朔后，豳国以僻处西北，民间尚用夏正乎？但最迟当在商末太王去豳以前也。今文家谓《商颂》五篇为宋国之诗，所以颂宋襄公者。是以《商颂》为春秋初世之作品也。按《国语·晋语》公孙固对宋襄公，尝引《商颂》曰："汤降曰逢，圣敬曰跻。"此二句见《商颂·长发篇》。则宋襄公时已有《商颂》可知矣。《国语·鲁语》又载闵马父之言曰："当正考父校商之名《颂》十二篇于周太师，以《那》为首。"郑众曰："自正考父至孔子，又亡其七篇。"是三百五篇中仅存之《商颂》五篇，殆为商代之郊祀乐章，至春秋时之宋国犹沿用之者耶？其最迟者，约在春秋初世之末。《秦风·渭阳》曰："我送舅氏，曰至渭阳。"相传为秦康公送其母舅晋公子重耳之作。《陈风·株林》有曰："胡为乎株林？从夏南。"相传为陈人刺灵公暱夏姬而作。秦康公、陈灵公皆春秋中世之国君也。梁启超曰："尽人皆可有舅，不必秦康；夏南为夏姬，虽极近似，亦无以证其必然；故《诗》讫何年，实难论定。惟《鲁颂·閟宫篇》'周公之孙，庄公之子'，其为鲁僖公时作品，更无可疑；则三百篇中不乏春秋时作品，盖可推断。"按孟子尝曰："王者之迹熄而《诗》亡；《诗》亡然后《春秋》作。"所谓"王者之迹熄"者，言周自东迁以后，王室之政令已不能及于诸侯各国，采诗之制已不复行也。《诗》亡而《春秋》作，是其时代之先后相衔接可知矣。故《诗经》之时代，当自商代末年至春秋初世，而以西周末、东周初时人之作品为中坚也。

五、《诗》之作者

三百五篇之诗之作者，大多数已无从考证。但亦有本文中已明言之者，如《小雅》之《节南山篇》曰"家父作诵"，《巷伯篇》曰"寺人孟子，作为此诗"，《大雅》之《崧高篇》、《烝民篇》皆曰"吉父作诵"是。亦有见于他书者，如《豳风》之《鸱鸮篇》为周公作，见于《尚书》；《鄘风》之《载驰篇》为许穆公夫人作，见于《左传》；《小雅》之《常棣篇》，则《国语》以为周公所作，《左传》以为召穆公所作是。但终占极少数。至于《诗序》以为某人作者，多出自臆度，不足据也。

然则此三百五篇之《诗》，果何人所编定耶？《史记·孔子世家》曰："古者诗三千余篇。及至孔子，去其重，取可施于礼义，上采契、后稷，中述殷周之盛，至幽厉之缺，凡三百五篇。"《汉书·艺文志》亦曰："孔子纯取周诗，上采殷，下取鲁，凡三百五篇。"此孔子删《诗》之说所本，果如此说，则我国第一部诗歌总集《诗经》，为孔子所选纂；例之后世，如徐陵之选《玉台新咏》，王安石之选《唐百家诗》矣，然其事实可疑。孔颖达《毛诗正义》曰："书传所引之诗，见存者多，亡逸者少，则孔子所录，不容十分去九，迁言未可信也。"此其一。《论语》记孔子言，两云"《诗》三百'，前已引之。孔子言《诗》，辄云三百，则其素所诵习，似止此数，非所自删。此其二。《左传》襄公二十九年，记吴季札适鲁，观乐于鲁太师；其事在孔子前，而所歌之风，无出今十五国风之外者。周时诸侯岂仅此数？则季札时以之合乐者亦仅此矣。此其三。后儒以《论语》记孔子曰，"《诗》三百，一言以蔽之，曰思无邪"，故谓孔子删《诗》，以"贞淫"为标准。但《郑风》、《卫风》中言情之作，固仍在也。不但郑、卫，首篇《关雎》又何尝非言情之作？而逸《诗》之见于他书者，反多无关于男女之情。如《论语·子罕篇》引逸《诗》曰："唐棣之华，偏其反而；岂不尔思？室是远而！"《左传》成公九年引逸《诗》曰："虽有丝麻，无弃菅蒯，虽有姬姜，无弃憔悴。"昭公十二年引逸《诗》曰："思我王度，式如玉，式如金。形民之力，而无醉饱之心。"诸如此类，岂得谓之"淫"哉！此其四。故自孔颖达以后，如郑樵、朱子、朱彝尊、崔述诸人，对于孔子删《诗》之说，多不之信。今存之三百五篇，当然曾经一番有意识的选编，而选编之人，则或为太史太师之属。要之，乐正所教，春秋时士大夫所诵所赋，殆即此三百五篇也。

六、诗序

《尚书》有《书序》，《毛诗》亦有《诗序》，而《诗序》之不可信，亦与《书序》同。《书序》本别为一篇，伪古文《尚书》乃分置各篇之首；《诗序》则本分置各篇之首，说明各篇作者、本事及其作意。首篇《关雎》之序特长，故分之为"大序"及"小序"。大序者，总论全书者也。小序者，序《关雎》一篇者也。今录其全文于下：

《关雎》，后妃之德也，风之始也，所以风天下而正夫妇也。故用之乡人焉，用之邦国焉。风，风也。风以动之，教以化之。诗者，志之所之也。在心为志，发言为诗。情动于中而形于言。言之不足，故嗟叹之；嗟叹之不足，故永歌之；永歌之不足，不知手之舞之，足之蹈之也。情发于声。声成文，谓之音。治世之音安以乐，其政和；乱世之音怨以怒，其政乖；亡国之音哀以思，其民困。故正得失，动天地，感鬼神，莫近于《诗》。先王以是经夫妇，成孝敬，厚人伦，美教化，移风俗。故《诗》有六义焉：一曰"风"，二曰"赋"，三曰"比"，四曰"兴"，五曰"雅"，六曰"颂"，上以风化下，下以风刺上，主文而谲谏，言之者无罪，闻之者足以戒，故曰"风"。至于王道衰，礼义废，政教失，国异政，家殊俗，而"变风"、"变雅"作矣。国史明乎得失之迹，伤人伦之废，哀刑政之苛，吟咏性情以风其上，达于事变，而怀其旧俗者也。故"变风"发乎情，止乎礼义。发乎情，民之性也；止乎礼义，先王之泽也，是以一国之事，系一人之本，谓之"风"。言天下之事，形四方之风，谓之"雅"。雅者，正也，言王政所由废兴也。政有小大，故有"《小雅》"焉，有"《大雅》"焉。"颂"者，美盛德之形容，以其成功告于神明者也。是谓"四始"，《诗》之至也。然则《关雎》、《麟趾》之化，王者之风，故系之周公。"南"，言王化自北而南也。《鹊巢》、《驺虞》之德，诸侯之风也，先王之所以教，故系之召公。《周南》、《召南》，正始之道，王化之基。是以《关雎》乐得淑女以配君子，忧在进贤，不淫其色；哀窈窕，思贤才，而无伤善之心焉，是《关雎》之义也。

此首篇《关雎》前之序也。《经典释文》以起首至"用之邦国焉"句，为《关雎篇》小序；自"风风也"句至末，为大序。朱子《诗序辨说》则以序中"诗者志之所之也"句起，至"诗之至也"句为大序；首尾二段为《关雎篇》小序。按此序至可疑。陆氏所分，似不如朱子之得当，因末段"是以《关雎》……"以下，明明述《关雎》之义，非统论全书也。但"然则《关雎》……王化之基"一段，又似释《周南》、《召南》，不专指《关雎》一篇。此犹可曰因《关雎篇》而连及之。顾《关雎》小序，何以分作二段，置之首尾，中又插入大序乎？篇中论"六义"，何以惟详"风"、"雅"、"颂"，不及"赋"、"比"、"兴"，亦难索解。至谓《关雎》为"后妃之德"，为"乐得淑女以配君子"，盖以为后妃所作，则又与《鲁诗》、《韩诗》之以《关雎》为刺诗者异。张超《诮青衣赋》谓为毕公作，罗泌《路史》谓为暴公作，皆以为当周康王时；王应麟《困学纪闻》又谓为当宣王时；但皆以为刺诗。此盖今古文说之不同耳。朱子《诗集传》谓系宫中人所作，君子指文王，淑女指文王后太姒，则又用《诗序》之说而小变之者。惟崔述《读风偶识》曰："乃君子自求良配，而他人代写其哀乐之情耳。"庶几得之，近人或以此为新婚之诗，亦不为无见。所以列之首篇者，殆亦《中庸》所谓"君子之道造端乎夫妇"之旨欤？以此一篇为例，可见读诗者见仁见知，各有不同。说诗者必于古代里巷歌谣，不知何人所作者，一一揣测其作意，已是难能，而又胸中先横一成见，以为二《南》为王化之正，《关雎》必与君后有关，故俱不免拘迂穿凿之病也。序中以"诗者志之所之也……莫近于诗'一段为最佳。但亦有袭《礼记·乐记》之嫌。《乐记》曰："凡音之起，由人心生也。人心之动，物使之然也，感于物而动，故形于声。"又曰："凡音者，生人心者也。情动于中，故形于声。声成文，谓之音。是故治世之音安以乐，其政和；乱世之音怨以怒，其政乖，亡国之音哀以思，其民困。声音之道，与政通矣。"非大序之所本欤？梁启超亦谓"细按其内容，则捧腹喷饭之资料更不可一二数。例如《郑风》，见有'仲'字则曰祭仲，见有'叔'字则曰共叔段，余则连篇累牍，皆曰'刺忽刺忽'。郑立国数百年，岂其于仲、段、忽外，遂无他人？而诗人讴歌，岂其于美刺仲、段、忽外，遂无他情感？凿空武断，可笑一至此极。"又如《周南·卷耳篇》小序曰："卷耳，后妃之志也。又当辅佐君子，求贤审官，知臣下之劳，内有进贤之志，而无险诐私谒之心，朝夕思念，至于忧勤也。"朱子《诗集传》曰："后妃以君子不在而思念之，故赋此诗。"较小序所云，已略胜一筹矣，但亦以为后妃作。但携顷筐以采卷耳，岂后妃之事哉？崔述《读风偶识》谓系妇人念其君子，且曰:"以夫人而我其臣,言太亲狎;况进贤为人君之职,而夫人侵之,如是岂可为训?此六'我'字,仍当指路人(谓在周行大道之征夫)而言,但非我其臣,乃我其夫耳。"崔氏所见,较小序及朱子明通多矣。《诗序》之不可信,即此可见。

《诗序》作者,异说甚多。萧统《昭明文选》以为子夏作;《隋书·经籍志》以为子夏所创,毛公、卫宏加以润色;王安石以为诗人自制;程颐竟谓《小序》国史旧文,《大序》孔子作;沈重又谓《大序》子夏作,《小序》子夏、毛公合作。而郑樵、朱子及崔述等均不信之;王质至斥为"村野妄人所作"。按《后汉书·儒林传》曰:"卫宏,字敬仲,东海人也。……初,九江谢曼卿善《毛诗》。……宏从受学,因作《毛诗序》,善得风雅之旨,于今传于世。"则《诗序》为卫宏所作,信而有征。而唐以后之学者,纷纷揣测,竟以上诬孔子,何也?故吾人读《诗》,当先扫除《诗序》之妄说,而后可以"以意逆志",而得诗人之旨也。

七、《毛诗》注本

今《注疏》本,系用《毛诗诂训传》,郑玄《笺》,孔颖达《疏》。《毛传》,《汉书·艺文志》已著录,为现存《诗》注之最古者。自唐以后,说《诗》者莫敢议毛、郑也;清陈奂有《毛诗传疏》,远胜旧疏,但采《毛传》而弃《郑笺》。陈氏又有《毛诗说》、《郑笺考证》二书,马瑞辰有《毛诗传笺通释》,陈启源有《毛诗稽古篇》,均足供读《毛诗》者之参考。宋人解经,多异汉儒。欧阳修之《毛诗本义》,虽未尝轻徇毛、郑,亦未尝轻议二家,而其所训释,往往能探本诗人之旨,不为毛、郑所囿也。朱子之《诗集传》,初稿亦用《小序》之说,后与吕祖谦相争,遂改从郑樵说而废《小序》。但于每篇之作意本事，亦别有其凿空武断之处。总之，与其信《小序》及朱子之说，不如阅崔述之《读风偶识》也。《毛诗》中之名物，因时代相去过远，往往不易了解。三国吴人陆玑（《初学记》引作陆士衡，非。宋《崇文总目》及清《四库提要》据《释文》及《隋志》辨正之）有《毛诗草木虫鱼鸟兽疏》，于《诗》中各物，今昔异名者，尚能得其梗概。故孔颖达《毛诗正义》，陈启源《毛诗稽古编》，亦多采之。宋蔡卞有《毛诗名物考》，其所征引，有出陆书之外者，可以补陆氏之不足。《诗》为韵语，而古今之音不同。说《诗》者于古今音异处，往往谓为"叶韵"，似用韵之字，当改其本音以求叶者。明人陈第作《毛诗古音考》，以见于三百篇原书中者为本证，见于秦汉以下，去古未远之书籍中者为旁证，钩稽参考，以明古韵。顾炎武继之，乃有《诗本音》之作。读者为欲明《诗经》古音之韵，当参阅二书。至于汉今文三家《诗》，则陈乔枞之《三家诗遗说考》中，尚可见其遗说焉。

第二章　诗之编制

一、六义

《诗大序》以"风"、"雅'、"颂"与"赋"、"比"、"兴"为《诗》之"六义"。风、雅、颂三者,为《诗》三百篇编制上之分类;赋、比、兴三者,《诗》三百篇作法上之分类;六者迥别为二,且亦无所谓"义"。本章先论《诗》之编制;《诗》之作法,当于下章述之。

今本《毛诗》,即分为"风"、"雅"、"颂"三大类。"风",以国分编,故有《周南》、《召南》、《邶风》、《鄘风》、《卫风》、《王风》、《郑风》、《齐风》、《魏风》、《唐风》、《秦风》、《陈风》、《桧风》、《曹风》、《豳风》,凡十五编。"雅"则分《大雅》、《小雅》二编,"颂"则分《周颂》、《商颂》、《鲁颂》三编。依《诗大序》所说,"风"者,"上以风化下,下以风刺上",且采自各国民间,可以考见其国之民风焉;故此类之《诗》,名之曰"风",含有"风化"、"风刺"、

"风俗"三义。而其《诗》，则为里巷之讴歌，今语所谓"民间文学"是也。

"风"有"正风"、"变风"之别。《周南》、《召南》，自《关雎》以至《驺虞》，谓之"正风"；《邶风》以下十三国风，自《柏舟》以至《狼跋》，谓之"变风"。"雅"者，政也；政有小大，故有《小雅》焉，有《大雅》焉。此则"士大夫文学"，所以美刺朝政者也。"雅"亦有"正雅"、"变雅"之别；《小雅》自首篇《鹿鸣》至《菁菁者莪》二十二篇为"正雅"，自《六月》以下至末篇《何草不黄》五十八篇为"变雅"；《大雅》自首篇《文王》至《卷阿》十八篇为"正雅"，自《民劳》至末篇《召旻》二十三篇为"变雅"。"颂"则所以颂扬功德者，其用在于宗庙祭祀，为"庙堂文学"矣。《周颂》皆当代所用之乐章，《商颂》则商代乐章，传至周世，尚沿用于宋国者也。鲁为诸侯之国，所以亦有颂者，因成王以天子之乐赐周公故。"雅"与"颂"，皆以十篇为什；如《小雅》以《鹿鸣》、《四牡》、《皇皇者华》、《常棣》、《伐木》、《天保》、《采薇》、《出车》、《杕杜》、《鱼丽》十篇为《鹿鸣之什》；《大雅》以《文王》、《大明》、《绵》、《棫朴》、《旱麓》、《思齐》、《皇矣》、《灵台》、《下武》、《文王有声》十篇为《文王之什》；《周颂》以《清庙》、《维天之命》、《维清》、《烈文》、《天作》、《昊天有成命》、《我将》、《时迈》、《执竞》、《思文》十篇为《清庙之什》。《鲁颂》仅四篇，《商颂》仅五篇，故不复分"什"。此《毛诗》全部编制之梗概也。

（一）南

虽然，"风"诗十五编中，自《邶风》以下，皆曰某风，何以《周南》、《召南》独称为"南"？所谓《周南》、《召南》者，果当作何解耶？《诗序》曰："……《关雎》、《麟趾》之化，王者之风，故系之周公；南，言王化自北而南也。《鹊巢》、《驺虞》之德，诸侯之风也，先王之所以教，故系之召公。"何以王者之风系之周公，诸侯之风系之召公，已难明其所以然；至云"南言王化自北而南"，更属难解矣。朱子《诗集传》则曰："周既徙丰，分岐周故地为周公旦、召公奭采邑；德化大成，南方诸侯之国，江沱汝汉之间，莫不从化。及周公相成王，采《诗》作乐，其得之国中者，杂以南国之诗，谓之《周南》；其得之南国者，则直谓之《召南》。"是以"周"、"召"为旦、奭之采邑，以"南"为南国之诗，较《诗序》所说已较明白矣。郑樵以周为河洛，其南濒江；召为岐雍，其南濒汉；江汉之间，二南之地，为诗所由起云。朱、郑二氏之释"南"字，亦尚迂曲。王雪山始疑"南"为乐歌之一种。崔述亦谓"南"为诗歌之一体，本起于南方；北人效之，亦名曰"南"。似较旧说为长。近人梁启超因主分"南"与"风"而二之，其说曰：

《诗·鼓钟篇》："以雅以南。"南与雅对举；雅既为《诗》之一体，则南亦必为《诗》之一体甚明。《礼记·文王世子》之"胥鼓南"，《左传》之"象箾南籥"（襄公二十九年，记吴季札聘鲁观乐，云："见舞象箾南籥者。"），皆指此也。此体《诗》何以名之为"南"，无从臆断。毛氏之《鼓钟传》云："南夷之乐曰南。"《周礼》旄人郑注，《公羊》昭二十五年何注，皆云："南方之乐曰任。""南"、"任"同音（疑梁氏读广东音。古音或正如此），当本一字；乃至后此汉魏乐府所谓"盐"、所谓"艳"者（《河鹊盐》、《归国盐》、《突厥盐》、《黄帝盐》、《疏勒盐》、《三妇艳》），亦即此字所衍变，盖未可知。但《毛诗》必谓《鼓钟》之"南"，非二《南》之

"南"；其释二《南》，谓"南，言王化自北而南"，则望文生义极可笑；此如某帖括家选古诗，解《昔昔盐》为食盐矣。窃意"南"为当时一种音乐之名，其节奏盖自树一体，与"雅"、"颂"不同。据《仪礼·乡饮酒礼》、《燕礼》，皆于工歌闲歌笙奏之后，终以合乐；合乐所歌为《周南》之《关雎》、《葛覃》、《卷耳》，《召南》之《鹊巢》、《采蘩》、《采蘋》。《论语》亦云："《关雎》之乱，洋洋乎盈耳哉！""乱"者，曲终所奏也。综合此种资料以推测，"南"似为一种合奏的音乐，于乐终时歌之；歌者不限于乐工，故曰"其乱洋洋盈耳"矣。

梁氏释"南"字甚明。其所以加"周"、"召"二字者，殆以此种《诗》既与"风"、"雅"、"颂"不同，又非采自各国，而其时适周、召二公秉政，故即系之此二人欤？

（二）风

二《南》既别为一种，则"风"仅十三国矣。采自各国，故以国分，兹就所列十三国之地域考之：

（1）邶——亦作鄁，即今河南省汤阴县东南之邶城镇。一说在今淇县。郑玄《毛诗笺》曰："周初，自纣朝歌而北为邶国。"按《史记·周本纪》，武王以邶封纣子武庚。后入于卫。

（2）鄘——即今河南省新乡县西南之鄘城。一说在今汲县。郑氏《诗谱》曰："自纣城而南谓之鄘。"武王克商封管叔于此。后亦入于卫。

（3）卫——即今河南省淇县东北之朝歌，纣之故都也。武王封其弟康叔封于此。

（4）王——王城，即周公所营之洛邑也，在今河南省洛阳县西北。平王东迁时都此。

（5）郑——此新郑也，即今河南省之新郑县。周宣王初封其弟友于郑，在西都畿内之棫林，今陕西省华县西北；其后郑武公为平王卿士，取桧、虢二国地，始居新郑。

（6）齐——此春秋时姜姓之齐也，武王封太公望于此。初都营丘，后徙薄姑，又徙临淄，均在今山东省临淄、乐昌、博兴三县境。

（7）魏——古魏国在今山西省芮城县东北，后入于晋。晋以封其大夫毕万，后为战国时之魏。

（8）唐——周成王封其幼弟叔虞于此，其后为晋。在今山西省翼城县南。《左传》定公四年杜预注，谓晋在太原晋阳县，误，见《清一统志》。

（9）秦——周孝王始封伯益后非子于秦，其地在今甘肃省天水县之故秦城。秦庄公始徙都大丘，即今陕西省兴平县东南之槐里城也。其后屡徙，曰汧，曰平阳，曰雍，曰栎阳，皆在今陕西省境内。其都咸阳，自战国时孝公始。

（10）陈——武王封舜后妫满于此。都宛丘，即今河南省淮阳县。

（11）桧——亦作郐，古妘姓国，祝融之后，在今河南省密县新郑县界，后为郑所灭。

（12）曹——武王封其弟振铎于此，都陶丘，在今山东省定陶县之东北。

（13）豳——亦作邠。周之先世国于此。即今陕西省邠县。其后太王为狄人所逼，乃迁于岐。

由此观之，则十三国风之地域，均在今陕西、山西、河南、山东四省境内；盖周代文化，尚以黄河流域为中心也。

梁启超曰：

《毛诗序》释"风"字之义，谓"上以风化下，下以风刺上"，亦是望文生义。窃疑"风"者，讽也，为讽诵之讽之本字。《汉书·艺文志》云："不歌而诵谓之赋。"风殆只能讽诵而不能歌者。故《仪礼》、《礼记》、《左传》中所歌之《诗》，惟风无有；《左传》述享燕时所及之风歌，则皆赋也，正所谓不歌而诵也。后此风能歌与否不可知；若能，恐在孔子正乐后也。

按《汉志》所云"不歌而诵谓之赋"，乃指战国末新兴文艺之"赋"而言。风诗为民间歌谣，初时当不合乐；然即为"徒歌"，亦自有其音调，不得谓之"不歌而诵"也。《左传》记季札观乐于鲁太史，尝遍歌各国之风。殆风诗经輶轩使者采集以后，献之太师，用以合乐，犹汉代采吴、楚、汝南诸地歌诗及燕、代之讴，以充乐府耳。《宋书·乐志》谓曹操平荆州，得汉雅乐郎杜夔于刘表所，夔年老，所能记者，仅《驺虞》、《伐檀》、《鹿鸣》、《文王》四篇可歌。《伐檀》一篇，即风诗也。窃疑风本徒歌，后以合乐。《论语》孔子自言"乐正，雅颂各得其所"；不言"风"者，举"雅""颂"以包"风"也。

（三）雅

《诗序》释"雅'，盖由"雅者正也"、"政者正也"二训辗转释之，已嫌迂曲矣。其曰"政有小大，故有《小雅》、《大雅》"，则更费解。梁启超曰：

"雅"者，正也，殆周代最通行之乐，公认为正声，故谓之"雅"。《仪礼·乡饮酒礼》云："工歌《鹿鸣》、《四牡》、《皇皇者华》，笙《南陔》、《白华》、《华黍》；乃间歌《鱼丽》，笙《由庚》；歌《南有嘉鱼》，笙

《崇丘》；歌《南山有台》，笙《由仪》；……工告于乐正曰：'正乐备。'"笙诗六篇，有声无辞。晋束皙谓其亡而补之，妄也。窃疑歌与笙同时合作，抑依而节，如今西乐所谓"伴奏"。例如歌《鱼丽》时，即笙《由庚》以为伴；《由庚》但有音符之谱而无辞可歌。其音节则与所歌之《鱼丽》相应也。《南陔》之与《鹿鸣》，《白华》之与《四牡》，《华黍》之与《皇皇者华》，《崇丘》之与《南有嘉鱼》，《由仪》之与《南山有台》，并同。凡《小雅》、《大雅》之《诗》，皆用此体，故谓之"正乐"，谓之"雅"。

梁氏释"雅"甚明白，雅有大小者，疑亦为古代音乐上之分别；但今已不可详考矣。

（四）颂

旧解以"颂"为歌功颂德之诗歌，用于宗庙祭祀者，亦未可厚非。梁启超则曰：

后人多以颂美之义释"颂"，窃疑不然。《汉书·儒林传》云："鲁徐生善为颂。"苏林注云："颂貌威仪。"颜师古注云："颂读与容同。""颂"字从页，页即人面，故容貌实"颂"字之本义也。然则《商颂》、《周颂》等诗，何故名为"颂"耶？"南"、"雅"皆唯歌，颂则歌而兼舞。《周官》："奏《无射》，歌夹《夹钟》，舞《大武》。"（按见《春官》司乐）《礼记》："朱干玉戚，冕而舞《大武》。"（按见《祭统》）《大武》为《周颂》中主要之篇，而其用在舞。舞则舞容最重矣；故取所重，名此类诗曰"颂"。《乐记》云:"夫《武》,始而北出,再成而灭商,三成而南,四成而南国是疆,五成而分周公左,召公右,六成复缀,以崇天子。夹振之而四伐,盛威于中国也;分夹而进,事蚤济也;久立于缀,以待诸侯之至也。"观此,则《大武》舞容何若,尚可仿佛想见。三《颂》之诗,皆重音节,此其所以与"雅"、"南"之唯歌者有异,与"风"之不歌而诵者更异也。略以后世之体比附之,则"风"为民谣,"南"、"雅"为乐府歌辞,"颂"则剧本也。

按今本《毛诗》,《周颂》中题曰"《武》"者,仅"于皇武王"一篇,其诗曰:"于皇武王,无竞维烈;允文文王,克开厥后;嗣武受之,胜殷遏刘,耆定尔功。"仅一章七句而已。何以得分"六成",用为舞剧?梁氏又释之曰:

> 据《左传》宣公十二年,楚庄王云:"武王克商,作《武》,其卒章曰:'耆定尔功。'其三曰:'敷时绎思,我徂维求定。'其六曰:'绥万邦,屡丰年。'……"今本惟"耆定尔功",在《武》之章;"敷求绎思"云云,其章名曰"《赉》";"绥万邦"云云,其章名曰"《桓》";而春秋时人并指为《武》之一部,且确数其篇次,可见今本所分篇章之非古,而《大武》之诗不止一章矣。

梁氏以"颂"为歌而兼舞,说甚有理。《大武》者,孔子尝以与《韶》相提并论者也。又曰:"乐则《韶舞》。"《韶》以歌而兼舞,则《武》当亦相类矣。其由"一成"而至"六成",亦颇似现代剧本之分幕；而《诗》中所录之《颂诗》，则舞时所歌之辞耳。

梁氏之说，多取之魏源，而其分《诗》为"南"、"风"、"雅"、"颂"四类，以为皆由音乐的关系，则前人似未道及。总之，《诗》与《乐》之关系，必极密切；"南"、"雅"、"颂"三者，固皆为可以合乐之诗；即"风"，虽原为不可合乐之徒歌，而一经采录，太师亦必以配律合乐。孔子在齐闻《韶》，甚至三月不知肉味，其嗜好音乐可知；《史记·孔子世家》记其学琴于师襄事，其专心于音乐之研习亦可见；而《论语》记其与太师挚论乐理之言，又记鲁之乐人散之四方之事，疑孔子在鲁，常与乐人往还。孔子兼长音乐与文学，故能正乐以正《诗》耳。惜乎汉世传经之儒，但致力于章句训诂，而不知音乐；乐人如制氏者，又仅能记其铿锵鼓舞之节，而不能言其义；于是《诗》与《乐》遂分。《诗》之乐谱既渐亡失，而学者文人又不屑措意，不特古乐沦丧，即"南"、"风"、"雅"、"颂"四者，音乐上之分别究如何，亦无能详言之者矣。

二、四始

"六义"之外，又有所谓"四始"。《史记·孔子世家》曰："《关雎》之乱，以为'风始'，《鹿鸣》为'小雅始'，《文王》为'大雅始'，《清庙》为'颂始'。"此《鲁诗》之说也。郑玄《毛诗笺》曰："'始'者，王道兴衰之所由。"陈启原《毛诗稽古编》曰："风、雅、颂，正是始，非更有为风雅颂之始者。"此《毛诗》之说也。《诗纬·泛历枢》曰："《大明》在亥，为水始；《四牡》在寅，为木始；《嘉鱼》在己，为火始；《鸿雁》在申，为金始。"此《齐诗》之说也。《毛诗》之说最为简单，《齐诗》之说最为难解。魏源《诗古微》释之曰："习《诗》者多通乐。此盖以

《诗》配律，三篇为一始，亦乐章之古法。特又以律配历，分属十二支而四之，以为四始。"但古乐已亡，《齐诗》之说，已无从考证矣。若如《鲁诗》之说，则"四始"之中，"雅"独占二，似不如以《关雎》为南之始，以《柏舟》为风之始，以《鹿鸣》、《清庙》为雅、颂之始矣。惟《诗》篇次序之排列，似本无深意；则以每类之首篇为"始"，似亦无甚意义耳。

三、风雅正变说不足据

二《南》既自"风"中分出，独立为一部分，则所谓"正风"、"变风"之说，亦不复成立。风雅各有正变，说本《诗大序》。其言曰："至于王道衰，礼义废，政教失，国异政，家殊俗，而变风变雅作矣。"按国风之《诗》，以国分编，岂有一国之《诗》，甚至十三国之《诗》，尽为伤时感事而作者？且如《豳风》之《七月》，明为太王迁岐以前之农歌，岂能谓此时周室王道已衰，礼乐已废，政教已失乎？《鸱鸮》明为周公所作，其时流言正盛，周公固在忧患中，然亦不能谓为王道礼教已衰废也。大小《雅》后半，固多伤时之刺诗；但如《小雅》之《车攻》、《吉日》、《庭燎》，《大雅》之《崧高》、《烝民》、《韩奕》，岂能谓之"变雅"哉？故风雅正变之说，本非确论；不待分"南"与"风"而二之，已不攻而自破矣。

故《诗》之编制，"南"、"风"、"雅"、"颂"四部，系以音乐分。若以性质言，则"南"、"风"为平民文学，"雅"为士大夫文学，"颂"为庙堂文学；以内容言，则"风"、"雅"有美有刺，"颂"有美无刺，"风"多抒情，"雅"多论事，"颂"则称扬功德；以风格言，则"南"、"风"多缠绵悱恻之音，"雅"多悲壮苍凉之作，"颂"则有斋庄中正之象。此《诗》之分编之大概也。

第三章 诗之作法

一、赋比兴

"六义"中之"赋"、"比"、"兴",为《诗》之作法。《诗大序》但释"风"、"雅"、"颂",而不释"赋"、"比"、"兴"。朱子《诗传纲领》曰:"赋者直陈其事;比者以彼状此;兴者托物兴词。"范处义《诗补传》曰:"铺陈其事者,赋也;取物为况者,比也;因感而兴者,兴也。"日人儿岛献吉郎《毛诗考》曰:"赋是纯叙述法;比是纯比喻法;兴是半比半赋之法,前半用比,后半用赋。"赋比兴三种作法之不同,观此已可了然。

(一)兴——《关雎》

《诗》三百篇中,用"兴"法者最多,今举首篇《关雎》为例:

关关雎鸠,在河之洲。窈窕淑女,君子好逑。
参差荇菜,左右流之。窈窕淑女,寤寐求之。求之不得,寤寐思服。

悠哉，悠哉！辗转反侧。

参差荇菜，左右采之。窈窕淑女，琴瑟友之。

参差荇菜，左右芼之。窈窕淑女，钟鼓乐之。

此篇，《诗序》以为后妃所作，曰"《关雎》后妃之德"，"《关雎》乐得贤女以配君子"；朱子以为宫中人所作，君子指文王，淑女指文王后太姒；《鲁诗》、《韩诗》则以为刺后妃失德，君王晏朝而作；罗泌《路史》以为当康王时，王应麟《困学纪闻》以为当宣王时，均以为刺诗：异说纷纭，皆未能得其旨。崔述《读风偶识》以为"乃君子自求良配而他人代写其哀乐之情"，庶几得之。近人或谓为贺新婚之诗，说亦可通。所以列之《周南》之首者，"君子之道造端乎夫妇"也（用《中庸》语）。此诗写成婚始末，共分四章（《毛传》分三章，首章四句，余二章各八句；《郑笺》分五章，章各四句。今从俞樾说，分四章，第二章八句，余三章各四句）。第一章，前二句以在河洲关关而鸣，以求其雌之雎鸠为比；后二句直赋其事，谓窈窕淑女为君子之好逑（匹也）；兴也。第二章，前二句以洲旁水中参差而左右流之荇菜为比；后六句直赋其事，谓君子思淑女而未得，至于寤寐求之，寤寐思之，甚至辗转反侧而不得寐；亦兴也。第三章，前二句以采荇菜为比；后二句直赋其事，则已得淑女而与之友矣。第四章，前二句以取得（芼，取也）荇菜为比；后二句直赋其事，则已与淑女结褵矣；亦皆兴也。读此诗，足见彼时风俗，殆亦有先友而后婚者矣。

（二）赋——《静女》

文人抒情，往往借比喻以达之，故全篇用赋法者较少。今以《邶风·静女》为例：

> 静女其姝，俟我于城隅。爱而不见，搔首踟蹰。
>
> 静女其娈，贻我彤管，"彤管有炜，说怿女美。"
>
> 自牧归荑，洵美且异。"匪女之为美，美人之贻！"

《诗小序》曰："静女，刺时也；卫君无道，夫人无德。"戴震《诗考正》曰："城隅，至城下将入门之所。诸侯娶女，惟嫡亲迎；媵则止城下俟迎者。此卫人思贤媵之作。"朱子则曰："此淫奔期会之诗也。"《诗序》之说，按之本文，全不相合；戴说仅执俟于城隅一句以为据，亦未合；朱说庶几近之，但斥为淫奔，亦恐与当时风俗未合，求得淑女，至于寤寐思之，求之不得，甚至辗转反侧者，较俟静女于城隅，因不见而搔首踟蹰者，未为愈也。朱子说《诗》成见在胸，故于《周南》之《关雎》，则为之曲解，于《邶风》之《静女》，则直斥为淫奔耳。其实，二者皆写男女恋爱之诗也。此诗首章写俟静女于城隅者之心情，用"爱而不见，搔首踟蹰"八字，已是神态活现。次章则静女已来，且以彤管相贻矣。彤管者，《毛传》以为女史所执；《郑笺》以为赤笔管。《诗经传说汇纂》载或说，谓古针笔皆有管，此女子所佩，必为针管。朱子则曰："未详何物，盖相赠以结殷勤之意耳。"朱说甚是。彤管为朱色之管，虽非珍物，而亦欣然受之曰："彤管光彩焕然，我亦悦怿汝之美也。""女"当读为汝，即指彤管而言。第三章言静女来自郊外，故又贻我以荑。荑者，茅之始生者也；草芥耳，乃亦以贻人；而受其贻者竟以为"洵美且异"，宁非大怪事乎？故又下一转语曰："非汝之为美，特因汝为美人之贻耳！"女亦当读为汝，即指荑而言。彤管与荑，皆静女所贻之物，非用以为比，故此诗乃全篇用赋法者。

（三）比——《鸱鸮》

全篇用比法者，更为少见。兹举《豳风》之《鸱鸮》为例：

> 鸱鸮，鸱鸮，既取我子，无毁我室！恩斯勤斯，鬻子之闵斯！迨天之未阴雨，彻彼桑土，绸缪牖户；今女下民，或敢侮予。予手拮据，予所捋荼，予所蓄租，予口卒瘏；曰予未有室家。予羽谯谯，予尾翛翛；予室翘翘，风雨所漂摇，予维音哓哓！

此诗为周公所作，不但《诗序》与朱子云然，且亦见于《尚书·金縢篇》。时管、蔡流言："公将不利于孺子。"成王亦未知周公之志，故周公作此诗以贻成王。管、蔡，周公之弟也。周公当周邦新造，主少国疑之际，以一身系天下安危，而武庚挟淮夷、徐戎叛之，管、蔡以兄弟之亲忌之，其忧勤为何如乎？故借鬻子恩勤营巢辛苦之老鸟自喻，全诗皆托此老鸟之辞，以抒其不可言宣之隐痛；且通篇无一语怨天尤人，无一语表示灰心，夸张功绩；诚《诗》三百篇中之杰作也。诗中以鸱鸮喻管、蔡，以小鸟喻成王，以风雨飘摇中翘翘之室喻周之王室。第一章，作恳鸱鸮语，望弗取子而又毁室；何以故？因我鬻子恩勤可闵故。第二章言己亦尝取彼桑根之皮，未雨而绸缪牖户矣；今此巢下之人，谁或敢侮予哉！则示其已有备无患，人莫之侮，奈何鸱鸮同为鸟类，而反欲取我子，毁我室乎？第三章自述其忧勤。言予所捋者荼耳（捋，取也；荼，萑苕，可以垫巢者），予所蓄者租耳（同苴。《汉书·郊祀志》："席用苴秸。"如淳注曰："苴读如租。"此租苴古通之证。《召旻》曰："如彼栖苴。"《毛传》曰："苴，水中浮草。"）；但予之手则拮据矣（《释文》引《韩诗》曰："口手为事曰拮据。"按：拮据字均从手，当专指手之劳瘁而言），予之口则卒瘏矣（马瑞辰曰："卒当读为顇。"按顇同悴。刘向《九叹》曰："劬劳而瘏悴。"卒瘏即瘏悴，与上句拮据相对成文。因鸟之捋荼采荼，取彼桑土，皆口足并用也），何以辛苦如此也？曰予未有室家耳。第四章承第三章言之。予之营巢，既辛苦如此，故予之羽已凋落而谯谯然矣，予之尾已消散而翛翛然矣。而予所惨淡经营之危巢，乃为风所摇，雨所漂，此予所以焦急而哓哓不已也。此诗无一语道及当时实事，全用比喻，在三百篇中，殆绝无而仅有者也。

上举三例，乃全篇用"兴"、用"赋"或用"比"者；《诗》有此三种作法，但不能谓三百篇之《诗》必采此三式中之一式。盖诗歌文学，全篇用比者固少，而篇中用比喻之句，则极多也。此在三百篇中，几乎俯拾即是。如《周南·樛木》，以葛藟之累萦樛木，喻福禄之集于君子；《召南·行露》以雀角鼠牙，穿屋穿墉，喻速我狱讼；《邶风·柏舟》，以石可转，席可卷，反衬我心之不可移易；《鄘风·相鼠》以鼠有皮，鼠有齿，鼠有体，反衬人之无礼，皆比也。但比喻之后，往往申述其情意，则又用"兴"法矣。

二、《诗》多四言句

至于《诗》之句法，则以四字句为最多，但亦间有变化。《郑风·缁衣》曰："缁衣之宜兮，敝，予又改为兮。适子之馆兮，还，予授子之粲兮。""敝"与"还"，皆一字句也。《小雅·祈父》曰："祈父，予王之爪牙。"《周颂·维清》曰："肇禋，迄用有成。""祈父"与"肇禋"，皆二字句也。《召南·江有汜》曰："江有汜；之子归，不我以；不我以，其后也悔。江有渚；之子归，不我与；不我与，其后也处。江有沱；之子归，不我过；不我过，其啸也歌。"除每章末句外，皆三字句也。《召南·行露》曰："谁谓雀无角？何以穿我屋？谁谓女无家？何以速我狱？""谁谓鼠无牙？何以穿我墉？谁谓女无家？何以速我讼？"皆五字句也。《周南·卷耳》曰："我姑酌彼金罍。""我姑酌彼兕觥。"《周颂·敬之》曰："无曰高高在上。"皆六字句也。《周颂·小毖》曰："予其惩而毖后患。"七字句也。《小雅·节南山》曰："我不敢效我友自逸。"则直为八字句矣。但就全部《诗经》计之，则四字句占绝对多数。即此，可以推知彼时为四言诗之全盛时期矣。

三、《诗》有兮字调

《楚辞》为战国末新兴之南方文学，而《天问》中四字句极多，且句调颇似《诗》之雅颂。如曰："吴获迄古，南岳是止；孰期去斯，以两男子！"但终以"兮"字调为多。如《离骚》曰："帝高阳之苗裔兮，朕皇考曰伯庸。摄提贞于孟陬兮，惟庚寅吾以降。皇览揆予初度兮，肇锡余以嘉名。名余曰正则兮，字余曰灵均。"其句法与《诗经》全不相似。但亦有于四字句中加兮字者，如《九歌》曰："成礼兮会鼓；传葩兮代舞。"亦有于四字句末加兮字者，如《九章》曰："滔滔孟夏兮，草木莽莽；伤怀永哀兮，汩征南土。"此固尚与《诗经》句法相近者也。《诗经》中已间有兮字调矣。如《周南·麟趾》曰："麟之趾，振振公子，于嗟麟兮。""麟之定，振振公姓，于嗟麟兮。""麟之角，振振公族，于嗟麟兮。"此于每章末句加兮字者也。《召南·摽梅》曰："摽有梅，其实七兮；求我庶士，迨其吉兮。""摽有梅，其实三兮；求我庶士，迨其今兮。"此间一句用兮字者也。《周南·螽斯》曰："螽斯羽，诜诜兮，宜尔子孙振振兮。""螽斯羽，薨薨兮，宜尔子孙绳绳兮。""螽斯羽；揖揖兮；宜尔子孙蛰蛰兮。"此每章仅三句，仅第一句不用兮字者也。《郑风·狡童》曰："彼狡童兮，不与我言。维子之故，使我不能餐兮。""彼狡童兮，不与我食兮。维子之故，使我不能息兮。"

此每章各四句，仅第三句不用兮字者也。《魏风·十亩之间》曰："十亩之间兮，桑者闲闲兮，行与子还兮。""十亩之外兮，桑者泄泄兮，行与子逝兮。"此每章三句皆用兮字者也。故所谓"骚体"之兮字调，《诗经》中已有之矣。《吕氏春秋·音初篇》，载涂山氏之女命其妾候禹于涂山之阳；女乃作歌曰："候人兮猗。"实始作为南音。则兮字调似早为南音之特征矣。《周南》中之《葛覃》（首句曰："葛之覃兮。"）、《螽斯》、《麟趾》，《召南》中之《摽梅》、《野有死麕》（末章曰："舒而脱脱兮，无感我帨兮。"）皆有用兮字句；而《周南·汉广》之"不可求思"、"不可泳思"、"不可方思"，《召南·草虫》之"亦既见止"、"亦既觏止"，以"思"、"止"为句末之助词，亦犹《楚辞》之以"只"、"些"代"兮"字也。此岂所谓"南"之特征欤？《孟子·离娄篇》引《沧浪之歌》曰："沧浪之水清兮，可以濯我缨；沧浪之水浊兮，可以濯我足。"《新序·节士篇》载《徐人之歌》曰："延陵季子兮不忘故；脱千金之剑兮带丘墓。"《老子》第十五章曰："豫焉若冬涉川，犹兮若畏四邻，俨兮其若容，涣兮若冰之将释，敦兮其若朴，旷兮其若谷，混兮其若浊。"此皆《诗》与《楚辞》间之作品，可由此以觇《诗》与《楚辞》递嬗之痕迹者也。

四、各章字句多相同者

《诗》之各篇皆分章，而各章之句式往往相同，甚且各章有仅易数字者，此亦《诗》之特殊形式也。例如《王风》之《黍离》：

彼黍离离，彼稷之苗。行迈靡靡，中心摇摇。知我者谓我心忧；不知我者谓我何求。悠悠苍天，此何人哉？

彼黍离离，彼稷之穗。行迈靡靡，中心如醉。知我者谓我心忧；不知我者谓我何求。悠悠苍天，此何人哉？

　　彼黍离离，彼稷之实。行迈靡靡，中心如噎。知我者谓我心忧；不知我者谓我何求。悠悠苍天，此何人哉？

此诗作者，重过故都之墟，见昔日繁华之都市，今已废为田亩，不禁中心摇摇，如醉如噎，故为黍为稷，已泪眼迷离，不能复辨矣。不知者见此靡靡之路人，谓何所求而惆惆若此；即知者亦但知其心有所忧耳。彼苍者天，果何人使之如此耶？在今日兵燹遍地之时，有重经故居，目睹庐舍丘墟者，读此将何以为情？但细按之，则三章竟是一律，仅于第二句易一"苗"字为"穗"字、"实"字，于第四句易"摇摇"二字为"如醉"、"如噎"而已。然而读者不但不病其合掌，不嗤其板滞，反觉有极浓厚强烈之情感，哽哽咽咽而出，不可谓非妙品矣！

五、《诗》之夸饰

　　王充《论衡》有《艺增篇》，刘勰《文心雕龙》有《夸饰篇》，汪中《述学·释三九》尝论"辞之形容"，此文学修辞中所常用者也。故万章泥于"普天之下，莫非王土，率土之滨，莫非王臣"之语，以为舜既为天子，瞽瞍何以非臣？《孟子》释之曰："说《诗》者不以文害辞，不以辞害志，以意逆志，是谓得之。如以辞而已矣。《云汉》之诗曰：'周余黎民，靡有孑遗。'信斯言也，是周无遗民也。"《诗》中此类形容过甚之辞甚多，如《卫风·河广》曰："谁谓河广？一苇杭之。谁谓宋远？跂予望之。谁谓河广？曾不容刀。谁谓宋远？曾不崇朝。"黄河虽狭，岂一苇所可航？又何至不能容舠？

宋国虽迩，岂可崇朝往返？又岂能跂望哉？又如《齐风·鸡鸣》曰："鸡既鸣矣；朝既盈矣。匪鸡则鸣，苍蝇之声。""东方明矣；朝既昌矣。匪东方则明，月出之光。"中夜睡眼朦胧，乍见月光，疑为天明，容或有此。至误以苍蝇之声为鸡鸣，则决无此情理也。又如《齐风·甫田》曰："婉兮娈兮，总角丱矣。未几见兮，突而弁矣。"既云未几即见，则总角婉娈之人，何至突而弁矣乎？又如《小雅·甫田》曰："曾孙之庾，如坻如京，乃求千斯仓，乃求万斯箱。"《大雅·假乐》曰："干禄百福，子孙千亿。"千仓万箱，子孙千亿，皆形容过甚之辞也。读者于此，当加之意焉。

六、《诗》之用韵

《诗》，韵文也。虽间有不用韵之章或句（《日知录》尝考之）但用韵者，终占绝对多数。其有读之似不叶者，乃古音与今音殊异，非如朱子所谓强读某音以求其叶也。《毛诗古音考》，考之甚详。顾炎武《诗本音》且藉之以研究古音焉。此又读《诗》者之余事也。

第四章　诗之抒情

诗可用以叙事、论理、抒情，与散文同，而终以抒情为主。上章述《诗》之作法，所举各例，如《关雎》、《静女》、《鸱鸮》、《黍离》，皆抒情之《诗》也。《诗》既以抒情为主，故小之男女夫妇，大之社会国家，苟有情感，皆可抒写；苟所抒写，皆为真挚之情，而又能运用修辞的技巧以抒写之，皆是上品，初不以事之大小，别《诗》之优劣也。若以所抒情感之性质别之，则有快乐之情，悲苦之情，忧愤之情，怀念之情，闲适之情焉。

一、男女夫妇之情

《风》诗中写男女夫妇之情者尤多。如《周南·卷耳》曰：

采采卷耳，不盈顷筐。嗟我怀人，寘彼周行！
陟彼崔嵬，我马虺隤。我姑酌彼金罍，维以不永怀。
陟彼高岗，我马玄黄。我姑酌彼兕觥，维以不永伤。
陟彼砠矣，我马瘏矣，我仆痡矣；云何吁矣？

《诗序》曰："《卷耳》，后妃之志也。又当辅佐君子，求贤审官。知臣下之勤劳，内有进贤之志，而无险诐私谒之心，朝夕思念，至于忧勤也。"此说最为荒谬。诚如崔述所云，以夫人而我其大臣，不嫌词太亲狎乎？且进贤为人君之职，而夫人侵之，能保无牝鸡司晨之流弊乎？朱子曰："后妃以君子不在而思念之，故赋此诗。"则已较《诗序》为合情理矣，但仍以为后妃所作。试思携顷筐，采卷耳，岂后妃之事哉？此盖妇人念其于役远方之夫而作者。卷耳，植物名，可采以为食。叠用采采者，犹俗语云"踢踢足球"、"看看电影"耳。顷，同倾。倾斜之筐，盛物易满，而不盈者，非卷耳不易觅，不易采也，心念远人，无意于采之耳。故下云"嗟我怀人，寘彼周行"。周行者，大道也。以下三章，全系设身处地，想象远人行役之劳，思家之苦者，连用六"我"字，皆非自指，系指远人；我之者，亲之也。"崔嵬"、"高冈"与"砠"，皆远人行役所经之险阻也；"虺隤"、"玄黄"与"瘏"，皆远人所乘之马之病也。"金罍"、"兕觥"，皆指酒杯。彼盖想象远人，此时当登陟高山也，其马且病，其仆且瘏，何况刻刻念家之远人？姑借酒浇愁，陶然自得，则不致长怀家，长伤感矣。而末章末句忽又作一转语曰："云何吁矣？"其辞若有憾焉，其实乃深念之也。写怀远之情，不从抒写自己心情着笔，而反写远人之念家，此深一层写法也。

《卷耳》写妇人在家怀念远行之夫。《豳风》之《东山》，则写征夫从军已久，凯旋回家时之心情。其辞曰：

> 我徂东山，慆慆不归。我来自东，零雨其濛。我东曰归，我心西悲。制彼裳衣，勿士行枚。蜎蜎者蠋，烝在桑野。敦彼独宿，亦在车下。

我徂东山，慆慆不归。我来自东，零雨其濛。果臝之实，亦施于宇。伊威在室，蠨蛸在户；町疃鹿场，熠燿宵行。不可畏也，伊可怀也！

　　我徂东山，慆慆不归。我来自东，零雨其濛。鹳鸣于垤，妇叹于室。洒扫穹窒，我征聿至。有敦瓜苦，烝在栗薪；自我不见，于今三年！

　　我徂东山，慆慆不归。我来自东，零雨其濛。仓庚于飞，熠燿其羽。之子于归，皇驳其马；亲结其缡，九十其仪。其新孔嘉，其旧如之何？

《诗序》以为周公东征，三年而归，劳归士，大夫作此诗以美之；朱子以为周公既归，作此以劳归士。实则此诗乃征人所作，或诗人代征人作，以写其久别乍归之心情者。每章之首，各有"我徂东山，慆慆不归，我来自东，零雨其濛"四句，前二句言从征之长久，后二句言归时之天气。第一章于将归时回忆从征之苦。"我东曰归，我心西悲"者，言久羁东山，忽闻凯旋，忽念远在西方之家，顿生感慨也。曰"制彼裳衣，勿士行枚"者，以军事既平，勿必再从事于行伍衔枚之役，可以制衣裳，易军服矣。乃又忆及数年来从军之苦，言蜎蜎蠕动之桑虫，固在野者，而我背乡离家之军人，亦块然独宿于车下（敦音堆，独处之貌）。此犹《小雅·何草不黄》之"匪兕匪虎，率彼旷野；哀我征夫，朝夕不暇"，以在旷野之兕虎比征夫也。第二章于将归时遥想家中情景。果臝（即栝楼，蔓草名）迤于宇下，町疃成为鹿场，伊威（虫名）在室，蠨蛸（即蜘蛛）在户，夜间徒见萤火磷光，此寂寥萧条之境，非足畏者，正可怀者耳。第三章写初抵家时情事。方其初到，所闻于门外者，鹳鸣于垤也；所闻于门内者，妇叹于室也。及既入门，则征人已归，夫妇乃相将洒埽室中，穷塞鼠穴，于是家中气象,焕然一新矣。出视庭前见苦瓜块然,在所积栗薪之上,未出征前之景象,犹宛然在目,乃叹曰:"自我不见,于今三年矣!"此言因苦瓜而发,实非为苦瓜而发。盖曰瓜则犹是也,而我离家已三年矣。对瓜犹如此,而况人乎?第四章以仓庚熠燿之羽,喻新婚时马之皇驳;亲结其缡者,即《仪礼·士昏礼》所云"亲脱妇之缨"也(杨慎训"结"为"脱",是反训)。九十,虚数;"九十其仪",极言结婚时仪式之多。此非谓凯旋后乃新婚也;言"宴尔新婚",固"如兄如弟"矣,老夫妻久别重逢,其乐乃胜于新婚耳。故曰:"其新孔嘉,其旧如之何?"此诗写久役远方,忽得生还之征夫,归家与抵家时之心情,可谓刻画入微。于初到时不径写其对家人欣喜之情,而反对栗薪上之苦瓜曰:"自我不见,于今三年。"于既到后不径写其夫妇重聚之乐,而反作调笑语曰:"其新孔嘉,其旧如之何?"得不谓为抒情之圣手哉?

其写遇人不淑之情者,《卫风》之《氓》,亦甚动人。其辞曰:

氓之蚩蚩,抱布贸丝。匪来贸丝,来即我谋。送子涉淇,至于顿丘。"匪我愆期,子无良媒。将子无怒,秋以为期!"

乘彼垝垣,以望复关。不见复关,泣涕涟涟;既见复关,载笑载言。尔卜尔筮,体无咎言;以尔车来,以我贿迁。

桑之未落,其叶沃若。于嗟鸠兮,无食桑葚;于嗟女兮,无与士耽!士之耽兮,犹可说也;女之耽兮,不可说也!

桑之落兮,其黄而陨。自我徂尔,三岁食贫。淇水汤汤,渐车帷裳。女也不爽;士贰其行。士也罔极,二三其德！

　　三岁为妇，靡室劳矣；夙兴夜寐，靡有朝矣。言既遂矣，至于暴矣。兄弟不知，咥其笑矣。静言思之，躬自悼矣！

　　及尔偕老，老使我怨。淇则有岸；隰则有泮。总角之宴，言笑晏晏。信誓旦旦，不思其反。反是不思，亦已焉哉！

"氓"者，男子之称。蚩蚩，貌为敦厚，犹俗云"假痴假呆"也。此蚩蚩之氓，抱布来贸易丝者，非真来贸丝也，来就我商量婚事耳。于其归也，远行送之，涉淇水而至顿丘焉。因告之曰："非我欲愆佳期，尔无良媒，致婚事未成耳。请（将音锵，请也）子勿怒，以秋日为婚期可耳。"故第一章记未婚时事。复关者，男子所居，远不可见，则攀登颓垣以遥望之。不见则泣涕，见之则言笑，其情感可谓深矣。于是决之卜筮，并得吉兆；乃以车迎之，并女子之私财而迁，则婚事已成矣。故第二章记婚事之成。以上二章皆追叙实事；第三章为全篇转捩之枢纽，乃深致其自悔自惩之意焉。"桑之未落，其叶沃若"，为下章桑叶黄落张本也。于同吁。鸠食桑葚过多则醉，女子恋男子过甚则迷。耽，相乐也。"女之耽兮，不可说也。"深自悔惩，故有此言耳。上章以"桑之未落"喻色之未衰；第四章则以桑之黄落喻己之色衰爱弛。言自我适尔家，食贫三岁；今乃不得不离汝家而大归。归途涉淇，汤汤之水，溅渍车之帷裳。非女有差忒也；士行无极则，二三其德耳！第五章申述为妇之苦，言我为妇三岁，独任家事之劳，汝家无复有夙兴夜寐之人。遂，犹久也。言为妇既久，乃至以凶暴相加，迫我不得不大归也。而母家兄弟不知其苦，咥然而笑。无可告诉，惟静思自惮而已！第六章乃出以决绝之辞。"及尔偕老"乎？

老徒使我怨耳！淇水尚有岸，隰地尚有泮；惟我之痛苦，乃无涯涘，乃无尽日耳。回忆昔日结发之乐，言笑晏晏，信誓旦旦，若可偕老；而今不念前情，背弃信誓，尚何言哉，尚何言哉！综观全篇，实为弃妇之诗。而《诗序》以为"刺时"，误矣！

《卷耳》、《东山》、《氓》，皆写夫妇间之情者也。《郑风》之《溱洧》，则所写非夫妇之情矣。其辞曰：

> 溱与洧，方涣涣矣。士与女，方秉蕳矣。女曰："观乎？"士曰："既且。""且往观乎？洧之外，洵訏且乐。"维士与女，伊其相谑，赠之以芍药。
>
> 溱与洧，浏其清矣。士与女，殷其盈矣。女曰："观乎？"士曰："既且。""且往观乎？洧之外，洵訏且乐。"维士与女，伊其相谑，赠之以芍药。

溱、洧，皆郑国水名。涣涣，春水盛也。秉蕳，执兰也。马瑞辰谓"既且"乃"暨"字之误，暨与塈通，息也（见《小尔雅》）。盖士言欲止息耳（按《毛传》但云："既，已也。士曰已观矣，未从之也。"疑"且"因下文"且往观乎"句首之"且"字而误衍）。此诗写春游时士女之杂沓；采兰赠芍，亦春游韵事，未可遽指为淫奔也。《诗》中固有写淫奔者。若《郑风》之《将仲子》，殷殷嘱以无逾墙园，无折杞檀，惕以父母诸兄人言之可畏，岂得谓为淫奔之诗？说《诗》者徒以《论语》中有"远郑声，郑声淫"二语，遂谓《郑风》皆《桑中》之类。不知郑声淫者，指其乐曲多靡靡之音而言，非谓《郑风》中大半皆咏淫奔也。如《召南》之《野有死麕》，明言"有女怀春，吉士诱之"，"舒而脱脱兮，无感我帨兮，无使尨也吠"；而《诗序》以为"恶无礼也"。非以其在《召南》之故乎？总之，抒情果能诚挚，则所写虽为男女之情，亦是好诗。孔子尝云："《诗》三百，一言以蔽之，曰思无邪。"程子释之曰："思无邪者，诚也。"此即《易》所谓"修辞立其诚"也。《论语》记逸诗曰："唐棣之华，偏其反而（偏同翩，反而即翻尔）。岂不尔思？室是远而！"子曰："未之思也夫！何远之有？"孔子之不满于《唐棣》者，即以所抒之情有未诚也。后儒不解"思无邪"之旨，而以贞淫论《诗》，复于《诗》之抒写男女之情者，往往斥为淫奔；故于孔子之删《诗》，无以自圆其说；于孔子之屡嘱弟子学《诗》，更无以为之解矣。

二、亲子之情

上举各例，固皆抒写男女之情者。但除男女关系外，吾人讵绝无其他情感乎？《诗》中固有抒写亲子之情，如《魏风》之《陟岵》，《小雅》之《蓼莪》者矣；而《蓼莪》尤为可诵，兹举以为例：

蓼蓼者莪，匪莪伊蒿。哀哀父母，生我劬劳！
蓼蓼者莪，匪莪伊蔚。哀哀父母，生我劳瘁！
瓶之罄矣，维罍之耻。鲜民之生，不如死之久矣！
无父何怙？无母何恃？出则衔恤，入则靡至。
父兮生我，母兮鞠我。拊我畜我，长我育我。顾我复我，出入腹我。
欲报之德，昊天罔极！
南山烈烈，飘风发发。民莫不穀，我独何害？
南山律律，飘风弗弗。民莫不穀，我独不卒！

此当是亲丧之后，痛哭陈辞；故王裒闻此诗辄痛哭，弟子为之废读也。《诗序》乃以为刺幽王，民人劳苦，孝子不得终养，恐未足信。蓼蓼者莪乎？非莪也，蒿也，蔚也。悲痛中集，泪眼模糊，故不能辨尔。所以者何？哀我劬劳之父母而已。鲜斯音近通用，"鲜民"即"斯民"也。谓斯人生不如死者，以其有忝所生也。父母如罍，子女如瓶；瓶之罄，罍之耻也；子女之无行，父母之辱也。无父无母，复何所怙恃乎？出则心怀忧痛，忽忽不知其所往；入则睹物伤怀，惘惘如无所归焉。生我者父母，养我者父母，抚循我，顾视我，反覆惦念我，出入怀抱我者，皆父母也。父母之德，如昊天之无穷极，我又何从报之？南山烈烈而高大，飘风发弗而凛冽；回瞻丘墓，爽然神丧。世岂有无父无母之人哉？我独何为遭此大故，而不得终养也？此诗纯出至性至情，已失怙恃者读之，自不禁潸然泪下也。

三、兄弟之情

有写兄弟之情者，如《小雅》之《常棣》：

常棣之华，鄂不韡韡。凡今之人，莫如兄弟！
死丧之威，兄弟孔怀。原隰裒矣，兄弟求矣。
脊令在原，兄弟急难。每有良朋，况也永叹。
兄弟阋于墙，外御其侮。每有良朋，烝也无戎。
丧乱既平，既安且宁；虽有兄弟，不如友生。
傧尔笾豆，饮酒之饫；兄弟既具，和乐且孺。
妻子好合，如鼓瑟琴；兄弟既翕，和乐且湛。
宜尔室家，乐尔妻孥；是究是图，亶其然乎！

常棣，植物名。鄂，同萼。不，通柎，通跗，萼足也。此以花瓣萼跗喻兄弟之关切。故下文曰："凡今之人，莫如兄弟。"求，通逑；裒与逑，皆聚也。此以原与隰之相连，喻兄弟之相聚。故上文曰："死丧之威，兄弟孔怀。"言遇死丧之祸，则相关怀者亦惟兄弟而已。脊令亦作鹡鸰，水鸟也，在原则鸣更急。此以鹡鸰相呼，喻兄弟之患难相急。急难者仅兄弟耳；虽有良朋，亦但怆然长叹而已，虽至兄弟相斗阋之时，苟有外侮，尚能共御之。戎，相也。言虽有良朋，亦无相援助者也。及丧乱既平，乃谓兄弟不如朋友。兄弟间竟"可与共患难，不可与共安乐"，此流俗人之常情，不可为训者也。故末三章极写兄弟和乐为室家之福焉。《诗序》谓"闵管蔡之失道，故作《常棣》"。朱子《诗序辨说》以《国语》富辰言《常棣》为周文公之诗，故不取闵管蔡失道之说。但《左传》引富辰言，则又以为召穆公作，则作者本无定论也。且《诗序》但言闵管蔡失道，并未明指作者为周公。或此诗作者，初尝受兄弟阋墙之刺激乎？其人既不必为周公，其事亦不必为管蔡，但是有感而作而已。

四、朋友之情

写怀念朋友之情者，莫如《秦风》之《蒹葭》：

蒹葭苍苍，白露为霜。所谓伊人，在水一方。溯洄从之，道阻且长；

溯游从之，宛在水中央。

蒹葭凄凄，白露未晞。所谓伊人，在水之湄。溯洄从之，道阻且跻；

溯游从之，宛在水中坻。

> 蒹葭采采，白露未已。所谓伊人，在水之涘。溯洄从之，道阻且右；
> 溯游从之，宛在水中沚。

苍葭白露，秋水长天，我思故人，邈不可即，天涯地角，思何可支？况值乱离，相逢不知何日哉？此明为秋日怀人之作，而《诗序》以为刺襄公未能用《周礼》，诚不知其何所见而云然也。至写对于国家之情者，则《鸱鸮》、《黍离》例已见上矣。

五、闲适之情

诗中所抒之情，或属快乐，如《关雎》；或属欣喜，如《东山》；或属悲痛，如《蓼莪》；或属忧惧，如《鸱鸮》；或属怀念，如《卷耳》、《蒹葭》，其例具见本编上文。但亦有安贫隐士，与世无争者，则所写为闲适之情。例如《陈风·衡门》曰：

> 衡门之下，可以栖迟；泌之洋洋，可以乐饥。
> 岂其食鱼，必河之鲂？岂其取妻，必齐之姜？
> 岂其食鱼，必河之鲤？岂其取妻，必宋之子？

衡门者，横木为门，环堵之居，贫士所栖也。陋巷箪瓢，不改其乐，洋洋泌水，有浴沂风雩之趣焉。世人多为贫贱所移者，由口体享受之物质欲望太奢，饮食妻妾之奉，念念不忘耳。钓于水，皆可食，何必黄河之鲂鲤，始为美味？糟糠妻，不下堂，何必齐宋之贵姬，始为佳偶哉？如此，则能隐居守志安贫乐道矣。

六、慷慨之情

《秦风·无衣》，则抒写慷慨激昂之情，其辞曰：

> 岂曰无衣？与子同袍。王于兴师，修我戈矛，与子同仇！
> 岂曰无衣？与子同泽。王于兴师，修我矛戟，与子偕作！
> 岂曰无衣？与子同裳。王于兴师，修我甲兵，与子偕行！

此其对于国家同仇敌忾之情亦壮烈矣！而《诗序》曰"刺用兵"，谬矣。

《诗》之抒情，多委婉曲折以达之；即如《鸱鸮》、《黍离》，对于新国故都，有极热烈的忧愤悲苦之情，而前者托物为喻，后者隐约其辞，以抒其诚挚之心情，故《诗》教以"温柔敦厚"见长。所谓"温柔"者，非专指男女之情而言也。吾人读《诗》，如能注意其抒情之温柔敦厚，不但有裨于文学，亦可以陶冶吾人之性情也。

第五章　诗之美刺

诗人对当时之社会政治，有所赞美，或有所讽刺，则于发抒情感之外，恒带有评论事理之性质。三百篇之《诗》，以东周前后之作品为中坚；此一时期，周之王室已日渐陵夷，诸国之纷争，政治之黑暗，社会之变动，已开春秋战国之局。故此时期之诗，讽刺之作，多于赞美。

一、刺诗

（一）《墙有茨》刺宫闱

《鄘风》之《墙有茨》曰：

墙有茨，不可扫也；中冓之言，不可道也；所可道也，言之丑也。

墙有茨，不可襄也；中冓之言，不可详也；所可详也，言之长也。

墙有茨，不可束也；中冓之言，不可读也；所可读也，言之辱也。

《诗序》曰："《墙有茨》，卫人刺其上也。公子顽通乎君母，国人疾之而不可道也。"卫之宫闱，丑行多矣，即如《新台》所刺，宣公纳太子伋之妻，何尝非中冓之丑辱？《诗》中未指其人其事以实之者，正因其不可道，不可详，不可读耳。

（二）《相鼠》刺无礼仪

《相鼠》曰：

相鼠有皮，人而无仪。人而无仪，不死何为？
相鼠有齿，人而无止。人而无止，不死何俟？
相鼠有体，人而无礼。人而无礼，胡不遄死？

此刺时人不知止于礼仪，曾不若鼠之有皮、有齿、有体也。此等衣冠禽兽，行尸走肉，生不如死。措辞可谓激烈，而仍以含浑出之，则犹不失温柔敦厚之旨也。

（三）《伐檀》刺素餐

《魏风·伐檀》则以刺素餐之君子。素餐者，即今俗语所谓"吃白饭"也。伐檀之工人生活劳苦，富贵之家不劳而获，享受反丰，故作是诗以刺之。其诗曰：

坎坎伐檀兮，寘之河之干兮，河水清且涟猗。不稼不穑，胡取禾三百廛兮？不狩不猎，胡瞻尔庭有县貆兮？彼君子兮，不素餐兮！
坎坎伐辐兮，寘之河之侧兮，河水清且直猗。不稼不稽，胡取禾三百亿兮？不狩不猎，胡瞻尔庭有县特兮？彼君子兮，不素食兮！

坎坎伐轮兮，寘之河之漘兮，河水清且沦猗。不稼不穑，胡取禾三百囷兮？不狩不猎，胡瞻尔庭有县鹑兮？彼君子兮，不素飧兮！

坎坎，伐木之声。伐檀为轮辐，寘之河边，观河水之清平，感我生之劳苦；此非用作比兴，盖托伐木之劳工，以反衬素餐之君子耳。不服稼穑，而仓有余粮，不亲狩猎，而庭悬野味；不劳而获，直是素餐，虽亦富贵中人，安得谓之君子哉？

（四）《硕鼠》刺横征

《硕鼠》则苦重敛苛政，直欲别寻乐土矣。

硕鼠，硕鼠，无食我黍！三岁贯女，莫我肯顾。逝将去女，适彼乐土。乐土，乐土，爰得我所。

硕鼠，硕鼠，无食我麦！三岁贯女，莫我肯德。逝将去女，适彼乐国。乐国，乐国，爰得我直。

硕鼠，硕鼠，无食我苗！三岁贯女，莫我肯劳。逝将去女，适彼乐郊。乐郊，乐郊，谁之永号？

横敛苛征，敲骨剥髓，岂特比夫硕鼠而已？我辈小民终岁勤劳以奉养汝君子者三岁矣，汝之恤我、德我、劳我者为何？行矣，我将去汝而他适乐土矣。然而举世滔滔，安得有所谓乐土乎？

（五）《黄鸟》刺殉葬

孔子曰："始作俑者，其无后乎！"为其象人而用之也。以象人之俑殉葬，犹为孔子所痛斥，况以生人殉葬乎？况以国之贤俊殉葬乎？故《秦风·黄鸟》以此刺穆公焉：

　　交交黄鸟，止于棘。谁从穆公？子车奄息。维此奄息，百夫之特，临其穴，惴惴其慄。彼苍者天，歼我良人！如可赎兮，人百其身！

　　交交黄鸟，止于桑。谁从穆公，子车仲行。维此仲行，百夫之防。临其穴，惴惴其慄。彼苍者天，歼我良人！如可赎兮，人百其身！

　　交交黄鸟，止于楚。谁从穆公？子车鍼虎。维此鍼虎，百夫之御。临其穴，惴惴其慄。彼苍者天，歼我良人！如可赎兮，人百其身！

秦穆公为春秋时之贤主，而犹袭野蛮之遗俗，以子车氏之三良殉葬，宜诗人之刺之深也。

（六）《北山》刺乱政

大小《雅》中，亦多刺诗。如《小雅·北山》曰：

　　陟彼北山，言采其杞。偕偕士子，朝夕从事。王事靡盬，忧我父母！

　　溥天之下，莫非王土；率土之滨，莫非王臣。大夫不均，我从事独贤？

　　四牡彭彭，王事傍傍；嘉我未老，鲜我方将，旅力方刚，经营四方！

　　或燕燕居息，或尽瘁事国；或息偃在床，或不已于行；或不知叫号，或惨惨劬劳；或栖迟偃仰，或王事鞅掌；或湛乐饮酒，或惨惨畏咎；或出入风议，或靡事不为！

当国家多事之秋，未老尚壮，旅力方刚之人，固当鞅掌国事，尽瘁邦家。乃同为国人，亦有栖迟偃仰，居息在床，湛乐饮酒，出入风议，置国事之蜩螗于不顾，军民之叫号于不闻者。我岂独贤？劳逸之不均，由权势之不同耳。此辈腐化之分子，生活于黑暗之政治中，殆如社鼠城狐，不易划除。此诗云云，实古今所同慨也。

（七）《苕之华》伤时

《苕之华》之刺时，更为切直：

> 苕之华，芸其黄矣。心之忧矣，维其伤矣！
> 苕之华，其叶菁菁。知我如此，不如无生！
> 牂羊坟首，三星在罶。人可以食，鲜可以饱！

牂羊，星名，共三星。星可望而不可即，人欲食而不得饱；四海困穷，饿殍载道，殆亦如今日之景象也。芸其黄矣，叶菁菁矣，物换星移，岁月不居；忧伤未已，河清难俟；慨我生之不辰，竟有"不如无生"之叹，其痛深矣！

（八）《民劳》伤时

《大雅》之《民劳》亦为刺诗：

> 民亦劳止，汔可小康！惠此中国，以绥四方。无纵诡随，以谨无良。式遏寇虐，憯不畏明。柔远能迩，以定我王。
> 民亦劳止，汔可小休！惠此中国，以为民逑。无纵诡随，以谨惛怓。式遏寇虐，无俾民忧。无弃尔劳，以为王休。

民亦劳止，汔可小息！惠此京师，以绥四国。无纵诡随，以谨罔极，式遏寇虐，无俾作慝。敬慎威仪，以近有德。

民亦劳止，汔可小愒！惠此中国，俾民忧泄。无纵诡随，以谨丑厉。式遏寇虐，无俾正败。戎虽小子，而式弘大。

民亦劳止，汔可小安！惠此中国，国无有残。无纵诡随，以谨缱绻。式遏寇虐，无俾正反。王欲玉女，是用大谏。

民劳亦甚矣！何时始得休息安康耶？四方未绥，何以加惠于中国？诡随方纵，何以谨无良罔极之人，正惛怓缱绻之风，以遏寇虐哉？但《民劳》之刺时，终以勖勉为主。

（九）《瞻卬》伤时

《瞻卬》则尤责之辞多矣：

瞻卬昊天，则不我惠。孔填不宁，降此大厉。邦靡有定，士民其瘵。蟊贼蟊疾，靡有夷届。罪罟不收，靡有夷瘳。

人有土田，女反有之；人有民人，女覆夺之；此宜无罪，女反收之；彼宜有罪，女覆说之！

哲夫成城，哲妇倾城。懿厥哲妇，为枭为鸱。妇有长舌，维厉之阶，乱匪降自天，生自妇人。匪教匪诲，时维妇寺。

鞫人忮忒，谮始竟背。岂曰不极，伊胡为慝？如贾三倍，君子是识。妇无公事，休其蚕织。

天何以刺，何神不富？舍尔介狄，维予胥忌。不吊不祥，威仪不类，人之云亡，邦国殄瘁！

　　天之降罔，维其优矣；人之云亡，心之忧矣。天之降罔，经其幾矣；人之云亡，心之悲矣。

　　觱沸槛泉，维其深矣。心之忧矣，宁自今矣？不自我先，不自我后。藐藐昊天，无不克巩；无忝皇祖，式救尔后！

此幽王时之刺诗。第一章言邦不定，民不宁，罪罟不收，故蟊贼蟊疾遍于国中也。第二章言政治之黑暗颠倒，达于极点。第三章言惟长舌妇褒姒之言是用，为厉之阶，足以倾城覆国。第四章言在位之君子，惟识"如贾三倍"，殆谓凭藉势位以发国难财之憸人耳。第五、第六两章，言不顾大狄，惟忌同僚；不恤不祥，不惜人才，故于"人之云亡"，反覆咏叹之。第七章言蜩螗羹沸，国难已深，我心之忧，岂自今始？我生不辰，乃不先不后，适当此荒乱之时耶？然犹谓昊天虽邈，无不克巩，仍以无忝尔祖，式救尔后期望时主者，则又诗人温柔敦厚之旨也。

（十）《山有枢》表颓废

乱离之世，人皆朝不保夕，一般思想易流于消极颓废之途，但图耽乐目前，所谓"我躬不阅，皇恤我后"也。魏晋之世，所以有伪《列子·杨朱篇》之极端的颓废思想，即由于此。《魏风·山有枢》曰：

　　山有枢，隰有榆。子有衣裳，弗曳弗娄；子有车马，弗驰弗驱；宛其死矣，他人是愉！

　　山有栲，隰有杻。子有廷内，弗洒弗埽；子有钟鼓，弗鼓弗考；宛其死矣，他人是保！

　　山有漆，隰有栗。子有酒食，何不日鼓瑟？且以喜乐，且以永日。宛其死矣，他人入室！

枢与榆，栲与杻，漆与栗，同是树木，而或生于山，或生于隰，地位高下，因之以异。此诚如古诗所云"郁郁涧底松，离离山上苗"，由托足之地位殊耳！人生之富贵贫贱，亦可作如是观，殆有命焉，不必强求。我辈众人，但当求目前刹那的现实之享受，衣裳、车马、宫室、音乐、酒食，尽量享用；不知享受，而欲遗之不知谁何之子孙，其愚殆不可及，此种思想，亦未尝无一部分之理由；但以纵情于物质的享受为得计，终是颓废的消极的也。

二、美诗

三百篇中，赞美时事之诗亦有之。读者如仅留意于讽刺之作，则所见惟《诗》之阴暗面矣。

（一）《甘棠》美召公

《召南·甘棠》曰：

　　蔽芾甘棠，勿剪勿伐！召伯所茇。
　　蔽芾甘棠，勿剪勿败！召伯所憩。
　　蔽芾甘棠，勿剪勿拜！召伯所说。

念召伯之德政，而推爱及于其所税驾芨憩之甘棠，非赞美而何？

（二）《淇澳》美君子

《卫风·淇澳》曰：

> 瞻彼淇澳，绿竹猗猗。有匪君子，如切如磋，如琢如磨；瑟兮僩兮，赫兮咺兮。有匪君子，终不可谖兮！
>
> 瞻彼淇澳，绿竹青青。有匪君子，充耳琇莹，会弁如星；瑟兮僩兮，赫兮咺兮，有匪君子，终不可谖兮！
>
> 瞻彼淇澳，绿竹如箦。有匪君子，如金如锡，如圭如璧；宽兮绰兮，倚重较兮，善戏谑兮，不为虐兮。

《诗序》以此诗为美卫武公之德，于本文中虽无根据；然其为赞美学养威仪风度，俱属斐然之君子，以为没世不可忘，则固可一望而知也。

（三）《蟋蟀》美良士

亦有不作赞美之辞，而为勤勉之言，以见风俗之厚者，如《魏风》之《蟋蟀》是也：

> 蟋蟀在堂，岁聿其莫。今我不乐，日月其除。无已太康，职思其居！好乐无荒，良士瞿瞿。
>
> 蟋蟀在堂，岁聿其逝。今我不乐，日月其迈。无已太康，职思其外！好乐无荒，良士蹶蹶。
>
> 蟋蟀在堂，役车其休。今我不乐，日月其慆。无已太康，职思其忧！好乐无荒，良士休休。

《诗序》以此为刺晋僖公俭不中礼之诗；但详其语意，深以"日月逝矣，岁不我与"为惧，而相戒以"无已太康"，相勖以思其居，且及其外，乐不忘忧焉。虽谓其旨在美"好乐无荒"之良士，亦无不可也。

（四）《出车》美南仲

《小雅·出车》，亦从征之诗；但不以从征为苦，而以卫国御侮美将帅耳。其诗曰：

> 我出我车，于彼牧矣。自天子所，谓我来矣。召彼仆夫，谓之载矣。王事多难，维其棘矣！
>
> 我出我车，于彼郊矣。设此旐矣，建彼旄矣。彼旟旐斯，胡不旆旆？忧心悄悄，仆夫况瘁。
>
> 王命南仲，往城于方。出车彭彭，旂旐央央。天子命我，城彼朔方。赫赫南仲，玁狁于襄。
>
> 昔我往矣，黍稷方华；今我来思，雨雪载涂。王事多难，不遑启居。岂不怀归？畏此简书！
>
> 喓喓草虫，趯趯阜螽。未见君子，忧心忡忡；既见君子，我心则降。赫赫南仲，薄伐西戎。
>
> 春日迟迟，卉木萋萋，仓庚喈喈，采蘩祁祁。执讯获丑，薄言还归。赫赫南仲，玁狁于夷。

此诗为美周宣王时之南仲而作，显而易见。南仲城朔方，夷玁狁，伐西戎，于役之区不可谓不广；第五章言黍稷方华时出征，雨雪载途时归来，末章又谓凯旋时已春日迟迟，于役之期不可谓不久；而通篇无怨尤之辞。其一则曰"忧心悄悄"，再则曰"岂不怀归"，亦征人之常情也。

（五）《烝民》美仲山甫

宣王中兴周室，贤俊在位，故大小《雅》中，美宣王君臣之诗甚多。《大雅·烝民》则美周宣王时之仲山甫者：

> 天生烝民，有物有则。民之秉彝，好是懿德。天监有周，昭假（同格）于下。保兹天子，生仲山甫。
>
> 仲山甫之德，柔嘉维则；令仪令色，小心翼翼；古训是式，威仪是力；天方是若，明命使赋。
>
> 王命仲山甫，式是百辟；缵戎（我也）祖考，王躬是保。出纳王命，王之喉舌；赋政于外，四方爰发。
>
> 肃肃王命，仲山甫将之；邦国若否，仲山甫明之。既明且哲，以保其身。夙夜匪解（同懈），以事一人。
>
> 人亦有言："柔则茹之，刚则吐之。"维仲山甫，柔亦不茹，刚亦不吐；不侮矜（同鳏）寡，不畏强御。
>
> 人亦有言："德輶如毛，民鲜克举之。"我仪图之，维仲山甫举之，爱莫助之。衮职有阙，维仲山甫补之。
>
> 仲山甫出祖，四牡业业，征夫捷捷，每怀靡及。四牡彭彭，八鸾锵锵；王命仲山甫，城彼东方。
>
> 四牡骙骙，八鸾喈喈；仲山甫徂齐，式遄其归。吉甫作诵，穆如清风。仲山甫永怀，以慰其心。

此尹吉甫所作之诗也。如其所说，则仲山甫为宣王时出将入相之重臣，且才德并茂者矣。

（六）三《颂》皆美先世

三《颂》皆赞美之诗；但所赞颂者，非时主，而为当代之先王。如《周颂·天作》曰：

> 天作高山，太王荒之；彼作矣，文王康之；彼徂矣

岐，有夷之行，子孙保之。

此周祀先王之乐章也。周之业，创于太王，大于文王，故此颂云尔。《武》则美武王之克殷：

　　於皇武王，无竞维烈，允文允武，克开厥后。嗣武受之，胜殷遏刘（杀也），耆定尔功。

《商颂·玄鸟》之颂高宗亦然：

　　天命玄鸟，降而生商。宅殷土芒芒，古帝命武汤，正域彼四方。方命厥后，奄有九有；商之先后，受命不殆，在武丁孙子。武丁孙子，武王靡不胜；龙旂十乘，大糦是承。邦畿千里，维民所止。肇域彼四海，四海来假。来假祈祈，景员维河。殷受命咸宜，百禄是何！

此诗所谓"武王"，即指殷高宗武丁。美武丁而远溯其先王，故从玄鸟生契说起，迄于汤之受命而王；乃以汤之孙子武丁承之尔。《鲁颂·閟宫》之颂僖公，亦远溯后稷、太王、文、武焉：

　　閟宫有侐，实实枚枚。赫赫姜嫄，其德不回。上帝是依，无灾无害；弥月不迟，是生后稷，降之百福，黍稷重穋，植稚菽麦，奄有下国，俾民稼穑；有稷有黍，有稻有秬；奄有下土，缵禹之绪。
　　后稷之孙，实维太王，居岐之阳，实始剪商。至于文武，缵太王之绪；致天之届，于牧之野。无贰无虞，上帝临女；敦商之旅，克咸厥功。

王曰叔父，建尔元子，俾侯于鲁，大启尔宇，为周室辅。乃命鲁侯，俾侯于东，锡之山川，土田附庸。

周公之孙，庄公之子，龙旂承祀，六辔耳耳；春秋匪解（同懈），享祀不忒；皇皇后帝，皇祖后稷。享以骍牺，是飨是宜。降福既多，周公皇祖，亦其福女。

秋而载尝，夏而福衡；白牡骍刚，牺尊将将，毛炰胾羹，笾豆大房，万舞洋洋。孝孙有庆，俾尔炽而昌，俾尔寿而臧。保彼东方，鲁邦是尝；不亏不崩，不震不腾。三寿作朋，如冈如陵。

公车千乘，朱英绿縢，二矛重弓，公徒三万，贝胄朱綅，烝徒增增。戎狄是膺，荆舒是惩，则莫我敢承。俾尔昌而炽，俾尔寿而富，黄发台背，寿胥与试。俾尔昌而大，俾尔耆而艾，万有千岁，眉寿无有害。

泰山岩岩，鲁邦是瞻；奄有龟蒙，遂荒大东，至于海邦，淮夷来同，莫不率从，鲁侯之功。

保有凫绎，遂荒徐宅，至于海邦，淮夷蛮貊，及彼南夷，莫不率从，莫敢不诺，鲁侯是若。

天锡公纯嘏，眉寿保鲁；居常与许，复周公之宇。鲁侯燕喜，令妻寿母，宜大夫庶士，邦国是有。既多受祉，黄发儿齿。

徂来之松，新甫之柏，是断是度，是寻是尺；松桷有舄，路寝孔硕，新庙奕奕，奚斯所作，孔曼且硕，万民是若。

诗中明言"周公之孙，庄公之子"，其为颂僖公无疑。但膺惩戎狄荆舒，淮夷蛮貊，莫不率从，则僖公殊不足以当之。盖颂者用于宗庙祭祀，其歌颂祖宗功德，往往不免有谀辞也。

（七）《生民》亦颂之属

《大雅》之《生民》，所以颂后稷者，实亦"颂"之类也。所以不入之《周颂》者，殆作此诗以祀后稷时，周尚未有天下，故篇中无子孙受命等语。《诗序》据末章"上帝居歆"一语，谓推后稷以配天，盖由后事推言之耳。《生民》之诗曰：

厥初生民，时维姜嫄。生民如何？克禋克祀，以弗无子。履帝武敏歆，攸介攸止；载震载夙，载生载育，时维后稷。

诞弥厥月，先生如达，不坼不副，无菑无害，以赫厥灵。上帝不宁，不康禋祀，居然生子。

诞寘之隘巷，牛羊腓字之；诞寘之平林，会伐平林；诞寘之寒冰，鸟覆翼之；鸟乃去矣，后稷呱矣。

实覃实訏，厥声载路；诞实匍匐，克岐克嶷，以就口食。蓺之荏菽，荏菽旆旆，禾役穟穟，麻麦幪幪，瓜瓞唪唪。

诞后稷之穑，有相之道，茀厥丰草，种之黄茂，实方实苞，实种实褎，实发实秀，实坚实好，实颖实栗，即有邰家室。

诞降嘉种，维秬维秠，维穈维芑。恒之秬秠，是获是亩；恒之穈芑，是任是负；以归肇祀。

诞我祀如何？或舂或揄，或簸或蹂；释之叟叟，烝之浮浮，载谋载惟，取萧祭脂，取羝以軷，载燔载烈，以兴嗣岁。

卬盛于豆，于豆于登。其香始升，上帝居歆。胡臭亶时？后稷肇祀。庶无罪悔，以迄于今。

此诗述姜嫄履帝武而育后稷，由《商颂·玄鸟》述简狄吞燕卵而生契，盖古有此等圣人感生之说。《史记·高祖本纪》记刘媪感龙而生高祖，犹是此种感生帝之遗也。所难索解者，何以后稷初生，寘之隘巷，寘之平林，寘之寒冰，且真名之曰"弃"。岂后稷为非婚生子耶？本篇首三章述后稷之生；次三章述后稷幼时及其尽力于稼穑；末二章述祭祀后稷；此盖歌以祭后稷者，其用固同于颂诗也。梁启超尝谓《生民》、《玄鸟》为我国古代之史诗；实则"帝武"、"玄鸟"，皆古经迷信的传说，除此之外，二诗所叙，亦并无可采之史实也。

（八）《七月》记美俗

《豳风·七月》，为太王迁岐以前之农歌，不啻为农家一年之行事历，且于彼时农村生活，作质朴之叙述，无溢誉之辞，而赞美之意存焉。故录之以殿本编。

七月流火，九月授衣。一之日觱发，二之日栗烈。无衣无褐，何以卒岁？三之日于耜，四之日举趾，同我妇子，馌彼南亩，田畯至喜。

七月流火，九月授衣。春日载阳，有鸣仓庚。女执懿筐，遵彼微行，爰求柔桑。春日迟迟，采蘩祁祁。女心伤悲，殆及公子同归。

七月流火，八月萑苇。蚕月条桑，取彼斧斨，以伐远扬，猗彼女桑。七月鸣鵙，八月载绩。载玄载黄。我朱孔阳，为公子裳。

四月莠葽，五月鸣蜩；八月其获，十月陨萚。一之日于貉，取彼狐狸，为公子裘。二之日其同，载缵武功；言私其豵，献豜于公。

五月斯螽动股，六月莎鸡振羽，七月在野，八月在宇，九月在户，十月蟋蟀入我床下。穹室熏鼠，塞向墐户。嗟我妇子，曰为改岁，入此室处。

六月食郁及薁，七月亨（同烹）葵及菽，八月剥枣，十月获稻；为此春酒，以介眉寿。七月食瓜，八月断壶，九月叔（取也）苴，采荼薪樗，食我农夫。

九月筑场圃，十月纳禾稼，黍稷重（同種）穋，禾麻菽麦。嗟我农夫，我稼既同（收成也），上（同尚）入执宫功（室内工作），昼尔于（取也）茅，宵尔索绹；亟其乘（升也）屋，其始播百谷。

二之日凿冰冲冲，三之日纳于凌阴，四之日其蚤（同早），献羔祭韭。九月肃霜，十月涤场。朋酒斯飨，曰杀羔羊。跻彼公堂，称彼兕觥，万寿无疆。

第一章前半言七月九月之后，天寒岁暮，无衣无褐，将无以度岁。意在警惕，为一篇之旨。后半言度岁之后，春日又须从事农功。第二三两章首二句，但言时序变迁之速：第二章叙春日农家女子采桑采蘩；第三章叙蚕事既毕，又当从事纺绩织染。首章叙男功，次二章叙女工也。第四章叙冬日农事完后，狩猎习武。第五章前半借蟋蟀以记自夏迄冬时序之变；后半叙塞向墐户，以备御冬，方是此章本意。第六章叙夏秋以后各种农产食物，均可采用，既可食我农夫，又可酿酒以备介寿之需。第七章言收获既毕，尚须修缮茅屋，因翌春农忙，又无暇及此也。末章叙献岁之时，春酒既熟，烹羊炰羔，奉觞称寿，此农家之享乐也。篇中"二之日"、"三之日"、"四之日",但云再过数日之后耳,强指月日以实之,则凿矣。统观全诗,既非抒情,亦无议论,盖叙事之诗也。

第六章 诗之价值

一、《诗》为我国诗歌之祖

《诗》者，我国诗歌文学不祧之始祖也，原夫诗歌之兴，不但早于散文，抑且远在文字未作以前。读者疑我言乎？请得而说明之。《世本》言伏羲作瑟，女娲作笙簧；《风俗通》言神农作瑟。古史湮邈，诚未必确凿有据；然乐器作于文字之前，则古来传说即如此矣。乐，所以和歌，作乐器时，必已有讴歌矣。《汉书·匈奴传》载匈奴民歌曰："亡我焉支山，使我妇女无颜色；亡我祁连山，使我六畜不蕃息。"此虽译文，然必匈奴民间本有此歌，乃得译成华语。匈奴为无文字的民族，亦有歌谣；此非诗歌早于文字之旁证乎？今世乡曲之氓，孩提之童，虽不识字，亦有其所唱之山歌儿歌；此又一旁证也。故我三代以前，流行民间之歌，写成文字之诗，度亦不在少数矣。但流传至今，见之载籍者，实为寥寥。例如《礼记·大学》引《汤之盘铭》曰："苟日新，日日新，又日新。"《史记·宋世家》载箕子《麦秀诗》曰："麦秀渐渐兮，禾黍油油；彼狡童兮，不与我好兮。"《伯夷列传》载夷齐《采薇歌》曰:"登彼西山兮,采其薇矣。以暴易暴兮,不知其非矣!神农虞夏,忽焉没矣,我安适归矣?吁嗟徂矣?命之衰矣!"诸如此类,仅吉光片羽而已。其散见后世书中者,如《尸子》之《南风歌》,《吴越春秋》之《断竹歌》,《尚书大传》之《卿云歌》,伪《列子》之《康衢歌》,《帝王世纪》之《击壤歌》,《拾遗记》之《白帝皇娥之歌》,又皆出于依托。故裒集古代诗歌,蔚为大观,且信而有征者,不得不推《诗》三百篇为第一也。

二、《诗》在文学中之地位

《诗》三百五篇,以篇数论,"风"为最多。《诗》以周室东迁前后之作品为中坚。此时如吴楚等国,文化未发达,尚被视为蛮夷之邦,采诗者或未履其地,故《诗》中惟吴楚无风。其在黄河流域稍著名之国家固皆有"风"矣。(鲁、宋亦当时大国,独无"风"者,或以二国之诗,刺多美少;孔子为鲁人,其先宋人,为尊者讳,为亲者讳,且鲁已有《鲁颂》,宋已有其所沿用之《商颂》,故尔删其风耶?)且三百五篇中,以《豳风》之七月为最早。可见《诗》盖起于民歌之"风"。"风"在民间,本为徒歌,及经采集,乃由太师叶律合乐;而"南"与"雅",则固为合乐之歌诗也;"颂",则歌而兼舞之歌诗也。《史记》谓"三百五篇,孔子皆弦歌之",则《诗》与乐之关系深矣。盖风诗自采集合乐之后,其体盛行,不但士大夫群相仿效,且用之庙堂祭祀焉。及东迁之后,王室不纲,政令不出国门,于是采诗之制遂不复行,故所采之诗至春秋中世而绝,此即孟子所谓"王者之迹息而诗亡"也。而此种体裁之歌唱文学,亦以相承既久,盛极而敝;且因文人解音律者少,乐人谙文学者亦少,而歌辞渐以失律，乐谱渐以丧失，于是《诗》与乐乃完全脱离关系，卒以入于衰落之期。此《诗》之盛衰，可以推度而得者也。初为民间之徒歌，后以合乐；文人仿作既盛，又渐与音乐脱离，而卒致衰落；此为我国一切诗歌文学同有之盛衰过程。例如两汉之乐府诗。自汉武帝扩充乐府（惠帝时夏侯宽已为乐府令），命李延年为协律都尉，采各地民歌，合以乐曲；又命司马相如等作歌；故《汉志·诗赋略》所录歌诗，已具《诗》之"风"、"雅"、"颂"三类。乐府诗大盛于东汉。至东汉末，曹操借《蒿里行》旧题写董卓之乱，曹植自作《鞞舞新歌》，已不复合乐。唐人所作古乐府，取旧题，作新诗，《蒿里行》之类也；至白居易之《新乐府》，则如《鞞舞新歌》之类，径自创新调矣。于是乐府乃亦与音乐脱离，而成为古代歌诗之遗型矣。盛于东汉末之五言诗，前人每以《古诗十九首》为枚乘作，《河梁赠答》为苏武、李陵作，为五言之祖。不知十九首非一时一人所作，如《孤竹》一首明为傅毅之诗，"游戏宛与洛"，为东都人语，并非枚乘之作品；《河梁赠答》，亦出后人依托。五言之起，亦当由于民歌。汉成帝时童谣，有"邪径败良田，谗口害善人"一首，即五言也。至于通体七言之诗，则以曹植之《燕歌行》为最早，五言诗，后亦渗入乐府；七言诗，则又自乐府衍变而出者也。惟五七言古与音乐发生关系，其时殊短；而与音乐脱离关系后，为文人沿用之时期则最长耳。至如五七言绝句，亦孕育于六朝时之民歌，由民歌而成小诗者，如《子夜歌》，五言绝也，《折杨柳歌》，七言绝也。至唐，乃以合乐。如旗亭画壁故事中，诸妓所歌"黄河远上"诸诗，如玄宗命李白作诗，李龟年协律之《清平调》，皆绝句也。绝句在唐时可以合乐；及与音乐脱离关系后，至今犹为文人所沿用之诗调焉。又如《东晋乐录》所载《休洗红》，民歌也；为长短句，而二首同出一调，实词之滥觞。词在晚唐初起时，即以合乐；至宋而更盛行。周邦彦为大晟乐正，即主以词合乐之事者也。姜夔尚能自度新腔以填词。今则词已无人能歌矣。他如元之杂剧，明之传奇，亦莫不如此。故能了然于《诗》之盛衰之过程，则其后一切诗歌文学之兴起衍变，亦思过半矣。

三、《诗》在文学史中地位

由《诗》递嬗而为《楚辞》。《诗》，皆可合乐，皆可歌唱；《楚辞》，则有可合乐而歌者，如《九歌》；有不歌而诵者，如《离骚》。以《楚辞》时期为立场而言，则《诗》为旧文学，《楚辞》为新文学。《楚辞》以后，则可歌者与不可歌者，分道扬镳，可歌者衍为汉乐府诗，不可歌者衍为汉赋，成为两汉文学之二大主流。此后，"诗"与"赋"遂分为二派；而"诗"之中，又或可合乐，或已不合乐；其不合乐者，或仍为徒歌，但供吟咏；于是我国韵文，遂有"念诵"、"吟咏"、"徒歌"、"乐歌"之分。而溯其远源，则皆出于最早之诗歌总集，三百五篇之《诗》焉。由上所述观之，《诗》在我国文学史上，已有其特殊之地位矣。

四、《诗》在五经中之地位

《论语·阳货篇》，子曰："小子，何莫学夫《诗》？《诗》，可以兴，可以观，可以群，可以怨；迩之事父，远之事君；多识于鸟兽草木之名。"夫多识鸟兽草木之名，诚学《诗》之末事；但在孔子时，尚无字书类书，则《诗》中多鸟兽草木之名，于读者似亦不无小补。至于兴观群怨，事父事君，则固学《诗》者所当留意者也。《诗》之抒情，多温柔敦厚者，故可用以陶冶感情；《诗》中多至情至性之作，多美刺政治之作，足以涵养品德，增长见识；故孔子云然也。子谓伯鱼曰："女为《周南》、《召南》矣乎？人而不为《周南》、《召南》，其犹正墙面而立也欤？"《诗》于人情事理，体贴入微，婉而能达；读《诗》能有心得，则洞达人情矣。此岂仅《周南》、《召南》为然哉？孔子列《诗》于六经之中，用以教人，其旨在此。古今时代不同，思想制度均随时代而变，故《易》、《书》、《礼》、《春秋》中所蕴之哲理、礼俗、政治思想，未必皆吻合于今日；惟人之情感，则改变殊少。感情为人我所同具，宜如何领会之，如何发抒之，此亦有待于训练者，而其法莫善于《诗》教。则《诗》在五经中，亦有其特殊之地位也。

五、《诗》在古学术史中之地位

《论语·季氏篇》记伯鱼述孔子语曰："不学《诗》，无以言。"《子路篇》记孔子语曰："诵《诗》三百，授之以政，不达，使于四方，不能专对，虽多亦奚以为。"诵《诗》授政，期其能达，盖以《诗》之抒情美刺，可藉以练达人情，洞明治理。然又以"专对"期之，且谓不学《诗》，无以言者，则其故可深长思也。《左传》僖公二十三年，记晋公子重耳在秦，秦穆公享之。子犯（狐偃字）曰："吾不如衰（赵衰）之文也。"请使衰从。公子赋《河水》（逸《诗》）。公赋《六月》（《小雅》篇名）。赵衰曰："重耳拜赐。"公子降，拜，稽首。公降一级而辞焉。衰曰："君称所以佐天子者命重耳，重耳敢不拜？"赋《诗》见志，为《春秋》时外交上享宴之礼节。狐偃自谓不如赵衰之文者，殆以赵衰曾读《诗》，且知其大义，故闻穆公赋《六月》，知为美尹吉甫佐周宣王伐玁狁之诗，而命重耳拜赐耳。《左传》中记此类事实极多，如郑六卿饯晋之韩宣子，子龂赋《野有蔓草》，子产赋《羔裘》，子太叔赋《褰裳》，子游赋《风雨》，子旗赋《有女同车》，子柳赋《箨兮》，见昭公十六年。故《汉书·艺文志》称"登高能赋，可以为大夫"，即指登坛坫而能赋诗以见志也。不诵《诗》，不但己不能赋，即闻他人赋《诗》，亦茫然不知其旨矣。诵《诗》始可期以专对，此其一也。《诗》之比兴，托物寓意；《诗》之句语，声韵谐叶；《诗》之修辞，形容藻饰；此本撰作诗歌文学之通则。古时纸笔尚未发明，君臣尚未隔绝；说客游士，长揖君王，抵掌而谈，不必如后世之上万言书以求用也，文字之用少，言语之用多，故其简练揣摩之功，言语亦不下于文字。《论语·宪问篇》曰："为命，裨谌草创之，世叔讨论之，行人子羽修饰之，东里子产润色之。"郑之准备辞令，可谓周密。但受命使于四方，岂能语语皆先准备？必有所谓"受命而不受辞"者，以须临事应变也。故凡为外交人才，必须有辞令之素养。降及战国，纵横捭阖，皆恃利口，其于辞令，尤所擅长。如"画蛇添足"之讥，"桃梗土偶"之喻，比兴之类也，苏秦之说七国，谈地势则了如指掌，引史实则缅如贯珠，论形势则铺张扬厉，语缓急则危词耸听，此形容之辞也。且如淳于髡之对齐王（见《史记·滑稽列传》），卫平之对宋元君（见《龟策列传》），范蠡之对越王（见《国语·越语》），皆韵语也。则纵横之辩士，殆皆深有得于《诗》者矣。屈原为辞赋家第一人，而《史记》本传称其"娴于辞令"，"出则为王接遇宾客，应对诸侯"。文学辞令，修饰之功既同，故得而兼擅之。及见疏被放，始专心于文学之制作；《离骚》一篇，遂成千古之大文，开辞赋之创局焉。秦汉而后，土宇一统，君位弥尊，于是辩士弭节，皆流为赋家。如陆贾、邹阳、主父偃之属皆是也。故纵横为诸子九流之一，而又为《诗》与辞赋衍变之枢纽。换言之，则《诗》者，纵横家之所出也。是《诗》在古代学术史上，亦有其特殊之地位矣。

六、《诗》有古代社会史材料

"六经皆史"之说，为古文家言，绪论中已述及之，《诗》中虽有商、周始祖契、弃生时之神话性的传说，但不能信为史实；虽有以周室及各国史实时事为材料者，但亦语焉不详；《诗》固文学而非史书也。然于其中，可以见农民之生活焉（如《七月》），可以觇婚姻之风俗焉，可以察征役经济之情形焉：诸如此类，皆研究古代社会史者所当采集之材料也。读者如能注意及此，较所谓"多识鸟兽草木之名"者，不犹愈乎？

五经之中，如《书》、《礼》、《春秋》及三《传》，皆有今古文之争，《书》且有所谓"伪古文"之纠纷；《易》则今古文本经无大异矣，然十翼之中，已难免依托，且以本为卜筮之书，故汉则混于方士，宋则混于道士，致孔子赞修之以明哲理之功，亦为湮没。惟《诗》三百五篇，则今古文并无差异，最为纯粹，最为可信。在文学与文学史中，在古代学术史中，在五经中，各有其特殊之地位；除颂诗多歌功颂德之辞外，风雅中尤多可喜可乐可泣可歌之作；虽在今日，无论治经、治史、治文学，殆皆有精读之价值焉。《诗》之时代，去今已远，故不但雅颂中有不易索解之词句，即本为里巷歌谣，作于女子小人之风诗，亦难一目了然。此由古今口语既异，文字之训诂亦殊；读者诚不能不借助于前人之笺注。至如卫宏之《小序》，朱子之《集传》，所说诗旨本事，往往多臆度妄断，切不可为所拘囿，强从曲解。此又读者所宜注意者也。

第四编　周礼概论

第一章　周礼解题

一、三礼

　　十三经中，关于"礼"之书籍凡三，曰《周礼》，曰《仪礼》，曰《礼记》，是谓"三礼"。"三礼"之名，起于东汉之末。西汉所谓"礼"，专指今存之《仪礼》十七篇而言。即许慎、卢植等所称"《礼记》"，亦仅指《仪礼》之经文及篇中所附之"记"而言，非指今存之《礼记》四十九篇也。《礼记》四十九篇，大部分本在《记》百三十一篇中，但名之曰"记"而已；《周礼》则本曰"《周官经》"。及四十九篇之《记》名曰《礼记》，《周官经》改称《周礼》，而郑玄并注此三书，盛行于世，于是乃有"三礼"之称焉。故《汉书·艺文志·六艺略》"礼"类所录《礼》古经五十六卷，经十七篇（原文作"七十"，今依刘敞校改），即指《仪礼》之古文本与今文本而言；《记》百三十一篇及《周官经》，皆附录于后。郑玄既注三《礼》，特崇《周礼》，而后人又特崇郑学，于是《周礼》遂一跃而占三《礼》之首。十三经所以列《周礼》于《仪礼》之前者，以此。

二、《周礼》之名始于刘歆

《汉书·艺文志·六艺略》礼类有"《周官经》六篇"。班固自注曰:"王莽时,刘歆置博士。"荀悦《汉纪》曰:"刘歆奏请《周官》六篇,列之于经,为《周礼》。"陆德明《经典释文叙录》曰:"王莽时,刘歆为国师,始建立《周官经》以为《周礼》。"是此书原名《周官》,至刘歆,始改称《周礼》,且列为礼经也。《汉书·郊祀志》记王莽改南北郊祭祀,犹称"《周官》",《王莽传》记莽征天下通艺,及张纯等奏,亦犹称"《周官》",二事皆在莽未居摄时。是《周官》改名《周礼》,当在莽居摄之后矣。《食货志》载莽之诏,则曰,"夫《周礼》有赊贷"云云,其后曰,"又以《周官》税民"云云,同此一书,同见《食货志》中,而其名不同者,正因《周礼》一名,莽所改定,故载莽诏则曰《周礼》,记事则仍曰"《周官》"耳(武亿说)。此后,《周官》、《周礼》二名互见。如郑玄《周礼注自序》已称《周礼》,其注《仪礼》、《礼记》引《周礼》亦甚多。而《后汉书·儒林传》犹称玄作《周官注》。《卢植传》有《周礼》之称。《儒林传》又称马融作《周官传》;郑玄序则谓郑兴、郑众、卫宏、贾逵、马融皆作《周礼解诂》。则东汉时已有沿用莽、歆所改之名者矣。郑众以为《周官》六篇即《尚书》之《周官篇》。不但卷帙多少不伦,且文法亦不类,不可信也。

三、《周礼》为晚出古文经

《周礼》仅有古文,无今文。贾公彦《周礼疏序》曰:"《周官》，孝武之时始出，秘而不传。《周礼》后出者，以其始皇独恶之故也。"贾氏之说，本之马融。盖马氏《周官传》，谓秦自孝公用商鞅变法，其政与《周官》相反，故始皇特恶《周官》，搜求焚禁独甚也。武帝除挟书之律，开献书之路，《周官》既出于山岩屋壁，复入于秘府，诸儒罕得见之。至成帝时，刘向校书，始得著于录略。然亡《冬官》一篇，以《考工记》补之。众儒共排之。惟歆独识之；末年，乃知为周公致太平之迹云云。按《史记·封禅书》载武帝与公卿诸生议封禅，群儒采封禅、《尚书》、《周官》、《王制》之望祀土牛事。下文又云，群儒拘牵古文，上尽罢诸儒不用。故林孝存难《周官》，以为武帝知其为末世渎乱不验之书。则《周官》出于武帝时，似信而有征矣。但谓始皇特恶此书，不过揣度之辞，且挟书之律，早除于惠帝四年，非武帝时事也。《汉书·景十三王传》中，《河间献王传》称河间献王德修学好古，从民得善书，必为好写与之，留其真本，并以金帛赐之。其所得皆先秦古文旧书，《周官》、《尚书》、《礼》、《礼记》、《孟子》、《老子》之属。是谓《周礼》为河间献王所得也。但《史记·河间献王世家》，但云"好儒学，被服造次必于儒者,山东诸儒多从之游'，而不及得书之事。德之卒，当武帝元光五年，下距《史记》终于天汉三年，凡三十三年。以司马迁之好学，岂有不载献王得书之理？《后汉书·儒林传》曰："孔安国所献，《礼》古经五十六篇及《周官经》六篇。"则又谓《周礼》为孔安国所献，非河间献王所得矣。《经典释文叙录》曰："河间献王开献书之路，时有李氏上《周官》五篇，失《事官》一篇，乃购以千金，不得，取《考工记》以补之。"《隋书·经籍志》亦曰："汉时有李氏得《周官》……上于河间献王，独阙《冬官》一篇。献王购以千金，不得，遂取《考工记》以补其处，合成六篇奏之。"二书所说相同，盖谓献王得之李氏者。但据马融、贾公彦所说，亡《冬官》一篇，以《考工记》补之者，似又为刘向校书，发见此书时事也。

四、《周礼》作者

（一）《周礼》为刘歆伪造

《周礼》为古文经，在诸经中其出最晚，而其来历又传说纷歧，故两汉今文家多不之信。贾公彦谓林孝存已作十论七难以排之。宋以后，胡五峰、季本、万斯同皆辨其非周公作。姚际恒亦列之《古今伪书考》中，近人康有为《新学伪经考》直谓为出刘歆伪造，以佐成王莽之业者。《汉书·王莽传》所谓"发得《周礼》以明因监"，正作伪之旨，故与莽所更立之法制略同。其伪为群经古文，即所以证《周官》之非伪。《史记·封禅书》中，提及《周官》，亦为刘歆所窜乱。林孝存谓武帝知《周官》为末世渎乱不验之书，犹为刘歆所欺，因武帝时根本未有此书也。其六官之制，盖袭《管子·五行篇》，《大戴记·盛德篇》、《千乘篇》、《文王官人篇》、《朝事篇》等，盖割裂剽袭以成此书云。

（二）《周礼》是周公之书

但自马融、郑玄为作传注，此书已列三《礼》之首。苏绰、王安石皆欲见之实施。朱子且称为"盛水不漏，非周公不能作"。王应麟《困学纪闻》引九峰蔡氏曰："周公方条治事之官，而未及师保之职，《冬官》亦阙，首尾未备，周公未成之书也。"郑樵《通志·经籍略》引孙处之言曰："周公居摄六年之后，书成归丰，而实未尝行。盖周公之为《周礼》，亦犹唐之显庆、开元（高宗、玄宗年号）礼，预为之以待他日之用，其实未尝行也。惟其未经行，故仅述大略，俟其临事而损益之。故建都之制，不与《召诰》、《洛诰》合；封国之制，不与《武成》、《孟子》合；设官之制，不与《周官》合

（此指《尚书》之《周官篇》）；九畿之制，不与《禹贡》合。凡此皆豫为之，而未尝行也。"（《董氏日钞》所引同）张载则谓："《周礼》是的当之书，然其间必有后世增入者。"纪昀《周礼注疏提要》亦主此说。以为歆果作伪，何不全伪六官，而必阙其一，至以千金购之而不得乎？且《左传》所云"礼经"，皆不见于《周礼》；《仪礼》、《礼记》二书所记，亦多与《周礼》矛盾（如《仪礼·聘礼》所记与《周礼》"掌客"不同；《大射礼》所记天子诸侯射侯之数与制，与《周礼》"司射"不同；《礼记·杂记》谓"子男执圭"，与《周礼》"典瑞"不同；《礼器》载天子诸侯席数，与《周礼》"司几筵"不同）。歆既伪托周公而假造此书，何不牵就其文，使与二《礼》相合，以为弥缝乎？故断谓《周礼》作于周公，而东迁以前，周事已不可考，官制之沿革，不知凡几。而改易之者，不皆周公，于是以后世之法窜入之。及后时移世变，不可行者渐多，其制遂废；而法制虽更，简编尚在，好古者留为文献。此犹《开元六典》、《政和五礼》（政和，宋徽宗年号），在当代已不行用，而今日尚有传本也。特以年远无征，增删之迹已无可考，遂统以为周公之旧耳。以上诸说，或谓未成之书，或谓书成而未行，或谓初行而后改，但其以为周公所作则同。

（三）《周礼》为战国时人书

上述二说，前者谓《周礼》为刘歆所伪造，后者谓《周礼》为周公所制作，绝对相反。但亦有谓不出刘歆，不出周公，而为战国时人所作者。《艺文志》有《周官经》六篇，又有《周官传》四篇。此必班固时实有其书。若歆既为经，又作传，其业亦太巨矣。《艺文志》序乐曰："六国之君，魏文侯最为好古。孝文时，得其乐人窦公，上献其书，乃《周官》大宗伯之大司乐章也。"是六国时已有此书矣。下文又曰："武帝时，河间献王好儒，与毛生等共采《周官》

及诸子言乐事者，以作《乐记》。……其内史丞王定传之，以授常山王禹。禹，成帝时为谒者，数言其义，献二十四篇记。刘向校书，得《乐记》二十三篇，与禹不同。"则武帝时已有采其书作《乐记》者矣。且《大戴礼记·朝事篇》所载大宗伯、典命、典瑞、大行人、职方、射人诸职，全同《周礼》原文，所差不过一二字；《小戴礼记·内则篇》，"凡食视春时，凡和，春多酸"及"牛宜稌，羊宜黍"凡十四句，"春行羔豚，膳膏肸"及"牛夜鸣则庮"十句，亦同《周礼》，所差不过一二字（以上见毛奇龄《经问》）；《逸周书·职方》、《礼记·燕义》及《毛诗·生民传》，亦有与《周礼》相同者（见汪中《周官征文》）。此皆刘歆以前之书，必当时言礼者所习言习用，非歆一人所能遍加窜乱者。至如陈澧所举《杂记》郑玄注，《郊特牲》孔颖达疏，《考工记》贾公彦疏，及《大司马》郑注贾疏等中诸条，则犹在刘歆以后者也。此《周礼》非刘歆伪造之证。但必谓为周公所作，则汉儒如张禹、包咸、周生烈、林孝存皆不信之（见贾疏）。何休亦以为六国时人之书。《中庸》引孔子曰："吾学周礼，今用之，吾从周。"此"周礼"与上文"夏礼"、"殷礼"并举，指周代之礼，非指《周礼》之书，因"《周礼》"之名由刘歆改定，原名固曰"《周官》"，不称"《周礼》"也。是孔子从未提及此书也。孟子答北宫锜周室颁爵禄之问，以为"其详不可得而闻"，如使周公果作此书，记载如此详尽，何以孔子未尝提及，孟子不得详闻？且孟子为北宫锜所述周室爵禄制度之大概，又不同此书，反同于《王制》乎？据《尚书大传》、《白虎通·礼乐篇》、《尚书·洛诰疏》引郑玄注，皆述周公制礼，极其慎重，优游三年，乃敢制作，且待营洛以后，乃始颁行。其慎始如此，何至如后世唐之《显庆礼》、《开元礼》，宋之《政和礼》，草创速成，终未行用乎？如既行用，即使其后有所损益，何至周代现行之制，竟与此书大异乎？孔孟皆崇周公，尚礼制者，其时未经始皇之焚禁，何以竟未见此书，未闻其详乎？此又《周礼》非周公所作之证。故毛奇龄《经问》、皮锡瑞《经学通论》，皆信何休之说，以为出于战国时人之手。但此人自是大才，盖掇拾成周典制之遗，参以己意，拟为一代之制，以俟后王采行者。其托之周公，或亦诸子托古改制之意耳。其后王莽欲据此以更汉制，而及身覆亡，未成事实；苏绰曾行之宇文周世，颇见微效，唐代制度，大部尚袭北周。至北宋王安石变法，亦曾自谓取法《周礼》，宋人因有"王安石以《周礼》乱天下"之语。其实，安石亦但托周公以钳制反对派之议论，非事事实行《周礼》者。彼尝曰："法先王之政者，法其意而已。"此言极通达，《周礼》即作于战国，距宋已数千年，岂尚可依样画葫芦者？但迄于明清，六部尚书，其官制固尚存《周礼》之大体。则此书虽非出于周公，作者之理想的官制如此，不得不备其有创制之才矣。

五、《考工记》别为一书

至于补《冬官》之《考工记》，则本别为一书。其中有云："秦之无卢也，非无卢也，夫人而能为卢也。"（卢，矛戟之柄也）又云："郑之刀，宋之斤，鲁之削，吴、粤之剑，迁乎其地而弗能为良，地气然也。"秦封于周孝王时，郑封于周宣王时。可见此书当作于宣王、孝王以后。《南齐书》记文惠太子萧长懋镇雍州（南朝侨置雍州于襄阳）时，有盗发楚王冢，得竹简书，青丝编，凡十余简，以示王僧虔。僧虔曰："是蝌蚪书《考工记》。"可见此书亦非秦以后作品。此记述古代工业，可以考见战国时我国工业发达之情况。《周礼》既缺一篇，以此补之，虽不能复成全璧，要亦读古书者所当浏览也。宋俞廷椿作《周官复古篇》，王与之作《周官补遗》，均主冬官司空之属，分寄五官之说。邱葵复本俞、王二氏，径取五官所属，归之冬官，著为《周礼定本》。吴澄作《周礼叙录》，又谓以《尚书·周官篇》考之，冬官司空掌邦土，而杂于地官司徒掌邦教之中；今取地官中掌邦土之官，列于司空之后，庶几冬官不亡；《考工记》则别为一卷，附之经后。其说与俞、王又稍异。此则宋元人窜改经文之陋习而已。

六、六篇目次

《周礼》原有六篇，现存者仅五篇，末篇《冬官》已亡，以《考工记》补之，六篇之目次如下：

（一）天官冢宰——掌邦治。其长官亦称大宰。

（二）地官司徒——掌邦教。其长官曰大司徒。

（三）春官宗伯——掌邦礼。其长官曰大宗伯。

（四）夏官司马——掌邦政。其长官曰大司马。

（五）秋官司寇——掌邦禁。其长官曰大司寇。

（六）冬官——此篇亡。以《考工记》补之。

按《天官篇》记大宰之职曰：掌建邦之六典，以佐王治邦国，一曰治典，二曰教典，三曰礼典，四曰政典，五曰刑典，六曰事典。则冢宰为六官之一，而又统摄六官者。所谓冬官，或为司空，所掌为工事，故以《考工记》补之。明清旧制，设吏、户、礼、兵、刑、工六部，固尚存《周礼》官制之大纲也。

七、《周礼》注本

《十三经注疏》，《周礼》采用郑玄注，贾公彦疏。郑玄注，为现存《周礼》注本之最古者。郑氏以精于三《礼》著，其注自有可观。但其混合今古，力主调和，于古文之《周礼》，今文之《王制》（《礼记》篇名），即万不能合者，亦必为之勉强求合，其苦心固不可没，而混淆今古文师法，其说有得有失，终是一短。且谓《周礼》为经，《礼记》为记；《周礼》为周公所作，《礼记》乃孔子之后大贤所记；《周礼》为周制，《礼记》则夏、殷先王之礼，且杂春秋时之霸制（郑氏以朝聘为晋文公霸制）。此种成见，横亘胸中，故遇所记制度不同处，皆以《周礼》为正，而于《周礼》之自相矛盾处，仍不能弥缝，此又是一短也。又好引纬书。纬书虽亦有可采者，要以不可据者为多。欧阳修《请修五经劄子》尝欲删削其书，即因此。或谓郑氏好改易经文之字，亦其一短。然观郑注，于经文之字句须改易者，但于注中曰，某字当作某，不似宋人之于古书，动称错简脱简，错字脱字，任意加以改窜也。贾公彦之疏，亦极博赡，能发挥郑注之义。朱子《语录》谓五经疏中，《周礼疏》最好。朱子固深于礼者，其评语自有相当之价值也。清末，孙诒让有《周礼正义》，能集先儒之长，而加以折中，且极简赅，极便学者。至如沈彤之《周官禄田考》、王鸣盛之《周礼军赋说》，虽未疏注全书，但亦可以自成一家之言。单注《考工记》者，有宋人林希逸之《鬳斋考工记解》，笺释明白，但于古器制度，考之未详。清戴震之《考工记图》，程瑶田之《考工创物小记》，则加详矣。而阮元之《车制图考》、郑珍之《轮舆私笺》，则发明更详，惜详于车而略于他物耳。

第二章　天官冢宰

《周礼》六官，冢宰居首，谓之"天官"。天官象天；周天有三百六十度，天官总摄三百六十官，故曰象天。见《周礼》"天官"题下疏。按《周礼》六官，适合天地四时之数，冢宰居首，故称天官。冢宰，即太宰，天官之长也。《天官冢宰篇》首曰："惟王建国，辨方正位，体国经野，设官分职，以为民极。乃立天官冢宰，使帅（同率）其属而掌邦治，以佐王均邦国。"天官掌"邦治"，故又谓之"治官"。

一、太宰

1. 六典　太宰之职，首曰："掌建邦之六典，以佐王治邦国：一曰'治典'，以经邦国，以治官府，以纪万民；二曰'教典'，以安邦国，以教官府，以扰万民；三曰'礼典'，以和邦国，以统百官，以谐万民；四曰'政典'，以平邦国，以正百官，以均万民；五曰'刑典'，以诘邦国，以刑百官，以纠万民；六曰'事典'，以富邦国，以任百官，以生万民。""治官"为天官本身所掌；"教典"、"礼典"、"政典"、"刑典"、"事典"则地官、春官、夏官、秋官、冬官所掌也。天官总摄六官，即指此。

2. 八法　次曰："以八法治官府：一曰'官属'，以举邦治；二曰'官职'，以辨邦治；三曰'官联'，以会官治；四曰'官常'，以听官治；五曰'官成'，以经邦治；六曰'官法'，以正邦治；七曰'官刑'，以纠邦治；八曰'官计'，以弊邦治。""官属"、"官职"，谓六官各有其属，各有其职也。"官联"，谓六官之联络；"官常"，谓官吏所应遵守之常规。八法余六项皆曰"邦治"，惟此二项变文言"官治"者，以余六项皆正式规定之职务，"官联"则临时与他官联合治事，"官常"则为官吏本人之道德问题也。"官成"为官职之考成；"官计"为群吏之察计；"官法"、"官刑"，则以肃吏治者也。

3. 八则　三曰："以八则治都鄙：一曰'祭祀'，以驭其神；二曰'法则'，以驭其官；三曰'废置'，以驭其吏；四曰'禄位'，以驭其士；五曰'赋贡'，以驭其用；六曰'礼俗'，以驭其民；七曰'刑赏'，以驭其威；八曰'田役'，以驭其众。"八法专治官府；八则则兼治神民，并不限于城市矣。

4. 八柄　四曰："以八柄诏王驭群臣：一曰'爵'，以驭其贵；二曰'禄'，以驭其富；三曰'予'，以驭其幸；四曰'置'，以驭其行；五曰'生'，以驭其福；六曰'夺'，以驭其贫；七曰'废'，以驭其罪；八曰'诛'，以驭其过。"爵禄也，予夺也，置废也，生杀也，八者，王所操之柄，以驭其群臣者也，非太宰所得而专也，故曰"诏王"。

5. 八统　五曰："以八统诏王驭万民：一曰亲亲，二曰敬故，三曰进贤，四曰使能，五曰保庸（功也），六曰尊贵，七曰达吏，八曰礼宾。"八者，为王所以统治之要项，故亦曰"诏王"。惟八柄所以驭官吏，八统所以驭人民，此其异耳。

6. 九职　六曰："以九职任万民：一曰三农，生九谷；二曰园圃，毓草木；三曰虞衡，作山泽之材；四曰薮牧，养蕃鸟兽；五曰百工，饬化八材，六曰商贾，阜通货贿；七曰嫔妇，化治丝枲；八曰臣妾，聚敛疏材；九曰闲民，无常职，转移执事。"此人民之职业，生计攸关者，农工商以迄女红，皆在其内；闲民者，无特殊之技能，固定之职业者也，故曰"转移执事"。但虽转移，而亦有执事，则非谓游手好闲者可知，故亦为九职之一。

7. 九赋　七曰："以九赋敛财贿：一曰邦中之赋，二曰四郊之赋，三曰邦甸之赋，四曰家削之赋，五曰邦县之赋，六曰邦都之赋，七曰关市之赋，八曰山泽之赋，九曰币余之赋。"九赋前六项以地域远近分之：邦中，指国中，犹今谓城内；四郊，城外百里之内；"家"谓大夫家采邑所在，采邑之外仍为公邑，"削"者二百里之内也，邦县，四百里之内；邦都，五百里之内。币余者，谓国有营造，用币之羡余也。关市、山泽、币余三项，则以性质别之。

8. 九式　八曰："以九式均节财用：一曰祭祀之式，二曰宾客之式，三曰丧荒之式，四曰羞（同馐）服之式，五曰工事之式，六曰币帛之式，七曰刍秣之式，八曰匪颁（即分颁）之式，九曰好用之式。"九者各有规定之程式，则不至浪费矣，故曰"均节财用"也。

9. 九贡　九曰："以九贡致邦国之用：一曰祀贡，二曰嫔贡，三曰器贡，四曰币贡，五曰材贡，六曰货贡，七曰服贡，八曰斿贡，九曰物贡。"九职所以裕民生，九赋、九贡所以足国用，此三者所以开财用之源，九式，所以节财用之流。民生裕，国用足，源浚而流节，则财恒足矣。

10. 九两　十曰："以九两系邦国之民：一曰'牧'，以地得民；二曰'长'，以贵得民；三曰'师'，以贤得民；四曰'儒'，以道得民；五曰'宗'，以族得民；六曰'主'，以利得民，七曰'吏'，以治得民；八曰'友'，以任得民；九曰'薮'，以富得民。""两"者，相耦联缀之意。国家所恃以联络人民者，以有此九者为之联系也。牧指州牧诸侯，长指都鄙长官，主指大夫，采地之主，吏指地方官吏，此四者为一类。师、儒为国人所矜式，犹今在野名流，为众望所归；宗者宗子，以族谊亲民者也；友者朋友，以任恤得民者也，此四者又为一类。前八者皆指人言；"薮"则川泽所在，利之所生，民亦附之，指地而言者也。

太宰之职，凡此十大端。八法、八柄，关乎吏治者也；八统、九职，关乎民治者也；八则，兼有关乎吏治民治者也；九赋、九贡、九式，关乎财政之治也；九两，关乎民心之治也：是曰"治典"。

11. 布治与考成　又曰："正月之吉，始和，布治于邦国都鄙。乃县治象之法于象魏，使万民观治象；浃日而敛之。"则公布重要之政令宪章，亦为太宰之职矣。其曰"乃施典于邦国，而建其牧，立其监，设其参，傅其伍，陈其殷，置其辅"者，即指上"六典"而言；而建牧立监云云，则又谓封建诸侯也。其曰"乃施则于都鄙，而建其长，立其两，设其伍，陈其殷，置其辅"者，即指上"八则"而言；而建长立两云云，则又谓任命地方官也。其曰"乃施法于官府，而建其正，立其贰，设其考，陈其殷，置其辅"者，即指上"八法"而言；而建正立贰云云，则又谓铨衡官吏也。此三者为治典之大纲。末又总结之曰："凡治，以典待邦国之治，以则待都鄙之治，以法待官府之治，以官成待万民之治，以礼待宾客之治。"此五者为治典之要目。又曰："岁终，则令百官府各正其治，受其会，听其致事，而诏王废置；三岁，则大计群吏之治，而诛赏之。"此与正月布治正相应；盖年终考成，三岁考绩，黜陟官吏，固太宰之要职也。

12. 附职　又曰："祀五帝，则掌百官之誓戒，与其具修，前期十日，帅执事而卜日，遂戒；及执事，眂（同视）涤濯；及纳亨（同烹），赞王牲事；及祀之日，赞玉币爵之事。祀大神示（同祇）亦如之，享先王亦如之，赞玉几玉爵。大朝觐会同，赞玉币、玉献、玉几、玉爵。大丧，赞赠玉、含玉。作大事，则戒于百官。赞王命：王眡治朝，则赞听治；眡四方之听朝，亦如之。凡邦之小治，则冢宰听之。待四方之宾客之小治。"此节附记祭丧朝会大事时太宰之职务，则兼掌之杂事也。

二、小　宰

小宰者，太宰之贰也，其地位亦甚重要。

1. 治宫禁　小宰之职，一曰："掌建邦之宫刑，以治王宫之政令，凡宫之纠禁。"此关于宫禁者，小宰之专职也。

2. 贰太宰　二曰："掌邦之六典、八法、八则之贰，以逆邦国都鄙官府之治；执邦之九贡、九赋、九式之贰，以均财节邦用。"此关于吏治民治财政者，所以贰太宰也。

3. 六叙　三曰："以官府之六叙正群吏：一曰以叙正其位，二曰以叙进其治，三曰以叙作其事，四曰以叙制其食，五曰以叙受其会，六曰以叙听其情。"此关于铨叙者，又小宰之专职也。

4. 六属　四曰："以官府之六属举邦治：一曰天官，其属六十，掌邦治，大事则从其长，小事则专达；二曰地官，其属六十，掌邦教，大事则从其长，小事则专达；三曰春官，其属六十，掌邦礼，大事则从其长，小事则专达，四曰夏官，其属六十，掌邦政，大事则从其长，小事则专达。五曰秋官，其属六十，掌邦刑，大事则从其长，小事则专达；六曰冬官，其属六十，掌邦事，大事则从其长，小事则专达。"此即太宰所掌八法中之"官属"，故亦所以贰太宰也。

5. 六职　五曰："以官府之六职辨邦治：一曰治职，以平邦国，以均万民，以节财用；二曰教职，以安邦国，以宁万民，以怀宾客；三曰礼职，以和邦国，以谐万民，以事鬼神；四曰政职，以服邦国，以正万民，以聚百物，五曰刑职，以诘邦国，以纠万民，以除盗贼；六曰事职，以富邦国，以养万民，以生百物。"此即八法中之"官职"，亦所以贰太宰也。

6. 六联 六曰："以官府之六联合邦治：一曰祭祀之联事，二曰宾客之联事，三曰丧荒之联事，四曰军旅之联事，五曰田役之联事，六曰敛弛之联事，凡小事皆有联。"此即八法中之"官联"，亦所以贰太宰；曰"小事有联"者，谓不另设专职掌之也。

7. 八成 七曰："以官府之八成经邦治：一曰听政役以比居；二曰听师田以简稽；三曰听闾里以版图；四曰听称责以傅别；五曰听禄位以礼命；六曰听取予以书契；七曰听卖买以质剂；八曰听出入以要会。"此即八法中之"官成"。

8。六计 八曰："以听官府之六计弊群吏之治：一曰廉善，二曰廉能，三曰廉敬，四曰廉正，五曰廉法，六曰廉辨。"此即八法中之"官计"，亦皆所以贰太宰也。其曰："以法掌祭祀、朝觐、会同、宾客之戒具，军旅、田役、丧荒亦如之；七事者，令百官府共其财用，治其施舍，听其治讼。"

9. 附职 又曰："凡祭祀，赞王币爵之事、祼将之事；凡宾客，赞祼，凡受爵之事，凡受币之事；丧荒，受其含禭币玉之事。"又曰："月终，则以官府之叙受群吏之要；赞冢宰受岁会。岁终，则令群吏致事。正岁，帅治官之属而观治象之法，徇以木铎曰：'不用法者，国有常刑。'乃退，以宫刑宪禁于王宫。令于官府曰：'各修乃职，考乃法，待乃事，以听王命；其有不共，则国有大刑。'"此所附录，除"以宫刑宪禁于王宫"为其专掌之宫禁外，余皆所以贰太宰也。

三、冢宰属官

小宰之次，有宰夫，掌吏治，以佐冢宰、小宰者也。按之实际，似与小宰并为冢宰之贰。宰夫之下，属官凡六十一职，可括为三类。兹列一总表如次：

长	冢宰		职掌详上文。
贰	小宰		职掌详上文。
属（总计三类六十一职）	第一类：掌吏治之官（一职）	(1) 宰夫	掌治朝之法以正朝位，叙吏治，辨八职（正掌官法以治要、师掌官成以治凡、司掌官法以治目、旅掌官常以治数、府掌官契以治藏、史掌官书以赞治、胥掌官叙以治叙、徒掌官令以征令），为宗伯之佐。
	第二类：掌宫事之官（共五十一职）	(1) 宫正 (2) 宫伯	掌王宫之戒令纠禁。 掌王宫之士庶子。
		（甲）寝舍 (3) 宫人 (4) 掌舍 (5) 掌次	掌王寝之扫除劳事。 掌王会同之舍。 掌王祭祀师田之次。
		（乙）膳食 (6) 膳夫 (7) 庖人 (8) 内饔 (9) 外饔 (10) 烹人 (11) 甸师 (12) 兽人 (13) 䱷人 (14) 鳖人 (15) 腊人 (16) 笾人 (17) 醢人 (18) 醯人 (19) 盐人	掌王、后、世子之饮食膳羞。 掌供禽兽以充膳羞。 掌王、后、世子膳羞之割烹煎和。 掌祭祀之割烹脩脯牲体鱼腊。 掌供鼎镬爨烹。 掌耕藉田、供盉果蔬之属。 掌献田兽及其政令。 掌供鱼物及其政令。 掌供鳖属。 掌干肉。 掌四笾之实（朝事之笾、馈食之笾、加笾、羞笾）。 掌四豆之实（朝事之豆、馈食之豆、加豆、羞豆）。 掌醯物。 掌供盐及盐之政令。
		（丙）饮料 (20) 酒正 (21) 酒人 (22) 浆人 (23) 凌人	掌酒之政令，辨五齐（泛齐、醴齐、盎齐、缇齐、沈齐）三酒（事酒、昔酒、清酒）四饮（清、医、浆、酏）之名物而供之。 掌为五齐三酒而供之。 掌共王之六饮（四饮加水、凉二饮）。 掌冰。

属（总计三类六十一职）	第二类：掌宫事之官（共五十一职）	（丁）服装	(24) 幂人 (25) 幕人 (26) 司裘 (27) 掌皮 (28) 典丝 (29) 典枲 (30) 内司服 (31) 缝人 (32) 染人 (33) 追师 (34) 屦人 (35) 夏采	掌供巾幂。 掌供帷幕。 掌裘及射侯。 掌皮革及毡罽。 掌丝纩。 掌纻枲。 掌王后之衣服。 掌宫内缝纫。 掌染丝帛。 掌后嫔之首服。 掌王及后之屦舄。 掌丧服。
		（戊）医疗	(36) 医师 (37) 食医 (38) 疾医 (39) 疡医 (40) 兽医	掌医之政令。 掌王之饮食卫生。 掌治内科疾病。 掌治外科疾病。 掌疗兽病。
		（己）妇寺	(41) 内宰 (42) 内小臣 (43) 阍人 (44) 寺人 (45) 内竖 (46) 九嫔 (47) 世妇 (48) 女御 (49) 女祝 (50) 女史 (51) 典妇功	掌宫内之政令。 掌王后之命及王之阴事阴令。 掌宫门之禁令及启闭，门庭之扫除。 掌女官之戒令。 掌内外之通令。 掌妇学之法，以妇德、妇言、妇容、妇功教九御。 掌丧祭宾客之事。 掌御叙于王之燕寝。 掌王后之内祭祀。 掌王后之礼事。 掌妇式之法，以女功之事授嫔妇内人。
	第三类：掌财货之官（共九职）		(1) 大府 (2) 玉府 (3) 内府 (4) 外府 (5) 司会 (6) 司书 (7) 职内 (8) 职岁 (9) 职币	掌九贡九赋九功之贰，出纳货贿。 掌王之金玉玩好兵器珍物。 掌受九贡九赋九功货贿兵器。 掌邦布之出入。 掌会计。 掌版图、户口、六畜、财用之数。 掌邦之赋入。 掌邦之赋出。 掌币之出入。

天官冢宰长贰属官表（长贰属官合计，凡六十三职）

按上表，则天官之属，自宰夫以下，按职计之，已六十有一；并冢宰小宰计之，共六十有三。本篇小宰之职，曰天官；其属六十者，盖举成数而言之也。天官掌治典，吏治是其专职，而其属官之掌吏治者，仅宰夫一职而已。其余，以掌宫中事务者为最多，凡寝舍、膳食、饮料、服装、医药、妇寺，皆统于天官，次则为掌财货会计者。可见天官一方统摄六官，一方兼掌杂务，恰似现代各机关中之总务处焉。后世宫闱寺宦，不复统于大臣，故女主与宦官之祸，汉以后，几无代无之，起伏循环，不可收拾。则《周礼》作者之用意深矣。我国明清之世，中央政府有六部尚书之制。此种制度，隋代之吏、礼、度支、兵、都官、工六部，已具雏形。唐改度支为户部，都官为刑部，而以吏、户、礼、兵、刑、工六部，统于尚书省。宋因唐制。元乃改尚书省为中书省。明废中书省，于是吏部遂居最高之地位。清因明制；至末年，六部始有增改。明清之制，恰与《周礼》天、地、春、夏、秋、冬六官相仿。虽亦承唐宋遗制，有所沿革，而创制改制之初，实受《周礼》一书之影响。此书作者，草创此理想的官制，而数千年后，大部分见之实行，要亦始料所不及欤？

第三章　地官司徒

六官次列地官。其长曰大司徒。舜使契为司徒，命敷五教，见《尚书·尧典》，则唐虞时已有此官矣。篇首"惟王建国……以为民极"，与天官同。下曰"乃立地官司徒，使帅其属而掌邦教，以佐王安扰邦国"。司徒掌邦教，故曰"教官"。

一、大司徒

大司徒之职，"掌建邦之土地之图与人民之数，以佐王安扰邦国"。此句为总纲，即此，可见土地、人民皆大司徒所掌。徒者，众也；司徒命名，即取义于教民，则又侧重于人民矣。

1. **封国立社**　次曰："以天下土地之图，周知九州之地域广轮之数，辨其山林、川泽、丘陵、坟衍、原隰之名物，而辨其邦国都鄙之数，制其畿疆而沟封之，设其社稷之壝而树之田主，各以其野之所宜木，遂以名其社与其野。"此封建诸侯时，大司徒掌其画疆域，置社稷也。

2. **土会**　三曰："以土会之法辨五地之物生：一曰'山林'，

其动物宜毛物，其植物宜皁物，其民毛而方；二曰'川泽'，其动物宜鳞物，其植物宜膏物，其民黑而津；三曰'丘陵'，其动物宜羽物，其植物宜覈物，其民专而长；四曰'坟衍'，其动物宜介物，其植物宜荚物，其民皙而瘠；五曰'原隰'，其动物宜臝物，其植物宜丛物，其民丰肉而庳。"此即上文所谓"辨其山林、川泽、丘陵、坟衍、原隰之名物"也。五地以地势分，自山林而丘陵，而原隰，而坟衍、而川泽，由高而下，故动植物产，各有所宜，而人民之皮肤躯体，亦各不同矣。此土地与人民兼顾者也。

3. 十二教 土地人民既有殊矣，则所以施教者亦自不同，故其四曰："因此五物者民之常，而施十有二教焉：一曰以祀礼教敬，则民不苟；二曰以阳礼教让，则民不争；三曰以阴礼教亲，则民不怨；四曰以乐礼教和，则民不乖；五曰以仪辨等，则民不越；六曰以俗教安，则民不偷；七曰以刑教中，则民不虣（同暴）；八曰以誓教恤，则民不怠；九曰以度教节，则民知足，十曰以世事教能，则民不失职；十有一曰以贤制爵，则民慎德；十有二曰以庸（功也）制禄，则民兴功。"十有二教虽同，而施教时之孰重孰轻，则当因地因人而各制其宜。观乎此，则司徒之教，盖重在民众教育。此关于人民者也。

4. 土宜 五曰："以'土宜之法'辨十有二土之名物，以相民宅，而知其利害，以阜人民，以蕃鸟兽，以毓草木，以任土事；辨十有二壤之名物，而知其种，以教稼穑树艺。"六曰："以'土均之法'辨五物九等，制天下之地征，以作民职，以令地贡，以敛财赋，以均齐天下之政。"前者民居农事，后者地政，皆关于土地者也。

5. 土圭 七曰："以'土圭之法'测土深，正日景（同影），以求地中。日南，则景短多暑；日北，则景长多寒；日东，则景夕多风；日西，则景朝多阴。日至之景，尺有五寸，谓之地中；天地之所合也，四时之所交也，风雨之所会也，阴阳之所和也，然则百物阜安，乃建王国焉。制其畿方千里，而封树之。凡建邦国，以土圭土其地，而制其域：诸公之地，封疆方五百里，其食者半；诸侯之地，封疆方四百里，其食者参之一；诸伯之地，封疆方三百里，其食者参之一。诸子之地，封疆方二百里，其食者四之一；诸男之地，封疆方百里，其食者四之一。凡造都鄙，制其地域而封沟之，以其室数制之。不易之地，家百晦（同亩）；一易之地，家二百晦；再易之地，家三百晦。乃分地职，奠地守，制地贡，而颁职事焉，以为地法，而待政令。"土圭之法，乃用以测量者。其目的在求所谓"地中"，以建王畿。王畿既定，乃封诸侯，造都鄙，制地贡，颁职事，以为地法。此亦关于土地者也。

6. 荒政　六曰："以荒政十有二聚万民：一曰散利，二曰薄征，三曰缓刑，四曰弛力，五曰合禁，六曰去几，七曰眚礼，八曰杀哀，九曰蕃乐，十曰多昏，十有一曰索鬼神，十有二曰除盗贼。"七曰："以保息六养万民：一曰慈幼，二曰养老，三曰振穷，四曰恤贫，五曰宽疾，六曰安富。"八曰："以本俗六安万民：一曰媺（同美）宫室，二曰族坟墓，三曰联兄弟，四曰联师儒，五曰联朋友，六曰同衣服。"荒政、保息、本俗三者，皆关于人民者也。

7. 布教　"布治"为太宰之职，"布教"则司徒之职也，故曰："正月之吉，始和，布教于邦国都鄙，乃县教象之法于象魏，使万民观教象，浃日而敛之。乃施教法于邦国都鄙，使之各以教其所治民。"盖司徒为教官，掌邦教者也。

故又述其施教之序曰："令五家为比，使之相保；五比为闾，使之相受；四闾为族，使之相葬；五族为党，使之相救；五党为州，使之相赒；五州为乡，使之相宾。"今之保甲制度，实滥觞于此。由此，可知教育民众，首须组织民众。

又曰："颁职事十有二于邦国都鄙，使以登万民：一曰稼穑，二曰树艺，三曰作材，四曰阜蕃，五曰饬材，六曰通财，七曰化材，八曰敛材，九曰生材，十曰学艺，十有一曰世事，十有二曰服事。"太宰以九职任万民，重在"治"；司徒颁十二职事以登万民，重在"教"：要皆有关于民生者也。由此，可知教育民众，又须注意民生。

民众既有组织，既有职事，乃可施以教育。故又曰："以'乡三物'教万民而宾兴之：一曰'六德'，知、仁、圣、义、忠、和；二曰'六行'，孝、友、睦、姻、任、恤；三曰'六艺'，礼、乐、射、御、书、数。"是所谓"乡三物"者，德行为先，学艺居末也。

"以'乡八刑'纠万民：一曰不孝之刑，二曰不睦之刑，三曰不姻之刑，四曰不弟之刑，五曰不任之刑，六曰不恤之刑，七曰造言之刑，八曰乱民之刑。"此八刑者，除"造言"、"乱民"外，即反乎"六行"者也。"六德"属品性之陶冶，"六艺"属知能之学习，惟"六行"则可见之实事；"六德"、"六艺"非可责之人人，"六行"则人人所应具之美行；故反乎"六行"者，以乡刑纠之也。

又曰："以五礼防万民之伪而教之中；以六乐防万民之情，而教之和。""伪"，为也。礼所以指导人之行为，乐所以熏育人之性情；中者，无过不及之谓；和者，无乖戾之谓也。刑以禁其已然，礼乐以防其未然，皆"教"也。

又曰："凡万民之不服教而有狱讼者，与有地治者，听而断之；其附于刑者，归于士。"则司徒又可听狱讼矣。但合于刑律者，仍归之秋官之"士"，则权限固分明矣。

8. 附职 祭祀朝会等大事，冢宰有职掌，司徒亦有其职掌。故曰："祀五帝，奉牛牲，羞其肆；享先王亦如之。大宾客，令野修道委积。大丧，帅六乡之众庶，属其六引，而治其政令。大军旅、大田役，以旗致万民，而治其徒庶之政令。若国有大故，则致万民于王门，令无节者不行于天下。大荒、大札，则令邦国移民、通财、舍禁、弛力、薄征、缓刑。"此丧祭、宾客、军役、荒札时，司徒所掌之事；其附录于此，与冢宰同。其曰："正岁，令于教官曰：'各共尔职，修乃事，以听王命；其有不正，则国有常刑。'"可与上章所述小宰之职参阅。

二、小司徒

小司徒为大司徒之贰，犹天官之有小宰也。

> 小司徒之职，掌建邦之教法，以稽国中及四郊都鄙之夫家九比之数，以辨其贵贱、老幼、废疾。凡征役之施舍与其祭祀、饮食、丧纪之禁令。乃颁比法于六乡之大夫，使各登其乡之众寡、六畜、车辇，辨其物，以岁时入其数，以施政教，行征令。及三年，则大比；大比，则受邦国之比要。乃会万民之卒伍而用之：五人为伍，五伍为两，四两为卒，五卒为旅，五旅为师，五师为军；以起军旅，以作田役，以比追胥，以令贡赋。乃均土地以稽其人民，而周知其数：上地家七人，可任也者家三人；中地家六人，可任也者二家五人；下地家五人，可任也者家二人。凡起徒役，毋过家一人，以其余为羡；唯田与追胥，竭作。凡用众庶，则掌其政教与其戒禁，听其辞讼，施其赏罚，诛其犯命者。凡国之大事，致民；大故，致余子。乃经土地而井牧其田野：九夫为井，四井为邑，四邑为丘，四丘为甸，四甸为县，四县为都，以任地事而令贡赋。凡税敛之事，乃分地域而辨其守，施其职而平其政。

凡此户口车畜之登记，卒伍之集合，田野之井牧，赋税之制定，不外人民土地二项。又曰：

> 凡小祭祀，奉牛牲，羞其肆；小宾客，令野修道委积。

盖祀五帝，享先王等大祭祀与大宾客，皆大司徒之职也。又曰：

> 大军旅，帅其众庶；小军旅，巡役，治其政令。大丧，帅邦役，治其政教，凡建邦国，立其社稷，正其畿疆之封。凡民讼，以地比正之；地讼，以图正之。岁终，则考其属官之治成而诛赏，令群吏正要会而致事。正岁，则帅其属而观教法之象，徇以木铎曰："不用法者，国有常刑。"令群吏宪禁令，修法纠职，以待邦治。及大比六乡四郊之吏，平教治，正政事，考夫屋及其众寡、六畜、兵器，以待政令。

凡此种种，皆所以贰大司徒者。如与大司徒之职比较观之，即可了然矣。

三、司徒属官

地官之属，较天官尤多。以其职掌类括之，亦更繁复。兹亦列一总表以明之。

地官司徒长贰属官表（长贰属官合计凡七十八职）

长	大司徒	职掌见上文	
贰	小司徒	职掌见上文	
属（总计七类七十六职。）	第一类：掌地方政教之官（凡十六职）	（甲）国中	（1）乡师　掌其乡之教而听其治。 （2）乡大夫　掌其乡之政教禁令。 （3）乡老　佐乡大夫宾兴其乡之贤能。以公卿之致仕者任之。 （4）州长 （5）党正 （6）族师 （7）闾胥 （8）比长　此五职，各掌其所治之州、党、族、闾、比之教令政治。

属（总计七类七十六职。）	第一类：掌地方政教之官(凡十六职)	（乙）郊外	（9）遂人	掌田野之土地户口，区划邻、里、酂、鄙、县、遂。
			（10）遂师	掌其遂之政令及户口车畜之登记。
			（11）遂大夫	掌其遂之政令。
			（12）县正	此五职，各掌其所治之县、鄙、酂、里、邻之政令。
			（13）鄙师	
			（14）酂长	
			（15）里宰	
			（16）邻长	
	第二类：掌祭祀之官(共六职)		（1）封人	掌封国及都邑之封域社壝及祭祀之牛牲。
			（2）鼓人	掌鼓，用于祭祀、军旅、田役等。
			（3）舞师	掌教兵舞，用于祭祀。
			（4）牧人	掌牧六牲，用于祭祀。
			（5）牛人	掌养国之公牛，以供祭祀、宾客、军役。
			（6）充人	掌系祭祀之牲牷。
	第三类：掌地政力役之官(共十三职)		（1）载师	掌任土之法，分别征之。
			（2）闾师	掌国中及四郊人民六畜之数，以任力征赋。
			（3）县师	掌都鄙郊里人民田莱车畜之数，征其赋贡。
			（4）遗人	掌邦之委积，以待颁施。
			（5）均人	掌均地政、地守、地职及力征。
			（6）旅师	掌聚野之粟，春颁而秋敛之。
			（7）稍人	掌丘乘之政令，兴徒役，师田则听于司马，大丧则听于司徒。
			（8）委人	掌敛野田之薪刍以待用。
			（9）土均	掌平土地之政。
			（10）草人	掌土化施肥之法。
			（11）稻人	掌稻田水利。
			（12）土训	掌道地图地慝，以诏地求。巡守则夹王车。
			（13）诵训	掌道方志方慝，以知方俗。巡守则夹王军。
	第四类：掌教育之官(共六职)		（1）师氏	掌以三德（至德、敏德、孝德）三行（孝行、友行、顺行）教国子，以媺德诏王，王举则从，守内列。
			（2）保氏	掌以六艺（礼、乐、射、驭、书、数）六仪（祭祀、宾客、朝廷、丧纪、军旅、车马之容）教国子，谏王恶，王举则从，守王闱。
			（3）司谏	掌纠万民之德，而书其德行道艺。
			（4）司救	掌让罚万民之邪恶过失。
			（5）调人	掌司万民之难而谐和之。
			（6）媒氏	掌万民之婚姻，并听婚事之讼。

第四编　周礼概论

属（总计七类七十六职。）	第五类：掌市政及门关之官（共十二职）	（1）司市 （2）质人 （3）廛人 （4）胥师 （5）贾师 （6）司虣 （7）司稽 （8）肆长 （9）泉府 （10）司门 （11）司关 （12）掌节	掌市之治教政刑度量禁令。 掌市之买卖之质剂（即契约）。 掌敛市布入泉府，敛骨角入玉府，敛珍味入膳府。 掌其次之政令，听断小讼。 掌平市价。 掌禁市之虣（同暴）乱斗嚣。 掌巡察市之犯禁者与盗贼。 各掌其肆之政令。 掌以市之征布，收不售之货而卖之。 掌国门之管键及讥征。 掌国货之节，关门之禁令及讥征。 掌邦国之节，以达于天下。
	第六类：掌山林川泽及其产物之官（共十五职）	（1）山虞 （2）林衡 （3）川衡 （4）泽虞 （5）迹人 （6）丱人 （7）角人 （8）羽人 （9）掌葛 （10）掌染草 （11）掌炭 （12）掌荼 （13）掌蜃 （14）囿人 （15）场人	掌山之禁令。 掌林之禁令。 掌川之禁令。 掌泽之禁令。 掌田野狩猎之禁令。 掌丱（同矿）之禁令。 掌征齿角骨物于山泽之农。 掌征羽翮于山泽之农。 掌征絺绤于山农。 掌征染草。 掌征炭物。 掌聚荼以供丧事。 掌征蜃物互物于川泽之农。 掌囿游之兽禁，牧百兽。 掌场圃之果蓏。
	第七类：掌粟米之官（共八职）	（1）廩人 （2）舍人 （3）仓人 （4）司禄 （5）司稼 （6）舂人 （7）饎人 （8）槁人	掌九谷之数，以待颁赐，以为调节。 掌官中米粟之出入。 掌粟入之藏，以待邦用。 原文阙。 掌巡邦野之稼，以年之上下均民食。 掌供米物。 掌供饭食（饎同馈）。 掌供内外朝冗食者及孤老之食。

天官小宰言六官之属各六十，而地官之属有七十六职之多，并其长贰计之，则七十八矣，即举成数，亦不应如此悬殊，此俞廷椿辈所以有冬官之属散入五官之疑也。此可注意者一。司徒为"教官"，而其属官之专掌教育事项者，仅六职而已。故司徒之职掌，实以地政及人力物资为主。此可注意者二。其组织民众，与现代地方自治坊镇

乡村之保甲制度相类。五家为比，五比为闾，四闾为族，五族为党，五党为州，五州为乡，以比长、闾胥、族师、党正、州长及乡师乡老乡大夫掌其政教，此施之国中者，犹今都市之有坊镇也。五家为邻，五邻为里，四里为酂，五酂为鄙，五鄙为县，五县为遂，以邻长、里宰、酂长、鄙师、县正及遂人、遂师、遂大夫掌其政令，此施之郊外者，犹今乡区之有乡村也。而其征集民众，亦以此法组织之，故五人为伍，五伍为两，四两为卒，五卒为旅，五旅为师，五师为军，以起军旅，以作田役；而即寓军事之组织训练于田役之中焉。其井牧田野也，则以九夫为井，四井为邑，四邑为丘，四丘为甸，四甸为县，四县为都，以任地事而令贡赋焉。其疏浚畎浍，平治道路也，则夫间有遂，遂上有径；十夫有沟，沟上有畛；百夫有洫，洫上有涂；千夫有浍，浍上有道；万夫有川，川上有路，以达于畿。其授田也，先辨土地之上中下，上地夫一廛，田百亩，莱五十亩；中地夫一廛，田百亩，莱百亩；下地夫一廛，田百亩，莱二百亩，盖以莱之多寡调剂地之上下也。组织条理，可谓井然矣。此可注意者三。司市为掌市政之官之领袖，其下，质人司契约，胥师、贾师、肆长分司各级之政令，廛人、泉府掌理收入，司虣、司稽维持秩序，司门、司关掌节管辖交通，所述市政，虽不及现代，亦颇详尽。此可注意者四。总之，地官所掌，实较天官为繁复而重要也。

第四章　春官宗伯

六官之三曰"春官宗伯"，"帅其属掌邦礼，以佐王和邦国"者也，故为"礼官"。

一、大宗伯

礼官之长曰"大宗伯"。"大宗伯之职，掌建邦之天神、人鬼、地示（同祇）之礼，以佐王建保邦国。"宗伯之掌"礼典"，犹冢宰之掌"治典"，司徒之掌"教典"也。其所掌礼典之要项如下：

1. 五礼　一曰："以'吉礼'事邦国之鬼、神、示：以禋祀祀昊天上帝，以实柴祀日月星辰，以槱燎祀司中、司命、飌师、雨师（以上天神）；以血祭祭社稷、五祀、五岳，以貍沈祭山林川泽，以疈辜祭四方百物；（以上地示）以肆献祼享先王，以馈食享先王，以祠春享先王，以禴夏享先王，以尝秋享先王，以烝冬享先王。（以上人鬼）"是"吉礼"者，祭祀之礼也。

二曰："以'凶礼'哀邦国之忧：以丧礼哀死亡，以荒礼哀凶札，以吊礼哀祸灾，以禬礼哀围败，以恤礼哀寇乱。"是"凶礼"

者，不但指死亡之丧礼，哀凶札、祸灾、围败、寇乱之荒、吊、襘、恤等礼皆是也。

三曰："以'宾礼'亲邦国：春见曰'朝'，夏见曰'宗'，秋见曰'觐'，冬见曰'遇'，时见曰'会'，殷见曰'同'，时聘曰'问'，殷覜曰'视'。"是"宾礼"者，即朝聘之礼也。

四曰："以'军礼'同邦国：大师之礼，用众也；大均之礼，恤众也；大田之礼，'简众也；大役之礼，任众也；大封之礼，合众也。"凡集大众，皆谓之军礼，固不限于师旅之事也。

五曰："以'嘉礼'亲万民：以饮食之礼亲宗族兄弟，以昏冠之礼亲成男女，以宾射之礼亲故旧朋友，以飨燕之礼亲四方之宾客，以脤膰之礼亲兄弟之国，以贺庆之礼亲异姓之国。"是"嘉礼"亦不限于婚姻矣。"吉"、"凶"、"宾"、"军"、"嘉"，是为"五礼"。盖五者为礼之大纲也。

2. 九仪　六曰："以九仪之命正邦国之位：壹命受职，再命受服，三命受位，四命受器，五命赐则，六命赐官，七命赐国，八命作牧，九命作伯。'是"九仪"即"九命"也。

3. 六瑞　七曰："以玉作'六瑞'，以等邦国：王执镇圭，公执桓圭，侯执信圭，伯执躬圭，子执榖璧，男执蒲璧。"王公侯伯子男六等圭璧，所谓"六瑞"，执以为信者也。

4. 六挚　八曰："以禽作'六挚'，以等诸臣：孤执皮帛，卿执羔，大夫执雁，士执雉，庶人执鹜，工商执鸡。""挚"同"贽"，相见时之所执也，亦分六等。

5. 六器　九曰："以玉作'六器'，以礼天地四方：以苍璧礼天，以黄琮礼地，以青圭礼东方，以赤璋礼南方，以白琥礼西方，以玄璜礼北方；皆有牲币，各放（同仿）其器之色。""器"即玉也。天苍而地黄，四方配四色，故玉与牲与币，皆各用其色也。九命所以辨贵贱，礼所寓也；六瑞、六挚、五器，则行礼时所用之器物也，故亦掌于大宗伯。末又结之曰："以天产作阴德，以中礼防之；以地产作阳德，以和乐防之；以礼乐合天地之化、百物之产，以事鬼神，以谐万民，以致百物。"

6. 附职　又曰："凡祀大神，享大鬼；祭大示，帅执事而卜日宿，眡涤濯，莅玉鬯，省牲镬，奉玉齍，诏大号，治其大礼，诏相王之大礼。若王不与祭祀，则摄位。凡大祭祀，王后不与，则摄而荐豆笾，彻。大宾客，则摄而载果。朝觐会同，则为上相；大丧，亦如之；王哭诸侯，亦如之。王命诸侯，则傧。国有大故，则旅上帝及四望。王大封，则先告后土。乃颁祀于邦国都家乡邑。"祭祀、宾客、朝觐、大封，冢宰、大司徒虽亦有职掌，然其地位究不若大宗伯之重要者，以大宗伯为礼官之长也。

二、小宗伯

大宗伯之贰为小宗伯。

　　小宗伯之职，掌建国之神位，右社稷，左宗庙；兆五帝于四郊四望，亦如之；兆山川、丘陵、坟衍，各因其方。掌五礼之禁令与其用等；辨庙祧之昭穆，辨吉凶之五服，车旗宫室之禁。掌三族之别，以辨亲疏；其正室皆谓之门子，掌其政令。毛六牲，辨其名物而颁之于五官，使共奉之；辨六齍之名物与其用，使六宫之人共奉之；辨六彝之名物，以待果将；辨六尊之名物以待祭祀宾客。掌衣服车旗宫室之赏赐。掌四时祭祀之序事与其礼。

是小宗伯所专掌者凡八：神位，一也；五礼，二也；庙祧昭穆，三也；车服等差，四也；三族亲疏，五也；牲齍尊彝之名物，六也；车服宫室之赏赐，七也；祭祀之序礼，八也。又曰：

> 若国大贞，则奉玉帛以诏号。大祭祀，省牲，眡涤濯；祭之日，逆齍，省镬，告时于王，告备于王。凡祭祀、宾客，以时将瓒果，诏相祭祀之小礼。凡大礼，佐大宗伯。赐卿大夫士爵，则傧。小祭祀，掌事，如大宗伯之礼。大宾客，受其将币之贽，若大师，则帅有司而立军社，奉主车；若军将有事，则与祭。有司将事于四望，若大甸，则帅有司而馌兽于郊，遂颁禽。大灾，及执事祷祠于上下神示。王崩，大肆，以秬鬯渳；及执事莅大敛小敛，帅异族而佐，县衰冠之式于路门之外，及执事眡葬献器，遂哭之；卜葬兆，甫竁，亦如之；既葬，诏相丧祭之礼；成葬而祭墓，为位。凡王之会同军旅甸役之祷祠，肄仪，为位。国有祸灾，亦如之。凡天地之大灾，类社稷宗庙，则为位。

此节所记，颇为繁琐。总之，其职为大宗伯之贰，故末二句意极明白："凡国之大礼，佐大宗伯；凡小礼，掌事，如大宗伯之仪。"此二语足以总括小宗伯之职矣。

三、宗伯属官

肆师之位，次于小宗伯。肆师之次，春官之属，共六十八职。以其职掌别之，可括为五类。兹列一总表如次：

春官宗伯长贰属官表（长贰属官合计共七十职）

长	大宗伯	职掌详上文	
贰	小宗伯	职掌详上文	
属（总计五类六十八职）	第一类：掌"礼"之官（共二十职）	（1）肆师	掌丧祭师田宾客等之礼，佐大小宗伯，为掌礼之官之领袖。
		（2）郁人	掌裸器。
		（3）鬯人	掌秬鬯。
		（4）鸡人	掌鸡牲、及呼旦、告时。
		（5）司尊彝	掌六尊（两献尊、两象尊、两著尊、两壶尊、两大尊、两山尊）六彝（鸡彝、鸟彝、斝彝、黄彝、虎彝、蜼彝）。
		（6）司几筵	掌五几（玉几、雕几、彤几、漆几、素几）五席（缫席、莞席、熊席、莞席、柏席）。
		（7）天府	掌玉镇大宝。
		（8）典瑞	掌玉瑞玉器（六瑞六器，见上文）。
		（9）典命	掌九命之仪（九仪见上文）。
		（10）司服	掌王之吉凶衣服。
		（11）典祀	掌外祀之兆域及政令。
		（12）守祧	掌庙祧及遗服。
		（13）世妇	掌宫中丧祭之礼。
		（14）内宗	
		（15）外宗	宗庙祭祀，佐后行礼。
		（16）冢人	
		（17）墓大夫	掌墓地葬事。
		（18）职丧	掌诸侯卿大夫士之丧。
		（19）都宗人	掌都宗祀之礼。
		（20）家宗人	掌家祭祀之礼。
	第二类：掌"乐舞"之官（共二十一职）	（1）大司乐	掌成均学政，为掌乐之官之领袖。教国子乐德乐语乐舞。
		（2）乐师	掌乐政，教国子小舞。
		（3）大胥	掌学士之版，正舞位。
		（4）小胥	掌学士之征令，正乐列、乐位。
		（5）大师	掌六律（阳声、黄钟、太蔟、姑洗、蕤宾、夷则、无射）六同（阴声、大吕、应钟、南吕、函钟、小吕、夹钟）五声（宫、商、角、徵、羽）八音（金、石、丝、竹、匏、土、革、木），教六诗（风、雅、颂、赋、比、兴）。
		（6）小师	掌教乐歌。
		（7）瞽蒙	掌播鼗柷、鼓琴瑟、弦歌、诵诗。
		（8）眡瞭	掌乐事、相瞽。
		（9）典同	掌六律六同之和，以为乐器。
		（10）磬师	掌教击磬。
		（11）钟师	掌金奏。
		（12）笙师	掌教和笙管之属。
		（13）镈师	掌金奏之鼓。
		（14）韎师	掌教韎乐。
		（15）旄人	掌教舞散乐夷乐。
		（16）籥师	掌教国子舞羽和籥。

属（总计五类六十八职）	第二类：掌"乐舞"之官（共二十一职）	(17) 籥章 (18) 田祖 (19) 鞮鞻氏 (20) 典庸器 (21) 司干	掌击土鼓豳籥。 掌击土鼓、和豳雅、豳颂、以乐田畯，佐祭腊。 掌四夷乐歌。 掌乐器。 掌舞器。
	第三类：掌"卜祝"之官（共十六职）	(1) 太卜 (2) 卜师 (3) 龟人 (4) 菙氏 (5) 占人 (6) 筮人 (7) 占梦 (8) 眡祲 (9) 太祝 (10) 小祝 (11) 丧祝 (12) 甸祝 (13) 诅祝 (14) 司巫 (15) 男巫 (16) 女巫	掌三兆（玉兆、瓦兆、原兆）三易（连山、归藏、周易）三梦（致梦、觭梦、咸陟）之占，为掌卜之官之领袖。 掌开龟之四兆（方兆、功兆、义兆、弓兆）。 掌六龟（天龟、地龟、东龟、南龟、西龟、北龟）。 掌供燋契以卜。 掌占龟。 掌三易九筮（筮同筴）。巫更、巫咸、巫式、巫目、巫易、巫比、巫祠、巫参、巫环）。 掌占六梦（正梦、噩梦、思梦、寤梦、喜梦、惧梦）。 掌观妖祥辨吉凶（盖望气之类）。 掌六祝（顺祝、年祝、吉祝、化祝、瑞祝、荚祝）六祈（类、造、祮、禜、攻、说），为掌祝之官之领袖。 太祝之副。 掌丧事及胜国社稷祭祀之祝号。 掌田猎之祝号。 掌盟诅等之祝号。 掌群巫之政令。 掌从王吊，司巫事。 掌从后吊，司巫事。
	第四类：掌"文史星历"之官（共七职）	(1) 太史 (2) 小史 (3) 内史 (4) 外史 (5) 御史 (6) 冯相氏 (7) 保章氏	掌六典、八法、八则之贰、及大约剂，丧祭朝会、协礼事，读诔、赐谥，为史官之领袖。 掌邦国之志，奠世系、辨昭穆，为太史之副。 掌王之八柄之法（八柄见冢宰之职），书王命，并贰其贰。 掌四方之志，三皇五帝之书，达书名于四方。 掌邦国都鄙万民之治令，以赞冢宰。 掌历法。 掌天文。
	第五类：掌"车旗"之官（共四职）	(1) 巾车 (2) 典路 (3) 车仆 (4) 司常	掌旗物公车之政令及王后之五路（玉路、金路、象路、革路、木路）（路同辂）。 掌王与后之五路，为巾车之副。 掌戎路、广车、阙车、苹车、轻车、革车等。 掌九旗（日月为常、交龙为旂、通帛为旃、杂帛为物、熊虎为旗、鸟隼为旟、龟蛇为旐、全羽为旞、析羽为旌）。

按上表所列，凡掌"礼"、"乐"、"卜祝"、"文史星历"、"车旗"之官，皆属于春官宗伯。即除大宗伯小宗伯外，肆师以下，其属官尚有六十八职。《天官篇》小宰职所云"其属六十"，殆仅举

属官之成数而言。此可注意者一。教典本为司徒所掌；而春官之属，如大司乐、乐师、大胥、小胥、太师等职，亦皆与教育有关。盖礼乐为春官专职，而乐在教育上又有极大之功用也。此可注意者二。卜、筮、巫祝，在今日视之，诚属迷信，在古代则皆视为要事，犹祭祀在今日但为典礼之一种，而古代则以为国之大事也。此可注意者三。

第五章　夏官司马

夏官司马，掌邦政以佐王平邦国者也，故为"政官"，序列第四。其长曰"大司马"，其贰曰"小司马"。

一、大司马

大司马之职：

1. 九法　一曰："掌建邦国之九法，以佐王平邦国：制畿封国，以正邦国；设仪辨位，以等邦国；进贤兴功，以作邦国；建牧立监，以维邦国，制军诘禁，以纠邦国；施贡分职，以任邦国；简稽乡民，以用邦国；均守平则，以安邦国；比小事大，以和邦国。"此九法中，"制军诘禁"，仅居其一，则司马虽以军政为专职，而实不限于此也。

2. 九伐　二曰："以九伐之法正邦国：冯弱犯寡，则眚之；贼贤害民，则伐之；暴内陵外，则坛之；野荒民散，则削之；负固不服，则侵之；贼杀其亲，则正之；放弑其君，则残之；犯令陵政，则杜之；外内乱，鸟兽行，则灭之。"此九者，征伐之事也，司马之专职也。

  3. 九畿　三曰："以九畿之籍，施邦国之政职：方千里曰国畿；其外，方五百里曰侯畿；又其外，方五百里曰甸畿；又其外，方五百里曰男畿；又其外，方五百里曰采畿，又其外，方五百里曰卫畿；又其外，方五百里曰蛮畿；又其外，方五百里曰夷畿；又其外，方五百里曰镇畿。又其外，方五百里曰蕃畿。"此九畿者，封建之制也。大司徒所掌，为公、侯、伯、子、男五等国封疆之广狭，与此划分九畿者不同。《尚书·禹贡》所载五服，五百里甸服，五百里侯服，五百里绥服，五百里要服，五百里荒服，与此异者，一则时代不同，幅员广狭亦异；二则彼为禹时实行之制，此为《周礼》作者理想之制也。

  4. 制赋　四曰："凡令赋，以地与民制之：上地食者参之二，其民可用者家三人；中地食者半，其民可用者二家五人；下地食者参之一，其民可用者家二人。"此征军役之法也，故与小司徒所载同。

  5. 教军旅　五曰，四时教民军旅："中（同仲）春教'振旅'，司马以旗致民，平列陈（同阵），如战之陈。辨鼓铎镯铙之用，王执路鼓，诸侯执贲鼓，军将执晋鼓，师帅执提，旅帅执鼙，卒长执铙，两司马执铎，公司马执镯，以教坐作、进退、疾徐、疏数之节。遂以蒐田，有司表貉誓民，鼓遂围禁；火弊，献禽，以祭社。"此春时以蒐田教振旅；振旅者，犹今语云集队也。"中夏教'茇舍'，如振旅之陈。群吏撰车徒，读书契，辨号名之用，帅以门名，县鄙各以其名，家以号名，乡以州名，野以邑名，百家各象其事，以辨军之夜事；其他皆如振旅。遂以苗田，如蒐之法，车弊，献禽，以享礿。"此夏时以苗田教茇舍；茇舍者，犹今语云露营也。"中秋教'治兵'，如振旅之陈。辨旗物之用，王载大常，诸侯载旂，军吏载旗，师都载旜，乡遂载物，郊野载旐，百官载旟，各书其事与其号焉；其他皆如振旅。遂以狝田，如蒐之法，罗弊，致禽，以祀祊。"此秋时以弥田教治兵也。"中冬教'大阅'。前期，群吏戒众庶修战法，虞人莱所田之野为表，百步则一，为三表，又五十步为一表；田之日，司马建旗于后表之中，群吏以旗物鼓铎镯铙，各帅其民而致，质明，弊旗，诛后至者。乃陈车徒如战之陈，皆坐，群吏听誓于陈前，斩牲以左右徇陈曰：'不用命者斩之！'中军以鼙令鼓，鼓人皆三鼓，司马振铎，群吏作旗，车徒皆作；鼓行鸣镯，车徒皆行，及表，乃止；三鼓，摝铎，群吏弊旗，车徒皆坐。又三鼓，振铎，作旗，车徒皆作；鼓近，鸣镯，车骤，徒趋，及表，乃止，坐作如初。乃鼓，车驰，徒走，及表，乃止。鼓戒三阕，车三发，徒三刺。乃鼓退，鸣铙且却，及表，乃止，坐作如初。遂以狩田，以旌为左右和之门，群吏各帅其车徒，以叙和出左右陈车徒，有司平之，旗居卒间以分地；前后有屯百步，有司巡其前后。险野，人为主；易野，车为主；既陈，乃设驱逆之车。有司表貉于陈前，中军以鼙令鼓，鼓人皆三鼓，群司马振铎，车徒皆作，遂鼓行，徒衔枚而进。大兽公之，小兽私之，获者取左耳；及所弊，鼓皆駴，车徒皆噪，徒乃弊，致禽馌兽于郊，入献禽，以享烝。"此冬时以狩田教大阅也。大阅较振旅、茇舍、治兵为重要，故于农事毕后之仲冬举行之。以下四者，平时之军事训练，亦司马之专职也。

6. 出师　六曰，遇有征伐时出师之大合军："及师，大合军，以行禁令，以救无辜，伐有罪。若大师，则掌其戒令。莅大卜；帅执事莅衅主及军器；及致，建大常，比军众，诛后至者。及战，巡陈眡事而赏罚。若师有功，则左执律，右秉钺，以先，恺（同凯）乐，献于社；若师不功，则厌而奉主车。王吊劳士庶子，则相。"此征战及出师还师时，大司马之专职也。

7. 附职　七曰，役、射、会同、丧祭时之职务："大役，与虑事，属其植，受其要，以待考而赏诛。大会同，则帅士庶子而掌其政令。若大射，则合诸侯之六耦。大祭祀，飨食，羞牲鱼，授其祭。大丧，平士大夫；丧祭，奉诏马牲。"此则大司马之兼职矣。

8．布政 其曰："正月之吉，始和，布政于邦国都鄙，乃县政象之法于象魏，使万民观政象，挟日而敛之。"则与冢宰之布治，大司徒之布教相同焉。

二、小司马

小司马者，大司马之贰也。本篇叙小司马之职极简略，但曰："小司马之职，掌凡小祭祀、会同、飨射、师田、丧纪，掌其事如大司马。"盖概括言之也。

三、司马属官

司马之属，亦可列一总表：

夏官司马长贰属官表（长贰属官合计，凡六十八职）

长	大司马	职掌详上文	
贰	小司马	职掌详上文	
属（总计七类六十六职）	第一类：掌军旅之官（共十一职）	(1) 军司马	此三职之职掌，原文皆阙。
		(2) 舆司马	
		(3) 行司马	
		(4) 司勋	掌赏地之法，以等其功（王功曰勋、国功曰功、民功曰庸、事功曰劳、治功曰力、战功曰多）。
		(5) 环人	掌致师，察军慝，环巡邦国。
		(6) 挈壶氏	掌挈壶、挈辔、挈畚，以令军井、军舍、军粮。
		(7) 司士	掌群臣之版，以治其政令；有大事，则作士。
		(8) 诸子	掌国子之倅之戒令教治；有军事，合其卒伍。
		(9) 司右	掌群右及国之勇士之政令。
		(10) 都司马	掌都之士庶子及其众庶车马兵甲之戒令。
		(11) 家司马	掌家之士庶及其众庶车马兵甲之戒令。

属（总计七类六十六职）	第二类：掌防御之官（凡四职）	（1）掌固 （2）司险 （3）掌疆 （4）候人	掌修治城郭沟池，巡而守之。 掌周知九州山林川泽之阻而守之，达其道路。 原文阙。 各掌其方之道治与禁令。
	第三类：掌马之官（共八职）	（1）马质 （2）校人 （3）趣马 （4）巫马 （5）牧师 （6）廋人 （7）圉师 （8）圉人	掌质马。 掌马政，辨六马（种马、戎马、齐马、道马、田马、驽马），等驭夫之禄。 掌养良马。 掌疗疾马。 掌牧地之禁令。 掌十有二闲之政教。 掌教圉人养马。 掌养马刍牧之事。
	第四类：掌兵甲之官（共五职）	（1）司甲 （2）司兵 （3）司戈盾 （4）司弓矢 （5）稿人	原文阙。 掌兵器。 掌戈盾之属。 掌弓矢之属。 掌制弓矢之考成上下其工食。
	第五类：掌王戎事之官（共十二职）	（1）缮人 （2）戎右 （3）齐右 （4）道右 （5）大驭 （6）戎仆 （7）齐仆 （8）田仆 （9）驭夫 （10）虎贲氏 （11）旅贲氏 （12）节服氏	掌王用之弓矢。 掌戎车之兵革，传王命于陈中。 王出，陪乘前马。 王出入，持马陪乘；王下，则以盖从。 掌驭王路。 掌驭王之戎车。 掌驭王之金路。 掌驭王之田路。 掌驭王之贰车。 先后王而趋。 执戈盾，夹王车。 掌王之大常。
	第六类：掌四方邦国之官（共十二职）	（1）职方氏 （2）土方氏 （3）怀方氏 （4）合方氏 （5）训方氏 （6）形方氏 （7）山师 （8）川师 （9）逴师 （10）匡人 （11）撢人 （12）量人	掌九州地域邦国；王巡守，则先道。 掌达邦相宅，王巡守，则树王舍。 掌来远方之民。 掌达道路，通财货，同数器度量。 掌道四方之志。 掌正邦国之封疆。 掌山林之名，致其珍异。 掌川泽之名，致其珍异。 掌辨丘陵坟衍邍（同原）隰之可以封邑者。 掌达法则，匡邦国。 掌诵王志，巡邦国而语之。 掌营城郭官市都邑军垒之法。

属（总计七类六十六职）	第七类：掌杂事之官（共十四职）	（1）太仆	掌正王之服位出入王之大命。
		（2）小臣	掌相王之小法仪，出入王之小命。
		（3）祭仆	掌受王命，眂察祭祀。
		（4）御仆	掌王之燕令。
		（5）隶仆	掌扫除五寝。
		（6）弁师	掌王之五冕。
		（7）司燴	掌行火之政令。
		（8）服不氏	掌养猛兽，祭供兽，射供皮。
		（9）射鸟氏	掌射鸟，以供祭祀宾客。
		（10）罗氏	掌罗鸟。
		（11）掌畜	掌养鸟，以供祭祀膳献。
		（12）小子	掌祭祀羞羊，师田斩牲。
		（13）羊人	掌羊牲，以供祭祀宾客。
		（14）方相氏	掌时傩驱疫。

司马之职，以军事及封建为二大项。上表所列，前四类皆关于军事者，第五类掌王之车旗、弓矢、护卫者，亦皆有关于军事者也。第六类，则关于封建邦国者。惟第七类十四职，与上二项均无关，故特列杂事一类以附之。大司马之职，述四时之以搜苗狝狩教战阵，其文极详，孟子曰："以不教民战，是谓弃之。"孔子虽不言战阵，亦尝曰："善人教民七年，可以即戎。"越王勾践之沼吴雪耻，生聚十年，重以教训十年。平时不以军事训练其人民，猝遇兵事，必致因毫无准备而一败涂地矣。此读者所宜深长思者也。至于军旅组织则详述于本篇之首曰："凡制军，万有二千五百人为'军'，王六军，大国三军，次国二军，小国一军，军将皆命卿；二千有五百人为'师'，师帅皆中大夫；五百人为'旅'，旅帅皆下大夫；百人为'卒'，卒长皆上士；二十五人为'两'，两司马皆中士；五人为'伍'，伍皆有长。"此犹现代之有军、师、旅、团、营、连、排，各有其长也。

职方氏虽仅为司马属官之一，而其载九州山川民物颇详，且与《尚书·禹贡》略有出入，故移录其本文如次，以资参阅：

东南曰扬州：其山镇曰会稽；其泽薮曰具区；其川，

三江；其浸，五湖；其利，金锡竹箭；其民，二男五女；其畜，宜鸟兽；其谷，宜稻。

正南曰荆州：其山镇曰衡山；其泽薮曰云瞢；其川，江汉；其浸，颍湛；其利，丹银齿革；其民，一男二女；其畜，宜鸟兽；其谷，宜稻。

河南曰豫州：其山镇曰华山；其泽薮曰圃田；其川，荥雒；其浸，波溠；其利，林漆丝枲；其民，二男三女；其畜，宜六扰；其谷，宜五种。

正东曰青州：其山镇曰沂山；其泽薮曰望诸；其川，淮泗；其浸，沂沭；其利，蒲鱼；其民，二男二女；其畜，宜鸡狗；其谷，宜稻麦。

河东曰兖州：其山镇曰岱山；其泽薮曰大野；其川，河泲；其浸，庐维；其利，蒲鱼；其民，二男三女；其畜，宜六扰；其谷，宜四种。

正西曰雍州：其山镇曰岳山；其泽薮曰弦蒲；其川，泾汭；其浸，渭洛；其利，玉石；其民，三男二女；其畜，宜牛马；其谷，宜黍稷。

东北曰幽州：其山镇曰医无闾；其泽薮曰貕养；其川，河泲；其浸，菑时，其利，鱼盐，其民，一男三女；其畜，宜四扰；其谷，宜三种。

河内曰冀州：其山镇曰霍山；其泽薮曰杨纡；其川，漳；其浸，汾潞；其利，松柏；其民，五男三女；其畜，宜牛羊；其谷，宜黍稷。

正北曰并州：其山镇曰恒山；其泽薮曰昭余祁；其川，虖池、呕夷；其浸，涞易；其利，布帛；其民，二男三女；其畜，宜五扰；其谷，宜五种。

他不具论，即九州亦与《禹贡》不同。岂作者欲以其理想重为划分耶？抑周代九州，已与禹时不同耶？而山川浸泽亦有不同，又何故欤？

第六章　秋官司寇

秋官司寇，于六官中，序居第五；掌邦禁以佐王刑邦国，故为"刑官"。其长为大司寇。

一、大司寇

大司寇之职：

1. 三典　一曰："掌建邦之三典，以佐王刑邦国，诘四方：一曰刑新国，用轻典；二曰刑平国，用中典；三曰刑乱国，用重典。"是所谓"三典"者，指用刑之轻重，因国而异者也。

2. 五刑　二曰："以五刑纠万民：一曰野刑，上功纠力；二曰军刑，上命纠守；三曰乡刑，上德纠孝；四曰官刑，上能纠职；五曰国刑，上愿纠暴。"上者，尚也。上命者，尚其能用命也。纠力、纠守、纠孝、纠职者，纠其不力、不守、不孝、不职者也。五刑所尚所纠，各以处所不同而异。

3. 圜土　三曰："以圜土聚教罢民：凡害人者，寘之圜土而施职事焉，以明刑耻之。其能改过，反于国中，不齿三年；其不能改而出圜土者，杀。"圜土，狱也。明刑，书其罪恶于版而著其背也。圜土之禁，以教罢民，冀其悔改而已。

4. 狱讼　四曰："以两造禁民讼，入束矢于朝，然后听之；以两剂禁民狱，入钧金，三日，乃致于朝，然后听之。"两造，谓对质；两剂，犹诉状与辩诉也。矢为直之象征；入钧金者，殆犹今之民诉，须纳印花耶？此讼狱之初步手续也。

5. 嘉石　五曰："以嘉石平罢民：凡万民之有罪过，而未丽于法，而害于州里者，桎梏而坐诸嘉石，役诸司空：重罪，旬有三日坐，期役；其次，九日坐，九月役；其次，七日坐，七月役；其次，五日坐，五月役；其下罪，三日坐，三月役；使州里任之，则宥而舍之。"嘉石，文石也，上刻嘉言，欲狱囚见之而悔悟也。桎梏而坐嘉石，与清末之枷号示众相仿佛。其罪过未合于法律之条文，而又未为害于地方者，则坐诸嘉石，役诸司空焉。

6. 肺石　六曰："以肺石达穷民：凡远近惸独老幼之欲有复于上，而其长弗达者，立于肺石三日，士听其辞，以告于上而罪其长。"肺石者，赤石也。坐之肺石者，示赤心，披肺腑以告，不妄言耳。以上六者，大司寇之专职也，大司寇以掌狱讼为主，故又结之曰："凡诸侯之狱讼，以邦典定之；凡卿大夫之狱讼，以邦法断之；凡庶民之狱讼，以邦成弊之。"

7. 布刑　又曰："正月之吉，始和，布刑于邦国都鄙，乃县刑象之法于象魏，使万民观刑象，挟日而敛之。"则布刑，亦大司寇之职，与冢宰大司徒之布治布教正同。

8. 附职　其兼掌之职，则为："凡邦之大盟约，莅其盟书，而登之于天府；太史、内史、司会及六官，皆受其贰而藏之。"此其一。"大祭祀；奉犬牲，若禷祀五帝，则戒之日，莅誓百官，戒于百族，及纳亨，前王；祭之日，亦如之，奉其明水火。"此其二，

"凡朝觐会同，前王；大丧，亦如之。"此其三。"大车旅，祗戮于社。"此其四，"凡邦之大事，使其属跸。"此其五。五者，皆大司寇兼掌之杂事也。

二、小司寇

大司寇之贰曰小司寇。小司寇之职：

1. 询民　"掌外朝之政，以致万民而询焉：一曰询国危，二曰询国迁，三曰询立君。其位，王南向，三公及州长百姓北面，群臣西面，群吏东面，小司寇摈，以叙进而问焉，以众辅志而弊谋。"国危、国迁、立君，国之大事也，乃致万民而询焉，此作者尊重民意之理想的制度也。

2. 五刑　"以五刑听万民之狱讼，附于刑，用情讯之；至于旬，乃弊之，读书，则用法。凡命夫命妇，不躬坐狱讼；凡王之同族，有罪，不即市。"特提命夫命妇与王之同族者，此古代贵族政治之特征也。

3. 五听　"以五声听狱讼，求民情：一曰辞听，二曰色听，三曰气听，四曰耳听，五曰目听。"听讼之要，在明民情，所谓"五声"，非皆"声"也；所谓"听"，非真听也；就其言辞气色，以耳目察之而已。

4. 八议　"以八辟丽邦法，附刑罚：一曰议亲之辟，二曰议故之辟，三曰议贤之辟，四曰议能之辟，五曰议功之辟，六曰议贵之辟，七曰议勤之辟，八曰议宾之辟。"凡此八议，亲，故与贵，流弊较多已。

5. 三讯　"以三讯断庶民狱讼之中：一曰讯群臣，二曰讯群吏，三曰讯万民；听民之所刺宥，以施上服下服之刑。"讯群臣群吏者，示不独断也；讯万民，听民之所刺宥者，即孟子所谓"国人皆曰可杀，然后杀之'之意也。

6. 民数 "及大比，登民数，自生齿以上，登于天府；内史、司会、冢宰贰之，以制国用。……孟冬，祀司民，献民数于王；王拜受之，以图国用而进退之。"《周礼》于民数之登记最注意，司徒之外，四官中亦殆皆有之也。

7. 贰大司寇 "小祭祀，奉犬牲；凡禋祀五帝，实镬水；纳亨，亦如之。大宾客，前王而辟；后世子之丧，亦如之。小师，莅戮。凡国之大事，使其属跸。"又曰："岁终，则令群士计狱弊讼，登中于天府。正岁，帅其属而观刑象，令以木铎曰：'不用法者，国有常刑。'令群士，乃宣布于四方，宪刑禁，乃命其属入会，乃致事。"此皆所以贰大司寇者也。

三、司寇属官

秋官司寇之属官，亦不仅六十。兹列一总表如下：

秋官司寇长贰属官表（长贰属官合计凡六十五职）

长	大司寇		职掌详上文。
贰	小司寇		职掌详上文。
属（总计五类，六十三职）	第一类：掌刑法狱讼之官（共十一职）	(1) 士师	掌五禁(宫禁、官禁、国禁、野禁、军禁)、五戒(誓一军旅、诰一会同、禁一田役、纠一国中、宪一都鄙)、八成(邦汋、邦贼、邦谍、犯邦令、挢邦令、为邦盗、为邦朋、为邦诬)，以宪禁令，察狱讼，左右刑罚。
		(2) 乡士	各掌国中其乡之民数及狱讼。
		(3) 遂士	各掌四郊其遂之民数及狱讼。
		(4) 县士	各掌野外其县之民数及狱讼。
		(5) 方士	掌都家之狱讼。
		(6) 讶士	掌四方之狱讼。
		(7) 朝士	掌建外朝之法及禁令。
		(8) 朝大夫	掌奉国之政令以治都家。
		(9) 都则	原文阙。
		(10) 都士	原文阙。
		(11) 家士	原文阙。

属（总计五类，六十三职）	第二类：执行刑禁之官（共二十一职）	(1) 司刑	掌五刑（墨、劓、宫、刖、杀）。
		(2) 司刺	掌三刺、三宥（不识、过失、遗忘）、三赦（幼弱、老耄、蠢愚）之法。
		(3) 司厉	掌盗贼货贿及男女奴。
		(4) 司圜	掌圜土。
		(5) 掌囚	掌守囚。
		(6) 掌戮	掌刑戮。
		(7) 司隶	掌五隶。
		(8) 罪隶	役于百官府，守王宫。
		(9) 蛮隶	役于校人，养马，守王宫。
		(10) 闽隶	役于掌畜，养鸟。
		(11) 夷隶	役于牧人，养牛马。
		(12) 貉隶	役于服不氏，养兽。
		(13) 禁杀戮	掌斩杀戮者。
		(14) 禁暴氏	掌禁庶民之暴乱者。
		(15) 野庐氏	掌道路之禁。
		(16) 雍氏	掌沟渎浍池之禁。
		(17) 萍氏	掌水禁酒禁。
		(18) 司寤氏	掌宵禁。
		(19) 司烜氏	掌火禁。
		(20) 修闾氏	掌禁国中径逾者以兵革趋者及驰骋者。
		(21) 衔枚氏	掌禁嚣。
	第三类：掌盟约宪令之官（共五职）	(1) 司民	掌登万民之数，以献于王。
		(2) 司约	掌邦国万民之约剂。
		(3) 司盟	掌盟载之法。
		(4) 职金	掌金玉锡石丹青之戒令及罚金。
		(5) 布宪	掌布刑禁于四方。
	第四类：掌辟除之官（共十六职）	(1) 条狼氏	掌执鞭趋辟。
		(2) 蜡氏	掌除骴（死于道路者）。
		(3) 冥氏	掌除猛兽。
		(4) 庶氏	掌除毒虫。
		(5) 穴氏	掌除蛰兽。
		(6) 翨氏	掌攻猛鸟。
		(7) 柞氏	掌攻林木。
		(8) 薙氏	掌杀草。
		(9) 硩蔟氏	掌覆夭鸟之巢。
		(10) 剪氏	掌除蠹物。
		(11) 赤犮氏	掌除墙屋之虫。
		(12) 蝈氏	掌除蛙黾。
		(13) 壶涿氏	掌除水虫。
		(14) 庭氏	掌射国中夭鸟。
		(15) 伊耆氏	掌大祭祀时供杖。（附）
		(16) 犬人	掌祭祀之犬牲。（附）

属（总计五类，六十三职）	第五类：掌与诸侯蛮夷往来之官（共十职）	(1) 大行人	掌大宾客之礼，以亲诸侯。
		(2) 小行人	掌小宾客之礼，以待四方使者。
		(3) 司仪	掌摈相之礼。
		(4) 环人	掌送逆宾客。
		(5) 象胥	掌传王言于蛮夷之国使，而协其礼。
		(6) 掌客	掌四方宾客之饔牢饮食。
		(7) 掌讶	掌邦国之等籍，以待宾客。
		(8) 掌交	掌以节与币巡诸侯及民所聚。
		(9) 掌察	原文阙。
		(10) 掌货贿	原文阙。

照上表所列属官观之，第一类掌刑法讼狱者，第二类执行刑禁者，此刑官之本职也；第三类，掌盟约宪令者，第四类，掌辟除者，则附于刑官者也。惟掌供祭祀之杖及犬牲之伊耆氏与犬人，无可隶属，姑附之于第四类之末。最可注意者，为第五类，大行人至掌交八职，为王朝待诸侯及蛮夷之宾客者，此犹清代中世以后之有理藩部，其后蜕化为外交部者也。周代与我国壤地相接者，皆文化低落之民族，以蛮夷戎狄视之；而诸侯各国，则本王朝所封者；故无所谓外交，而大行人之属，乃附于刑官焉。掌察、掌货贿二职，原文皆阙；以理度之，当亦此类，故附于第五类之末。至朝大夫，掌都家之国治，其下都则、都士、家士三职，原文虽阙，当亦治都家之刑法狱讼者，故移置第一类朝士之次焉。

四、五官总论

《周礼》六官，官各一篇，今存者惟此五官而已。五官之长，冢宰、大司徒、大宗伯、大司马、大司寇，皆卿一人；五官之贰，小宰、小司徒、小宗伯、小司马、小司寇，皆中大夫二人。此犹明、清六部，各设尚书一，侍郎二耳。综观五官所掌，天官统摄六官，以吏治为要务，而其属官，掌吏治者仅宰夫一职，反以掌宫中杂务者为最多，掌财政者次之；此可怪者也。地官以教育为要务，其属官，专掌教育者亦仅师氏、保氏二职，司谏、司救、调人、媒氏四职，特附属而已；最多者为掌地方行政之官，但犹可曰地方行政，与教育打成一片也；封人等六职，则掌祭祀矣；载师等十三职，则掌地政力役矣；司市等十二职，则掌市政矣；山虞等十五职，则掌山林川泽矣；廪人等八职，则掌粟米矣；此又可怪者也，春官掌礼，故其属多掌礼乐之官；而掌卜祝文史星历车旗者属焉；而大司乐至小师六职，皆教国子者也。殆地官所掌之教，乃所以教庶民，故以别于春官之属之教国子者欤？夏官之专职在于军旅，故其属官所掌，或属军旅，或属防御，或属马政，或属兵甲军器，或属王之戎事，而职方氏以下，则掌封建，太仆以下，则掌杂事，抑又何也？秋官，司法之官也，故其属官，或掌理狱讼，或执行刑禁，或司盟约宪令，此皆近于刑狱者也。辟除之类，犹可比附；而大行人以下十职，则反与司马之属，职方氏以下一类，同为掌诸侯各国之官；此又可怪者也。至于夏官小司马之职，叙述特略，五官之属，有原文阙其职掌者，犹其可疑之小焉者也，窃疑此书尚属初稿，不仅冬官一篇，未及创制，以上五官，亦犹待增删易稿，而作者遽尔溘逝，未能成书，传之汉世，因以为亡佚耳。然以个人之理想，创改制之巨编，其精力亦可佩矣。

附录　补冬官之考工记

一、冬官司空

　　《天官篇》小宰之职，"以官府之六属举邦治"，"六曰冬官，其属六十，掌邦事"；又"以官府之六职辨邦治"，"六曰事职，以富邦国，以养万民，以生百物"。冬官既为事职，当掌太宰建邦六典中之"事典"，"以富邦国，以任百官，以生万民"。富邦国，养万民，生百物者，固不限于"工"也。旧说谓冬官之长当为"大司空"，此盖以地官大司徒、夏官大司马、秋官大司寇推之。按司空一职，唐虞时似已有之；《尚书·舜典》"伯禹作司空"是也。禹以司空平水土；平水土，工事之大者也。《汉书·百官公卿表》曰："禹作司空，平水土。"颜师古注曰："空，穴也。古人穴居，主穿土为穴以居人也。"按《尚书·洪范》八政："四曰司空。"伪孔传曰："主空土以居民。"《诗·绵》曰："乃召司空。"郑玄《笺》曰："司空，卿官也，掌营国邑。乃后世文化渐进之制，犹仍旧名也。"是"空"字初以穴上为义，后乃引申以称一切土工；更就此义引申之，则司空即司工矣。故清代俗称工部尚书为大司空。然则冬官司空所掌，虽不限于"工"，亦当以"工"为主。则《周礼》阙此《冬官》，汉世以战国时之《考工记》补之，虽未必能吻合作者本旨，要亦相去不远矣。况即此，可以考见战国时工业之大概，为治我国工业史者所不可忽耶？

二、《考工记》总论

《考工记》本别为一书，故与《周礼》本书不同。篇首为全书总论；其言曰："国有六职，百工与居一焉。或坐而论道，或作而行之，或审曲面执，以饬五材，以辨民器；或通四方之珍异以资之；或饬力以长地财；或治丝麻以成之。坐而论道，谓之王公；作而行之，谓之士大夫；审曲面执，以饬五材，以辨民器，谓之百工；通四方之珍异以资之，谓之商旅，饬力以长地财，谓之农夫；治丝麻以成之，谓之妇功。"此总论之也，其意谓百工与王公、士大夫、商旅、农夫、妇功，平列为国之六职。盖战国以前，贵族专政，王公、士大夫与庶民阶级悬隔；即向以为立国大本之农，春秋时即已渐形发达之商，亦不得与王公、士大夫齿，况百工与妇功乎？本书以百工妇功平列为六职之二，不可谓非创见也。

又曰："粤无镈，燕无函，秦无卢，胡无弓车。粤之无镈也，非无镈也，夫人而能为镈也；燕之无函也，非无函也，夫人而能函也；秦之无卢也，非无卢也，夫人而能为卢也；胡之无弓车也，非无弓车也，夫人而能为弓车也。"人人所能为者，斯无人注意之矣，世人所以贱视百工者，殆亦以能为之者之多耳。

又曰："知者创物，巧者述之，守之世，谓之工。百工之事，皆圣人之作也。烁金以为刃，凝土以为器，作车以行陆，作舟以行水，此皆圣人之所作也。"古人多世守其业，百工亦然。世守其业，往往有知其然而不知其所以然者矣；有能继承而不能创作者矣。追溯其原，则虽刃器舟车，习见习用之物，发明之者，皆知者圣人也。安得以其为世守之工而轻视之乎？

又曰："天有时，地有气，材有美，工有巧；合此四者，然后可以为良。材美工巧，然而不良，则不时，不得地气也。橘逾淮而北，为枳；鹳鹆不逾济；貉逾汶，则死；此地气然也。郑之刀，宋之斤，鲁之削，吴、粤之剑，迁乎其地而弗能为良，地气然也。燕之角，荆之榦，妢胡之笴，吴、粤之金锡，此材之美者也。天有时以生，有时以杀；草木有时以生，有时以死，石有时以泐；水有时以凝，有时以泽，此天时也。"材美工巧，则其物必良，此夫人知之者也，然又有地气焉，迁地则弗良矣；有天时焉，不时则不良矣；此谓良工成良物之不易也。

又曰："凡攻木之工七，攻金之工六，攻皮之工五，设色之工五，刮磨之工五，抟埴之工二。攻木之工，轮、舆、弓、庐、匠、车、梓；攻金之工，筑、冶、凫、㮚、段、桃；攻皮之工，函、鲍、韗、韦、裘；设色之工，画、缋、钟、筐、幌；刮磨之工，玉、楖、雕、矢、磬；抟埴之工，陶、瓬。"此为《考工记》全篇之大纲，可以下表括之：

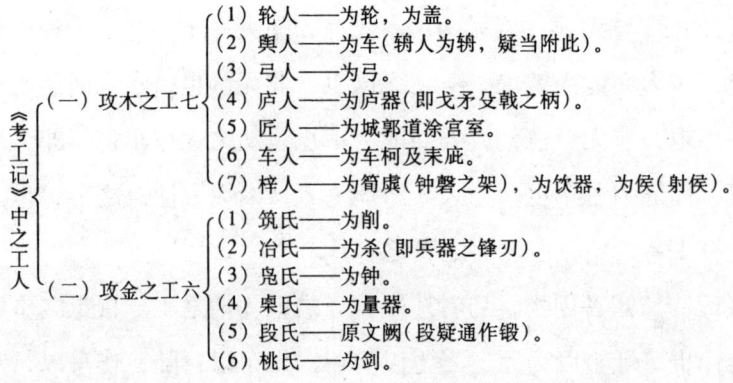

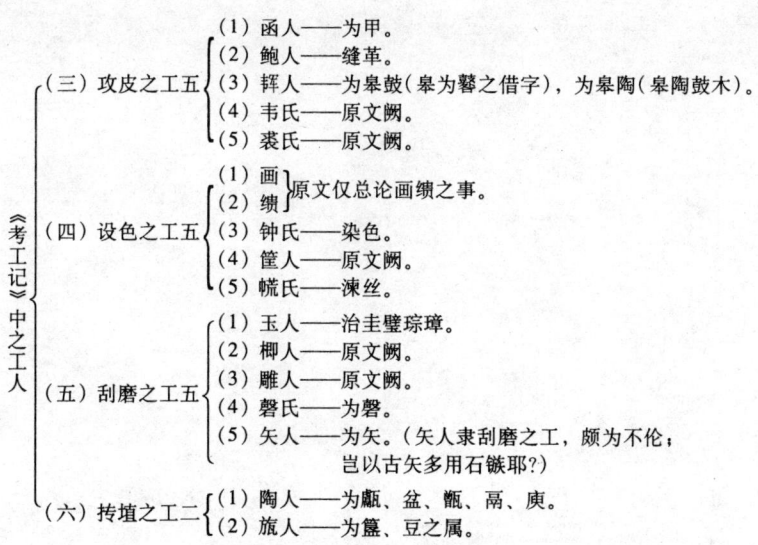

《考工记》中之工人
- （三）攻皮之工五
  - （1）函人——为甲。
  - （2）鲍人——缝革。
  - （3）韗人——为皋鼓（皋为鼛之借字），为皋陶（皋陶鼓木）。
  - （4）韦氏——原文阙。
  - （5）裘氏——原文阙。
- （四）设色之工五
  - （1）画
  - （2）缋　　原文仅总论画缋之事。
  - （3）钟氏——染色。
  - （4）筐人——原文阙。
  - （5）㡛氏——湅丝。
- （五）刮磨之工五
  - （1）玉人——治圭璧琮璋。
  - （2）楖人——原文阙。
  - （3）雕人——原文阙。
  - （4）磬氏——为磬。
  - （5）矢人——为矢。（矢人隶刮磨之工，颇为不伦；岂以古矢多用石镞耶？）
- （六）抟埴之工二
  - （1）陶人——为甗、盆、甑、鬲、庾。
  - （2）瓬人——为簋、豆之属。

又曰："有虞氏上陶；夏后氏上匠；殷人上梓，周人上舆，故一器而工聚焉者，车为多。"是虞、夏、商、周四代，各有其所尚之工事。《考工记》作者，周人也，故记车工亦特详。故阮元为作《车制图考》，郑珍为作《轮舆私笺》。《考工记》所记各种工事，于尺度最详，仅就文字求之，未易了然，故戴震为作《考工记图》。此三书者，不但笺解其文字而已。

《考工记》之记诸制作，不但详其尺度，且常言其所以然焉。如论制车与轮曰："凡察车之道，必自载于地者始也；是故察车自轮始。凡察车之道，欲其朴属而微至。不朴属，无以为完久也；不微至，无以为戚速也。轮已崇，则人不能登也；轮已庳，则于马终古登阤也。"论盖曰："上欲尊而宇欲卑。上尊而宇卑，则吐水疾而霤远。盖已崇，则难为门也；盖已卑，是蔽目也。"此皆就事实方面论之者也。又如论筍虡，常曰："是故击其所悬而由其虡鸣。"乍阅之，以为万无是理；实则有合于共鸣之理焉。诸如此类，不一而足；非于诸工事有深究者，不能言也。

蒋伯潜

十三经概论（下）

中国学术名著丛书

吉林出版集团股份有限公司

第五编　仪礼礼记概论

附孝经尔雅

第一章 仪礼解题

一、《仪礼》为礼经

《仪礼》为十三经中三《礼》之第二部。按《史记·儒林传》曰:"诸学者多言礼,而鲁高堂生最。《礼》固自孔子时而其经不具。及至秦焚书,书散亡益多,于今独有《士礼》,高堂生能言之。"所谓《士礼》即今之《仪礼》。是《史记》所谓"《礼》",止数《仪礼》,未及《周礼》与《礼记》也。《汉书·艺文志》著录《礼经》,亦仅指《仪礼》之今古文,《礼记》在百三十一篇之记中,《周官经》别附于后。可见西汉时人,仅认《仪礼》为《礼经》,在三《礼》中之位置为最高。十三经列《周礼》于《仪礼》之前,盖东汉以后之次序耳。《礼记·礼器》曰:"经礼三百,曲礼三千。"郑玄注曰:"经礼为《周礼》,其官三百有六十。曲,犹事也,曲礼为事礼,谓今《礼》也。《礼》篇多亡,本数未闻,其中事仪三千。"按《中庸》亦曰:"礼仪三百,威仪三千。"《孝经说》及《春秋说》并曰:"礼经三百,威仪三千。"《礼说》曰:

"正经三百,动仪三千。"则此殆为古人常道之成语。叶梦得尝曰:"经礼,制之凡也;曲礼,文之目也。"盖所谓"经礼"者指礼之大纲,所谓"曲礼"者指礼之细目,三百、三千均虚数,但极言其多耳。《中庸》则云"礼仪'、"威仪"。凡礼皆仪也,总其纲,曰礼仪,举其目,曰威仪。但即此可见所称纲目,皆指《仪礼》,与《周礼》之言官制者无涉。自郑玄误谓"经礼"即指《周礼》,三百者举三百六十官之成数,而以"曲礼"为《仪礼》,而三《礼》乃以《周礼》为主,《仪礼》为附矣。"经礼"之变而为"礼经",为"正经",殆亦以此。姑无论《仪礼》三千之数,无从实指,三百六十官已非实数,仅举三百,距实数更远,不合事理,且《周官经》在刘歆以前,固尚无《周礼》之名也。即使三千之数系指条文,今《仪礼》仅十七篇,计五万余言,就令篇有数条,则三千条之全文,其字数亦当数十倍乃至百倍于十七篇。古时用简策代纸,必不能如此繁多;且当时如何通行,学者如何传写诵习乎?《汉书·艺文志》亦引《礼器》语。注引韦昭曰:"《周礼》三百六十官也,三百,举成数也。"又引臣瓒曰:"礼经三百,谓冠婚吉凶。《周礼》三百,是官名也。"韦昭主郑玄说。臣瓒谓礼经指冠婚吉凶,《周礼》所云三百,是官名,与此不同,足以见郑说之误。郑氏崇《周礼》太过,后人崇郑氏太过,六朝、唐人皆沿其误。于是三《礼》遂以《周礼》为主矣。

二、《仪礼》汉无仪字

陆德明《经典释文叙录》曰:"郑玄注《仪礼》十七卷。"似《仪礼》之名由来已久。但就上文所引郑玄注《礼器》语观之,则但曰"今《礼》",不曰"《仪礼》"。今《礼》者,犹云今所存之

《礼》也。郑玄《毛诗笺》，《三礼注》，凡引今《仪礼》语，亦皆但举篇名，不云《仪礼》。《汉书·艺文志》亦但曰"《礼》"，而不云"《仪礼》"。《景十三王传》以"《礼》"与《周官》、《尚书》、《礼记》、《孟子》、《老子》之属并举，亦不称"《仪礼》"。颜师古注曰："礼者，礼经也。"许慎《说文解字》中，如"觯"字下引《乡饮酒礼》，"苄"字下引《公食大夫礼》，"誓"字下引《士冠礼》，"掤"字下引《士丧礼》……皆但云"《礼》"，不云"《仪礼》"。可见东汉时犹无"《仪礼》"之称。段玉裁《礼十七篇标题汉无仪字说》所论极是。惟段氏谓梁陈以后，始有"仪礼"之名，则未确。因东晋元帝时，荀崧已请置郑《仪礼》博士矣。但此后仍有不称"仪礼"者，如张参《五经文字》摘取《仪礼》中字凡三十三，皆云"见《礼经》"。亦有称"《仪礼》"者，如唐元度之《九经字样》，云"见《仪礼》"。盖自郑玄注《礼器》、《中庸》，以"曲礼"、"威仪"为十七篇之《礼》，乃加"仪"字于"礼"字之上，名此书为"《仪礼》"耳。唐文宗开成间石刻九经，乃以《周礼》、《礼记》与此书并列为三《礼》，而正式标以"仪礼"之名矣。此《仪礼》书名之可注意者一。

三、《士礼》以首篇得名

《汉书·艺文志》曰："汉兴，鲁高堂生传《士礼》十七篇，讫孝宣世，后仓最明。……"又曰："……及《明堂阴阳》、《王史氏记》，所见多天子诸侯卿大夫之制，虽不能备，犹愈于仓等推士礼而致于天子之说。"是今存《仪礼》十七篇，汉世又有"《士礼》"之名，而所以有此名者，因所记皆为士礼。但就十七篇考之，惟冠、昏、丧、相见为士礼，余如乡饮、射则通乎士与大夫，少牢馈食、有司彻为大夫礼，燕、聘、大射、公食大夫为诸侯礼，觐为诸侯见天子礼，并非专记士礼也。盖以此书首篇为《士冠礼》，遂通称全书为《士礼》耳。且即以冠礼言，古者五十而后爵，故大夫无特殊之冠礼。《士冠礼记》曰："夏之末造也，天子之元子犹士，天下无生而贵者也。"据此，则虽天子之子冠，亦用士冠礼矣。《左传》曰："君冠，必以祼享之礼行之，以金石之乐节之。"则诸侯亦有冠礼，但后起之礼，有以别乎士耳。《中庸》曰："三年之丧，达乎天子，父母之丧，无贵贱一也。"孟子曰："三年之丧，齐疏之服，飦粥之食，自天子达于庶人。"则丧礼亦有自士达乎天子者矣。班氏之言若不满于后仓等推士礼以达于天子之说者，正以刘歆斥十七篇为残缺之说，先入为主，又因当时此书有"《士礼》"之名，遂有此论耳。此《仪礼》书名之可注意者二。

四、《仪礼》今古文

《仪礼》亦有今古文。《汉书·艺文志》目录："《礼》，古经五十六卷，经七十篇。"前者为古文，后者为今文。所谓"经七十篇"者，即序中所云"汉兴，鲁高堂生传《士礼》十七篇"也。"古经五十六卷"者，即序中所云"礼古经者，出于鲁淹中及孔氏，学七十篇文相似，多三十九篇"也。淹中，里名；出淹中者，河间献王得之。孔氏谓孔宅壁中，即鲁共王所发现者（按《史记》河间献王及鲁共王世家无此二事）。据刘敞校，"学"字为"与"字之形误。"七十"者，"十七"之倒。十七篇加三十九篇，正为五十六也。古文较今文所多之三十九篇，即篇目亦已无从考见，亡失已久，故谓之"逸礼"。《礼记正义序》引郑玄《六艺论》曰："后得孔子壁中古文《礼》，凡五十六篇。其十七篇与高堂生所传同，而字多异。其十七篇外，则《逸礼》是也。"可据以正《汉志》之误。朱子曰："《古礼》五十六篇，班固时其书尚在，郑康成亦及见之，注疏中多援引。不知何时失之，甚可惜也。"王应麟曰："《逸礼》三十九，其篇名颇见于他书。若《天子巡狩礼》见《周官》内宰注，《朝贡礼》见《聘礼》注，《烝尝礼》见《周官》射人疏，《中霤礼》见《礼记·月令》注及《诗·泉水》疏，《王居明堂礼》见《礼记·月令》、《礼器》注，《古大明堂礼》见蔡邕《明堂论》。又《奔丧》疏、《王制》疏引《逸礼》云：'皆升合于太祖。'《文选》注引《逸礼》云：'三皇禅云云，五帝禅亭亭。'宣帝时河内女子坏老屋，又得《逸礼》一篇，合五十七。断珪残璧，皆可宝也。"吴澄曰："三十九篇唐初犹存，诸儒曾不以为意，遂至于亡，惜哉！"吴氏惜三十九篇之亡，乃辑为奔丧、投壶、迁庙、衅庙、公冠之类，以附于十七篇。邵懿辰则谓后人所引及吴氏所辑，皆非当世通行之礼，与十七篇所记不类，且其文辞不古，甚且诞不足信。而《月令》注及《皇览》所引《王居明堂礼》数条皆在《尚书大传》第三卷《洪范五行传》中。观其文意，实与《洪范五行传》前后相协，必非伏胜全袭古《王居明堂礼》入《大传》，而为刘歆剽取《大传》以为《王居明堂礼》，如《逸书》伪《武成》之剽《周书·世俘解》然。即此，可推知他篇亦皆伪作。即令非伪，亦孔子定十七篇时删弃之余，故郑玄不为之注，与十六篇伪古文同；大抵秃屑丛残，无关理要云云。按《逸礼》三十九篇与《逸书》十六篇，皆传授不明，且无师说；今既亡失，其真其假，亦可勿论。但因古文多三十九篇，论者遂谓十七篇为亡逸之余，以为残阙不全，则今文家言，学者亦当留意及之也。

五、《仪礼》出于孔子

《仪礼》一书，古文经学家以为出于周公，今文经学家以为出于孔子。《礼记·檀弓》曰："哀公使孺悲学士丧礼于孔子，《士丧礼》于是乎书。"此《士丧礼》出于孔子之证。《聘礼》所记,如"执圭如重,入门鞠躬,私欢愉如"等,皆与《论语·乡党》合。盖《乡党》所记,有孔子所尝行者,亦有孔子所未尝行而尝言之者(朱子《论语集注》引晁氏说,谓孔子仕鲁时无奉使出聘事)。此孔子以聘礼教人之证。《礼记·礼运》,孔子语子游,一则曰:"达于丧祭射乡(今本作"御",依邵懿辰说改。下同。按《家语》云"达之丧祭射乡朝聘",正作乡字。《家语》虽出王肃伪造,王肃所见《礼运》,尚未误为"御"字也。《仲尼燕居》曰"射乡之礼",《昏义》曰"和于乡射",《王制》亦以"乡"为六礼之一,皆其证)冠昏朝聘。"再则曰:"其行之以货力辞让饮食,冠昏丧祭射乡朝聘。"货力所以举其事,辞让所以达其情,饮食所以隆其养,此六者礼之纬也;冠以明成人,昏以合男女,丧以仁父子,祭以严鬼神,乡饮以合乡里,燕射以成宾主,聘食以睦邦交,朝觐以辨上下,此八者礼之经也。而《仪礼》十七篇,适足以摄此八者。《礼记·昏义》曰:"夫礼,始于冠,成于昏,重于丧祭,尊于朝聘,和于乡射,此礼之大体也。"亦列举此八者。《礼记》所辑诸篇,大部为释《仪礼》之文,故有《冠义》以释《士冠礼》,《昏义》以释《昏礼》,《问丧》以释《士丧礼》,《祭义》、《祭统》以释《特牲》、《少牢馈食礼》、《有司彻》,《乡饮酒义》以释《乡饮酒礼》,《射义》以释《乡射》、《大射》,《燕义》以释《燕礼》,《聘义》以释《聘礼》,《朝事》以释《觐礼》,《四制》以释《丧服》。无一篇之义出于十七篇之外者。夫"经礼三百,曲礼三千",足见周公所制之礼,纲目毕张,巨细皆备。即至孔子时礼文废阙,必不止此十七篇之所载,即古文本所云五十六篇亦不足以尽之。是此十七篇者,当为孔子所定,以教弟子,正因冠、昏、丧、祭、乡、射、朝、聘八者,已足揽礼之大纲。盖孔子定本,为高堂生、后仓所传者,本是如此,非经秦火而残缺也。邵懿辰《礼经通论》，言之颇详，可供参阅。

六、十七篇次序

此十七篇之《仪礼》，在汉世已有三种次序不同之本。今列表如下：

（八纲）	（篇名）	（戴德本次序）	（戴圣本次序）	（刘向别录本次序）
冠昏	《士冠礼》	第一	第一	第一
冠昏	《士昏礼》	第二	第二	第二
冠昏	《士相见礼》	第三	第三	第三
丧祭	《士丧礼》	第四	第十三	第十二
丧祭	《既夕礼》	第五	第十四	第十三
丧祭	《士虞礼》	第六	第八	第十四
丧祭	《丧服》	第十	第九	第十一
丧祭	《特牲馈食礼》	第七	第十	第十五
丧祭	《少牢馈食礼》	第八	第十一	第十六
丧祭	《有司彻》	第九	第十二	第十七
乡射	《乡饮酒礼》	第十	第四	第四
乡射	《乡射礼》	第十一	第五	第五
乡射	《燕礼》	第十二	第六	第六
乡射	《大射》	第十三	第七	第七
朝聘	《聘礼》	第十四	第十五	第八
朝聘	《公食大夫礼》	第十五	第十六	第九
朝聘	《觐礼》	第十六	第十七	第十

就上表所列观之，以戴德本次序为最有条理，盖顺冠、昏、丧、祭、乡、射、朝、聘八大纲列之。《丧服》所以居末者，一因其礼通乎上下，二因此篇有子夏传，与其余各篇不同也（康有为《伪经考》谓十六篇为孔子手定，《丧服》为子夏所作，故列于最后），刘向《别录》本以冠、昏、乡、射、朝、聘十篇居先，丧、祭七篇列后，而后七篇中以通乎上下之《丧服》冠之。盖以前十篇为吉礼，后七篇为凶礼，依吉凶人神以为次也。今《十三经注疏》之《仪礼》，即用刘向所定次序。戴圣所定次序，最为凌乱，殆无条理可寻焉。

七、《仪礼》中有记有传

《仪礼》十七篇，除《士相见礼》、《大射礼》、《少牢馈食礼》、《有司彻》四篇外，余十三篇皆有记。《士冠礼》，从"冠义，始冠，缁布之冠也"以下，即冠礼之记；《士昏礼》，从"凡行事"以下，即昏礼之记；《乡饮酒礼》，从"朝服、谋宾介"以下，即乡饮酒之记，《乡射礼》从"大夫与公士为宾"以下，即乡射之记；《燕礼》，从"燕朝服以寝"以下，即燕礼之记；《聘礼》，从"久无事则聘"以下，即聘礼之记；《公食大夫礼》，从"不宿戒"以下，即公食大夫之记；《觐礼》，从"几俟于东厢"以下，即觐礼之记；《士虞礼》，从"虞沐浴不栉"以后，即士虞之记；《特牲馈食礼》，从记特牲以下，即特牲之记；而《士丧礼》之记，则附在《既夕礼》之后，从"士处适寝"以下为士丧之记，从"则启之昕"以下为既夕之记，盖汉儒谓《既夕礼》为《士丧礼》之下篇也。其最特别者为《丧服》，从"公子为其母"以下，为丧服之记；但《丧服》之经文分章，每章后有子夏之传，而记文之后亦有子夏之传，由此揣度，殆经文为孔子所定以教弟子者，而记则弟子所记也。子夏不但为经文作传，且为记作传，则作记之人必不在子夏之后。或有疑子夏非孔子弟子卜商，为汉人字子夏者。但亦未有确据。

八、《仪礼》注本

《仪礼》传自高堂生，宣帝之世，后仓最明，戴德、戴圣、庆普皆其弟子。然西汉传《礼》者，有师授而无注释。东汉马融但注《丧服》经传，不及全书。郑玄始全注十七篇。郑氏此注，前无所承，独为其难。向无郑氏，则此十七篇《礼经》，将若存若亡，无从索解矣。《后汉书》本传谓"通人或讥其繁"。但细按之，注文实并不繁。如《少牢馈食礼》本文凡二千九百七十九字，注仅二千七百八十七字，《有司彻》本文凡四千七百九十字，注仅三千四百五十六字，即此二篇可例其余矣。按两汉《儒林传》，汉儒以《易》、《书》、《诗》、《春秋》名家者多，而以《礼》名家者，实郑氏一人而已。惟郑氏主混合今古文，其注三《礼》，时欲得其会通，为之调剂，且《仪礼》注中，亦杂有谶纬之说，则未免为白璧之玷耳。今《十三经注疏》即用郑注，《仪礼》注本，此为最古。唐贾公彦疏，亦尚可观。

九、《仪礼》与《礼记》

朱子谓《礼记》须与《仪礼》参通，修作一书乃可观（见《答潘恭叔书》）。又谓累年欲修《仪礼》一书，厘析章句，而附以传说（见《答李季章书》）。又有《乞修三礼劄子》云："以《仪礼》为经，而取《礼记》及诸经史杂书所载有及于礼者，皆以附于本经之下，具列注疏诸儒之说。"此劄子虽不果上，而晚年所修《仪礼经传通解》实本此意。虽移动经文次序，未免与《大学章句》之强分经传，移易本文，补格致传，同蹈宋儒割裂旧经之习；而其厘析章句，每节分断，且题云"右某事"，则眉目清楚，极便阅读，胜注疏多矣。其《答应仁仲书》曰："前贤常患《仪礼》难读；以今观之，只是经不分章，记不随经，而注疏各为一书，故使读者不能遽晓。今定此本，尽去此弊，恨不得令韩文公见之也。"（韩愈《读仪礼》有苦此书难读语）惟此书实未完成而卒。张尔岐之《仪礼郑注句读》、江永《礼书纲目》，皆用朱子之法分析章节。江书尤足以补正朱子之书。清儒于诸经皆有新疏，以较旧疏，大多后来居上。胡培翚之《仪礼正义》，其精博实过贾疏。至于论大义者，当推邵懿辰之《礼经通论》也。

第二章 礼记解题

十三经虽为经部一大丛书,而其地位高下各不相同。如《易》、《诗》、《书》,经也。三《礼》中之《周礼》、《仪礼》,亦经也(《仪礼》各篇中,有记、有传,已见前章)。《礼记》,则是"记",非"经"。

一、大戴礼记、小戴礼记

《礼记》,本有二部,一为戴德所辑,谓之《大戴礼记》,凡八十五篇;一为德从兄子圣所辑,谓之《小戴礼记》,凡四十九篇(见《礼记正义序》引郑玄《六艺论》)。今存十三经中者,为《小戴礼记》;《大戴礼记》已仅存北周卢辨所注之三十九篇矣。二戴之《礼记》,不著录于《汉书·艺文志》。《汉志》"礼"类但有《记》百三十一篇。《经典释文叙录》引晋陈邵《周礼论序》曰:"戴德删古礼二百四篇为八十五篇,谓之《大戴礼》;圣删《大戴礼》为四十九篇,是为《小戴礼》。后汉马融、卢植诸家考诸家同异,附戴圣篇章,去其繁重,及所叙略,而行于世,即今之《礼记》

是也。"《隋书·经籍志》因之，乃曰："汉初，河间献王得仲尼弟子所记一百三十一篇。至刘向校经籍，检得一百三十篇，因第而叙之。又得《明堂阴阳记》等五种，共二百十四篇。戴德删其繁重，合而记之，为八十五篇，谓之《大戴记》。戴圣又删大戴之书为四十六篇，谓之《小戴记》。"按《汉志》"礼"类有《记》百三十一篇，较《隋志》所云刘向第叙者多一篇，又有《明堂阴阳》三十三篇，《王史氏》二十一篇；"乐"类有《乐记》二十三篇；"论语"类有《孔子三朝记》七篇；五种共计二百十五篇，则《隋志》所云二百十四篇，当统括此五种而言，而陈邵所云"古礼二百四篇"，疑脱一"十"字也（陈寿祺疑因《乐记》二十三篇中之十一篇，已在百三十一篇中，故除去之，正合二百四篇）。郑玄《礼记目录》有"此于《别录》属《明堂阴阳》"，"此于《别录》属《乐记》"等语（今《礼记正义》引之），则二戴《礼记》所采，不仅限于《记》百三十一篇，而《明堂阴阳》等四种，亦有被采入者，更为信而有征也。但二戴为武帝、宣帝时人，岂能删成帝时人刘向所校定之书？此其误谬，不待辨矣。《隋志》又谓"小戴删定者为四十六篇，马融益以《月令》、《明堂位》、《乐记》，乃成今本之四十九篇"。盖因《大戴礼记》八十五篇，加四十六篇，适合记百三十一篇之数耳。但此说亦不可通。二戴《礼记》采辑之范围，本不限于记百三十一篇，已如前述；若并二戴《礼记》以求合于百三十一篇，将置《明堂阴阳》、《王史氏》、《乐记》、《孔子三朝记》于何地？此其一。《大戴记》与《小戴记》相同之篇甚多。最著者如《哀公问》、《投壶》二篇，现并存于二戴《礼记》中。二戴《礼记》篇名不同，而内容相同者亦不少。《大戴记》各篇有全文见于《小戴记》某篇者，如《曾子大孝篇》全文见《祭义》中，《诸侯衅庙篇》全文见《杂记》中；又有一部分见于《小戴记》某篇者，如《朝事篇》自"聘礼"至

"诸侯务焉"一段见《聘义》，《本事篇》自"有恩有义"至"圣人因杀以制节"一段见《丧服四制》。此外如《曲礼》、《礼器》、《祭法》、《文王世子》、《祭义》、《曾子问》、《间传》、《檀弓》、《王制》，皆《小戴记》中篇名，而就散见各古籍中者考之，《大戴记》佚篇中亦有此九篇（《汉书·王式传》称"骊驹之歌在《曲礼》"，颜师古注引服虔曰"在《大戴礼》"。许慎《五经异义》尝引《大戴礼·礼器》。唐皮日休有《补大戴记祭法》。《毛诗·豳风疏》亦引《大戴礼·文王世子》。足证《大戴记》中原有此诸篇。余如《汉书·韦玄成传》所引《祭义》，《白虎通·耕桑篇》所引《曾子问》、《祭义》，《情性篇》所引《间传》，《崩薨篇》所引《檀弓》、《王制》，蔡邕《明堂月令论》所引《檀弓》，为今本《小戴礼记》各篇所无者，疑亦出《大戴记》逸篇中）。可见二戴之辑《礼记》乃各以己意为去取，非于百三十一篇中，大戴取其八十五篇，小戴又取其余之四十六篇。此其二。且《隋志》既曰小戴就大戴之书删之，复以《小戴记》为四十六篇，合《大戴记》之八十五篇，适符百三十一篇之数，亦自相矛盾。如令《小戴记》系就《大戴记》中删取，则四十九篇当完全与《大戴记》之一部分相同，何以有出有入？更安得合四十六篇八十五篇为百三十一篇耶？此其三。至于马融增三篇之说，亦不可信。《后汉书·桥玄传》曰："七世祖仁，著《礼记章句》四十九篇，号为桥君学。"按桥仁，字季卿，梁人，为戴圣弟子，见《汉书·儒林传》。则小戴弟子桥仁所传所注，已为四十九篇矣。又《曹褒传》曰："父充，持庆氏《礼》。褒又传《礼记》四十九篇，教授弟子千余人，庆氏学遂行于世。"庆氏即庆普，与二戴同为后仓弟子。是庆普一派所传之《礼记》亦已为四十九篇矣。郑玄《礼记目录》于《月令》、《明堂位》二篇曰："此于《别录》属《明堂阴阳》"，于《乐记》曰："此于《别录》

属《乐记》。"《六艺论》亦曰："戴圣传《记》四十九篇。"如上说三篇果为马融所增，则玄系融之高弟，岂有不知之理？《释文叙录》曰："刘向《别录》有四十九篇，其篇次与今《礼记》同。"尤足证刘向《别录》中之《礼记》已有四十九篇矣。钱大昕《汉书考异》曰："《小戴记》四十九篇，《曲礼》、《檀弓》、《杂记》皆以简策重多，分为上下，实止四十六篇；合大戴之八十五篇，正协百三十一篇之数。"此则明知马融补此三篇之说为不足信，而仍欲回护《隋志》以《小戴记》为四十六篇之说，以求合于并《大戴记》八十五篇为百三十一篇者也。虽巧合，亦不足取。此其四。此问题戴震尝辨之。陈寿祺《左海经辨》，考证尤明。故于此可得一结论，此四十九篇之《礼记》，为戴圣所传，盖自《汉志》所录之《记》百三十一篇，《明堂阴阳》三十三篇，《王史氏》二十一篇，《乐记》二十一篇中，选辑而成，非从戴德所传之八十五篇《大戴礼记》中删辑成书者；《月令》、《明堂位》、《乐记》三篇，亦早列其中，非东汉马融所增益。其成书当在西汉武、宣以前也。

二、《礼记》撰人

然则戴圣所据以选辑四十九篇之《记》，又何人所撰耶？魏张揖《上广雅表》曰："爰暨帝刘，鲁人叔孙通始撰置《礼记》，文不违古。"似《礼记》始撰次于叔孙通。然张揖以前，初无此说也。《汉书·景十三王传》，记河间献王所得古书，鲁恭王坏孔子宅壁所得古书，均有《礼记》。《六艺论》亦曰："后得孔氏壁中、河间献王、古文《礼》五十六篇，《记》百三十一篇，《周礼》六篇。"叔孙通尝仕于高祖时，为汉定制度礼仪。如《礼记》果为通所撰次，何至散于民间，藏于孔壁？《汉志》"《记》百三十一篇"之下，班固自注曰："七十子后学者所记。"则亦未能明指其撰著之人矣。"七十子后学者"之范围极广，可上自战国，下至西汉，则著作撰次，或非成于一人之手耳。今就四十九篇考之。

《中庸》、《坊记》、《表记》、《缁衣》四篇，沈约谓皆取《子思子》（见《隋书·音乐志》引）。按《汉志》诸子儒家类有《于思子》二十三篇。《史记正义》谓《乐记》，公孙尼子次撰；刘瓛又谓《缁衣》，公孙尼子作。按《公孙尼子》二十八篇，亦在《汉志》儒家中，或即采自此书。《三年问》、《乐记》、《乡饮酒义》，文同《荀子》者颇多，或即采自《荀子》。《礼记正义》引郑玄《目录》曰："《月令》者，本《吕氏春秋·十二月纪》之首章，以礼家好事钞合之，后人因题之，名曰《礼记》，言周公所作。"《正义》又曰："贾逵、马融之徒皆云，《月令》周公所作，故王肃用焉。"似《月令》系采自《吕氏春秋》。但《后汉书·鲁恭传》载恭议曰："《月令》，周世所作，而所据皆夏之时也。"蔡邕《明堂月令论》曰："《周书》七十一篇，《月令》第五十三。秦相吕不韦著书，取《月令》为纪号；淮南王安亦取以为第四篇，改名曰《时则》。故偏见之徒或云《月令》吕不韦作，或云淮南作，皆非也。"《隋书·牛弘传》曰："今《明堂月令》者，蔡邕王肃云，周公所作。《周书》内有《月令》第五十三，即此。"魏郑公《谏录》曰："《月令》起于上古，吕不韦止是修古《月令》，未必始起秦代也。"《唐书·大衍历议》曰："七十二候原于周公时训，《月令》虽颇有增益，然先后之次则同。僧一行亲见《周书·月令》有七十二候，与《礼记·月令》无异。"是《月令》殆古已有之，虽未必果为周公所作，而《礼记》与《吕氏春秋》、《淮南子》殆同采自某种古书也（或即所谓《周书》）。郑玄因《月令》有"命太尉"语，谓太尉为秦官，故断《月令》为吕氏书。按《吕氏春秋》"命太尉"作

"命大封"，即《易纬·通卦验》所谓"夏至、景风至、拜大将、封有功"之义，其作"太尉"者，《淮南子·时则》依汉制改之，而《礼记》从之者也。不能以此为《月令》乃秦人著作之证。《乐记篇》，《礼记正义》引郑玄《目录》曰："此于《别录》属《乐记》。"按《汉志》所录《乐记》有二：一为《乐记》二十三篇；一为王禹《记》二十四篇。而《礼记》中之《乐记》，则取自二十三篇之《乐记》中。《礼记正义》曰："盖十一篇合为一篇，谓有《乐本》，有《乐论》，有《乐施》，有《乐言》，有《乐礼》，有《乐情》，有《乐化》，有《乐象》，有《宾牟贾》，有《师乙》，有《魏文侯》。"此十一篇合为今存《礼记》中之《乐记》一篇。其余十二篇，今已亡矣（十二篇篇名，曰《奏乐》，曰《乐器》，曰《乐作》，曰《意始》，曰《乐穆》，曰《说律》，曰《季札》，曰《乐道》，曰《乐义》，曰《昭本》，曰《昭颂》，曰《窦公》。并见《礼记正义》）。岂此二十三篇，本皆在《公孙尼子》中耶？

又有《王制》一篇，卢植谓汉文帝令博士作（见《礼记·王制篇》正义及《经典释文叙录》引）。按卢氏之说，出《史记·封禅书》。《封禅书》曰："明年，使博士诸生刺六经，作《王制》，谋议巡守封禅事。"但今《礼记·王制》中无一语及封禅，言巡守者亦仅一端耳。司马贞《史记索隐》引刘向《别录》曰："文帝所造书有《本制》、《兵制》、《服制》篇。"以今《王制》参检，绝不相合。则文帝时博士所作《王制》，非今《礼记》中《王制》明甚，意者在《汉志》所录《古封禅群祀》二十二篇中耳。郑玄《目录》曰："名曰《王制》者，以其记先王班爵授禄祭祀养老之法度。"又《驳五经异义》曰："王制是孔子之后大贤所记先王之事。"又答林硕曰："孟子在赧王之际，《王制》之作复在其后。"郑君盖以《王制》论爵禄之制，与《孟子》北宫录章相同故也。《正义》

谓《王制》之作盖在秦汉之际。因篇中云"有正听之",郑注谓汉有"正平"(官名),承秦置之;又有"古者以周尺"之言,是周亡后人之语。皮锡瑞谓"正"、"长"义同。《尚书囧命序》已有"周太仆正",《周礼》已有"宫正",《左传》有"遂正"、"乡正"、"校正"、"工正",又云"师不陵正",注云:"正,军将命卿。"安知古之刑官,必无"正"乎?至于"周尺",或为周秦间人语,因战国时度量衡制已不统一也。俞樾曰:"《王制》者,孔氏之遗书,七十子后学者所记也。王者孰谓?谓素王也。孔子将作《春秋》,先修王法,斟酌损益,具有规条。门弟子与闻绪论,私相纂辑而成此篇。后儒见其与周制不合而疑之,不知此固素王之法也。"俞氏谓《王制》为素王之制,可谓言前人所未言。窃疑《王制》与《周礼》同为周秦间才士所作,改制之主张不同,故所改定之制亦殊异。而《王制》与《孟子》北宫锜章之说合,殆为孟子之徒所撰耳。

据上所述,则《礼记》各篇,大都采自他书,要为周秦间作品,撰辑或始自叔孙通,后来亦必有所增损,而其为四十九篇之定本,则似在戴圣时也。

三、《礼记》今古文

三《礼》,《周礼》为古文,无今文;《仪礼》,今存十七篇皆今文,古文三十九篇已亡。然则《礼记》一书,为古文,抑为今文耶?《汉志》录《记》百三十一篇,未分别今古。《景十三王传》,言河间献王所得皆古文先秦旧书,中有《礼记》;鲁恭王坏孔子宅而得古文书凡数十篇,皆古字,中亦有《礼记》。《经典释文叙录》引郑玄《六艺论》述孔氏壁中及河间献王书,亦以《礼记》与古文《礼》、《周礼》并举;又引刘向《别录》,亦曰古文《记》二百四篇。四十九篇之《小戴礼记》，辑自《记》百三十一篇及《明堂阴阳》等五种，则亦为古文，明甚。然《礼记》中之《王制》，为今文大宗，与《周礼》为古文大宗者正相对峙。信古文者，以《周礼》为周公之制，以《王制》为夏殷之制；信今文者，或以《周礼》为刘歆伪书，专崇《王制》，或以《周礼》为周时旧法，《王制》为素王孔子所立新法。则《礼记》一书，决不能谓为全是古文。盖今古文之纠纷，以"经"为甚，《礼记》为经部之"记"，非今古文两派纷争之对象也。

四、《礼记》篇目分类

《礼记》四十九篇，采自他书，辑于众手，而编次凌杂，颇为难读。郑玄门人孙炎因有《礼记类钞》之作（见王应麟《困学纪闻》）。唐魏徵亦有《类礼》，太宗诏谓"以类相从，别为篇第，并更注解，文义粲然"（见《唐书·魏徵传》及《谏录》）。继之者，有朱子之《仪礼经传通解》，以《礼记》分隶《仪礼》篇章之次，其用意亦与孙、魏二氏同。吴澄《礼记纂言》，亦更易次序，各以类从者。《隋书·经籍志》经部有《礼记》三十卷，魏孙炎注。则孙书唐时尚存矣。魏书当就孙书，加以整比。惜二书今皆亡耳。然《礼记正义》每篇皆引郑玄《目录》云"此于别录属某某"，则《礼记》之分类，不自孙炎始矣。兹列举四十九篇之篇目，附记《正义》所引郑玄《目录》述《别录》所分属之项目如下：

（1）《曲礼》——此于《别录》属"制度"（此篇分上下篇）。

（2）《檀弓》——此于《别录》属"通论"（此篇亦

分上下篇）。

（3）《王制》——此于《别录》属"制度"。

（4）《月令》——此于《别录》属"明堂阴阳"。

（5）《曾子问》——此于《别录》属"丧服"。

（6）《文王世子》——此于《别录》属"世子法"。

（7）《礼运》——此于《别录》属"通论"。

（8）《礼器》——此于《别录》属"制度"。

（9）《郊特牲》——此于《别录》属"祭祀"。

（10）《内则》——此于《别录》属"子法"。

（11）《玉藻》——此于《别录》属"通论"。

（12）《明堂位》——此于《别录》属"明堂阴阳"。

（13）《丧服小记》——此于《别录》属"丧服"。

（14）《大传》——此于《别录》属"通论"。

（15）《少仪》——此于《别录》属"制度"。

（16）《学记》——此于《别录》属"通论"。

（17）《乐记》——此于《别录》属"乐记"。

（18）《杂记》——此于《别录》属"丧服"（此篇分上下篇）。

（19）《丧大记》——此于《别录》属"丧服"（此下有《丧服大记》，无篇次。疑即《丧大记》之下篇）。

（20）《祭法》——此于《别录》属"祭祀"。

（21）《祭义》——此于《别录》属"祭祀"。

（22）《祭统》——此于《别录》属"祭祀"。

（23）《经解》——此于《别录》属"通论"。

（24）《哀公问》——此于《别录》属"通论"。

（25）《仲尼燕居》——此于《别录》属"通论"。

（26）《孔子闲居》——此于《别录》属"通论"。

（27）《坊记》——此于《别录》属"通论"。

（28）《中庸》——此于《别录》属"通论"。

（29）《表记》——此于《别录》属"通论"。

（30）《缁衣》——此于《别录》属"通论"。

（31）《奔丧》——此于《别录》属"丧服"。

（32）《问丧》——此于《别录》属"丧服"。

（33）《服问》——此于《别录》属"丧服"。

（34）《间传》——此于《别录》属"丧服"。

（35）《三年问》——此于《别录》属"丧服"。

（36）《投壶》——此于《别录》属"吉礼"。

（37）《儒行》——此于《别录》属"通论"。

（38）《大学》——此于《别录》属"通论"。

（39）《冠义》——此于《别录》属"吉事"。

（40）《昏义》——此于《别录》属"吉事"。

（41）《乡饮酒义》——此于《别录》属"吉事"。

（42）《射义》——此于《别录》属"吉事"。

（43）《燕义》——此于《别录》属"吉事"。

（44）《聘义》——此于《别录》属"吉事"。

（45）《丧服四制》——此于《别录》属"丧服"。

上列篇目，共四十五，加《丧服大记》一篇，为四十六。《曲礼》、《檀弓》、《杂记》各分上下二篇；增此三篇，共四十九。《别录》所分，共计八类，属于"通论"者十六篇（内《檀弓》有上下篇），属于"制度"者五篇（内《曲礼》有上下篇），属于"明堂阴阳"者二篇，属于"丧服"者十二篇（内《杂记》有上下篇，又有《丧服大记》一篇在《丧大记》之后），属于"子法"者二篇（内《文王世子篇》云"世子法"，亦"子法"也），属于"祭祀"者四篇，属于"吉事"者七篇（内《投壶篇》郑云属"吉礼"，疑亦当作"吉事"），属于"乐记"者一篇。但就四十九篇之内容核之，则近人梁启超《礼记解题》所分之类，似较刘向《别录》为得当。梁氏所分，可约为五类：（一）四十九篇中最有精采之一部分，为通论礼意或学术之属，如《礼运》、《经解》、《乐记》、《学记》、《大学》、《中庸》、《儒行》、《坊记》、《表记》、《缁衣》等篇；（二）为解释《仪礼》十七篇之专篇，如《冠义》、《昏义》、《乡饮酒义》、《射义》、《燕义》、《聘义》、《丧服四制》等篇；（三）为记孔子言行，或孔门及时人杂事者，如《孔子闲居》、《仲尼燕居》、《檀弓》、《曾子问》等篇；（四）为记古代制度礼节，带有考证性质者，如《王制》、《曲礼》、《玉藻》、《明堂位》、《月令》、《礼器》、《郊特牲》、《祭统》、《祭法》、《大传》、《丧大记》、《丧服大记》、《奔丧》、《问丧》、《间传》、《文王世子》及《内则》、《少仪》等篇；（五）为《曲礼》、《少仪》、《儒行》等篇之一部分，为古代格言之记录。吾辈读《礼记》，于第一类通论之属，似俱当精读；第二类及第四类关于古代制度礼俗之考据，属于专门学问，可以暂缓；第三类及第五类，可以作为略读材料。此《礼记》全书内容之大概也。

五、《礼记》注本

《十三经注疏》，《礼记》采郑玄注，孔颖达疏。郑注为今存最古之《礼记》注。清人陈乔枞、俞樾并有《礼记郑读考》，足以补注疏本之郑注，但皆短促琐碎，不能具大体。朱彬之《礼记训纂》，江永之《礼记训义探言》，亦不能谓为精博。宋人陈澔之《礼记集说》，则又病其繁杂，故《礼记》一书，尚无完善之注本。《礼记》中之《大学》、《中庸》，朱子取为四书之二，别出单行已久。朱子所作《章句》，亦较他注为精核。惟朱子于《大学》，分为经、传，以总论为经一章，乃孔子之言而曾子述之，其传十章，则曾子之意而门人记之，已未免武断；且以己意臆度，谓有错简脱简，移置诸章次序，并补"格物致知"之传一章，更有任意割裂之嫌。故王守仁主复《大学》古本，而清儒亦多以朱子为非也。康有为亦有《礼运注》、《中庸注》，各为单行本。康氏注书，主观之色彩太浓，往往变古籍为康氏一家之言。读者虽可用以参考，但当勿为所蔽耳。

第三章　孝经尔雅解题

《汉书·艺文志·六艺略》著录《孝经》、《尔雅》于六经《论语》之次，故此二书，在十三经中，与其余十一经平列，其次序在《孟子》之前。但以篇幅论，不及他经之半；以价值论，《孝经》不过《礼记》四十九篇之类，殆尚不及《大学》、《中庸》，《尔雅》更在其下；故以附于《礼记》，不复别立专编焉。

一、孝经

（一）《孝经》非孔子作

《汉志》曰："《孝经》者，孔子为曾子陈孝道也。"邢昺《孝经序疏》曰："《钩命决》云：'孔子曰："吾志在《春秋》，行在《孝经》。"'据先后言之，明《孝经》之文同《春秋》作也。又《钩命决》云：'孔子曰："《春秋》属商，《孝经》属参。"'则《孝经》之作，在《春秋》后也。"傅注《孝经注疏序》曰："夫《孝经》者，孔子之所述作也。……故《孝经纬》曰：'孔子云："欲观我褒贬诸侯之志在《春秋》，崇人伦之行在《孝经》。"'是知《孝经》虽居六籍之外，乃与《春秋》为表里矣。"此并以《孝经》为孔子所作也。按《钩命决》即《孝经纬》。《傅序》所引当同《邢序》，而其文有异。何休《公羊传序》引孔子言，与《邢序》全同。但徐彦疏引《孝经钩命决》云："孔子在庶，德无所施，功无所就，志在《春秋》，行在《孝经》。"则其文又异，纬书本不足据，况各家同引《孝经纬》、《钩命决》，而其文又有异乎？且谓孔子作《孝经》者，言其为曾子陈孝道也。本书第一章《开宗明义》首云："仲尼居，曾子侍。子曰：'先王有至德要道，以顺天下，民用和睦，上下无怨，汝知之乎？'曾子避席曰：'参不敏，何足以知之！'子曰：'夫孝，德之本也，教之所由生也。复坐，吾语汝。……'"观此，则《孝经》者，殆孔子为曾子陈孝道，而曾子记之欤？按邢疏引刘炫《述义》曰："炫谓孔子自作《孝经》，非曾参请业而对也。……夫子运偶陵迟，礼乐崩坏，名教将绝，特感圣心；因弟子有请问之道，师儒有教诲之义，故假曾子之言，以为对扬之体；乃非曾子实有问也。……"傅注《序》亦曰："先儒或云，夫子为曾参所说。此未尽其指归也。盖曾子在七十弟子中，孝行最著，孔子乃假立曾子为请益问答之人，以广明孝道；既说之后，乃属与曾子。"吕维祺《孝经或问》曰："《孝经》论孝，大抵在立身行道，德教治化上说，非徒为曾子言。"俞樾《古书疑义举例》谓孔子与曾子之问答，系假设之以明孝道及孝治之义。观此诸说，则《孝经》中之问答系假设，是书非为答曾子而作矣。本书首称"仲尼居，曾子侍"。仲尼者，孔子之字；曾子者，尊之之称。无论此书为曾子记述问答之辞，为孔子假设问答之辞，均不当举孔子之字，而以"子"称曾子也。故南宋汪应辰已疑其出后人附会（见朱子《孝经刊误自记》引程迥之《答论孝经书》，黄震《黄氏日钞》）。纪昀《四库书目提要》亦曰："今观其文，去二戴所录为近，要为七十子之徒之遗言。

向使河间献王采人《记》一百三十一篇中，则亦《礼记》之一篇，与《儒行》、《缁衣》，转从其类；惟其各出别行，称孔子所作，传录者又分章标目，自名一经，后儒遂以不类《系辞》、《论语》绳之，亦有由矣。"按蔡邕《明堂论》曾引魏文侯《孝经传》，《吕氏春秋·审微览》亦曾引《孝经·诸侯章》，则战国时已有此书矣。近人胡适谓孔子论道德，以"仁"总括诸德目；孔门后学则以"孝"总括诸德目（见《中国古代哲学史大纲》）。《孝经》疑即尔时孔门后学者所作，而依托孔子者，其与曾子问答，诚系假设，但假设问答以作此书者，非孔子耳。

（二）《孝经》名称

《易》、《书》、《诗》、《礼》、《春秋》五经，本不以经名书，后人乃称之曰"经"。《孝经》则自始即以"经"名，截去"经"字，便不成一书名矣。郑玄《论语序》谓六经之策，皆二尺四寸；《孝经》谦，半之。此亦以《孝经》为孔子所作。孔子作《孝经》，其简策因自谦而损六经之半；何以题其书名，反自尊而径名曰"经"？如非孔子所作，因欲依托孔子而径名其书曰"经"，亦适见其作伪之拙耳！《汉志》乃为之说曰："夫孝，天之经，地之义，民之行也；举大者言，故曰《孝经》。"此说亦殊牵强。《孝经释文》引郑玄曰："孝者，百行之首；经为不易之称。"《孝经序疏》曰："孝者，事亲之名；经者，常行之典。……皇侃曰：'经者，常也，法也。'此经为教，任重道远；虽复时移代革，金石可消，而孝为事亲常行，存世不灭，是其常也。为百代规模，人生所资，是其法也。言孝之为教，使可常而法之。《易》有上经下经，《老子》有道经德经。孝为百行之本，故名曰《孝经》。经之创制，孔子所撰也。"二说亦与《汉志》同。总之，《孝经》一名，当起于《易》、《书》、《诗》、《礼》、《春秋》俱有"经"名之后也。

（三）《孝经》今古文

《孝经》亦有今古文。《汉志》所著录者，"古《孝经》孔氏一篇，二十二章"；"《孝经》一篇，十八章"。桓谭《新论》亦云："古《孝经》千八百七十二字；今异者四百余字。"是今古文不但章数有多少，文字亦不同也。按宋本古文《孝经》后记数云："经凡一千八百一十言。"日本信阳太宰纯所校《伪古文孝经孔传》后记数云："通计经一千八百六十一字。"（见阮元《孝经校勘记》）《汉志》又曰："汉兴，长孙氏、博士江翁，少府后仓、谏大夫翼奉、安昌侯张禹传之，经文皆同。惟孔氏'壁中古文'为异。'父母生之，续莫大焉，故亲生之膝下'；诸家说不安处，古文字读皆异。"盖汉世已有今古文二本，古文本即鲁恭王得之孔宅壁中者也。颜注引刘向曰："《庶人章》分为二，《曾子敢问章》分为三，又多一章。"所多一章为《闺门章》。古文本，孔安国传；今文本，郑玄注。但郑玄注《孝经》，其说传自荀昶，而《郑志》不载《孝经注》。今郑注既佚，古文《孝经》孔传亦亡于梁末矣。隋王劭所访得之古文《孝经》，乃刘炫所伪造，《隋书·经籍志》已言之。清汪翼沧得之日本者，亦伪。唐玄宗时，尝诏诸儒质定《孝经》。刘知幾主古文，立十二验以驳郑；司马贞主今文，摘《闺门章》文句凡鄙，《庶人章》割裂旧文，妄加"子曰"字，以驳孔。事见《唐会要》。唐玄宗用今文本作注，今文行古文遂废。朱子《孝经刊误》，又用古文本。元熊禾为董鼎作《孝经大义序》谓司马贞去《闺门》一章，遂启玄宗无礼无度，卒致幸蜀之祸；明孙本《孝经辨疑》又谓唐宫闱不肃，贞去《闺门》一章，乃为国讳；此皆助古文张目者也。但《闺门》一章，仅二十四字，与武、韦等事绝无嫌碍；使唐时果行古文《孝经》，安能无天宝之乱耶？况据《唐会要》所载，司马贞并未删去《闺门章》，当时亦并未因贞之言而诏废古文耶？况唐时所谓古文《孝经》，已为刘炫所造之伪古文耶？元明人特因朱子《孝经刊误》用古文本，故特尊崇古文耳！

（四）《孝经》注本

《十三经注疏》，《孝经》用唐玄宗注，邢昺疏。按《唐会要》，开元十年六月，上注《孝经》颁天下及国子学；天宝二年五月，上重注，亦颁天下。《旧唐书·经籍志》："《孝经》一卷，玄宗注。"《新唐书·艺文志》："《今上孝经制旨》一卷，注曰玄宗。"二者实即一书，其称"制旨"者，犹梁武帝《中庸义》之称"制旨"也。玄宗《序》，末称："一章之中，凡有数句；一句之内，义有兼明；具载则文繁，略之则义阙，今存于疏，用广发挥。"盖玄宗既作注，又诏元行冲为之疏也。事见《唐书·元行冲传》。《唐会要》又载天宝五年诏曰："《孝经》书疏，虽粗发明，未能骇备；今更敷畅，以广阙文，令集贤院写颁中外。"是注与疏皆经重修矣。邢昺之疏，即以行冲疏为蓝本；但何者为元疏，何者为邢疏，今已无从分辨耳。《孝经》注，本以孔安国、郑玄二家为最早之注。但古文《孝经》既伪，孔传亦伪，犹《尚书》之伪古文、伪孔传也。郑注已佚，清人严可均有辑本。朱子《孝经刊误》用古文本，删去二百二十二字，分为经一章，传十四章，吴澄《孝经定本》，又改用今文本，改为经一章，传十二章焉。

二、尔雅

（一）《尔雅》名称

《尔雅》者，训诂之书也。"尔"同"迩"，近也；"雅"，正也；言此书所辑之训诂为近正也。故《释文》曰："《尔雅》所以训释五经，辨章同异，实九经之通路，百氏之指南，多识鸟兽草木之名，博览而不惑者也。尔，近也；雅，正也；言可近而取正也。"邢昺《尔雅疏序》亦曰："夫《尔雅》者，先儒授教之术，后进索隐之方；诚传注之滥觞，为经籍之枢要者也。"汉世字书，如《凡将》、《训纂》之类，皆以教学童识字而已。《尔雅》独集训诂之成，在字典类书未发达时，诚足珍矣。

（二）《尔雅》作者

《汉志·六艺略》"孝经"类有《尔雅》三卷，二十篇。今本止十九篇者，盖亡《序篇》一篇也。孔颖达《诗正义》尚引《尔雅序篇》，是唐时犹存矣。《大戴礼记·孔子三朝记》曰："哀公曰：'寡人欲学小辩，以观于政，其可乎？'孔子曰：'尔雅以观于古，足以辩言矣。'"《春秋纬元命苞》亦言子夏问夫子，作《春秋》不以初哉首基为始何（《尔雅》首篇《释诂》首句，即训"初哉首基……"为"始"）。似《尔雅》成书在孔子以前。故魏张揖《进广雅表》称周公著《尔雅》一篇。《释文》曰："《释诂》一篇，盖周公所作；《释言》以下，或言仲尼所增，子夏所足，叔孙通所益，梁文所补。"邢昺《疏序》所谓"周公倡之于前，子夏和之于后"者，亦谓此也。按《三朝记》"尔雅"二字，仅谓"近雅"，盖欲其观于古而取其雅驯之言，非以《尔雅》为书名也。纬书殊不足信；且子夏亦并未明言以"初哉首基"为"始"，出于《尔雅》也。二者皆不足为孔子前已有《尔雅》一书之证。

纪昀《四库书目提要》说《尔雅》颇详，今录之如下：

> 郭璞《尔雅注序》称"豹鼠既辨，其业亦显"。邢昺疏以为汉武帝时终军事（按邢疏云："汉武帝时，孝廉郎终军既辨豹文之鼠，人服其博物，故争相传授，《尔雅》之

业，于是遂显。"按《尔雅·释兽篇》鼠属有"豹文"一种）。《七录》载犍为文学《尔雅注》三篇（原注："案《七录》久佚；此据《隋志》所称，'梁有其书亡'；知为《七录》所载。"）陆德明《经典释文》以为汉武帝时人。则其书在武帝以前。曹粹中《放斋诗说》曰："（原注："据《永乐大典》引。"）《尔雅》，毛公以前，其文犹略，至郑康成时则加详。如'学有缉熙于光明。'（《周颂·敬之篇》句）毛公曰：'光，广也。'康成则以为学于有光明者。而《尔雅》曰：'缉熙，光明也。'又'齐子岂弟'（《齐风·载驱篇》句），康成以为犹言发夕也。而《尔雅》曰：'岂弟，发也。''薄言观者'（《小雅·采绿篇》句），毛公无训。'振古如兹'（《周颂·载芟篇》句），毛公云：'振，自也。'康成则以'观'为多，以'振'为古，其说皆本于《尔雅》。"使《尔雅》成书在毛公之前，顾得为异哉？则其书在毛亨以后。大抵小学家缀辑旧文，递相增益；周公、孔子皆依托之词。观《释地》有鹣鹣，《释鸟》又有鹣鹣，同文复出，知非纂自一手也。其书，欧阳修《诗本义》以为学《诗》者纂集博士解诂；高承《事物纪原》亦以为大抵解诂《诗》人之旨。然释《诗》者不及十之一，非专为《诗》作。扬雄《方言》以为孔子门徒解释六艺，王充《论衡》亦以为五经之训诂；然释五经者不及十之三四，亦非专为五经作。今观其书，大抵采诸书训诂名物之同异，以广见闻，实自为一书，不附经义。如《释天》云："暴雨谓之涷。"《释草》云："卷施草拔心不死。"此取《楚辞》之文也。《释天》云："扶摇谓之猋。"《释虫》云："蒺藜，蝍蛆。"此取《庄子》之文也。《释诂》云："嫁，往也。"《释水》云："灉，大出尾下。"此取《列子》之文也。《释地》四极云："西王母。"《释畜》云："小领盗骊。"此取《穆天子传》之文也。《释地》云："东方有比目鱼焉，不比不行，其名谓之鲽鲽；南方有比翼鸟焉，不比不飞，其名谓之鹣鹣。"此取《管子》之文也。又云："邛邛岠虚，负而走，其名谓之蟨。"此取《吕氏春秋》之文也。又云："北方有比肩民焉，迭食而迭望。"《释地》云："河出昆仑墟。"此取《山海经》之文也。《释诂》云："天帝皇王后辟公侯。"又云："洪廓宏溥介纯夏帆。"《释天》云"春为青阳"至"谓之醴泉"，此取《尸子》之文也。《释鸟》曰："爰居杂县。"此取《国语》之文也。如是之类，不可殚数。盖亦《方言》、《急就》之流。特说经之家，多资以证古义；故从其所重，置之经部耳。

就纪氏所言观之，则《尔雅》不但非"经"，且亦非"传"、"记"，不过西汉时好学之士，辑取经子诸书训诂名物之文，编为类书，以便参检；而后儒竞相推挹，竟以为周公所作，孔子所增，抑何可笑？

梁启超《二戴礼记解题》一文，曾附论《尔雅》，今亦录之如下：

> 是书盖本为《记》百三十一篇中之一篇或数篇，而大戴曾采录之；张揖《进广雅表》所谓"《尔雅》一篇，叔孙通撰置《礼记》，文不违古"也。臧庸列举汉人引《尔雅》称《礼记》之文：如《白虎通·三纲六纪篇》引"《礼亲属

记》"文，见今《尔雅·释亲》；《孟子》"帝馆甥于贰室"，赵岐注引《礼记》，亦《释亲》文；《风俗通·声音篇》引《礼乐记》，乃《尔雅·释乐》文；《公羊》宣十二年何休注引《礼记》，乃《尔雅·释水》文：此尤《尔雅》本在《礼记》中之明证也。刘歆欲立古文学，征募能为《尔雅》者千余人，讲论庭中；自此，《礼记》中之《尔雅篇》，不知受几许捍扯附益，乃始彪然为大国，骎骎与六艺争席矣！

梁氏谓《尔雅》本在《记》百三十一篇中，举臧庸之言为证（臧氏尝辑《尔雅古注》；梁氏所引，即见臧氏此书之序文中），其说诚是。但即以《尔雅》与《礼记》四十九篇相较，其价值尚在《大学》、《中庸》诸通论下耳。

（三）《尔雅》为古文说

《尔雅》，非经书也；故其本身无今古文之纠纷。但所辑录，则多古文说。如训诂以《毛诗》为主；《释山》五岳与《周礼》合，与《尧典》、《王制》异；《释地》九州与《禹贡》异，与《周礼》略同；《释乐》与《周礼》同；《释天》及祭名均与《王制》异，与《毛诗》、《周礼》合。古文说起于西汉哀平之世；窃疑此书之成，当在古文说已行之后；或前此已有草创，尚未完成，刘歆特加提倡，又有增益；纪昀谓其书当在毛亨前，或犹嫌过早也。惟《毛传》之时代亦可疑；（见本书第三编第一章）纪氏以《毛传》之时代定《尔雅》之时代，恐亦未为得耳。

（四）《尔雅》注本

《十三经注疏》，《尔雅》用郭璞注，邢昺疏。郭氏去汉未远，所见之书，尚多古本；注亦可观。后人虽迭为补正，而宏纲大旨，终不出其范围。《邢疏》所引古书，如《尸子·广泽篇》、《仁意篇》等，亦非今人所及见。但如陆氏《释文》所载犍为文学李巡樊光之古注，尚多所遗漏。清郝懿行有《尔雅义疏》，邵晋涵有《尔雅正义》，皆《尔雅》之新疏，远胜邢氏之书，可谓能尽《尔雅》训诂之长矣。《尔雅》为训诂名物之书，读之，每苦其枯燥；《尔雅》之注之疏，直是为训诂作训诂，于名物亦考证再三，枯燥之外，更病烦琐矣。苟非欲于训诂考证之学，作专门之研究者，虽不读可也。

（五）广雅

述说《尔雅》解题既毕，有不得不附带提及者，为类于《尔雅》之《广雅》。魏张揖因《尔雅》旧目，博采《三仓》、《方言》、《说文》诸书以广之。以较《尔雅》，可谓后来居上，隋曾宪为作《音释》，以避炀帝之讳，改名《博雅》。王念孙又为作《疏证》。其精博，可谓能集训诂考证之大成。故吾辈今日，与其读《尔雅》，不如读《广雅》之所得愈多也。至于宋人陆佃之《埤雅》（初名《物性门类》），虽亦因名物以求训诂而旁通于经义，但已不及《广雅》本书，且无如王念孙者为之作疏证也。

第四章 仪礼述要

《仪礼》所记为古代之礼仪，在现代不复通行，故除研究古代礼俗史，可用作资料外，殊无再加精读之必要。兹但就冠、昏、丧、祭、射、乡、朝、聘八纲，参以《礼记》中有关各篇，说明其大要而已。《十三经注疏》，《仪礼》用刘向本；今依其次叙，述说如次。

一、冠礼

《仪礼》首篇为《士冠礼》，详述加冠时之陈设、仪式及所致之辞。《礼记·曲礼》曰："二十曰'弱'，冠。"又曰："男子二十，冠而字。"是"冠"者，二十成人，为之加冠，并命以"字"也。《礼记·冠义》曰："故冠而后服备，服备而后容体正，颜色齐，辞令顺，故曰，冠者，礼之始也。"又曰："已冠而字之，成人之道也。见于母，母拜之；见于兄弟，兄弟拜之；成人而与为礼也。玄冠玄端，奠挚于君，遂以挚见于乡大夫，乡先生，以成人见也。成人之者，将责成人礼焉也。责成人礼焉者，将责为人子、为人弟、为人臣、为人少者之礼行焉。将责四者之行于人，其礼可不重欤？……

故曰，冠者，礼之始也，嘉事之重者也。是故古者重冠。"是则古人所以特重冠礼，在示其为成人之始耳。冠礼而名之曰"士"，何也？《士冠礼》后《记》曰："无大夫冠礼，而有其昏礼。古者五十而爵，何大夫冠礼之有？公侯之有冠礼也，夏之末造也。天子之元子，犹士也，天下无生而贵者也。"则大夫之所以无冠礼，因古者五十而爵，冠时尚未爵为大夫；而夏末公侯亦有冠礼，天子之元子亦犹士；则冠礼之不限于士明矣。吾乡先辈夏伯定丈曾为其子行古冠礼，观礼者远近云集。窃谓古今礼俗不同，冠礼久废，亦不必强复之于今日；惟男子二十成人以后，当知礼仪，求自立，此则冠礼之要旨，百世而不改者也。

二、昏礼

次篇为《士昏礼》，本篇疏引郑玄《目录》曰："士娶妻之礼，以昏为期，因而名焉。"又《礼记·经解》注曰："昏姻，谓嫁取也。壻曰昏，妻曰姻。"疏曰："壻则昏时而迎，妇则因而随之，故云壻曰昏，妻曰姻。"是"婚"字本作"昏"，后乃加"女"而成"婚"字也。古婚礼有六：一曰"纳采"。《士昏礼疏》曰："纳采言'纳'者，以其始相采择，恐女家不许，故言纳。"二曰"问名"，问名者，问女子之名，将归卜其吉凶也。三曰"纳吉"。归卜于庙，既得吉兆，乃又往告女家，婚姻之事，于是始定。四曰"纳征"。征者，成也。纳币于女家，以成婚礼，故曰纳征。五曰"请期"。期者，婚期。男家既卜得吉期，告之女家，并征求同意，故曰请期。六曰"亲迎"。及婚期，新郎亲往迎新妇，归而合卺，婚礼乃完成焉。《士昏礼》记此六礼甚详尽。《礼记昏义》曰："昏礼者，将合二姓之好，上以事宗庙，而下以继后世也，故君子重之。"又曰："敬慎重正而后亲之，礼之大体，所以成男女之别，而立夫妇之义也。男女有别，而后夫妇有义；夫妇有义，而后父子有亲；父子有亲，而后君臣有正。故曰：昏礼者，礼之本也。"我国清末之旧婚礼，虽已与古礼不同，而六礼之遗型独存。今则婚姻自主，不复重父母之命，媒妁之言，而订婚、结婚，仅有二礼矣。必欲去今礼而复古礼，非特难能，抑且不必。况古礼重卜，重媒，重父母之命，而置男女本人之情意是否相投于不顾，其当改革，亦情理之当然。惟婚姻为终身大事，草草成之，亦非慎重之道。且离婚重婚，层见叠出；旧多怨耦，今多弃妇；婚姻之礼废，夫妇之道苦，要亦非社会家庭之福也。

三、相见礼

第三篇为《士相见礼》。此古代士初相见之礼也，非冠，非婚，故本编第一章《仪礼》篇次表中，附之于"乡射"一类，以其记宾主之礼，与乡饮酒相类也；但终不得谓之为"乡礼"，故又特列为一项焉。古人重初相见之礼，故必有"介"，必有"挚"。介者，介绍，非有人介绍，不得见也。"挚"，字亦作"贽"，执以见人之礼物也；非有物为挚，不得见也。士初相见之挚，冬用雉，夏用脯；下大夫用雁，上大夫用羔；均见本篇中。则相见之礼，亦不限于"士"矣。本篇记相见之礼节亦甚详，末更记见君之礼焉。其曰："与君言，言使臣；与大人言，言事君；与老者言，言使弟子；与幼者言，言孝弟于父兄；与众言，言孝弟慈祥；与居官者言，言忠信。"则择言而进，亦甚合于人情世故矣。

四、乡礼

《乡饮酒礼》与《乡射礼》，序列第四、第五。《礼记·乡饮酒义》疏引郑玄《目录》曰："名曰《乡饮酒义》者，以其记乡大夫饮宾于庠序之礼，尊贤养老之义也。"盖乡饮酒有四：三年大比，乡大夫献贤者能者于其君，将行，以宾礼待之，与之饮酒，一也；贤大夫饮国中贤者酒，亦以宾礼待之，二也；州长会民习射，而饮之酒，三也；党正蜡祭饮酒，以敬老者，四也。乡射之前，皆先行乡饮酒礼，故二者皆属"乡礼"；但《乡射礼》所记者射时之礼，故又兼属于"射礼"焉。《礼记·乡饮酒义》谓乡饮酒时，主人拜迎宾于庠门之外，三揖而入，三让而升，所以致尊让；盥洗扬觯，所以致洁；至、洗、受、送，皆拜，所以致敬。相接以尊让则不争，挈敬则不慢；不慢、不争，则远于斗辨，而无暴乱之祸矣。故云："非专为饮食也，为行礼也。"又曰："乡饮酒之礼，六十者坐，五十者立侍以听政役，所以明尊长也；六十者三豆，七十者四豆，八十者五豆，九十者六豆，所以明养老也；民知尊长养老，而后乃能入孝弟，民入孝弟，出尊长养老，而后成教；成教，而后国可安也。君子之所谓孝者，非家至而日见之也；合诸乡射，教之乡饮酒之礼，而孝弟之行立矣。孔子曰：'吾观于乡，而知王道之易易也。'"观此，可见乡礼之精义。《乡饮酒礼》与《乡射礼》之仪式，详见《仪礼》中。此二种古礼，今虽不能复行，窃谓地方自治之坊镇乡村中，当改其仪而师其意，庶可养成民众尊贤养老之良好观念与风俗焉。

五、射礼

《礼记·射义》曰："古者诸侯之射也，必先行燕礼；卿大夫士之射也，必先行乡饮酒之礼。故燕礼者，所以明君臣之义也；乡饮酒之礼者，所以明长幼之序也。"《仪礼》列《乡饮酒礼》于《乡射礼》之前，列《燕礼》于《大射礼》之前，盖以此也。故以礼之性质言，则《乡饮酒礼》与《燕礼》，皆燕饮之礼；《乡射礼》与《大射礼》，皆射礼也。以行礼之地与人言，则乡饮酒与乡射为乡礼；燕礼与大射为邦国之礼矣。《射义》又曰："故射者，进退周旋必中礼；内志正，外体直，然后持弓矢审固；持弓矢审固，然后可以言中；此可以观德行矣。"又曰："射者，仁之道也；射求正诸己，己正而后发；发而不中，则不怨胜己者，反求诸己而已矣。"又引孔子曰："君子无所争，必也射乎？揖让而升，下而饮，其争也君子。"故射，非但竞技而已；所以习礼而成德也。《射义》又记孔子故事曰："孔子射于矍相之圃，盖观者如堵墙。射，至于司马，使子路执弓矢出延射曰：'贲军之将，亡国之大夫，与为人后者，不入；其余皆入。'盖去者半，入者半。又使公罔之裘、序点扬觯而语。公罔之裘扬觯而语曰：'幼壮孝弟，耆耋好礼，不从流俗，修身以俟死者，不在此位也？'盖去者半，处者半。序点又扬觯而语曰：'好学不倦，好礼不变，旄（同耄）期称道不乱者，不在此位也，'盖廑（同仅）有存者。"是选射侣亦以德行为上矣。故不但《燕礼》君为主，臣为宾，升降拜揖，其仪甚繁；《大射礼》亦以君臣为主宾，而射之前后，皆饮酒，其仪式更繁于《燕礼》也。古之射礼虽不能复行于今日；而现代赛球及其他体育比赛，似亦宜参以古射礼之精意，庶可于提倡运动之中，寓观德明礼之旨欤？

六、聘礼

聘者，诸侯国邦交之礼也。《礼记·聘义》谓聘礼所以致敬让，诸侯相接以敬让，则不相侵凌。又谓聘射之礼，质明而始行事，日几中而后礼成，非强有力者弗能行。故强有力者，将以行礼也。酒清，渴而不敢饮；肉干，饥而不敢食；日暮，人倦而不敢懈惰；此众人之所难，而君子行之。故所贵于勇敢者，贵其能行礼也。故勇敢强有力者，天下无事，则用之于礼义；天下有事，则用之于战胜；用之于战胜则无敌，用之于礼义则顺治；外无敌，内顺治，此之谓盛德。如此则民顺治而国安云云。此论似颇迂怪。细按之，则如现代之施军事训练于学校，亦所以锻炼其体格意志，使强有力而勇敢，训练有成效，则平时可以养成整齐严肃之风纪，一旦国家有事，则莘莘学子亦能执干戈以卫社稷矣。此虽为聘射之礼发，而实不仅为聘射发也。行聘礼时，有介，有摈。介，所以相宾；摈，所以相主；而介与摈，皆不止一人：所谓"上公七介，侯伯五介，子男三介"，"卿为上摈，大夫为承摈，士为绍摈"，是也。聘必以圭璋者，君子比德于玉之意也（"温润而泽，仁也；积密以栗，知也；廉而不刿，义也；垂之如队，礼也；叩之，其声清越以长，其终诎然，乐也；瑕不掩瑜，瑜不掩瑕，忠也；孚尹旁达，信也……圭璋特达，德也；天下莫不贵者，道也。"见《聘义》）。已聘而还之，轻财而重礼之义也。现代国际外交之礼节，与古之聘礼迥异，要亦有其仪式，有其意义也。

七、朝礼

《聘礼》之后,有《公食大夫礼》,诸侯飨大夫之礼也;有《觐礼》,诸侯见于天子之礼也;以广义言之,皆君臣相见之礼,属于"朝"礼者也。公之食大夫也,宾至,迎之于大门之内;宾退,送之于大门之内;升降拜揖,皆以宾主之礼,不以君臣之故而略之也。诸侯之觐天子也,至郊,则天子使使,皮弁,用璧劳之;及见,大国诸侯,异姓曰伯舅,同姓曰伯父;小邦诸侯,异姓曰叔舅,同姓曰叔父;先觐而后飨之,不以君臣之故而忽之也。盖尊卑者,君臣之分;主宾尽仪者,君臣之礼也。此可以见古代君臣之间,尚不甚悬隔矣。

八、丧礼

《仪礼》之言丧礼者,有《丧服》、《士丧礼》、《既夕礼》、《士虞礼》四篇;《礼记》之言丧礼者,有《曾子问》、《丧服小记》、《杂记》上下、《丧大记》、《丧服大记》、《奔丧》,《问丧》、《间传》、《三年问》、《丧服四制》十篇;儒家之重丧礼,于此可见。《丧服》记居丧衣服年月亲疏隆杀之礼。《士丧礼》记士丧父母自始死至殡之礼。《既夕礼》为《士丧礼》之下篇;既,已也,既夕,谓先葬二日,已夕哭时,与葬间一日也。《士虞礼》记既葬后之礼;虞,安也,既葬父母,迎神而反,日中祭之于殡宫,以安之也。此四篇所记丧礼极繁琐,且大多已不通行。惟丧服尚有沿用之者,其服制名称,尤常见于一般讣告中。《丧服》本文原极简,而其下有《传》以释之;此《传》旧谓孔子弟子卜商字子夏者所作;但

《易传》亦题子夏作，先儒有疑子夏为韩婴、丁宽者（婴、宽皆字子夏），则作《丧服传》之子夏果为卜商否，似亦不无问题也。

九、祭礼

《仪礼》之《特牲馈食礼》、《少牢馈食礼》、《有司彻》三篇，皆祭礼也。《礼记》之《郊特牲》、《祭法》、《祭义》、《祭统》四篇，皆祭礼之记也。特牲馈食者，诸侯之士岁时祭祖庙之礼也。少牢馈食者，诸侯之卿大大祭其祖祢于庙之礼也。《有司彻》，既祭，傧尸于堂之礼，为《少牢馈食礼》之下篇。祭本不限于祭祖，天神、地祇亦各有其祭礼；特《仪礼》十七篇中，记祭礼者，仅此三篇而已。《中庸》曰："郊社之礼，所以事上帝也；宗庙之礼，所以祀乎其先也；明乎郊社之礼，禘尝之义，治国其如示诸掌乎！"郊社，祭天地神祇之礼；禘尝，祭祖先人鬼之礼。此言祭礼之重要，与治国有密切之关系也。《祭义》曰："唯圣人为能飨帝，孝子为能飨亲。飨者，乡（同向）也；乡之，然后能飨焉。"此言必有向往之诚意，方能祭鬼神也。《论语》曰："祭如在；祭神如神在。"有向往之诚意，故祭鬼神时，如有鬼神在也。《中庸》所谓"洋洋乎如在其上，如在其左右"者，即此意也。孔子答子路曰："未能事人，焉能事鬼？""未知生，焉知死？"（见《论语》）答子贡曰："欲知死后有知无知；死，徐自知之，未为晚也。"（见《说苑》）其于鬼神似抱怀疑态度者。而于祭礼，独隆重如此。墨子讥其"犹无鱼而下网，无客而行客礼"，其以此欤？《祭统》曰："凡治人之道，莫重于礼。礼有五经，莫重于祭。夫祭者，非物自外至者也。自中出，生于心者也。心怵而奉之以礼，是故唯贤者能尽祭之义。"又曰："贤者之祭也，必受其福。非世所谓福也。福者，备也；备者，百顺之名也。无所不顺者谓之备，言内尽于己而外顺于道也。"故所以重祭礼者，欲人能致其诚敬而已，故可以为"教之本"，为治国之本也。

十、《丧服》原文举例

《仪礼》十七篇之大意既摘述如上，兹更举《丧服篇》斩衰一条为例：

丧服。斩衰裳，苴绖、杖、绞带，冠绳缨，菅屦者：

传曰："斩者何？不缉也。苴[绖]者，麻之有蕡者也。苴绖，大搹，左本在下，去五分一以为带。齐衰之绖，斩衰之带也，去五分一以为带；大功之绖，齐衰之带也，去五分一以为带；小功之绖，大功之带也，去五分一以为带；缌麻之绖，小功之带也，去五分一以为带。苴杖，竹也；削杖，桐也。杖各齐其心，皆下本。杖者何？爵也。无爵而杖者何？担主也。非主而杖者何？辅病也。童子何以不杖？不能病也。妇人何以不杖？亦不能病也。绞带者，绳带也。冠绳缨，条属，右缝。冠六升，外毕，锻而勿灰；衰，三升。菅屦者，菅菲也，外纳。居倚庐，寝苫，枕块；哭，昼夜无时；歠粥，朝一溢米，夕一溢米；寝，不说绖带。既虞，剪屏，柱楣，寝，有席，食疏食，水饮，朝一哭，夕一哭而已。既练，舍外寝，始食菜果，饭素食，哭无时。"

父；

传曰："为父，何以斩衰也？父，至尊也。"

诸侯为天子；

传曰："天子，至尊也。"

君；

传曰："君，至尊也。"

父为长子；

传曰："何以三年也？正体于上，又乃将所传重也。庶子不得为长子。"

为人后者，

传曰："何以三年也？受重者必以尊服服之。何如而可为之后？同宗则

可为之后。何如而可以为人后？支子可也。"

为所后者之祖、父、母、妻；

"妻之父母、昆弟、昆弟之子，若子。"

妻为夫；

传曰："夫，至尊也。"

妾为君；

传曰："君，至尊也。"

女子在室，为父，布总、箭笄、髽衰、三年；

传曰："总，六升，长六寸；箭笄长尺，吉笄尺二寸。子嫁，反，在父之室，为父三年。"

公士大夫之众臣，为其君，布带绳屦。

传曰："公、卿、大夫、室老、士，贵臣；其余，皆众臣也。君，谓有地者也。众臣、杖，不以即位。近臣，君服斯服矣。绳屦者，绳菲也。"

本篇首列"丧服"二字，统摄全篇；此节所记，为丧服中最重之"斩衰"。原文"经"与"传"连书，颇病夹杂，故分行录之。按《仪礼》所以难读，其最大之原因，在古代之名物不与今同。即本节

所举各种服物之名，几皆不复见于今日社会中，非检阅笺注，殆茫然不知所谓矣。如"斩衰裳"，凡服，上曰"衰"，下曰"裳"；衰与裳，皆斩而不缉，故曰"斩衰裳也"。"苴绖、杖、绞带"，言以苴麻为绖与绞带，以苴竹为杖也。"黂"，麻子也。"苴麻"，麻之结实者（对本篇下节之"牡麻"而言；麻之不结实者曰牡麻）。绖有二：在首者，以代缁布冠，曰"首绖"；在腰者，以代大带，曰"腰绖"。绞带，以麻绞绳为带，所以代革带者。传云"大搹"者，搹即把，言其大适为中人之一把，径约三寸，此指腰绖之阔度。又云"去五分一以为带"者，带之阔度为腰绖之五分之四也。"齐衰"、"小功"、"大功"、"缌麻"，其绖与带之阔度，各有等差，故传云尔也。"下本"，根在下也。"苴杖"以竹为之，"削杖"以桐为之，亦见《礼记·问丧》。"齐其心"，言杖之长度，适齐胸前。"担主"谓嫡子为丧主者。"非主"，指众庶子。成人因父母丧而哀毁；童子妇人则否，故曰"不能病"。"杖者何……亦不能病也"数句，亦见《礼记·丧服四制》。"绳缨"，谓以麻绳为冠缨。"属"，缀着也，"右缝"，别于"小功"以下之冠左缝者。古以布五十缕为"升"。"冠六升"，"衰三升"，则冠布之细，倍于衰布；但言"衰"者，举衰以包裳也。"外毕"者，前后两毕之末，向外摄缝之也。"锻"、"灰"，皆指布之练治而言。"菲"为"扉"之借字，即"屦"也，谓草制之履。"外纳"，向外编之。"倚庐"，门外倚木为庐，孝子所居。"寝苫枕块"，言编藁而寝，以土块为枕。"一溢米"，约一升。"说"，同脱。"虞"，即《士虞礼》之"虞"。"翦屏柱楣"者，谓改其倚庐，翦去草屏上之余草，以柱支其前梁，西向开户也。居丧，十三月而祭，曰小祥，服练；"既练"，小祥之后也。本节"斩衰裳……菅屦者"句，记最重之丧服之服物，最为难解。其下列举应服斩衰之丧者：子为父，一也；诸侯为天子，二也；

臣为君，三也；父为长子，四也；为人后者为其所后之人之祖，或父，母，或妻，五也；（旧解以"为所后者之祖父母妻"九字连下为传文。如此，则"为人后者"四字不成句，意亦不完。"妻之父母昆弟昆弟之子，若子"者，乃传推经文之意而言之也。）妻为夫，六也；妾为君，七也；女子在室为父，八也；众臣为其君，九也。"女子在室"，谓未嫁或已嫁而大归者。"布緫"，以布束发；"箭笄"，以竹为笄；"髽"，露紒也，自顶而前，交于额，亦以麻布为之。此三者为妇女丧服之首饰，当统承上文"妻"、"妾"而言。"公士"，"卿士"也。"众臣"，别于"贵臣"、"近臣"而言也。以此节为例，可以晓《仪礼》难读之故矣。

"斩衰"，为丧服之最重者，其期三年；次曰"齐衰"（"齐"读若咨。衰裳加以缝缉者曰"齐衰"），其期期年；次曰"大功"（上二服，皆以粗麻布为衰裳；功服则以较细之布为之，大功谓其布但加粗大之功不善治练之者），其期九月；次曰"小功"（小功谓其布加较精细之功以治练之者），其期六月；次曰"缌麻"（以熟练之细麻布为衣，故曰缌麻），其期三月；是为"五服"。五服以所服之麻布之粗细，服丧期日之长短为等差；而其标准，则为服丧者与死者关系之亲疏。此丧服之大略也。《论语》记宰予欲短三年之丧为期之丧；孔子答以"子生三年，然后免于父母之怀"云云，此父母丧所以定为三年之理由。但三年丧制，古代曾否见之实行，是否孔子理想的制度，则近人尚多歧说耳。

第五章　礼记述要（上）

　　《礼记》四十九篇，刘向《别录》分之为八类：（一）通论，（二）制度，（三）明堂阴阳，（四）丧服，（五）子法，（六）祭祀，（七）吉事，（八）乐记。梁启超又分之为五类：（一）通论礼意及学术者，（二）专释《仪礼》者，（三）杂记孔子及弟子时人杂事问答者，（四）记古代制度礼节，略带考证性质者，（五）记格言者。此在本编第二章中已详述之矣。《礼记》者，礼之记也，故其始，当以释《仪礼》诸篇为主：如《冠义》、《昏义》、《乡饮酒义》、《燕义》、《射义》、《聘义》、《丧服四制》、《祭义》八篇，固与《仪礼》诸篇有直接之关系；《丧服小记》、《丧大记》、《丧服大记》、《奔丧》、《问丧》、《间传》、《服问》、《三年问》、《杂记》上下、《曾子问》、《郊特牲》、《祭法》、《祭统》十四篇（《礼记》篇目中无《丧服大记》、故此十四篇，目仅十三篇），亦与《仪礼》有间接之关系，此皆读《仪礼》时，最好之参考资料。余如《王制》、《礼器》、《玉藻》、《大传》、《月令》、《明堂位》、《少仪》、《文王世子》、《内则》、《投壶》、《谋衣》及《曲礼》之一部分，记古代制度礼仪之十三篇，虽与《仪礼》无甚关系，但与上述之二十二篇，同为记制度礼俗者，此广义之"礼"也。以上三十五篇，为古代文化史学术史之史料；因制度礼俗为文化最重要之部分，即诸篇所记为作者之理想而非事实，在古代学术思想史上亦自有其重大之价值也。故梁氏所分第二第四两类实可括为一类。梁氏列为第三类者，有《仲尼燕居》、《孔子闲居》、《哀公问》、《檀弓》上下及《曾子问》（此篇内容为丧礼，故两见）六篇，至其第五类所云格言之记录，则散见于各篇中者，此皆记礼之附录而已。此外十篇，曰《礼运》、《经解》、《乐记》、《大学》、《中庸》、《学记》、《儒行》、《坊记》、《丧记》、《缁衣》，则通论礼意或学术，梁氏列为第一类者，在当初辑《礼记》之人，或亦只认为附录，而儒家学术思想之精意存焉。故除第一类三十四篇为"文化学术史料"外，第二类五篇可目之为"孔门杂事"，第三类十篇可目之为"儒家通论"，《礼记》全部各篇，可统括于此三大类中。当时辑《礼记》者，或以第一类为其主；今日读《礼记》者，则当以第三类为主也。兹就第三类之十篇中，择其尤要者四篇，分述大意如次：

一、礼运

此篇首段论"大同"、"小康"，可以见孔子之政治理想。其文曰：

> 昔者仲尼与于蜡宾；事毕，出游于观之上，喟然而叹。仲尼之叹，盖叹鲁也。言偃在侧，曰："君子何叹？"孔子曰："大道之行也，与三代之英，丘未之逮也，而有志焉。大道之行也，天下为公，选贤与能，讲信修睦，故人不

独亲其亲，不独子其子；使老有所终，壮有所用，幼有所长，矜（同鳏）寡孤独废疾者皆有所养，男有分，女有归。货，恶其弃于地也，不必藏于己；力，恶其不出于身也，不必为己。是故谋闭而不兴，盗窃乱贼而不作，故外户而不闭。是谓大同。今大道既隐，天下为家，各亲其亲，各子其子，货力为己，大人世及以为礼，城郭沟池以为固，礼义以为纪，以正君臣，以笃父子，以睦兄弟，以和夫妇，以设制度，以立田里，以贤勇知，以功为己。故谋用是作，而兵由此起。禹、汤、文、武、成王、周公，由此其选也。此六君子者，未有不谨于礼者也；以著其义，以考其信，著有功，刑仁讲让，示民有常；如有不由此者，在执者去，众以为殃，是谓小康。"

此段论"大同"、"小康"之治，极为明白。"大道之行"，指"大同"；"三代之英"即禹、汤、文、武、成王、周公六君子，指"小康"。大同与小康之比较，前者"天下为公，选贤与能"；后者"天下为家"，"大人世及"。天下为公，故"人不独亲其亲，不独子其子"，货不必藏于己，力不必为己；天下为家，故人亦"各亲其亲，各子其子，货力为己"。此无他，公私之别而已。是故大同之世，谋不作而乱不起；小康之世则谋作而兵起矣。设为城郭沟池以固之，贤勇知著有功以奖之，立制度田里以安之，刑仁讲让以倡之，无非欲守其已得之天下而已。故行大道则为大同，谨礼则为小康。小康之治，三代之英所曾实现者也；大同之治，则孔子最高之政治理想，托之于尧舜者也。孔子之时，周衰鲁弱，又无所凭借以发挥其政治之抱负，不但大道之行之大同，终成幻想之乌托邦，即小康亦未之逮，此其所以喟然长叹也。此段论大同，与《论语》赞尧舜之巍巍荡荡，焕乎有文，南面恭己，无为而治，及《中庸》论笃恭而天下平之盛，正可互证，而所说更为具体；即本篇非孔子亲撰，要亦言偃之徒记述所闻，其为儒家政治理论之结晶，固无可否认者也。近人吴虞以"打孔家店"自豪，揶揄挦扯，惟恐不至；《礼运》大同之说，则强归之于道家之老子，以为孔子决不能有此高超之理想。孔、老同时，何以老子独能有此高超之理想？以今存《老子》为据耶？不知此书乃战国时人所依托，汪中《述学》已先我言之矣。吴氏必欲抑孔尊老，适足见其成见之偏狭耳。康有为则尊孔子矣。然其所作《大同书》，取近世社会主义者言，附会《礼运》，如以"各尽所能，各取所需"释力不必为己，货不必有诸己；以养老院、托儿所、残废院，释老有所终，幼有所长，废疾者皆有所养；如训"归"为"馈"，以"女有归"为女子经济独立；则又康氏之大同说，而非《礼运》之大同说矣。吴、康二氏，抑孔尊孔，虽似相反，而其以己见诬孔则一也！

二、大学

《大学》之作者，已不可考；然尝引曾子语（曾子曰："十目所视，十手所指，其严乎！"），则似出于孔子再传弟子之手；因曾子在孔子弟子中，年最少也。此篇为儒家之政治理论，以德治为主旨。《论语》记孔子之言，一则曰："为政以德，譬如北辰，居其所而众星拱之。"再则曰："道之以德，齐之以礼，有耻且格。"三则曰："政者，正也，子率以正，孰敢不正？"四则曰："苟正其身矣，于从政乎何有？不能正其身，如正人何？"《大学》论政，即从孔子德治之主张，引申而成有系统之文章者也。首段为全篇总论，录之以见一斑：

大学之道，在明明德，在亲民，在止于至善。知止而后有定，定而后能静，静而后能安，安而后能虑，虑而后能得。物有本末，事有终始，知所先后，则近道矣。古之欲明明德于天下者，先治其国；欲治其国者，先齐其家；欲齐其家者，先修其身；欲修其身者，先正其心；欲正其心者，先诚其意；欲诚其意者，先致其知；致知在格物。物格而后知至；知至而后意诚；意诚而后心正；心正而后身修；身修而后家齐；家齐而后国治；国治而后天下平。自天子以至于庶人，壹是皆以修身为本。其本乱而末治者，否矣；其所厚者薄，而其所薄者厚，未之有也。此谓知本，此谓知之至也。

"明明德"、"亲民"、"止至善"为《大学》三纲领，"格物"、"致知"、"诚意"、"正心"、"修身"、"齐家"、"治国"、"平天下"为《大学》八条目。此三纲八目中，"亲民"与"格物致知"，解者不同，当先加以说明：

"亲民"有二解。朱子读"亲"为"新"，本之程子。按《尚书·金縢》之"新逆"，即"亲逆"，谓成王亲迎周公。"亲"之作"新"，正"新"可作"亲"之反证。下文引《汤盘铭》之"苟日新，日日新，又日新"，《康诰》之"作新民"，《诗》之"周虽旧邦，其命维新"，皆新民之义。此一解也。王守仁谓"亲"字当如字读。下文所谓"民之所好好之，民之所恶恶之"，即亲民之意。亲民不但上亲其民，民亲其上而已；下文所云"上老老而民兴孝，上长长而民兴弟，上恤孤而民不倍"（同背，谓不背死者），即《孟子》所谓"人伦明于上，小民亲于下"；民自相亲，亦是亲民，此又一解也。按"新民"者，谓教化人民，使能日新其德，其意可兼包"亲民"。二说当以前者为长。

"格物致知"亦有二解。朱子以"即凡天下之物,莫不因其已知之理而益穷之,以求至乎其极"为格物致知;"至于用力之久,一旦豁然贯通,则诸物之表里精粗无不到,而吾心之全体大用无不明"为"物格知至"。盖谓知识得自经验,须先就个别之事物一一求之,及一旦豁然贯通,方能悟出大道理来,其方法为归纳的。此一解也。王守仁训"格"为"正",犹《孟子》"惟大人为能格君心之非"之"格"。"致知"者,致吾心之"良知";"格物"者,去外物之诱蔽。良知为吾心所固有,无待外求;但为外物所蔽,则如日之有云,镜之有尘,昏昧而不明。欲致良知,须先格物。故其四句教有曰:"知善知恶是良知;为善去恶是格物。"此又一说也。窃谓"格物"之"格",当从陈澧之说,训之为"至"。"格物"者,谓事事物物,皆躬亲历至之也。"物"字所包至广,内而曰意、曰心、曰身,物也;外而曰家、曰国、曰天下,亦物也;诚、正、修、齐、治、平,事也,事亦物也。推而广之,则君臣、父子、兄弟、夫妇、朋友,以至官吏、将士、教师、医生……一切位与职,皆物也;君之仁民、臣之敬事、父母之慈幼、子母之孝亲、兄弟之相友、夫妇之相爱、朋友之以信相交,以至官吏之执行政务、将士之捍卫国家、教师之教授生徒、医生之治疗疾病……一切尽其职责之行为,皆事也,事亦物也。事非经过不知难,亦非经过不能有真知灼见,故曰"致知在格物","物格而后知至"也。然则"格物致知",犹俗云"从阅历中增长见识"而已。此语至为浅近,亦至为切实。本篇下文,于三纲六目,皆一一加以申述,而独不及格物致知者,正以其语易晓,不待繁言而解也。解者过于深求,反多异说,朱子又以为有阙文,特作格致传以补之,未免多此一举矣!

"亲民"与"格物致知"之义既明,则读《大学》原文,自可迎刃而解。明明德者,自明其明德也。自明其明德,本为《中庸》"成己"之道，《论语》所谓"立己"、"达己"是也。然能明其明德于天下，则可以化民，而新其德，此即所谓"新民"，则由"成己"而"成物"，由"己立"、"己达"而"立人"、"达人"矣。"止至善"者，犹云达理想之鹄的而后止也。明明德与新民，当止于至善；格、致、诚、正、修、齐、治、平，皆当止于至善。修身以上，即自明其明德之事；齐家以下，则明明德而新民之事也。"知止"者，知止于至善也。知止，则有其理想之鹄的而意志坚定，不复动摇，夫然后能虑，夫然后能得。"物有本末"者，"身"为本，天下为末也；"事有终始"者，始于修身，终于治天下也；而格物、致知、诚意、正心，又皆修身之工夫，故欲齐家治国平天下，当先修身；欲修身，当先下工夫于格致诚正；明乎此，则"知所先后"矣。故曰"壹是皆以修身为本"。吾人所厚者莫如"身"；而"天下"者，其所薄者也；以身最亲切而天下则疏远也。能知修身为治平之本，格致为治平之先务，则"知本"矣，知本，即"知之至"矣。其所谓"知"，盖指道德意识而言；知既至，则于是非善恶之辨，闻见所及，胸早了然，且公正诚明，不涉情感，无所假饰。如一般人之恶恶臭，好好色然；稠人广坐中如此，独居时亦如此，不欺人，亦不自欺；此即所谓知至而意诚也。夫如是，心乃不为忿懥、恐惧、好乐、忧患等情感所动而不得其正；心正，则身自修矣。身既修，乃可以"刑于寡妻，至于兄弟"，以齐其家矣。常人于其所亲爱、所贱恶、所畏敬、所哀矜、所傲惰者，往往不能无好恶之偏，好之则不知其恶，恶之则不知其美；好恶既偏，则家庭从此多事矣。所以者何？曰心不正故，身未修故。故欲齐其家必先正心以修其身。我国古代以家族为国家之基础；家者，国之基本单位也；家之不齐，国何能治？德治以教化为本，不能教其家人，奚能成教于国？故欲治其国必先修身以齐其家。国者，诸侯国也；汤与文武，皆先治其国而后平天下者也。平天下莫要于絜矩之道。絜者，度也。絜矩者，即所谓"一尺之矩可以尽天下之方"也。"有诸己而后求诸人，无诸己而后非诸人"，此以己为矩，以度天下人之方不方也；"上老老而民兴孝，上长长而民兴弟，上恤孤而民不倍"，此以上为矩而纳民于方也；"民之所好好之，民之所恶恶之"，此以民之好恶为矩，而使己之好恶合乎此矩也：皆所谓絜矩之道也。次之为德本财末之辨。以德为本，不但律己然，用人亦然。"惟善以为宝"，"仁亲以为宝"，举贤而退不善，此用人以德也；休容而不娟嫉，忠信而不骄泰，此律己以德也。治天下固不能不裕财用，但须知生财之道，在生众食寡，为疾用舒，开源与节流兼筹，国用与民生并顾；若徒以聚敛为务财用之方，不但财聚民散，抑且"四海困穷，天禄永终"。《论语》记有若之言曰："百姓足，君孰与不足；百姓不足，君孰与足。"即此旨也。故"以利为利"者，病民而自利者也；"以义为利"者，利民以利国者也。《大学》全篇之旨如此，可谓能"持之有故，言之成理"者矣！

综上所述，《礼运》首段，可以见孔子最高之政治理想；《大学》全篇，可以观儒家之政治理论。大同之盛，亦惟德治足以致之。故《论语》记孔子赞舜之无为而治，曰"恭己正南面而已矣"。恭己而正南面，此仲弓所谓"居敬而行简"也。道家则只是"无为"，放任而已，无治而已，不足以言"治"，仲弓所谓"居简而行简"者是也，此儒道二家之辨。

三、中庸

此儒家论人生哲学之文也，可以与《大学》互相发明。兹亦录其首段之总论，而说明之：

> 天命之谓"性";率性之谓"道";修道之谓"教"。道也者,不可须臾离也;可离,非道也。是故君子戒慎乎其所不睹,恐惧乎其所不闻。莫见乎隐,莫显乎微,故君子慎其独也。喜怒哀乐之未发,谓之"中";发而皆中节,谓之"和"。中也者,天下之大本也;和也者,天下之达道也。致中和,天地位焉,万物育焉。

此《中庸》全篇之总论。性者,人之性;道者,人之道,教者,兼修己化人而言。"天命之谓性"者言人性,皆自然所赋予也。"率性之谓道"者,言人道当循人性之自然,非如告子"以杞柳为桮桊"之喻,戕贼人性以为仁义也。但所谓"率性"云者,又非如《伪列子·杨朱篇》所说任性纵欲也,故又曰"修道之谓教"。"人道"者,人人所共由之路,故为人所不可须臾离;如可离,则不得谓之道矣。《荀子》所谓"非天之道,非地之道,人之道也"者,即此意也。道既不可须臾离,故虽独处隐微,亦不当离道;虽不见不闻,亦不能不存戒慎恐惧之心。戒慎恐惧者,戒其勿离道,恐其或离道也。《中庸》论修道,以"慎独"为先;《大学》说诚意,亦以"慎独"为本;此宗旨之相同者。其曰"莫见乎隐,莫显乎微"者,亦即《大学》所谓"诚于中必形于外","人之视己,如见肺肝",身虽独处,犹如"十目所视,十手所指"也。喜怒哀乐之未发,性之"中"也;其已发,则情也,发而皆中节,情之"和"也。寂然不动者,人生而静之"性",其体也;感而遂通者,发于性之"情",其用也。体之中,天下之大本;用之和,天下之达道。然欲致其用之和,必先立其体之中;何以立其中?曰率天命之性而已;何以致其和?曰修率性之道而已;何以率性修道?曰慎独以诚其意而已。以慎独诚意为率性修道之始,不容须臾少懈,此即"至诚无息"之道,天地由此而运行不息，万物由此而生生不已，故曰"天地位焉，万物育焉"。人之性，天所命也；人之道，率性是也；"率性"云者，率天命之性，即法天之道也。法天者，法其至诚无息而已，此即所谓"致中和"也。故"中庸"二字之义，程子释为"不偏之谓中，不易之谓庸"；郑玄一则以庸为平常，一则以庸为用，谓用中为常道；似有歧义，实可相通。盖"用中"者，用其性之中，以发为情之和，此看似平常，而实为不易之常道也。

《中庸》大意，首段之总论已足以括之。此下皆阐挥中庸之义。第一段论中庸之难能。首言"君子而时中"（而，即能也），故其中庸为真中庸；小人不能时中，而悍然自以为中，故其所谓中庸适为反中庸耳。盖所谓"中"者，往往以时代而异；孟子称孔子为"圣之时者"，盖以此也。次言知者贤者以中庸为平凡而自谓不屑知，不屑行，愚者不肖者则又不及知，不能行（原文"道之不行也"、"道之不明也"二句，"行"、"明"二字当互易），故人之能中庸者鲜。不知中庸之道，虽似平凡，非知如舜，仁如颜回，勇如子路者不能知之且行之也。故"素隐"、"行怪"，后世有述，而孔子弗为者，以其非中庸也。"依乎中庸"之君子，往往不为一般人所称道；乃"遁世不见知而不悔"，不以世俗之毁誉而笃守中庸，此唯圣者能之耳。

第二段论中庸之道之体用。"君子之道"，即中庸也；"费而隐"者，用广大而体精微也。中庸之道，人道也，故曰"道不远人"。其小者粗者，虽夫妇之愚之不肖，亦可知之，亦能行之；其大者精者，则察（至也，极也）乎天地，虽圣人亦有所不知，所不能焉。"行远必自迩，登高必自卑"，故"君子之道，造端乎夫妇"。此即所谓"御于家邦"之化，当自"刑于寡妻"始也。刑于寡妻，则妻子好合矣；"至于兄弟"，则兄弟既翕矣；此即《大学》所谓"齐家"，可以推而致治平者也。而其道则自"修身"始。修身奈何？曰自忠恕始。"施诸己而不愿,亦勿施于人",恕也。"以所求乎子者事父,所求乎臣者事君,所求乎弟者事兄,所求乎朋友者先施之于朋友",忠也。庸德有所不足,不敢不勉也;庸言有所余,不敢尽也。言行相顾,惟知正己,不求于人,无怨无尤。居易俟命,即修身之道。此就中庸之道之小者粗者言之也。至其广大精微处,则视之不见,听之不闻,但又无乎不在,体物而不可遗;惟鬼神足以喻之。即以"孝"为例。世俗所谓孝者,身体发肤,不敢毁伤;服劳奉养,不敢懈忽;顺意承志,不敢违逆;此孝之小焉者也。必如舜与武王、周公者,乃得谓之大孝。推事死如生,事亡如存之义,于是有宗庙禘尝之礼焉。"父母者生之本,天地者人之本"(用荀子语),推祭祀祖先之义,于是有郊社之礼焉;此孝之推也,而治国之道,在其中矣。

第三段推修身以及于治国。其曰"为政在人,取人以身,修身以道,修道以仁",而仁以亲亲为大者,为本段之纲领。故治民以事亲为本,而事亲又以修身为先。天下之达道五,君臣、父子、兄弟、夫妇、朋友五伦是也,所以行之者三,知仁勇三达德是也。欲养成此三达德,当自好学、力行、知耻始。能努力于此,则虽有生知、学知、困知,与安行、利行、勉强而行之不同,及其成功则一。此修身之道也。能修身,则可以治天下国家。故为天下国家之《九经》,仍列"修身"于第一。"凡事豫则立,不豫则废",治天下先修其身,即所谓"豫"也。

第四段推论修身之道,惟在乎"诚";诚身之道,在乎"明善",此自"明"而"诚"者也。自"诚"而明者,天之道也;自明而诚者,"诚之"也,人之道也。"不勉而中,不思而得,从容中道"者,生知安行之圣人也,自诚而明者也。博学、审问、慎思、明辨,以明乎善而择之;笃行,以固执其所择之善而弗失之者,学知利行以下之众人也。自明而诚者也。自诚而明者,性也;自明而诚者,教也。至诚而能尽其性，更推而尽人之性，与物之性，赞化育，参天地者，所谓尧舜性之也，自诚而明者也；其次致曲，曲能有诚，驯至形、著、明、动、变化者，得力于修道之教也，自明而诚者也；及其成功，一也。至谓"至诚之道可以前知"，似属迷信之谈。但细按之，亦非悖理。吾人未能至诚，易为情感所蔽，有所希冀，故见事有不明耳。如能至诚，则兴亡祸福，各有因果；由因推果，如示诸掌，则诚之为用大矣。以诚修身，成己也；以诚治人，推而至于赞化育，参天地，皆成物也。盖天之高明，地之博厚，时间之悠久，其所以生物不测者，至诚不息而已。故人能至诚无息，则可以与天地参。人之性，天所命也；能与天地参，方可谓能尽其性也。夫天，不过昭昭之积，而高明无穷，可覆万物；地，不过一撮土之积，而博厚之至，可载万物；山，不过拳石之积，而可以极广大；水，不过一勺之积，而可以至不测；人处天地中，虽邈焉如沧海之一粟，苟能至诚以尽其性，独不能参天地哉？故又引《诗》，以证天之所以为天在"于穆不已"，文王之所以为文者在"纯亦不已"；"纯"即"至诚"，"不已"即"无息"也。圣人之道，高矣，大矣；待其人而后行，故非"至德"，不足以成"至道"。尊德性而道问学，思与学兼修也；温故知新，敦厚崇礼，学与行俱进也；致广大而尽精微，用与体兼明也；极高明，而道中庸，远迩高卑，大小精粗，无不到也；故能居上不骄，为下不倍，言足以兴而默足以容；此君子所以成其至德也。如此，则似可以议礼制度考文矣。虽然，有德无位，亦不敢作焉。何以故？以虽善不尊，不尊不信，不信，民弗从故。此犹夏殷之礼，虽善无征，无征不信，不信民弗从也。如至德而居上位，以作礼乐，本诸身，征诸民，上考之于三王而不缪，下俟之于百世之圣人而不惑，则天地鬼神亦将顺之，故能动为天下道，行为天下法，言为天下则，近悦而远来，有誉于天下矣。

末段对于孔子之道，备致赞扬。首言仲尼远法尧舜，近法文武，上法天，下法地；故其道，广大如天地，悠久如四时，光明如日月，备圣（聪明睿知）、仁（宽裕温柔）、义（发强刚毅）、礼（齐庄中正）、智（文理密察）五德，足以有临、有容、有执、有敬、有别；言其大，则溥博如天；言其深，则渊泉如渊；见而民莫不敬，言而民莫不信，行而民莫不悦；是以声名洋溢乎中国，施及蛮貊，普天之下，血气之伦，莫不尊亲，故可以"配天"。唯天下之至诚，方能如此耳。此其诚仁，其精深博大，非聪明圣知达天德者，固不足以知之也。不知亦何害？君子之道固暗然而日章者。君子之道，淡而不厌，简而文，温而理；故必知远与近、知凡与目、知微与显者，方可以入德也（原文作"知远之近、知风之自、知微之显"。此用俞樾说。"风"，凡也；"自"，目之误也；三"之"字与《考工记》"作其鳞之而"句之"之"字同，作"与"字解）。君子之所不及者，正唯人所不见之"慎独"工夫也。能不愧于屋漏，故能不动而敬，不言而信。故能行"不言之教"，"无为之治"，不待赏罚而民自化之，以致"笃恭而天下平"之盛，故以声色化民，尚着痕迹；以"如毛"喻德，尚落言诠；君子之化民，直如上天之化育万物，无声无臭也。

《中庸》者，于思之所作也。子思穷居于宋而作《中庸》，见于《史记·孔子世家》。按《论语》记孔子曰："夏礼吾能言之，杞不足征也；殷礼吾能言之，宋不足征也。"《中庸》亦引此语而稍易其辞曰："吾说夏礼，杞不足征也；吾学殷礼，有宋存焉。"不云"宋不足征"而云"有宋存"者，为宋讳也。此子思居宋作《中庸》之明征。子思，孔子之孙，曾子之弟子也；家学渊源，师承有自，则其所论，当能得孔学之要旨矣。

四、学记

　　此儒家论教学原理之文也。首论教学可以"化民成俗",为建国君民当务之急。其言曰:

　　　　发虑宪、求善良。足以谀闻,不足以动众;就贤体远,足以动众,未足以化民;君子如欲化民成俗,其必由学乎!玉不琢,不成器;人不学,不知道。是故古之王者,建国君民,教学为先。《兑命》(兑同说)曰:"念终始典于学。"其此之谓乎?

此言建国君民,欲"化民成俗"必由教学也。友人董任坚论教育,揭"人化"为宗旨。此谓教学可以化民成俗,其即所谓"人化教育"者欤? 又曰:

　　　　虽有嘉肴,弗食,不知其旨也;虽有至道,弗学,不知其善也。是故学,然后知不足;教,然后知困,知不足,然后能自反也;知困,然后能自强也;故曰教学相长也。《兑命》曰:"学学半。"(今本《尚书·说命》作"惟敩学半"。敩,音效,教也。)其此之谓乎?

浅学者多自命不凡,正以未得其门,无以窥见学术之繁富耳。学既入门,则自视欿然矣。一般人每视教育为易事,亦以未尝施教故;一旦教人,则觉困难丛生矣。教之多困,亦正由其学之不足;于是而自反焉，而自强焉，则学日进而教日精矣。故教者，半以教人，半以自学，此所谓"教学相长"也。"化民成俗"，就建国君民言之也；"教学相长"，就个人进修言之也；教学之效，于此可见矣。

上二节为本篇总论。此下，乃进而论教学之进程与大学教育之初步：

> 古之教者，家有塾，党有庠，术有序，国有学。比年（每年）入学，中年（间一年）考校：一年，视离经辨志、三年，视敬业乐群，五年，视博习亲师；七年，视论学取友，谓之小成；九年，知类通达，强立而不反，谓之大成。夫然后足以化民易俗，近者说（同悦）服而远者怀之。此大学之道也。记曰："蛾子时术之。"其此之谓乎！

自家塾而党庠，而术序，而国序，犹今日之由小学而中学而大学也；循序渐进，七年而小成，九年而大成，此整个教育之过程也。而其基础则在乎幼学，故以"蛾子时术"（"蛾"同蚁，"蛾子"即幼蚁。"时术"谓以时学习）为喻焉。又曰：

> 大学始教，皮弁祭菜（言衣礼服，以芹藻祭），示敬道也；《宵雅》（即《小雅》）肄三（习《鹿鸣》、《四牡》、《皇皇者华》三篇），官其始也；入学鼓箧，孙（同逊，顺也）其业也；夏（同榎）楚二物，收其威也（即《尧典》"扑作教刑"）；未卜禘，不视学，游其志也；时观而弗语，存其心也；幼者听而弗问，学不躐等也：此七者，教之大伦也。记曰："凡学，官（工之借字）先事，士先志。"其此之谓乎！

此言教有七伦：示敬，官始，孙业，收威，游志，存心，不躐等是。此大学教育之初步也。

> 大学之教也，时教必有正业，退息必有居学（犹今之课外作业），不学操缦，不能安弦；不学博依（借作"喻"），不能安《诗》；不学杂服（事也），不能安礼；不兴（同歆，喜也）其艺，不能乐学，故君子之于学也，藏焉，修焉，息焉，游焉（藏与游对，息与修对）。夫然，故安其学而亲其师，乐其友而信其道，是以虽离师辅而不反。《兑命》曰："敬孙，务时敏，厥修乃来。"其此之谓乎！

此教之得者也。又曰：

> 今之教者，呻其占毕（即笘筚，犹云简策），多其讯言，及于数进（汲汲于求急进也），而不顾其安（安者，安其学也），使人不由其诚，教人不尽其材，其施之也悖，其求之也佛（同拂，逆也）。夫然，故隐（痛也，"安"之反）其学而疾（恨也，"亲"之反）其师，苦其难而不知其益也；虽终其业，其去之必速。教之不刑（同型，正也），其由此乎！

此教之失者也，适与上节正相反。学乐先以操缦，学《诗》先以博喻，学礼先以杂事，言教学须重基本之学习也。"不兴其艺，不能乐学。"此言教学须顾到学习之趣味也。或修习，或退息，或在校内，或在野外，皆所以施教，故教学不限于上课。"呻其占毕"，徒知诵读书本也;"多其讯言",勤加考问也;此但汲汲求速进,而不顾能安其学否也。二种教法,得失相反,故其结果与影响亦相反。又曰:

> 大学之法,禁于未发谓之豫;当其可之谓时;不陵节而施之谓孙,相观而善之谓摩。此四者,教之所由兴也。
>
> 发然后禁,则扞格而不胜;时过然后学,则勤苦而难成;杂施而不孙,则坏乱而不修;独学而无友,则孤陋而寡闻;燕(狎亵也)朋,逆其师;燕辟(同僻),废其学。此六者,教之所由废也。
>
> 君子既知教之所由兴,又知教之所由废,然后可以为人师也。故君子之教,喻也,道而弗牵,强而弗抑,开而弗达。道而弗牵,则和;强而弗抑,则易;开而弗达,则思。和易以思,可谓善喻矣。

以上三节,首言教之所由兴者四,次言教之所由废者六,必知教之所由兴废,然后可以为师。故君子之教人也,但加以诱导而不牵制之,强其意志而不抑制之,开发大义而不强其一切通达,此即所谓"喻"也。

> 学者有四失,教者必知之:人之学也,或失则多,或失则寡,或失则易,或失则止。此四者,心之莫同也。知其心,然后能救其失也。教也者,长善而救其失者也。
>
> 善歌者,使人继其声;善教者,使人继其志。其言也,约而达,微而臧,罕譬而喻,可谓继志矣。

此节首言教者所以"长善救失",次言善教者能使人"继志"。学者心理不同，或贪多务得，或拘囿见闻，或见异思迁，或画地株守，故有"多"、"寡"、"易"、"止"四失。教者必先知学者之心理，方能扶偏救弊而长其善也。善教者循循善诱引人入胜，使有欲罢不能之概；故其言虽简约隐微，罕所譬解，能使学者达其意，见其善，喻其意，而"继其志"矣。自"大学之教也"至此，论教学方法。又曰：

> 君子知至学之难易，而知其美恶，然后能博喻；能博喻，然后能为师；能为师，然后能为长；能为长，然后能为君；故师也者，所以学为君也。是故择师不可不慎也。记曰："三王四代唯其师。"此之谓乎！

此言为良师之难，及其责任之重大。安学、亲师、乐友、信道，则至学易；隐学、疾师、苦其难而不知其益，则至学难；教法美，教之所由兴也；教法恶，教之所由废也。学者有四失，则至学难；教者能救其失而长其善，则至学易。能美喻者，教之美者也；能救其失，长其善，使人继志者，亦教之美者也；反是，则恶矣。明乎此，方能博喻，方为良师。"师者，人之模范"（用《法言》语），人之表率，故良师者，不仅授业解惑而已，亦人之领袖也。师道即君道，故古者君师合一。师之责任，不亦重且大乎？又曰：

> 凡学之道，严（敬也）师为难。师严，然后道尊；道尊，然后民知敬学。是故君之所不臣于其臣者二：当其为尸（祭时之尸），则弗臣也；当其为师，则弗臣也。大学之礼，虽诏于天子，无北面，所以尊师也。

此言师之当尊也。今社会人士，多不知尊师，为师者亦无自尊之心，故教育事业不为社会所重视。此皆由于不知为师之难，与其责任之重大耳。

  善学者，师逸而功倍，又从而庸之（称其功也），不善学者，师勤而功半，又从而怨之。善问者，如攻坚木，先其易者，后其节目（蟠根错节也），及其久也，相说以解；不善问者，反此。善待问者，如撞钟，叩之以小者则小鸣，叩之以大者则大鸣，待其从容，然后尽其声；不善答问者，反此。此皆进学之道也。
  记问之学，不足以为人师；必也其听语乎！力不能问，然后语之；语之而不知，虽舍之可也。

上二节首言学者有善学善问者，亦有不善学不善问者；师有善待问者，亦有不善答问者：故教学之效率如何，师生两方，皆有关系。今之师生不知自反，惟互诿其责任于对方，此学校所以多事，师生所以如路人，甚且如仇雠也。次言"记问之学不足以为人师"；盖师非贩卖知识者，乃引导学生使能自求知识者也。今则学校公然为知识贩卖所，师生授受学业，俨同买卖矣！

  良冶之子，必学为裘；良弓之子，必学为箕；始驾马者反之，车在马前：君子察于此三者，可以有志于学矣。

此言模仿为人与动物之本能，教学者当善用之。良冶之子，见其父冶金补器，故亦补缀兽皮而学制裘；良弓之子，见其父曲榦为弓，故亦挠曲竹柳而学制箕；始驾小马，使随行于车后，模仿老马之驾车，亦利用其模仿性耳。

> 古之学者比物丑（亦比也）类。鼓无当于五声，五声弗得不和；水无当于五色，五色弗得不章；学无当于五官，五官弗得不治；师无当于五服（五等丧服也。弟子于师仅心而无服，故云），五服弗得不亲。君子曰："大德不官，大道不器，大信不约，大时不齐（言四时变化不同）。"察于此四者，可以有志于学矣。三王之祭川也，皆先河而后海。或源也，或委也。此之谓务本。

此为全篇结论，极言教师地位教育关系之重要，为一切人事之根本。末以三王祭川，先河后海为喻，言务本者必尊师，必重教育也。

以上《礼运》、《大学》、《中庸》、《学记》四篇，为《礼记》中最有精彩之文章；儒家论政、论学之要旨，于此可见。学者所宜熟读而深思者也。

第六章　礼记述要（下）

除上述四篇外，次要者为《经解》、《乐记》、《儒行》三篇。

一、经解

《经解》首段论六经之教，绪论中曾摘引之，兹录其全段如下：

孔子曰："入其国，其教可知也。其为人也，温柔敦厚，《诗》教也；疏通知远，《书》教也；广博易良，《乐》教也，絜静精微，《易》教也；恭俭庄敬，《礼》教也；属辞比事，《春秋》教也。故《诗》之失，愚；《书》之失，诬；《乐》之失，奢；《易》之失，贼；《礼》之失，烦；《春秋》之失，乱。其为人也，温柔敦厚而不愚，则深于《诗》者也；疏通知远而不诬，则深于《书》者也；广博易良而不奢，则深于《乐》者也；絜静精微而不贼，则深于《易》者也；恭俭庄敬而不烦，则深于《礼》者也；属辞比事而不乱，则深于《春秋》者也。"

六经之教，足以影响人之性情；但其影响，有得亦有失。《诗》以抒情为主，其抒情也，曲喻婉达，故其影响之得者，足以养成温柔敦厚之风。然重感情者，理智易为所蔽，故其失也愚。《书》记古代史实，故其影响之得者，足以使人疏通知远，然古史所记不尽合事实，所谓"尽信书则不如无书"也，如皆信以为真，则诬矣。《乐》可以陶冶性情，扩廓胸襟，故其影响之得者，使人胸怀广博，性情易良。然其失也奢；奢者，耽于逸乐之意，犹今人谓艺术家多浪漫也，此《乐》教之失也。《易》言哲理，故其教之得也，为洁静精微。然过信卜筮，拘其吉凶，则害事矣，故又曰《易》之失贼。《礼》以敬为主，故恭俭庄敬，是其优良之影响。然不知礼之本者，徒斤斤于繁文缛节，则失之烦扰矣。《春秋》严于正名，其属辞则一字不苟，其比事则有条不紊；故受其教者，亦以属辞比事见长。然所记多乱臣贼子之事，故其失乱。必能去短取长，得其益而无其弊者，方可谓深有得于六经。此其论六经之教，可谓能兼明利弊得失矣。

二、乐记

儒家不但崇礼，且复重乐。墨子反对儒家，故其书有《非乐》之篇。盖乐之为用，微眇难言，本不易晓然也。乐起于人心之感动，故闻乐足以知个人心中之情感；而一国民众之情感，多受政治之影响，故闻乐足以知一国之政治。《乐记》首段，即论此理。

> 凡音之起，由人心生也。人心之动，物使之然也。感于物而动，故形于声。声相应，故生变；变成方，谓之音；比音而乐之，及干戚羽旄，谓之乐。

此言人性本寂然不动，其感于物而动者，情也，非性也。情既动，则喜而笑，怒而呼，哀而号，郁而叹，自然发于口而为"声"。声有变化，成为抑扬疾徐之方者，谓之"音"。拟此自然成文之音，而谱之为乐，佐之以舞，乃谓之"乐"，此乐之起源也。又曰：

> 乐者，音之所由生也，其本在人心之感于物也。是故其哀心感者，其声噍以杀；其乐心感者，其声啴以缓；其喜心感者，其声发以散；其怒心感者，其声粗以厉；其敬心感者，其声直以廉；其爱心感者，其声和以柔：六者，非性也，感于物而后动。是故先王慎所以感之者。故礼以道其志，乐以和其声，政以一其行，刑以防其奸：礼乐刑政，其极一也，所以同民心而出治道也。

乐既由于人心之感于物而起，故足以反映人之情感；情感不同，其乐亦异。政刑之影响于人民者最大，其感动人心之力最强；先王慎所以感之者，即慎其所施之政刑也。礼乐与政刑并重，因其皆为同民心出治道之具耳。反之，则乐亦可以感动人情。故曰：

> 夫民有血气心知之性而无哀乐喜怒之常，应感起物而动，然后心术形焉。是故志微噍杀之音作，而民思忧；啴谐慢易、繁文简节之音作，而民康乐；粗厉猛起、奋末广贲之音作，而民刚毅；廉直劲正庄诚之音作，而民肃敬；宽裕肉好、顺成和动之音作，而民慈爱；流辟邪散、狄成涤滥之音作，而民淫乱。

此则音乐之影响人心者也，与上节所说恰相对。音乐与政治及人心之关系既密切如是，故闻其乐，可以知其国之治乱兴亡：

> 是故治世之音安以乐，其政和；乱世之音怨以怒，其政乖；亡国之音哀以思，其民困；声音之道，与政通矣。

《左传》记吴季札观乐闻《诗》，推论各国国运，亦以此耳，其曰："郑卫之音，乱世之音也。""桑间濮上之音，亡国之音也。"又曰："郑音好滥淫志，宋音燕女溺志，卫音趋数烦志，齐音敖辟乔志。"由此诸国音乐之失，可以推知其政治矣。《论语》记孔子言"郑声淫"，故欲"放郑声"，亦以音乐足以影响人心耳。

儒家礼乐并重，故本篇亦礼乐相提并论。如曰："乐者为同，礼者为异；同则相亲，异则相敬；乐胜则流，礼胜则离；合情饰貌者，礼乐之事也。""乐由中出，礼自外作。乐由中出，故静；礼自外作，故文。大乐必易，大礼必简。乐至则无怨，礼至则不争，揖让而治天下者，礼乐之谓也。""大乐与天地同和；大礼与天地同节。""礼者，殊事合敬者也；乐者，异文同爱者也。""乐者，天地之和也；礼者，天地之序也。和，故百物皆化；序，故群物皆别。""乐也者，施也；礼也者，报也。乐，乐其所自生；而礼，反其所自始。""乐也者，情之不可变者也；礼也者，理之不可易者也。乐统同，礼辨异；礼乐之现，管乎人情矣。""乐者，非谓黄钟大吕，弦歌干扬也，乐之末节也，故童者舞之；铺筵席，陈尊俎，列笾豆，以升降为礼者，礼之末节也，故有司掌之。"此其所论，可谓能识礼乐之本矣。

三、儒行

《儒行》记孔子对哀公,历举儒者之行:

儒有席上之珍,以待聘,夙夜强学以待问,怀忠信以待举,力行以待取。——其自立有如此者。

儒有衣冠中,动作慎,其大让如慢,小让如伪,大则如威,小则如愧,其难进而易退也,粥粥若无能也。——其容貌有如此者。

儒有居处齐难,其坐起恭敬,言必先信,行必中正,道涂不争险易之利,冬夏不争阴阳之和;爱其死,以有待也,养其身,以有为也。——其备豫有如此者。

儒有不宝金玉,而忠信以为宝,不祈土地,立义以为土地,不祈多积,多文以为富。难得而易禄也。易禄而难畜也。非时不见,不亦难得乎?非义不合,不亦难畜乎?先劳而后禄,不亦易禄乎?——其近人有如此者。

儒有委之以货财,淹之以乐好,见利不亏其义;劫之以众,沮之以兵,见死不更其守;鸷虫攫搏,不程其勇,引重鼎不程其力;往者不悔,来者不豫;过言不再,流言不极;不断其威,不习其谋。——其特立独行有如此者。

儒有可亲而不可劫也,可近而不可迫也,可杀而不可辱也;其居处不淫,其饮食不溽,其过失可征辨而不可面数也。——其刚毅有如此者。

儒有忠信以为甲胄,礼义以为干橹,戴仁而行,抱义而处，虽有暴政，不更其所。——其自立有如此者。

儒有一亩之宫，环堵之室，筚门圭窬，蓬户瓮牖，易衣而出，并日而食；上答之不敢以疑，上不答不敢以谄。——其仕有如此者。

儒有今人与居，古人与稽，今世行之，后世以为楷；适弗逢世，上弗援，下弗推，谗谄之民有比党而危之者；身可危也，而志不可夺也，虽危，起居竟信其志，犹将不忘百姓之病也。——其忧思有如此者。

儒有博学而不穷，笃行而不倦，幽居而不淫，上通而不困，礼之以和为贵，忠信之美，优游之法，举贤而容众，毁方而反合。——其宽裕有如此者。

儒有内称不避亲，外举不避怨，程功积事，推贤而进，达之不望其报；君得其志，苟利国家，不求富贵。——其举贤援能有如此者。

儒有闻善以相告也，见善以相示也，爵位相先也，患难相死也，久相待也，远相致也，——其任举有如此者。

儒有澡身而浴德，陈言而伏，静而正之，上弗知也；粗而翘之，又不急为也；不临深而为高；不加少而为多；世治不轻，世乱不沮；同弗与，异弗轻也。——其特立独行有如此者。

儒有上不臣天子，下不事诸侯，慎静而尚宽，强毅以与人，博学以知，服近文章，砥厉廉隅，虽分国如锱铢，不臣不仕。——其规为有如此者。

儒有合志同方，营道同术，并立则乐，相下不厌，久不相见，闻流言不信其行，本方立义，同而进，不同而退。——其交友有如此者。

> 温良者仁之本也；敬慎者，仁之地也；宽裕者，仁之作也；孙接者，仁之能也；礼节者，仁之貌也；言谈者，仁之文也；歌乐者，仁之和也；分散者，仁之施也：儒皆兼此而有之，犹且不敢言仁也。——其尊让有如此者。

儒者之行多矣。而世俗乃徒指冠儒冠、服儒服者为儒，则诚皮相者耳！

《礼记》通论之类凡十篇，能精读此七篇，亦已足矣。至于制度礼俗一类，释《仪礼》诸篇，除供读《仪礼》者参考外，殊无阅读之必要。其他记制度礼俗者，亦仅足为考古之资；非专事考古者，亦不必加以阅读。惟《王制》为今文经学家言制度者所宗，即不暇精读，亦须略读。《王制》述王者之颁爵禄，略同《孟子》北宫锜章；其言曰：

> 王者之制禄爵：公、侯、伯、子、男，凡五等。诸侯之上大夫卿、下大夫、上士、中士、下士，凡五等。天子之田方千里，公侯田方百里，伯七十里，子男五十里，不能五十里者，不合于天子，附于诸侯，曰附庸。天子之三公之田，视公侯；天子之卿，视伯；天子之大夫，视子男；天子之元士，视附庸。
>
> 制农田百亩；百亩之分，上农夫食九人，其次食八人，其次食七人，其次食六人，下农夫食五人，庶人在官者，其禄以是为差也。
>
> 诸侯之下士视上农夫，禄足以代其耕也。中士倍下士，上士倍中士，下大夫倍上士，卿四大夫禄，君十卿禄。次国之卿三大夫禄，君十卿禄。小国之卿倍大夫禄，君十卿禄。

《周礼》地官言公方五百里,侯方四百里,伯方三百里,子方二百里,男方百里,与此迥异。述巡守之制,略同于《尚书·尧典》如云:"天子五年一巡守;岁二月东巡守,至于岱宗,柴而望祀山川……五月南巡守,至于南岳,如东巡守之礼;八月西巡守,至于西岳,如南巡守之礼;十有一月北巡守,如西巡守之礼。归,假于祖祢,用特。"其言官制,有冢宰,有司徒,有司马,有司寇,有司空,而小乐正、小胥、大胥之掌教者,悉隶于大乐正;则与《周礼》有出入矣。其曰"天子三公九卿",亦与《周礼》六卿不合。又曰:"少而无父者谓之孤,老而无子者谓之独,老而无妻者谓之矜(同鳏),老而无夫者谓之寡;此四者,天民之穷而无告者也,皆有常饩。"亦与孟子答齐宣王之语(见《梁惠王下》)大同小异。盖作《王制》者与作《周礼》者,各述其理想的制度,本不相谋;而《王制》作者,则似承孟子之说者也。

至于梁氏所云《礼记》中记录之格言,则散见于各篇。兹亦举例于下:

敖(同傲)不可长,欲不可从(同纵),志不可满,乐不可极。

临财,毋苟得;临难,毋苟免。

礼闻取于人,不闻取人;礼闻来学,不闻往教。

鹦鹉能言,不离飞鸟;猩猩能言,不离禽兽。

礼尚往来;往而不来,非礼也;来而不往,亦非礼也。

四郊多垒,此卿大夫之辱也。

(以上见《曲礼》)

丧，与其哀不足而礼有余也，不若礼不足而哀有余也；祭，与其敬不足而礼有余也，不若礼不足而敬有余也。

谋人之军师，败则亡之；谋人之邦邑，危则亡之。

丧具称家之有无。

生有益于人；死不害于人。

国奢则示之以俭；国俭则示之以礼。

亲者毋失其为亲，故者毋失其为故。

（以上见《檀弓》）

君子贵人而贱己，先人而后己。

君子约言；小人先言。

善则称人；恶则称己。

（以上见《坊记》）

君子不失足于人，不失色于人，不失言于人。

君子庄敬日强，安肆日偷。

君子不以其所能者病人，不以人之所不能者愧人。

天下有道，则行有枝叶；天下无道，则辞有枝叶。

君子之交如水，小人之交如醴；君子淡以成，小人甘以坏。

情欲信；辞欲巧。

（以上见《表记》）

上好是物，下必有甚焉者矣。

可言也，不可行也，君子弗言也；可行也，不可言也，君子弗行也。

小人溺于水；君子溺于口；大人溺于民。

（以上见《缁衣》）

诸如此类，皆先哲之嘉言，足以供吾人之借镜者也。

《礼记》中又有杂记故事，而意义深长者，如《檀弓》曰：

> 孔子过泰山侧。有妇人哭于墓者，而哀。夫子式而听之，使子路问之曰："子之哭也，壹似重有忧者而？（同然）"曰："然。昔者吾舅死于虎，吾夫又死焉，今吾子又死焉！"夫子曰："何为不去也？"曰："无苛政。"夫子曰："小子识之，苛政猛于虎也！"

三世死于虎，乃以无苛政而不肯去，则苛政之病民，甚于虎矣！柳宗元《捕蛇者说》，即取意于此。又曰：

> 齐大饥，黔敖为食于路，以待饿者而食之。有饿者蒙袂辑屦，贸贸然来。黔敖左奉食，右执饮，曰："嗟！来食！"扬其目而视之曰："予唯不食嗟来之食，以至于斯也！"从而谢焉；终不食而死。曾子闻之曰："微与！其嗟也，可去；其谢也，可食。"

嗟来之食，即孟子所谓"呼尔而与之"也。饿者宁死不食嗟来之食，求之今世，岂有其人？黔敖初虽嗟，继又谢，则亦不可多得者矣。

《仪礼》与《礼记》，皆经部言礼之书也。二书大要，既如上述，兹当进而推求所谓"礼"之意义。《说文》曰："礼，履也，所以事神致福也。从示、从豊，豊亦声。"又曰："豊，行礼之器也。从豆，象形。""曲"字象礼器之形，疑其初亦可借用作"礼"字。《礼记》第一篇为"曲礼"。"曲"字古借作"礼"，读者恐致误解，故于其下又注一"礼"字以识之，后乃并此两字为篇名耳。

"曲"下加"豆"之"豊",为"曲"之后起字;加"礻"旁者,又其后起者也。训"礼"为"履"者,言礼为人所践履,亦音训也。所以事神致福者谓之"礼",则礼之本义,当指祭祀鬼神而言矣。《尚书·舜典》"有能典朕三礼"句,马融注曰:"天神地祇人鬼之礼也。"《周礼》春官宗伯掌邦礼,亦以祭祀为主。其后,礼之范围渐广,故有所谓"五礼"(吉、凶、军、宾、嘉。见《周礼·春官》)、有所谓"八礼"(冠、昏、丧、祭、射、乡、朝、聘。见《仪礼》。或以《士相见礼》为"宾主之礼",并"军旅之礼"计之,则有十礼矣),则已不限于祭祀,举凡习俗所公认之仪文亦皆谓之"礼"矣。更推而广之,则凡所以"别嫌、明微、傧鬼神、考制度、别仁义,治政安君"者,亦礼也(用《礼运》语);"因人之情而为之节文以为民坊"者,亦礼也。则又不限于习俗之仪文,并制度、秩序,亦包括于"礼"之中矣。故"礼"与"法"遂相对立,同为人之行为之制裁焉。然礼与法,亦自有其不同之点。《礼记·曲礼》曰:"礼不下庶人,刑不上大夫。"庶人无知识,故以刑制之;士大夫有知识,故以礼防之。违法,则须受刑罚之制裁;违礼,则须受清议之制裁。其异一也。礼者,积极的教人以所应为;法者,消极的惩人以不得为。"礼者,禁于将然之前;法者禁于已然之后。"(用《大戴记·礼察篇》语)胡适以卫生喻礼,以医药喻法,可谓得之。其异二也。礼之意义,既广泛如此,故《乐记》曰:"礼也者,理之不可易者也。"《礼运》曰:"礼也者,义之实也;协诸义而协,则礼虽先王未之有,可以义起也。"则凡合于理义者,皆得谓之"礼"矣。

《坊记》曰:"夫礼者,所以章疑别微,以为民坊者也。故贵贱有等,衣服有别。朝廷有位。……"《哀公问》曰:"非礼,无以辨君臣上下长幼之位也;非礼,无以别男女、父子、兄弟之亲,婚姻疏数之交也。"故礼之用，在分别国家社会家庭伦理之等差与亲疏。《礼运》曰："饮食男女，人之大欲存焉；死亡贫苦，人之大恶存焉；故欲恶者，心之大端也。人藏其心，不可测度也。美恶皆在其心，不见其色也；欲以一穷之，舍礼何以哉？"又曰："人喜则斯陶，陶斯咏，咏斯犹（郑玄注："犹当为摇。"），犹斯舞（今本此处有"舞斯愠"三字。今依《释文》，删）；愠斯戚，戚斯叹，叹斯辟（同擗，拊心也），辟斯踊矣。品节斯，斯之谓礼。"是礼者，一方以节制人之欲恶之情，一方以利导人之喜愠之情；故曰"因人之情而为之节文以为民坊"也。故礼之起，因于人情。《檀弓》曰："墟墓之间，未施哀于民而民哀；社稷宗庙之中，未施敬于民而民敬。"所以者何？以墟墓间有悲哀之氛围，宗庙中有敬肃之氛围故。故《孔子家语》记孔子对哀公之言曰："衰麻苴杖者，志不存乎乐；非耳弗闻，服使然也。黼黻衮冕者，容不袭慢，非性矜庄，服使然也；介胄执戈者，无退懦之气；非体纯猛，服使然也。"服装陈设，可以改变人之心情。故礼之文物，实应用此宗教心理者也。虽然，繁文缛节，礼之末也；不知其本，而但于末节求之，则失之矣。故《论语》记林放问礼之本，孔子赞之曰"大哉问"也。孔子又曰："礼云礼云，玉帛云乎哉？乐云乐云，钟鼓云乎哉？"则孔子固不以礼乐之末节为重。礼之繁文缛节，殆孔门后学变本加厉之说也。

第七章　孝经尔雅述要

一、孝经

（一）孝

《孝经》者，孔子再传以后之儒者所作，而托之孔子、曾子者也。其第一章曰《开宗明义》，以孝为德之本，教之所由生，为先王之至德要道，以顺天下，民用和睦，上下无怨者也。又曰："身体发肤，受之父母，不敢毁伤，孝之始也；立身行道，扬名于后世，以显父母，孝之终也。"按《祭义》亦有"父母全而生之，子全而归之，可谓孝矣"之语。《论语》曰："曾子有疾，召门弟子曰：'启予足，启予手！《诗》云："战战兢兢，如临深渊，如履薄冰。"而今而后，吾知免夫，小子！'"此即"身体发肤，受之父母，不敢毁伤"之旨也。《祭义》又曰："壹举足而不敢忘父母，是故道而不径，舟而不游，不敢以先父母之遗体行殆。"汉王阳为益州刺史，行部至邛郲九折坂，叹曰："奉先人遗体，奈何数乘此险！"后以病去（见《汉书·王尊传》）。亦是此意。但《祭义》所谓"全"者，不仅指保全身体发肤而言，故又曰："不亏其体，不辱其亲，可谓全矣。""壹出言而不敢忘父母，是故恶言不出于口，忿言不反于身。不辱其身，不羞其亲，可谓孝矣。"不辱其亲者，即诗所谓"无忝尔所生"也。《祭义》又引曾子之言曰："身也者，父母之遗体也。行父母之遗体，敢不敬乎？居处不庄，非孝也；事君不忠，非孝也；涖官不敬，非孝也；朋友不信，非孝也；战陈无勇，非孝也：五者不遂，灾及其亲，敢不敬乎？"所谓"灾及其亲"者，谓贻父母以耻辱也。故所谓"全"者，一为不敢毁伤肉体，一为不敢隳落人格。《孝经》所言，亦不仅其一端，但从积极方面言之，则为"立身行道，扬名显亲"耳。推而上之，则为"严父"以"配天"。《圣治章》曰："人之行莫大于孝；孝莫大于严（敬也）父，严父莫大于配天，则周公其人也。昔者周公郊祀后稷以配天，宗祀文王于明堂以配上帝，是以四海之内，各以其职来祭。"扬名显亲，莫大乎是。《中庸》称舜为大孝，武王、周公为达孝，其亦以此欤？故严父配天，孝之至也；扬名显亲，孝之次也；不辱其亲，又其次也；不亏遗体，又其次也。《孝经》所言，虽似二等，实可分为四级矣。

　　孝经论孝，又以地位而异。故曰："爱亲者不敢恶于人，敬亲者不敢慢于人。爱敬尽于事亲，而德教加于百姓，刑于四海。盖天子之孝也……在上不骄，高而不危；制节谨度，满而不溢。高而不危，所以长守贵也；满而不溢，所以长守富也。富贵不离其身，然后能保其社稷，而和其人民。盖诸侯之孝也。……非先王之法服不敢服，非先王之法言不敢道，非先王之德行不敢行。是故非法不言，非道不行；口无择言，身无择行；言满天下无口过，行满天下无怨恶。三者备矣，然后能守其宗庙。盖卿大夫之孝也。……资于事父以事母而爱同，资于事父以事君而敬同；故母取其爱，而君取其敬，兼之者，父也。故以孝事君则忠，以敬事长则顺；忠顺不失以事其上，然后能保其禄位而守其祭祀。盖士之孝也。……用天之道，分地之利，谨身节用，以养父母。此庶人之孝也。……"以上所引《孝经》，即分为《天子》、《诸侯》、《卿大夫》、《士》、《庶人》五章，天子以德教加于百姓刑于四海为孝，即《孝治章》所谓"明王以孝治天下"，"得人之欢心以事其亲"也。盖非如此，即不能保其天下，不能严父以配天矣。诸侯以长守富贵，保其社稷为孝，卿大夫以守其宗庙为孝，士以保其禄位，守其祭祀为孝，盖亦此意。至于庶人，则以养父母为孝。然所谓"养"者有二：养口体，一也；养志，二也。《论语》，孔子曰："今之孝者，是谓能养。至于犬马，皆能有养；不敬，何以别乎？"此云"犬马"，犹《孟子》引子思语"今而后知君之以犬马畜伋"之犬马，即指微贱者而言。庶人但知养口体而已，不知敬也。故养口体者又有二等，一为徒养而不知敬者，一为能养而又能敬者也。至于养志，则"先意承志"为一等，"喻父母于道"又是一等。《谏诤章》记孔子答曾子曰："昔者天子有争臣七人，虽无道，不失其天下；诸侯有争臣五人；虽无道，不失其国；大夫有争臣三人，虽无道，不失其家；士有争友，则身不离于令名；父有争子，则身不陷于不义。故当不义，则子不可以不争于父，臣不可以不争于君。故当不义，则争之；从父之令，又焉得为孝乎？"虽然，事君有犯而无隐，事亲则有隐而无犯。子之争于父，将奈何？《论语》曰："事父母，几谏；见志不从，又敬不违，劳而不怨。"此子争于父之道也。昔舜之于瞽瞍也，夔夔齐栗，瞽瞍亦允若；可谓能喻父母于道矣。此则"养"之至也。至如《内则》所云："子事父母，鸡初鸣，咸盥漱、栉纵、笄总、拂髦、冠缕缨、端韠绅、搢笏。左右佩用：左佩纷帨、刀、砺、小觿、金燧；右佩玦、捍、管、遰、大觿、木燧。偪履，著綦。……以适父母之所。及所，下气怡声，问衣燠寒，疾痛苛痒，而敬抑搔之。出入，则或先或后而敬扶持之。进盥，少者捧盘，长者捧水，请沃盥。盥卒，授巾。问所欲而敬进之。"此则仅为奉养口体之末节，其细已甚，亦孔门后学变本加厉之说也。《祭义》又引曾子曰："孝有三：大孝，尊亲；其次，弗辱；其次，能养。"严父配天，扬名显亲，皆尊亲也；不辱其亲，不亏其体，皆弗辱也；先意承志，喻父母于道，甘旨菽水，晨昏定省，皆能养也。所谓孝者，此数语足以括之矣。

(二) 丧

《纪孝行章》曰："孝子之事亲也，居则致其敬，养则致其乐，病则致其忧，丧则致其哀，祭则致其严：五者备矣，然后能事亲。"居致敬，养致乐，病致忧，生事之以礼也；丧致哀，祭致严，死葬之以礼，祭之以礼也。故曰："事死如事生，事亡如事存，孝之至也。"《丧亲章》曰："孝子之丧亲也，哭不偯，礼无容。言不文，服美不安，闻乐不乐，食旨不甘，此哀戚之情也。三日而食，教民无以死伤生，毁不灭性，此圣人之政也。丧不过三年，示民有终也。为之棺椁衣衾而举之，陈其簠簋而哀戚之，擗踊哭泣，哀以送之，卜其宅兆而安措之，为之宗庙以享之（今本"享"上衍一"鬼"字），春秋祭祀，时以思之；生事爱敬，死事哀戚，生民之本尽矣死生之义备矣，孝子之事亲终矣。"是儒家之重"丧"、"祭"，亦所以教孝也。《论语》记曾子曰："人未有自致者也，必也亲丧乎！"孟子亦曰："亲丧固所自尽也。""树欲静而风不止，子欲养而亲不留"，此最可痛之事，而又无可如何者也。不得已，乃于丧事自致其未能尽之情，自尽其未能尽之心耳。"子生三年，然后免于父母之怀"，故父母之丧，定为三年。虽然，此岂足云报哉？聊以尽孝子之心而已。

《尚书·尧典》记尧之死，百姓如丧考妣，三年，四海遏灭八音。《论语》引《书》曰："高宗谅阴，三年不言。"（伪古文《尚书·说命篇》首，亦有此语）孟子亦曰："三年之丧，三代共之。"

似三年丧之制，古已有之。然《论语》记宰予之言，以为"君子三年不为礼，礼必坏；三年不为乐，乐必崩；旧谷既没，新谷既升，钻燧改火，期可已矣。"则孔子弟子，犹有反对三年之丧者矣。然此犹可曰宰予个人之主张也。《孟子》记滕定公死时，孟子劝文公行三年之丧，滕之父兄百官皆不悦曰："吾宗国鲁先君莫之行，吾先君亦莫之行也。"鲁为周公之国，礼教之邦，尚未有曾行三年丧者，此三年丧非旧制之明证也。《礼记·三年间》曰："三年之丧，何也？"曰："称群而立文，因以饰群，别亲疏贵贱之节而弗可损益也，故曰无易之道也。创巨者其日久，痛甚者其愈迟。三年者，称情而立文，所以为至痛极也。"则孔门学者，尚有以此为疑而问之者矣。故近人据《墨子·非儒篇》之文，谓三年之丧，为儒家之礼，古无此制，乃孔子所定，其曰尧舜及商高宗时已行此制，三代共之者，改制而托之于古耳。由三年之丧而杀之，于是有期之丧，九月六月之丧，三月之丧焉。丧之有期，盖欲使情之过于此者，俯而就之，情之不及于此者，仰而及之也。《檀弓》记子路有姊之丧，可以除之矣，而弗除。子曰："何为弗除也？"子路曰："吾寡兄弟而弗忍也。"孔子曰："先王制礼，行道之人皆弗忍也！"子路闻之，遂除之。又记子夏、子张之事曰："子夏既除丧而见，予之琴，和之而不和，弹之而不成声，作而曰：'哀未忘也，先王制礼而弗敢过也！'子张既除丧而见，予之琴，和之而和，弹之而成声，作而曰：'先王制礼，不敢不至焉！'"故《三年问》曰："将由夫患邪淫之人与？则彼朝死而夕忘之。然而从之，则是曾鸟兽之不若也，夫焉能相与群居而不乱与？将由夫修饰之君子与？则三年之丧，二十五月而毕，若驷之过隙。然而遂之，则是无穷也。故先王焉（同乃）为之立中制节，壹使足以成文理，则释之矣。"是丧之有期，盖斟酌人情，折中而定之者矣。《仪礼》、《礼记》二书中，言丧服及丧礼者甚多，如《丧服》、

《士丧礼》、《既夕礼》、《士虞礼》（以上《仪礼》），《曾子问》、《丧服小记》、《大传》、《杂记》、《丧大记》、《丧服大记》、《奔丧》、《问丧》、《服问》、《间传》、《三年问》、《丧服四制》（以上《礼记》），皆是。其散见于他篇中者，尚不计焉。墨子反对儒家，以丧礼为最，故曰："久服伤生而害事，厚葬靡财而病民。"吾人读《仪礼》、《礼记》关于丧礼诸篇，亦当嫌其过于繁琐，太近矫饰。然孔子尝曰："丧，与其易也，宁戚。"（见《论语》）易，治也，谓其服物备而仪节全也。子路亦曰："丧，与其礼有余而哀不足也，不若礼不足而哀有余也。"（见《檀弓》）盖哀戚为丧礼之本，余则末节耳！虽然，古之丧礼，已不复行于今日；社会中所尚通行之丧服，亦已同告朔之饩羊矣！人情浇薄，已见于亲子骨肉之间；仅恃末节虚文，固不足以言挽救但若并此虚文而去之，而又无新定之丧礼以承其乏，则天下滔滔，正不知伊于胡底也！

（三）祭

丧既有期而终，故又以祭祀补之，欲使人不忘其亲也。《祭义》曰："斋之日，思其居处，思其笑语，思其志意，思其所乐，思其所嗜；斋三日，乃见其所为斋者。祭之日，入室，僾然必有见乎其位；周还出户，肃然必有闻乎其容声；出户而听，忾然必有闻乎其叹息之声。"此节即《论语》"祭如在，祭神如神在"二句，所谓"如在"也。死者长已矣，生者则未能忘情也。所谓"洋洋乎如在其上，如在其左右"者，岂真有鬼神哉？不过生者之想像云然耳。人子不忍恝然于其亲，于是设想其虽死犹生，而创为祭祀，以致其无可致之情，以尽其未能尽之心焉；想像既切，乃觉其亲之音容宛在耳。世间一切宗教之起源，盖莫不如是也。

（四）儒家重丧祭之目的

《论语》记孔子曰："君子笃于亲，则民兴于仁。"又记曾子曰："慎终追远，民德归厚矣。"隆丧葬之礼，即慎终也；崇祭祀之礼，即追远也。慎终追远，即笃于亲也；民德归厚，则兴于仁矣。此《孝经·孝治章》所谓"以孝治天下"也，《广要道章》所谓"教民亲爱莫善于孝"也。故孝道可以通于治道焉。

（五）慈孝皆本天性

《圣治章》曰："父子之道，天性也。……故不爱其亲而爱他人者，谓之悖德；不敬其亲而敬他人者，谓之悖礼。"孟子曰："孩提之童，无不知爱其亲也。"以此为良知良能人所同具之证。盖父母之爱子女，子女之爱父母，无不出于至性至情，无所为而如此。父母爱其子女，故慈；子女爱其父母，故孝；慈与孝，同出于天性，同原于本能的情爱。世人咸知母爱之伟大之纯洁。此伟大纯洁之母爱，不但人类有之，禽兽亦有之；特禽兽只有母爱而无父爱，无子女之爱耳。人若只有母爱子女，而父视子女，子女视父母，皆如路人，则与禽兽何异？爱，情也。慈孝皆本于天性之爱，此情感的道德也。若亲之慈，在预期其报；子之孝，亦自以为报，而斤斤计较其利害与厚薄焉，则本实先拨矣，又何足言慈，何足言孝哉！世之父不父，子不子者，非孝无亲者，皆此一念之差，阶之厉耳！

二、尔雅

《尔雅》，训诂名物之书也，孔门后学，西汉经生，笺释群书，好事者乃分类辑录之耳。故《释诂》、《释言》、《释训》三篇，所辑皆训诂之文也。《释亲》释亲属之称谓，《释宫》、《释器》、《释乐》释房屋器具音乐之名称，《释天》，释天文、岁时而旁及于祭祀师田之礼物，《释地》、《释丘》、《释山》、《释水》，所释皆关于地理，《释草》、《释木》，所释皆关于植物，《释虫》、

《释鱼》、《释鸟》、《释兽》、《释畜》，所释皆关于动物，此六篇所辑，皆笺释名物之文也。

《释诂》首句曰："初、哉、始、基、肇、祖、元、胎、俶落、权舆，始也。"末句曰："崩、薨、无禄、卒、徂落、殪，死也。"《释言》末曰："济，渡也；济，成也；济，益也。"又曰："宽，绰也。衮，黼也。华，皇也。昆，后也。弥。终也。"《释训》首曰："明明、斤斤，察也。条条、秩秩，智也。穆穆肃肃，敬也。"读此诸篇，直如读字典矣。且但释其义，而不解其所以然，则又非《说文解字》之比也。

其余十六篇中，所释名物，有为古代之通名，不复用于今日者。如《释宫》曰："牖户之间谓之'扆'，其内谓之'家'，东西墙谓之'序'，西南隅谓之'奥'，西北隅谓之'屋漏'，东北隅谓之'宧'，东南隅谓之'窔'。"《释器》曰："木豆谓之'豆'，竹豆谓之'笾'，瓦豆谓之'登'。"《释乐》曰："大瑟谓之'洒'，大琴谓之'离'，大鼓谓之'鼖'，小者谓之'应'。"《释天》曰："春为'青阳'，夏为'朱明'，秋为'白藏'，冬为'玄英'，四气和谓之'玉烛'。"《释地》曰："田，一岁曰'菑'，二岁曰'新田'，三岁曰'畬野'。"《释丘》曰："丘一成为'敦丘'，再成为'陶丘'，再成锐上为'融丘'，三成为'昆仑丘'。"《释山》曰："山大而高，'嵩'；山小而高，'岑'；锐而高，'峤'；卑而大，'扈'；小而众，'岿'；小山，'岌'；大山，'垣'。"《释水》曰："泉一见一否为'瀸'，井一有水一无水为'瀎汋'。"《释草》曰："木谓之'华'，草谓之'荣'，不荣而实者谓之'秀'，荣而不实者谓之'英'。"《释木》曰："小枝上缭为'乔'，无枝为'檄'，木族生为'灌'。"《释虫》几乎全举虫名，末二语曰："有足谓之虫，无足谓之豸。"

《释鱼》于鱼类之外，旁及龟贝蛇虺之类，且及于鱼体之名称，曰："鱼枕谓之'丁'，鱼肠谓之'乙'，鱼尾谓之'丙'。"《释鸟》亦几全举鸟名，且曰："鹊、鸊鷉，（同类也），其飞也翪；鸢、乌鷉，其飞也翔；鹰、隼鷉其飞也翚。"《释兽》曰："麖，牡麇，牝麖，其子麛，其迹躔，绝有力；狄鹿，牡麚，牝麌，其子麆，其迹速，绝有力。"且分别动物之须（同鬚）曰："兽曰'毣'，人曰'挤'，鱼曰'须'，鸟曰'昊'。"《释畜》曰："马八尺为'駥'，牛七尺为'犉'，羊六尺为'羬'，彘五尺为'豟'，狗四尺为'獒'，鸡三尺为'鶤'。"诸如此类，殆已不复为今人所沿用矣。且有采取荒唐无稽之说者。如《释地》有曰："东方有比目鱼焉，不比不行，其名谓之'鲽'。南方有比翼鸟焉，不比不飞，其名谓之'鹣鹣'。西方有比肩兽焉……其名谓之'麽'。北方有比肩民焉，迭食而迭望。中有枳首蛇焉。"即在今世界大通之世，未闻有此奇物异人也。故《尔雅》一书，不但难读，实亦不必全读矣。

《尔雅》十九篇中，《释亲》尚有一读之价值。何也？世俗之亲属称谓，大都见于此篇，一也；某种亲属关系，世俗往往有以不知其称谓为病者，亦可于此篇中求之，二也。本篇释称谓，共分四项，兹录其全文如次：

1. 宗族——即父党也

父为"考"；母为"妣"（此于死后称之）。父之考为"王父"；父之妣为"王母"（此亦于死后称之，即祖父祖母也）。王父之考为曾祖王父；王父之妣为曾祖王母（即曾祖父母）。曾祖王父之考为"高祖王父"；曾祖王父之妣为"高祖王母"（即高祖父母。再上溯之，则但称几世祖）。父之世父叔父为"从祖祖父"；父之世母叔母为

"从祖祖母"。父之晜弟,先生为"世父"(即伯父),后生为"叔父"。男子先生为"兄",后生为"弟"。谓女子,先生为"姊",后生为"妹"。父之姊妹为"姑"(即姑母)。父之从父晜弟为"从祖父"(俗称嫡堂伯叔),父之从祖晜弟为"族父"(俗称堂伯叔)。族父之子相谓为"族晜弟"(俗称堂兄弟)。族晜弟之子相谓为"亲同姓"(俗称再堂兄弟)。兄之子,弟之子,相谓为"从父晜弟"(俗称嫡堂兄弟)。子之子为"孙";孙之子为"曾孙";曾孙之子为"玄孙";玄孙之子为"来孙";来孙之子为"晜孙";晜孙之子为"仍孙";仍孙之子为"云孙"(今自"来孙"以下,泛称"裔孙"),王父之姊妹为"王姑"(即姑祖母);曾祖王父之姊妹为"曾祖王姑";高祖王父之姊妹为"高祖王姑",父之从父姊妹为"从祖姑";父之从祖姊妹为"族祖姑"。父之从父晜弟之母为"从祖王母";父之从祖晜弟之母为"族祖王母"(今泛称伯祖母、叔祖母)。父之兄妻为"世母"(即伯母),父之弟妻为"叔母"。父之从父晜弟之妻为"从祖母";父之从祖晜弟之妻为"族祖母"(今亦泛称伯母或叔母)。父之从祖祖父为"族曾王父";父之从祖祖母为"族曾王母"(今泛称伯叔曾祖或伯叔曾祖母)。父之妾为"庶母"。祖,王父也;晜,兄也(此二句疑为注,误作本文)。

2. 母党——指外家而言

母之考为"外王父";母之妣为"外王母"(即外祖父、外祖母)。母之王考为"外曾王父";母之王妣为"外曾王母"(即外曾祖父、外曾祖母)。母之晜弟为"舅";母之从父晜弟为"从舅"(即舅父,俗称母舅)。母之姊妹为"从母"（俗称姨母）。从母之男子为"从母晜弟"，其女子为"从母姊妹"（俗泛称表兄弟、表姊妹）。

家庭既采男系，亲属亦以男系为主，故"父党"谓之"宗族"，其所载称谓亦特详。母党即较父党略矣。如母之兄弟之妻，俗称"舅母"者，母之姊妹之夫，俗称"姨丈"者，竟不见于本篇也。父党母党之称谓，今俗虽与本篇所载者异，尚可谓为全备；至于下列"妻党"及"婚姻"二项，则有不能举其称谓者矣。

3. 妻党

妻之父为"外舅"，妻之母为"外姑"（俗称岳父、岳母）。姑之子为"甥"、舅之子为"甥"（俗称表兄弟），妻之晜弟为"甥"（俗称内兄弟），姊妹之夫为"甥"（俗称姊夫、妹夫）。妻之姊妹同出为"姨"（今犹仍此称）。女子谓姊妹之夫为"私"（此名最怪，《诗》"谭公维私"，犹用此名）。男子谓姊妹之子为"出"（俗称外甥）。女子谓晜弟之子为"侄"，谓出之子为"离孙"（俗亦称外孙），谓侄之子为"归孙"（俗称侄孙）。女子子之子为"外孙"（今仍此称）。女子同出，谓先生为"姒"，后生为"娣"（今俗仍称姊妹）。女子谓兄之妻为"嫂"，弟之妻为"妇"（今俗仍用此称，但谓弟之妻曰弟妇）。长妇谓稚妇为"娣妇"，娣妇谓长妇为"姒妇"（即妯娌也）。

4. 婚姻

妇称夫之父曰"舅"，称夫之母曰"姑"。姑舅在，则曰"君舅"，"君姑"；没则曰"先舅"，"先姑"（俗称公婆，或曰翁姑）。谓夫之庶母为"少姑"（俗随夫称"姨娘"），夫之兄为"兄公"（俗无此称，曰伯父者，随其子女称之耳），夫之弟为"叔"（俗仍此称），夫之姊为"女公"，夫子之女弟为"女妹"（俗称姑母，亦是用其子女之称谓）。子之妻为"妇"，长妇为"嫡妇"，众妇为"庶妇"（俗但曰媳妇而已），女子子之夫曰"婿"（今仍此称）。婿之父为"姻"；妇之父为"婚"（俗但互呼为亲翁、亲家。此下今本有"父之党为宗族，母与妻之党为兄弟，妇之父母、婿之父母、相谓为婚姻"三句。首句疑注第一项"宗族"为指父党而言；次句竟不可解；末句疑涉上文而衍）。两婿相谓为"亚"（俗称连襟）。妇之党为"婚兄弟"；婿之党为"姻兄弟"（俗概谓之姻兄弟）。"嫔"，妇也。谓我舅者，吾谓之"甥"也。（此二语亦似与上文不属。谓我舅者，吾谓之甥，故外舅谓婿亦可曰"甥"。《孟子》述尧舜事，曰"帝馆甥于贰室"，是也）。

此外，如《释地》举"九州"曰："两河间曰冀州，河南曰豫州，河西曰雝州，汉南曰荆州，江南曰扬州，济河间曰兖州，济东曰徐州，燕曰幽州，齐曰营州。"又举"十薮"曰："鲁有大野，晋有大陆，秦有杨陓，宋有孟诸，楚有云梦，吴越之间有具区，齐有海隅，燕有昭余祁，郑有圃田，周有焦护。"《释山》举"五岳"曰："泰山为东岳，华山为西岳，霍山为南岳，恒山为北岳，嵩高为中岳。"此皆可与《尚书·禹贡》、《周礼·职方》互相参较者也。

第六编　春秋经传概论

第一章　春秋经传解题（上）

《易》、《书》、《诗》、《礼》、《春秋》五经，在十三经中，《周易》、《尚书》、《毛诗》，经各一书；惟《礼》与《春秋》二经，各有三书。《周礼》记官制，自为一书，与《礼记》无涉，故自为一编论述之。《仪礼》与《礼记》之大部分有关；前者为礼之"经"，后者为礼之"记"，故合为一编论述之。《春秋》则经一而传三，《公羊传》、《穀梁传》、《左传》，皆《春秋经》之"传"也；故亦并为一编论述之。十三经崇古文说，故《春秋》三传，首列《左传》，而《公羊》、《穀梁》二传次之。今述《春秋》经传解题，为便利计，先《春秋经》，次《公羊传》、《穀梁传》，而殿以《左传》焉。

一、《春秋》名称

《春秋经》者，孔子之所作也。其命名之义，或曰取"赏以春夏、刑以秋冬"二语，以示寓褒贬于其中之意（按《公羊传疏》引《三统历》曰："春为阳中，万物以生；秋为阴中，万物以成。"贾逮、服虔皆主之，亦与此说相近）。或曰春获麟而秋成书，名曰《春秋》，所以记孔子作书之时（按《公羊传疏》又引《春秋说》曰："始于春、终于秋者，道春为生物之始，而秋为成物之终。"又曰："哀公十四年春，西狩获麟，作《春秋》；九月书成。以其书春作秋成，故云《春秋》。"即此说也）。上二说，皆未是。杜预《春秋左氏传序》（或作"《春秋序》"，或作"《左氏传序》"，或作"《春秋经传集解序》"，同一序文，题目不同。今从孔颖达所定）曰："《春秋》者，鲁史记之名也。记事者，以事系日，以日系月，以月系时，以时系年，所以纪远近，别同异也。故史之所记，必表年以首事。年有四时，故错举以为所记之名也。"杜氏谓《春秋》错举四时之二以为书名，盖示其为编年史，其说甚是。其谓《春秋》为鲁史记之旧名，亦有所本。《孟子·离娄篇》曰："晋之《乘》，楚之《梼杌》，鲁之《春秋》，一也。"《乘》与《梼杌》为晋、楚二国之史，《春秋》则鲁国之史也。《左传》昭公二年，记晋大夫韩宣子（名起）聘鲁，观书于鲁太史，见《易象》与《鲁春秋》。韩起在孔子前，其时鲁已有《春秋》矣。《公羊传》庄公七年，释"星霣如雨"条曰："不修《春秋》曰：'雨星，不及地，尺，而复。'君子修之曰：'星霣如雨。'""不修《春秋》"者，鲁之《春秋》，未经孔子修正者也。此皆鲁史本名《春秋》之证。孔子特沿用鲁史之旧名而已。则前二说之误，不待辨而自明矣。但孟子虽以《春秋》为鲁史之专名，与晋曰《乘》，楚曰《梼杌》者异；而以《春秋》名史，似不限于鲁国。《国语·晋语》记司马侯对晋悼公曰："羊舌肸习《春秋》。"《楚语》记申叔时论教太子曰："教之以《春秋》。"岂皆指鲁史耶？又如《汲冢琐语》，记商太丁时事者，名曰《夏殷春秋》（见《史通》）。墨子亦言尝见"百国《春秋》"。似《春秋》为编年史之通称矣。然而汲冢之书，晋世晚出，墨子年代，亦后孔子。其所云云，安知非因鲁史已有此名，而亦以此名书乎？羊舌肸、申叔时，虽为春秋时人，早于墨子；安知非作《国语》记其语者，习闻《春秋》之名而用之？至如晏婴之书曰《晏子春秋》，虞卿之书曰《虞氏春秋》，吕不韦之书曰《吕氏春秋》，陆贾之书曰《楚汉春秋》，则明为袭用孔子《春秋》之名矣。盖晏婴虽与孔子同时，而此书非婴所自撰也。但此四书中，《晏子春秋》、《虞氏春秋》与《吕氏春秋》，皆诸子论著，与史书性质迥异；不得以其名曰"《春秋》"，遽谓与孔子之《春秋》性质相同也。

二、孔子作《春秋》

孔子之作《春秋》，见于古籍中者，似以《孟子》为最早。《孟子·滕文公篇》记孟子答公都子曰："世衰道微，邪说暴行有（同又）作；臣弑其君者有之，子弑其父者有之，孔子惧，作《春秋》。"又曰："孔子成《春秋》而乱臣贼子惧。"《史记·孔子世家》亦曰："孔子曰：'弗乎！弗乎！君子病没世而名不称焉；吾道不行矣！吾何以自见于后世哉？'乃因史记，作《春秋》，上至隐公，下迄哀公十四年，十二公。"《太史公自序》曰："周道衰废，孔子为司寇；诸侯害之，大夫壅之。孔子知言之不用，道之不行也，是非二百四十二年之中，以为天下仪表，贬天子，退诸侯，讨大夫，以达王事而已矣。子曰：'我欲载之空言，不如见之行事（即往事）之深切著明也！'"又引壶遂曰："孔子之时，上无明君，下不得任用，故作《春秋》，垂空文以断礼义，当一王之法。"《汉书·艺文志》亦言孔子作《春秋》。是此事为汉以前学者所公认也。《公羊传疏》引闵因《序》曰："昔孔子受端门之命，制《春秋》之义，使子夏求周史记，得百二十国宝书。"（苏轼《春秋列国图说》列举见于《春秋》经传者，凡百二十四国）则鲁史之外，又参考他国之史矣。杜预《左传序》曰："《春秋》之作，《左传》及《穀梁》无明文。"据此，则《公羊》当有明文。而今本《公羊传》中未之及也。臧琳引晋人孔舒元（孔舒元名琳，有《春秋公羊传集解》，见《隋志》）本《公羊传》曰："十有四年春，西狩获麟。何以书？记异也（此与今本同）。今麟，非常之兽。其为非常之兽何（今本无）？有王者则至，无王者则不至（同今本）。然则孰为而至？为孔子之作《春秋》也（今本无）。"则孔子作《春秋》，《公羊传》中果有明文矣。今本《公羊传》，为何休《解诂》本。《汉志》及《儒林传》谓西汉传《公羊》者有颜安乐、严彭祖二家，何氏所用为颜本。殆孔舒元所用为严本，而其经文与颜本有不同欤？据此，则《公羊传》以为麟因孔子作《春秋》而至；《左传正义》引《左传》家贾逵、服虔、颖容之说，亦皆以为孔子修《春秋》，文成致麟，麟感而至；则作《春秋》在前，获麟在后矣。杜预《春秋左氏传序》乃曰："今麟出非其时，虚其应而失其归，此圣人所以感也。绝笔于获麟之一句者，所感而起，固所以为终也。"又曰："故余以为感麟而作，作起获麟，则文止于所起，为得其实。"是又获麟在前，作《春秋》在后矣。此"春获麟，秋成书"之说，所由来也。然按《公羊传疏》曰："《左氏》以为鲁哀十一年，夫子自卫反鲁，十二年，告老，遂作《春秋》，至十四年，经成。"又曰："《公羊》以为哀公十四年获麟之后，得端门之命，乃作《春秋》，至九月而止笔；《春秋说》具有其文。"则又适与上所述者相反，何也？但以情理度之，终以孔子作《春秋》，因感获麟而绝笔之说，为较合事实耳。

三、《春秋经》今古文

《汉书·艺文志》著录《春秋》古经十二篇，《经》十一卷。是《春秋经》亦有今古文，而卷数不同。班氏于"经十一卷"下自注曰："公羊、穀梁二家。"则《公羊》、《穀梁》二传所据者，为今文《春秋经》；古文《春秋经》乃《左传》所据矣。故钱大昕注"古经十二篇"句曰："谓《左氏》经也。汉儒谓传《春秋》者，以《左氏》为古文，《公羊》、《穀梁》为今文；称古经，则共知其为《左氏》矣。《左氏》经传本各单行，故别有《左氏传》。"沈钦韩曰："《公羊》、《穀梁》二家经合闵公于庄公，故十一卷。彼师当缘闵公事短，不足成卷，并合之耳。"何休乃云："系《闵公篇》于庄公下者，子未三年，未改于父之道。"按鲁庄公以三十二年八月薨，子般立；十月，共仲使圉人荦弑子般，立闵公；翌年为闵公元年。二年八月，共仲又使卜齮弑公。是闵公在位仅二周年。沈氏谓因事短不足成卷，是也。何说迂。故《春秋经》今古文本虽一为十一卷，一为十二篇，尚无大关系。惟今文经至"哀公十四年春，西狩获麟"止，古文经至"哀公十六年夏四月己丑孔丘卒"止，则大有出入。《左传》记获麟事曰：

十四年春，西狩于大野，叔孙氏之车子鉏商获麟，以为不祥，以赐虞人。仲尼观之，曰："麟也。"然后取之。

《穀梁传》则曰：

十有四年春，西狩获麟，引取之也。狩，地；不地，不狩也。非狩而曰狩，大获麟，故大其适也。其不言来，不外麟于中国也。其不言有，不使麟不恒于中国也。

《左传》于获麟事，并不重视，故以轻描淡写出之。《穀梁传》则释《春秋经》所以特书"西狩"之故，以为"大获麟"，已较《左传》

为重视矣。《公羊传》于此事记述尤详，其文曰：

> 十有四年春，西狩获麟。何以书？记异也。何异尔？非中国之兽也。然则孰狩之？薪采者也。薪采者，则微者也，曷为以狩言之？大之也。曷为大之？为获麟大之也。曷为为获麟大之？麟者，仁兽也，有王者则至，无王者则不至。有以告者，曰："有麕而角者。"孔子曰："孰为来哉？孰为来哉？"反袂拭面，涕沾袍，颜渊死，子曰："噫！天丧予！"子路死，子曰："噫！天祝予！"西狩获麟，孔子曰："吾道穷矣！"《春秋》何以始乎隐？祖之所逮闻也。所见异辞，所闻异辞，所传闻异辞。何以终乎哀十四年？曰，备矣。君子曷为为《春秋》？拨乱世，反诸正，莫近于《春秋》。则未知其为是与？其诸君子乐道尧舜之道与？不亦乐乎尧舜之知君子也？制《春秋》之义，以俟后圣，以君子之为，亦有乐乎此也。

《公羊传》直视获麟一事，与颜渊子路之死，同一重要，孔子竟因此感伤而至泣下。盖古人视麟凤为瑞，必有圣人在位，麟凤始出而应之，故文王时有凤鸣岐山之传说。《论语·子罕篇》记孔子曰："凤鸟不至，河不出图，吾已矣夫！"正与此因获麟而叹吾道之穷，同一感伤。然则孔子作《春秋》，至此绝笔者，亦以刺激之强，感伤之甚故耳。《公羊传》于记此事后，并及《春秋》所以始于隐公，及孔子所以作《春秋》之故，其为全经之终，显然可见。故虽以杜预之崇信《左传》者，亦曰"绝笔于获麟之一句"也。然则古文经于获麟之后，十四年尚有续经十三条，十五年又有八条，十六年又有三条，非孔子所记，彰然可知矣。且十六年末一条曰："夏四年己丑，孔丘卒。"孔子既卒，岂复能书此？孔子未卒时，岂能预知己之必卒于此日耶？是古文经之可信，不如今文经也。他如隐公三年，今文《春秋经》书曰："夏四月辛卯，尹氏卒。"古文《春秋经》则曰："君氏卒。"《公羊传》曰："尹氏者何？天子之大夫也。其称尹氏何？贬。曷贬？讥世卿。世卿，非礼也。……"孔子讥世卿，为反对贵族专政之大义。《左传》曰："夏，君氏卒，声子也。不赴于诸侯，不反哭于寝，不祔于姑，故不曰薨。不称夫人，故不言葬。不书姓，为公，故曰君氏。"则直以君氏为隐公之生母矣。此虽仅一字之异，而于《春秋》大义，所关至巨也。

四、《春秋》三传

《汉书·艺文志》所著录之《春秋传》凡五：一曰"《左氏传》三十卷"，二曰"《公羊传》十一卷"，三曰"《穀梁传》十一卷"，四曰"《邹氏传》十一卷"，五曰"《夹氏传》十一卷"。序曰："及末世口说流行，故有《公羊》、《穀梁》、《邹》、《夹》之传。四家之中，《公羊》、《穀梁》立于学官，邹氏无师，夹氏未有书。"所谓"无师"者，谓无传授之人；"未有书"者，谓仅口说相传，未著竹帛，犹目录中自注曰"有录无书"也。故《春秋传》惟《公羊》、《穀梁》及《左氏》三者而已。三传中，前二者为今文，后者为古文。前二者详于解释经文之义例，为训诂之传；后者详于叙述经文所书之事实，为记载之传。圣人所作曰"经"，贤人所述以释经旨者曰"传"。故《公羊》、《穀梁》为"传"之正体；《左传》则是"史传"，非"经传"之传之正体也。故刘安世曰："《公》、《穀》皆解正《春秋》，《春秋》所无者，《公》、《穀》未尝言之；若《左传》则《春秋》所有者或不解，《春秋》所无者或自为传。"胡安国曰："事莫备于《左氏》，例莫明于《公羊》，义莫精于《穀梁》。"叶梦得曰："《左氏》传事不传义，是以详于史，而事未必实；《公》、《穀》传义不传事，是以详于经，而义未必当。"朱子亦曰："《左氏》是史学，《公》、《穀》是经学。史学者，记得事却详，于道理上便差；经学者，于义理上有功，然记事多误。"吕大圭亦曰："《左氏》熟于事，《公》、《穀》深于理，盖左氏曾见国史，而《公》、《穀》乃经生也。"吴澄亦曰："载事，则《左氏》详于《公》、《穀》；释经，则《公》、《穀》精于《左氏》。"

  要之三传分为二种，各有所长，亦各有所短，但以经学之立场言，则《左传》之价值终不及《公羊》、《穀梁》二传耳。何休尝作《公羊墨守》、《左氏膏肓》、《穀梁废疾》，以伸《公羊》而斥二《传》；郑玄乃作《箴膏肓》、《起废疾》、《发墨守》以难之，休见而叹曰："康成入吾室，操吾戈，以伐我乎？"盖何氏好《公羊》，郑氏主混合今古，门户不同也。东汉学者对于三《传》，各有所左右袒。如李育作《难左氏》四十一事；郑众作《长义》十九条十七事，论《公羊》之短，《左氏》之长；贾逵亦作《长义》四十条，云《公羊》理短，《左氏》理长。至如晋范宁所云："《左氏》艳而富，其失也诬；《穀梁》清而婉，其失也短；《公羊》辨而裁，其失也俗。"则似单就文辞方面加以评骘矣。总之，《公羊》兼传《春秋经》之"微言""大义"；《穀梁》惟传"大义"；《左传》则并"义"亦不传。《穀梁》言义不及《公羊》之大，记事不及《左传》之长，故宣帝时虽曾立于学官，建初八年虽曾诏诸儒各选高材生，受《左氏》、《穀梁》（见《后汉书·贾逵传》），而其后仍废。灵帝《熹平石经》所以独无《穀梁传》者，殆以此也。即西汉今文盛行之时，治《穀梁》者亦不如治《公羊》者之多。若《汉书·儒林传》所载，公孙弘为齐人，故右《公羊》，韦贤、夏侯胜为鲁人，故右《穀梁》，则又范宁所讥为"废兴由于好恶，盛衰继于辨讷"者，无关于本书之优劣矣。《左氏》以文史见长。三国以后，经学衰，文学盛，故唐啖助尝曰："今《公羊》、《穀梁》二传殆绝，习《左氏》者，皆遗经存传。"玄宗时，国子司业李元瓘上疏，亦称"《公羊》、《穀梁》殆绝"也。习《左氏》者，亦但喜其文采，"遗经存传"，故韩愈《赠卢仝诗》有"《春秋》三传束高阁"语；玄宗时国子祭酒杨场奏，亦云"今明经习《左氏》者十无二三，《公羊》、《穀梁》殆将废绝"耳。

五、《公羊》、《穀梁》异说

《汉志》于《春秋》类著录"《公羊传》十一卷"，自注曰："公羊子，齐人。"又"《穀梁传》十一卷"，自注曰："穀梁子，鲁人。"徐彦《公羊传疏》曰："公羊高五世相授，至胡毋生乃著竹帛，题其亲师，故曰《公羊传》。《穀梁》亦是著竹帛者题其亲师，故曰《穀梁传》。"盖"公羊"、"穀梁"并是复姓也。《四库书目提要》曰："罗璧《识遗》，称'公羊'、'穀梁'自高、赤作传外，更不见有此姓。万见春谓皆'姜'字切韵脚，疑为姜姓假托。案'邹'为'邾娄'（《公羊传》春秋经隐元年之"邾娄"，《左传》之经作"邾"，后改称"邹"。《释文》曰："邾人语声后曰'娄'，故曰'邾娄'。"此以'邹'为'邾娄'二字之切音），'披'为'勃鞮'（晋寺人，《左传》僖二十四年作寺人披，二十五年作寺人勃鞮。披即勃鞮二字之切音），'木'为'弥牟'，'殖'为'舌职'（弥牟明亦作木明，羊舌职亦作羊殖，皆切音），记载音讹，经典原有是事；至弟子记其先师，子孙述其祖父，必不至竟迷本字，别用合声。璧之所言，殊为好异。"按《礼记·檀弓》曰："啥巾以饭，公羊贾为之也。"是别有姓公羊者矣。或又以"明"字古音读若"芒"，与"羊"同韵，疑《檀弓》之公羊贾即《论语》之公明贾，因谓公羊高即孟子之公明高者。或又疑"公羊"、"穀梁"皆"卜商"之转音者（并见皮锡瑞《经学通论》）。近人蔡元培又以"公"、"穀"为双声，"羊"、"梁"为叠韵，疑同出一人（按朱子已云："林黄中说公羊、穀梁只是一人，只是看他文字，疑若非出一手者。"）。此皆与罗璧之说相类者也。惟《越绝书》作者自云："以口为姓，承之以天。"以拆字法自明其姓。朱子注《楚辞》，亦尝自题"邹䜣"，则又用"朱熹"二字之转音矣。则二传或亦用转音或切合之字以署其书，似未可断言其必无。然考姓氏者，尝曰："公羊氏系出姬姓；鲁公孙羊孺之后，以公羊为氏，望出顿丘。""穀梁，以地为氏，《水经注》，博陵有穀梁城；一说，鲁有穀梁氏，梁当作粱，望出西河。"岂以公羊、穀梁二子，故为此说耶？

1. 传《公羊》者

公羊子名高，见《汉志》颜师古注。徐彦疏引戴宏《序》曰："子夏传于公羊高，高传与其子平，平传与其子地，地传与其子敢，敢传与其子寿。至汉景帝时，寿乃与齐人胡毋子都著于竹帛。"何休《解诂》同。是公羊氏之传《春秋》，乃世世口耳相传，至寿始写录成书，故为"今文"也。旧题作者曰公羊高，盖著其始耳。故传中有"子公羊子曰"之文，明为弟子称其先师，可为传文非高所撰之证。但传中又有称"子沈子曰"、"司马子曰"、"子北宫子曰"、"子高子曰"，"鲁子曰"者，则传授之先师，亦不尽为公羊氏之子孙矣。定公元年传，"正棺于两楹之间"二句，《穀梁传》亦载之，直称沈子，不称公羊；似并其不明著姓氏之言，亦不尽出于公羊子矣。总之，始传其学者为公羊高，写录成书者为公羊寿，则可信也。高为子夏弟子，则是春秋末人；而元人程端学《春秋本义》竟以为汉初人，误矣。

2. 传《穀梁》者

穀梁子之名，颇有异说。王充《论衡》以为名寘；桓谭《新论》以为名赤；应劭《风俗通》同。阮孝绪《七录》云，名俶，字元始。《汉志》颜师古注以为名喜；杨士勋疏并载二说，云"名俶，字元始，一名赤"。至其时代，则桓谭以为在《左氏》传世后百余年，糜信以为与秦孝公同时；应劭及杨士勋并云子夏弟子。按《穀梁传》亦是口耳相传，后始著于竹帛者。定公元年传曾引"沈子曰"。《公羊传》定公元年亦引"子沈子曰"，何休以为后师。如公羊穀梁同师子夏，不应及见后师，一也。隐公元年"初献六羽"条传，称"穀梁子曰"，如系穀梁子亲撰，不当自引己说，且如此称，二也。此条又引"尸子曰"，尸子名佼，商鞅之师，鞅既诛，佼逃于蜀，穀梁子如为春秋末人，何得预引尸子之言，三也。故《穀梁传》由后传其学者写录成书，当与《公羊传》同。至其名有四说者，皮锡瑞疑亦如公羊氏之世世相传，非即一人，实为得之，如皮氏之说果确，则穀梁子之时代，所以各书不同者亦可以悟得其故矣。郑玄《起废疾》谓穀梁近孔子，公羊正当六国之亡，是谓穀梁在公羊之前；《释文叙》谓公羊高受经于子夏，穀梁赤乃后代传闻，则又谓穀梁在公羊之后。殆未注意于二传世相授受，不仅一人，故有此歧说欤？晁说之亦谓《穀梁》晚出于汉，因得监省《左氏》、《公羊》而正之。刘原父《春秋传衡》亦谓庄公二年公子庆父帅师条，隐公二年无骇帅师条，八年无骇卒条，《穀梁传》皆存二说，似系见《公羊》之说，采而附益之。陈澧《东塾读书记》又引文公十二年子叔姬本条，《穀梁传》所云"其一传曰……"明是引《公羊传》；宣公十五年初税亩，冬螽生一条，《穀梁传》曰，"螽，非灾也；其曰螽，非税亩之灾也"，乃引《公羊传》而驳之。盖《穀梁传》不知何人始著竹帛，其成书或在公羊寿之后；但不能因此遽谓穀梁子在公羊子之后也。啖助谓公羊、穀梁均得子夏口授，后人据其大义，散配经文（见《三传得失议》）。盖二《传》祖孙师弟相传，后学者多所增益，而同是一义，同是一经，二家所说不同。例如《春秋》"大居正"一义，《公羊传》以之说宋宣公，《穀梁传》以之说鲁隐公，此二家同传一义，而说经参差不同之证（见皮锡瑞《经学通论》）。明乎此，则可悟《穀梁传》兼存二说，及引《公羊》说之故矣。

六、《公羊》注本

《十三经注疏》，《公羊传》用何休注。何休，东汉末人。其著《春秋公羊传解诂》，史称覃思不窥门者十七年。西汉治《公羊》者，以胡毋生及董仲舒为最著。胡毋生者，与公羊寿写录《公羊传》者也。董氏《春秋繁露》中尚多存《公羊》之说。何休《解诂序》曰："往者略依胡毋生条例，多得其正。"可以见其渊源有自矣。《公羊传注》，今存者以此为最古，亦以此为最精。《公羊传疏》，题曰徐彦。此书不载于《唐书·艺文志》。宋《崇文总目》始著录之，称"不著撰人名氏，或云徐彦"。董迪《广川藏书志》亦称"世传徐彦，不知时代"，意其在贞元、长庆之后。《四库书目提要》曰："考《疏》中邲之战一条（在鲁宣公十二年），犹及见孙炎《尔雅注》完本，知在宋以前；又葬桓王一条（在鲁庄公三年），全袭杨士勋《穀梁传疏》，知在贞观以后；中多自设问答，文繁语复，与邱光庭《兼明书》相近（邱为唐末五代时人），亦唐末之文体。董迪所云，不为无理，故今从迪之说，定为唐人焉。"按《公羊传疏》作者，晁公武《郡斋读书志》引李献民说，王应麟《小学绀珠》，皆以为徐彦。《通典》卷九十五，东晋有徐彦，与徐众同时；又卷九十九，又有武昌太守徐彦。但《疏》中所引书几百二十余种，最晚者为刘宋时庾蔚之所作，则非东晋人明矣。至其自设问答，则唐人经疏无此体也。王鸣盛以为即《北史》之徐遵明。但《北史》本传不云遵明传何氏《公羊》，其弟子亦无治《公羊》者。开卷疏"司空掾"曰："若今三府掾是也。"三府掾惟北齐有此官。故洪颐煊、姚范并谓是北齐人，虽不中亦不远矣。

七、《穀梁》注本

汉儒治《穀梁传》者，不若治《公羊传》者之著。《十三经注疏》本所采之注，为晋范宁之《春秋穀梁传集解》。盖兼载其门生子弟之说，故以"集解"名也。《晋书》本传谓"宁此书为世所重；既而徐邈复为之注，世亦称之"。今考范氏注中，乃多引邈注，岂徐氏反在范氏前耶？又《自序》有"商略名例"一语，《疏》称"宁别有《略例》十余条"。此殆如何休既作《解诂》，复有《文谥例》欤？但《集解》中并不附载，而注中时有"传例曰"云云，岂所谓《略例》者，已分散注中耶？《穀梁传疏》，题曰杨士勋。士勋生平，已不可考；而孔颖达《左传正义序》称"与故四门博士杨士勋参定"。则杨氏亦唐贞观时人矣。《公羊》、《穀梁》二疏，成于一人，《左传疏》则成于众人之手；唐以前诸儒，治《左传》者多，治《公羊》、《穀梁》者少；故二传之疏，博洽似逊于《左传疏》云。

八、清儒之公羊学

《公羊》之学，复兴于清中世以后。庄存与作《春秋正辞》，始以《公羊》说《春秋》。其外孙刘逢禄,作《公羊何氏释例》、《公羊何氏解诂笺》,远胜旧疏。虽力主古文之章炳麟,亦称其"属辞比事,类列彰较","辞义温厚,能使览者说怿"。而陈立之《公羊义疏》,亦足以发扬何氏之学。此皆读《公羊传》所当参阅者也。他如戴望之《论语注》,亦往往用《公羊》说以赞《论语》,宋翔凤、龚自珍等亦好称述《公羊》;而凌曙有《公羊问答》,包慎言有《公羊传历谱》,但笺疏《公羊传》何氏《解诂》者,终当推刘、陈二氏之书也。清儒于《穀梁传》独无新疏,此殆章炳麟所谓"《穀梁氏》淡泊无味,治之者稀,前无所袭,非一人所能就"故耳。无已,则惟侯康之《穀梁传疏证》,尚可供参考之资焉。

第二章　春秋经传解题（下）

一、左传

《春秋》三传，《公羊》、《穀梁》二传既如上述，今当更述《左传》。《汉志》春秋类著录"《左氏传》三十卷"。自注曰："左丘明，鲁太史。"《左传》为左丘明作，故亦系以姓氏，曰《左氏传》也。序曰：

古之王者，世有史官，君举必书，所以慎言行，昭法戒也。左史记言，右史记事；事为《春秋》，言为《尚书》；帝王靡不同之。周室既微，载籍残缺。仲尼思存前圣之业，乃称曰："夏礼，吾能言之，杞不足征也；殷礼，吾能言之，宋不足征也；文献不足故也。足，则吾能征之矣。"以鲁，周公之国，礼文备物，史官有法，故与左丘明观其史记，据行事，仍人道，因兴以立功，就败以成罚，假日月以定历数，藉朝聘以正礼乐。有所褒讳贬损，不可以书见，口授弟子。弟子退而异言。丘明恐弟子各安其意以失其真，故论本事而作传，明夫子不以空言说经也。《春秋》所贬损大人，当世君臣有威权势力，其事实皆形于传，是以隐其书而不宣，所以免时难也。

班氏《汉志》明言删取刘歆《七略》之要，则此所云云，当亦刘歆之说也。前乎《汉志》者，则《史记·十二诸侯年表》序曰：

是以孔子明王道，干七十余君莫能用，故西观周室，论史记旧闻，兴于鲁而次《春秋》；上记隐，下至哀之获麟，约其文辞，去其烦重，以制义法，王道备，人事浃。七十子之徒，口受其传指，为有所刺讥褒讳挹损之辞、不可以书见也。鲁君子左丘明，惧弟子人人异端，各安其意，失其真，故因孔子史记具论其语，成《左氏春秋》。

其言与《汉志》略同。近人康有为、崔适谓《史记》此节为刘歆所窜入。但即就《史》、《汉》二书比较之，亦有殊异，一、《史记》未尝言孔子与左丘明同观鲁之《史记》；二、《史记》以左丘明为鲁君子，不在七十子之列；三、《史记》明云左丘明成《左氏春秋》，不言为《春秋经》作传也。但《左传》之成书，似距《春秋》不远耳。《汉书·刘歆传》（见《楚元王传》）曰：

歆校秘书，见古文《春秋左氏传》，大好之。从尹咸及丞相翟方进问大义。初，《左氏传》多古字古言，学者传训诂而已。及歆治《左氏》，引传文以解经，转相发明，由是章句义理备焉。歆以为左丘明好恶与圣人同，亲见夫子；

而公羊、穀梁在七十子后；传闻之，与亲见之，详略不同。向好《穀梁春秋》；歆以是质之，向不能非。及歆为侍中，得亲近，欲建立《左氏春秋》、《毛诗》、《逸礼》及古文《尚书》，皆列于学官。哀帝令歆与五经博士讲论其义。诸博士或不肯置对，歆乃移书责让之。

下文全载此书，其略曰：

《春秋左氏》，丘明所修。……藏于秘府，伏而未发。……缀学之士，不思废绝之阙……信口说而背传记，是末师而非往古……犹欲保残守缺，挟恐见破之私意，而无从善服义之公心；……以《尚书》为备，谓左氏为不传《春秋》，岂不哀哉！……

又记移书后事曰：

其言甚切，诸儒皆怨恨。是时名儒光禄大夫龚胜以歆移书，上疏深自罪责，愿乞骸骨罢。及儒者师丹为大司空，亦大怒，奏歆改乱旧章。歆惧，乃求出为河内太守。……

据本传所述，可以得下列各项事实：（一）《左传》藏于秘府，外人罕得见，刘歆校书，始发现之；（二）引传文以解经，始于刘歆；（三）刘歆以为作《左传》者，即《论语》之左丘明（《论语·公冶长篇》，子曰："巧言令色，左丘明耻之，丘亦耻之；匿怨而友其人，左丘明耻之，丘亦耻之。"）；（四）诸博士谓"左氏为不传《春秋》"（即谓《左传》非《春秋经》之传）；（五）歆力争立此书于学官，至于激动公愤。由此可以推知当时一般学者之不信《左传》矣。

综上所引《史》、《汉》之言，则《左传》一书，疑问有三：一曰《左传》之来历；二曰《左传》之作者；三曰《左传》与《春秋经》之关系。

（一）《左传》来历

《刘歆传》谓《左传》藏于秘府。此秘府中之《左传》，又何自来乎？许慎《说文解字序》曰："北平侯张苍献《春秋左氏传》。"《释文叙录》述《左传》传授甚详，亦有荀况传张苍，张苍传贾谊之言。但《汉书·张苍传》、《贾谊传》及《儒林传》均不记《左传》之师承传授，《论衡》言"《左传》三十卷，出恭王壁中'。此谓鲁恭王坏孔子故宅壁时，《左传》与古文《礼》、《尚书》、《论语》、《孝经》同时发现也。但《汉志》载恭王坏壁得古文经事，但云《礼》、《书》、《论语》、《孝经》，不及《左传》；《景十三王传》亦不言得《左传》，刘歆《移书》亦但云藏于秘书，不云得自孔壁；《说文序》亦分叙二事，则王充之说，亦未可据。况恭王得书事，本尚成为疑案乎？是《左传》之来历，尚不能无疑矣。

（二）《左传》作者

《左传》为左丘明所作，似无可疑。但司马迁《史记自序》及《报任安书》均曰："左丘失明，厥有《国语》。"《史记》所采春秋时事，见于《左传》者甚多，何以不云"左丘失明，乃传《春秋》"，或"厥有《左传》'，而曰"厥有《国语》"？且"左"为氏，"丘明"为名，岂得云"左丘失明"耶？《四库书目提要》曰："自刘向、刘歆、桓谭、班固，皆以《春秋传》出左丘明，左丘明受经于孔子；魏晋以来，更无异议。"盖直以左丘明为孔子弟子。今按《史记·仲尼弟子传》无左丘明，《十二诸侯年表序》亦明以左丘明为鲁君子，不在七十子之列；《汉志》亦仅云与孔子同观鲁史，刘歆亦仅云丘明亲见孔子，好恶与圣人同，未明言受经于孔子，在弟子之列。且据《论语》所记孔子语气观之，左丘明似在孔子以前；故唐人啖助曾曰："左丘明为孔子以前贤人，如史佚、迟任之类。"即与孔子同时，其年辈亦必不在孔子后。《史记》但曰"鲁君子"，《汉志》自注但曰"鲁太史"，较以丘明为孔门弟子者，终胜一等也。唐赵匡始谓左氏非丘明。或问："左氏是丘明否？"程子答曰："传无'丘明'字，不可考。"，《四库书目提要》言王安石有《春秋解》一卷，证左氏非丘明者十一事。其书已亡，不知十一事者何据。朱子亦曰："左氏不必解是丘明。"又云"虞不腊矣"为秦人语（按此语见《左传》僖公五年。《史记·秦本记》称惠文君十二年始腊）。叶梦得谓记事终于智伯，当为六国时人（《左传》末一条，记鲁悼公四年智伯瑶围郑事，末云："智伯不悛，赵襄子由是怨智伯，遂丧之；智伯贪而愎，韩魏反而丧之。"赵韩魏灭智伯在周贞定王十六年；赵襄子卒于周威烈王元年。而此载智伯之亡，并举赵襄子之谥，故以为六国时人）。郑樵《六经奥论》辨之尤详：（一）自获麟至襄子卒已八十年，左氏与孔子同时，不应孔子卒后七十八年尚能著书。（二）《左传》曰："战于麻隧，秦师败绩，获秦成差及不更女父。"（见成公十三年）又曰："秦庶长鲍、庶长武、帅师伐晋以救郑。"（见襄公十一年）不更、庶长，秦孝公时始有此官。（三）传曰："虞不腊矣。"秦惠文王十二年始腊。（四）《左氏》师承邹衍之说，而称帝王子孙；邹衍为齐威王时人。（五）《左氏》言"分星"皆准堪舆之说；堪舆十二星次始于赵分，起于韩魏分晋之后。（六）传曰："左师展将以公乘马归。"（见昭公二十五年）春秋时以车战，尚无骑兵。（七）吕相绝秦，为战国时游士之言（见成公十三年）。（八）《左传》叙晋楚事最详，疑为楚人。《四库书目提要》驳"虞不腊矣"条曰："张守节《史记正义》称秦惠文王始效中国为之，明古有腊祭，秦至是始用，非至是始创。阎若璩《古文尚书疏证》亦驳此说曰：'史称秦文公始有史以记事，秦宣公初志闰月，岂亦中国所无，秦独创哉？'则腊为秦礼之说，未可据也。"又驳记智伯亡一条曰："经止获麟而弟子续至孔子卒；传载智伯之亡，殆亦后人所续。《史记·司马相如传》中有扬雄语，不能执是一事，指司马迁为后汉人也。则载及智伯之说，不足疑也。"其言甚辨；谓春秋后事为后人所续，似尤为近理。姚鼐亦谓"公侯之子孙必复其始"（按此为辛廖为毕万筮仕于晋之语，见闵公元年），及季札观乐，闻歌《魏》曰，"以德辅此，则明主也"（《魏》谓《魏风》，见襄公二十九年），及盛称魏绛、魏舒，为吴起所益以媚魏者。而文公十三年传"其处者为刘氏"一节，以刘氏为尧后，则明为汉人插入以媚时主者（东汉明帝时贾逵上疏有云："五经皆无证图谶，明刘氏为尧后者，而《左氏》独有明文，窃谓前世藉此以求道通"云云。《左传正义》亦明曰："《左氏》不显于世，先儒无以自申；刘氏从秦、从魏，其源本出刘累，插注此辞，将以媚世。"）。是《左传》中有为后人羼入之文，固似可信也。啖助谓《左传》亦是口授，其门人始著竹帛，且有附益。殆亦因此。按《左传》庄公二十二年，记陈公子完（字敬仲）奔齐，齐之懿氏卜妻之，其占辞有曰："有妫之后，将育于姜；五世其昌，并于正卿；八世之后，莫之与京。"又谓敬仲少时，陈侯使周史筮之，亦曰："此其代陈有国乎？不在此，其在异国乎？非此其身，在其子孙。……若在异国，必姜姓也。"其后果传八世至田和而篡齐。又襄公二十九年记季札观乐事，闻奏《郑风》，曰："郑其先亡乎？"及适晋，说赵文子、韩宣子、魏献子，曰："晋国其萃于三族乎？"其后郑果早亡，晋果亡于三家。预言决无如此吻合之理，则谓此书成于田氏篡齐，三家分晋，韩灭郑之后，未为过也。《左传》

中如此者，不一而足，岂能谓为皆后人所续乎？况《四库书目提要》所辨护者仅二条，固未能举其余诸条一一辨正之也。故《左传》如果为左丘明所作，则此左丘明决非孔子同时之人；如左丘明果与孔子同时，甚或前于孔子，则《左传》决非左丘明所作。《左传疏》乃引陈人沈文阿之言，谓《严氏春秋》引《观周篇》谓孔子将修《春秋》，与左丘明乘，如周，观书于周史，归而修《春秋经》，丘明为之传，共为表里云云。所谓《严氏春秋》者，陈时恐已亡矣。且严书中如果载此事，刘歆何以不引？博士岂得不知？此殆因《汉志》孔子与左丘明同观鲁史之说，而又张大其词耳！故《左传》作者是否左丘明，左丘明是否与孔子同时，是否为孔子弟子，终属疑问也。

（三）《左传》与《春秋》之关系

然则《左传》与《春秋经》之关系果如何？《史记·十二诸侯年表序》仅谓左丘明成《左氏春秋》，不曰成《春秋左氏传》；刘歆《移让太常博士书》亦云博士谓《左氏》不传《春秋》；东汉范升驳韩歆请立《春秋左氏传》，亦曰《左氏》不祖孔子；《汉书·刘歆传》又谓引传文以解经始于刘歆；是汉儒明知《左氏春秋》本别为一书，与孔子之《春秋经》无关，刘歆始引传以解经也。晋王接谓《左传》囊括古今，自成一家言，不主为经而发。高祐贺循皆目《左传》为史。宋刘安世亦曰："读《左氏》者，当经自为经，传自为传，不当合而为一。"刘敞亦曰："御孙云，'君举必书；书而不法，后嗣何观'（按此为曹刿之言，见《左传》庄公廿二年），是作史之法；为尊亲讳（孔子作《春秋》，为尊者讳，为亲者讳），是作经之法。经出于史，如攻石取玉，披沙取金；金玉必待披拣攻琢而后得，犹《春秋》必待革削改易而后成。"刘知幾《史通》有《惑经》、《申左》二篇，《六家篇》并列《尚书》、《春秋》、《左传》、《国语》、《史记》、《汉书》为史书六家，正由不知经史之别；然观所列六书，则前二者为"经"，后二者为"史"，中二者在经史之间，而前者人皆目之为经，后者人皆目之为史，可以觇知经史之递嬗焉。又令狐澄《大中遗事》、孙光宪《北梦琐言》，并载唐陈商《立春秋左传学议》，以为"孔子修经，褒贬善恶，类例分明，是法家之流；左丘明为鲁史，记述时政，以日系年，本非扶助圣言，缘饰经旨，是太史之流。《春秋》当与《诗》、《书》、《周易》等列，《左传》当与司马迁、班固等列"。是汉以后之学者，亦有知《春秋》为经，《左传》为史，性质不同者矣。盖经者，借褒贬是非以定制立法者也；史者，惟据事直书，不立褒贬，而是非自见者也。清刘逢禄曰："《左氏》以良史之材，博闻多识，本未尝求附于《春秋》之义。后人增设条例，推衍事迹，强以为传《春秋》，冀以夺《公羊》博士之师法，名为尊之，实则诬之，《左氏》不任其咎也。余欲以《春秋》还之《春秋》，《左氏》还之《左氏》，而删其书法凡例及论断之谬于大义者，孤章断句之依附经文者，冀以存《左氏》之真。"皮锡瑞亦曰："《左氏》叙事之工，文采之富，即以史论，当在司马迁、班固之上；不必依傍圣经，可以独有千古。"旧时学者尊经之观念太深，故闻《左传》是史非经之说，以为抑《左传》太过；不知经史之别，在性质之不同，地位并无高下，且《左传》与《春秋》，离则双美，合则两伤，不必强附之于《春秋经》也。

若必以《左传》为释《春秋经》之书，则其可疑之点正多。唐权德舆尝谓"《左氏》有无经之传，失其根本"。例如隐公元年，"惠公元妃孟子……"一节，追溯至隐公以前，与经无涉也；然犹可曰为隐公摄位直接张本耳。至如桓公二年，"晋穆侯夫人姜氏以条之役生太子……"一节，直追记至春秋前数十年（穆侯当周宣王时，《春秋》始于鲁隐公元年，当周平王四十九年，距宣王末年已六十年），而《春秋经》中绝无关于此事之文，何为追溯之耶？又如《春秋经》

本止于获麟，《左传》所附之古文经止于后二年孔子卒，已见上章，而《左传》于孔子卒后直下逮悼公四年，且及智伯之亡，去获麟又数年（获麟在鲁哀公十四年，当周敬王三十九年，悼公四年，当周贞定王十六年，相去二十八年），已无经矣，作传何为？此皆"无经之传"也。又有释不书于经之事者，如隐公元年曰："夏，四月，费伯帅师城郎，不书，非公命也。"夫城郎非大事，经所不书，若必举经所不书之事，而一一说明其所以不书之意，则传《尚书》者当释黄帝何以无典，传《诗》者当释吴楚何以无风矣。此可疑者一也。又如隐公五年经曰："九月，初献六羽。"《公羊传》曰："何以书？识始僭诸公也。"盖传者所以释经，《公羊》此文，正释《春秋》之义。《左传》则但述羽数而已。传文如此，已失释经之旨矣。此可疑者二也。庄公二十年经凡四条：一曰"春王二月，夫人姜氏如莒"；二曰"夏，齐大灾"；三曰"秋七月"；四曰"冬，齐人伐戎"。是年之传仅一条，乃详记郑伯处王于栎及与虢叔谋纳王事。又如庄公二十六年经凡五条：一曰"春，公伐戎"；二曰"夏，公至自伐戎"；三曰"曹杀其大夫"；四曰"秋，公会宋人齐人伐徐"；五曰"冬十有二月，癸亥，朔，日有食之"。是年之传凡四条：一曰"春，晋士蒍为大司空"；二曰"夏，士蒍城绛以深其宫"；三曰"秋，虢人侵晋"；四曰"冬，虢人又侵晋"。此二年皆经自经，传自传，渺不相涉。为经作传，乃全年之传皆弃经文而记他事，非尤可疑怪者乎？至如上章所举隐公三年改"尹氏卒"为"君氏卒"，则其避孔子之讥世卿盖明甚。梁启超所谓刘歆祖庇王氏之据也。林黄中尝谓《左传》中"君子曰"云云是刘歆之辞，刘逢禄亦谓左氏凡例书法皆出刘歆，殆非无所见而云然也。

二、《左传》与《国语》

司马迁尝两云"左丘失明，厥有《国语》"。《五帝本纪》又曰："余观《春秋》、《国语》。"是司马迁所见而据为资料者为《国语》，而今本《史记》采《左传》之文独多，似《史记》所采《左传》之文，本在《国语》中。今本《国语》，其时代以春秋为中坚，而其中所记，自隐公元年至哀公十四年间之事反极少；《鲁语》所记，几纯为敬姜一妇人之言，其体例极为可怪。《汉志》春秋类著录"《国语》二十一篇"，自注谓"左丘明著"；又有"《新国语》五十四篇"，自注谓"刘向分《国语》"。前者即今本《国语》也。而刘向所分之《新国语》，其卷数乃逾原书一倍以上，且刘向所编著之书今俱存在，独此《新国语》者早已不存。故康有为、梁启超疑《新国语》为左丘明之原本，而今存二十一篇之本，则为刘歆抽去其中一部分以作《左传》之后之残余。歆既抽出其事实，变国别之体为编年，以附《春秋》，复益之以所谓书法凡例君子曰云云，后人为其所欺，乃以此《左传》真为《春秋》之传；唐定《五经正义》，《春秋》三传仅取《左传》，于是此书乃居《公羊》、《穀梁》二传之上矣。如能删去其释经之文，取其事实，合之《国语》，则诚东周时代战国以前之一良史也。

三、《左传》注本

《左传》采用杜预注、孔颖达《正义》。言《左传》者，孔奇、孔嘉之说，久佚不传；贾逵、服虔之说，亦仅偶见于他书；今世所传,《杜注》、《孔疏》为最古矣。有注而后《左传》之义明,有疏而后杜氏之注明,故杜预为左氏之功臣,孔颖达为杜氏之功臣;此学者之恒言也。然杜、孔谓《左传》发凡五十,乃周公旧例,其称"书"、"不书"、"先书"、"故书"、"不言"、"不称"、"书曰"之类,方为孔子新例,崇周公以抑孔子;唐时学校以周公为先圣,孔子为先师,此虽古文家旧说,而张之者,则杜、孔也。杜氏又创"经承旧史、史承赴告"之说,则孔子之作《春秋》,全类钞胥矣,尚得为"经"乎?又于经传不合处,不云传误,而云经误;其注亦多强经以就传。是杜氏虽为左氏之功臣,不免为孔子之罪人矣。杜预之父恕为司马懿所幽死,而预为懿之婿,目睹成济之事,身佐典午之篡,是其人不忠不孝,本无足取。其注于弑逆之臣,多所回护;如于郑大夫祝聃射周王中肩一条,竭力为郑庄公辨,即其显例。刘炫作《规过》,举《杜注》之失凡一百五十余条。《孔疏》一一为之辨解。炫所规者,诚有不足折服杜氏处;然孔氏一概抹杀,岂能谓得其平哉?清人刘文淇辑贾逵、服虔注,不足,始兼采杜注,作《左传旧注疏证》。未及成书而卒,子毓崧续成之。又另有《左传旧疏考证》。读《左传》者,于《杜注》、《孔疏》之外,大可资以参考也。章炳麟有《春秋左传读》,亦可观。《左传》短于释经,长于记事。故治《左传》者,亦多注意于其所记之事实。如章冲有《左传事类始末》。高士奇因而广之,列国事件,分门类系,以国为纪,成《左传纪事本末》一书。与此书同类者,明人曹宗儒已有《春秋左传叙事本末》,清人马骕亦有《左传纪事本末》。凡此,皆仿宋人袁枢之《通鉴记事本末》者也。马骕之《左传事纬》,取《左传》中之事迹,类分为一百八篇,并各系以论断;附杜预、孔颖达之序论及自撰之《左丘明传》,及《辨例》、《图表》、《览左随笔》、《名氏谱》、《左传奇字》等。较高书尤为博赡。而顾栋高之《春秋大事表》，事事有表，条理详明，颇便读《左传》者之参考。且于舆图兼列古今地名，又为辨论以订旧说之误。虽亦有繁碎及未尽善处，要亦读《左传》者之良好参考书也。

四、拟春秋经

隋王通之《中说》，模仿《论语》；其《玄经》，则模仿《春秋》（或云，系宋人阮逸伪托）。唐沈既济亦拟《春秋》作《唐经》。宋孙甫有《唐史论断》，自序亦云"效《春秋》书法"。此皆妄人妄事。但朱子《纲目》，纲仿经，目仿传，亦不免此弊。即欧阳修之《五代史》，其自矜书法矜严处，亦有此嫌也。

五、舍传治经

唐陆淳之《春秋纂例》，始本啖助赵匡之说，合三传以治《春秋》。吴澄尝曰："唐啖赵陆三家，始能信经以驳传，以圣人书法纂而为例，得其义者十七八，自汉以来，未能或之先也。"朱子亦曰："赵、啖、陆三家皆说得好。"程子亦称其绝出诸家，有攘异端，开正途之功。宋儒说经，主观的色彩极浓；故治《春秋》，亦不信三传，欲自为传以释《春秋》。如刘敞之《春秋传》、胡安国之《春秋传》，其最著者也。然朱子已驳《胡传》矣；陈澧亦尝讥《刘传》矣。盖治《春秋》而尽舍三传，则其与三传立异者，特作者主观的见解，未必合于孔子之旨也。

第三章　春秋之义

孟子曰："晋之《乘》，楚之《梼杌》，鲁之《春秋》，一也；其事则齐桓、晋文，其文则史。孔子曰：'其义则丘窃取之矣。'"是《乘》与《梼杌》、《春秋》，同为春秋时各国记事之史，所记之事，皆齐桓、晋文之类；而孔子所作之《春秋》，所以异于《晋乘》、《楚梼杌》、《鲁春秋》者，以有"义"存也。故读《春秋》，当明其"义"。张载尝曰："《春秋》之书，在古无有，乃仲尼所自作；惟孟子为能知之。"盖谓此耳。若如《左传》解经，以《春秋》所书，为用旧史，从赴告，则《春秋》仅同钞录矣；如杜预、孔颖达注疏《左传》，以为《春秋》中日月、四时、州国、人名、字爵等有不具者，皆为阙文，别无含义，则《春秋》全书共万六千余字，而阙文至百数十条之多，则《春秋》真为"断烂朝报"矣。（《宋史·王安石传》曰："黜《春秋》之书，不使列于学官，至戏目为断烂朝报。"此事亦见周麟之《春秋经解跋》。按《春秋》文句极简，记事极略，故有断烂朝报之讥。林希逸曰："尹和靖言介甫未尝废《春秋》。其废《春秋》以为断烂朝报者，皆后来无忌惮者托介甫之言也。"）顾栋高之《春秋大事表》，专主《左氏》，故附有《春秋阙文表》，凡一字褒贬处，皆曰"偶阙"。按《春秋经》中，惟昭公二十年"夏五伯于阳"句，确为阙文，余则正为《春秋》之义所在，不得概目为阙文也。

一、正名

《春秋》之"义"，首在"正名"。"正名"为孔子之基本观念。故其论道德，注重"居心"（即《孟子》"以仁存心，以礼存心"之"存心"），注重行为之"动机"，而不注重行为之结果影响；其论政治、教育，注重"以身作则"，正己以正人之"德治"、"德化"。而《春秋》一书，亦即以"正名"为其要旨。《论语·子路篇》：

> 子路曰："卫君待子而为政。子将奚先！"子曰："必也，正名乎！"子路曰："有是哉，子之迂也！奚其正？"子曰："野哉，由也！君子于其所不知，盖阙如也。名不正，则言不顺；言不顺，则事不成；事不成，则礼乐不兴；礼乐不兴，则刑罚不中；刑罚不中，则民无所措手足。故君子，名之必可言也，言之必可行也；君子于其言，无所苟而已矣！"

是时卫君辄藉口于祖父之命，拒其父蒯聩于国外。盖蒯聩初以得罪南子，为其父灵公所逐；灵公卒，南子立蒯聩之子辄为君。辄以子拒父，名不正矣。辄年尚幼见制于南子。孔子云"必也正名"者，盖欲激发其至性，正父子之名，弭隐患于未来耳。故子路以为迂，而孔子又斥子路之野也。"言"者，"名"所组成者也。名既不正，则虽欲托词藉口，颠倒是非，终是不顺。言不顺者，事必不成，盖虽以言辞文饰其不正，而司马昭之心，固已路人皆知矣。如季氏之旅泰山，舞八佾，歌《雍》以彻，以大夫僭天子之礼乐，名不正矣；礼乐云乎哉？名既不正，是非善恶真伪，一无标准，则其刑罚，岂尚能中？国家混乱至此，人民复何所措手足哉？惟能正名之君子则名之必可言，言之必可行，于言无所苟者，惟能正名之君子而已！《论语》又曰：

> 齐景公问政于孔子。孔子对曰："君君，臣臣，父父，子子。"公曰："善哉！信如君不君，臣不臣，父不父，子不子；虽有粟，吾得而食诸？"

君君，臣臣，父父，子子，则名正矣；君不君，臣不臣，父不父，子不子，则名不正矣。孔子对季康子问政曰："政者，正也。子率以正，孰敢不正？"为政者以正率人，则名正矣；昏君贪官之政，而亦谓之政，则名不正矣。孔子又曰："觚不觚，觚哉！觚哉！"觚，角也（见《汉书·律历志》"成六觚"句颜师古注）。有角者，始得谓之觚。今无角者亦谓之"觚"，则觚不成觚矣，是亦名不正也。孔子此叹，岂真为觚而发哉？所谓"觚不觚"，实即君不君，臣不臣，父不父，子不子耳。孟子曰："世衰道微，邪说暴行有作，臣弑其君者有之，子弑其父者有之。孔子惧，作《春秋》。"孔子之所以惧，惧弑君弑父之暴行，层见叠出，复有邪说（即藉口于不正之名之不顺之言）为之掩饰，世乱更无已时；乃作《春秋》以正其名。故"孔子成《春秋》而乱臣贼子惧"也。乱臣贼子，虽倒行逆施，甚至悍然弑其君父，而其良心终有未尽澌灭者；且自知其虽得逃当世之斧钺，而不能逃君子之口诛笔伐；则亦不能无戒心矣。如曹操、司马懿之不及身而篡，萧衍之事后忽生愧悔，桓温虽谓当遗臭万年，而终惮于废立，以至王莽之掩饰篡弑，曹丕、司马炎之托辞禅让，朱温之归罪他人，非乱臣贼子，尚有所忌惮乎？周敦颐曰："《春秋》正王道，明大法，孔子为后世而修也；乱臣贼子，诛死者于前，所以惧生者于后也。"邵雍亦曰："《春秋》者，孔子之刑书也。"《春秋》之褒贬，即以正名为标准；所以惕乱臣贼子者，此耳。虽然，《春秋》以褒贬代王者之赏罚；所褒贬者，《春秋》时之诸侯大夫也。故孟子又曰："《春秋》，天子之事也。"孔子，布衣耳，而以褒贬代行天子之赏罚，则僭矣。故孔子曰："知我者，其惟《春秋》乎！罪我者，其惟《春秋》乎！"（惟，以也）此指后世读《春秋》者而言也。《易·系辞》曰："臣弑其君，子弑其父，非一朝一夕之故，其所由来者渐矣，由辨之不早辨也。"此由"履霜坚冰至"一语推而论之，言弑君弑父之巨变，亦由来者渐，而其始由于"辨之不早辨"。正名者，即所以辨正不正之名，亦即所以辨顺不顺之言，使邪说无可假借，无由隐遁，是非判然大明，即是防微杜渐之道也。故《春秋》之"义"，以"名"为本。

1. 正名字　《春秋》之正名也，以"正名字"为第一步。僖公十六年经曰："春，王正月，戊申，朔，陨石于宋，五。……是月，六鹢退飞过宋都。"此二条所记，并非大事，而说《春秋》者重视之。《公羊传》曰：

> 曷为先言"霣"而后言"石"？霣石，记"闻"。闻其磌然，视之则"石"，察之则"五"。……

> 曷为先言"六"而后言"鹢"？六鹢退飞，记"见"也。视之则"六"，察之则"鹢"，徐而察之则"退飞"。……

《穀梁传》释此二条，亦颇精：

> "陨石于宋，五。"先"陨"而后"石"，何也？"陨"而后"石"也。于宋四境之内，曰"宋"。后数，散辞也，耳治也。
>
> "六鹢退飞过宋都。"先数，聚辞也，目治也。……君子之于物，无所苟而已。石鹢且犹尽其辞，而况于人乎！……

"耳治"即是"记闻"；"目治"即是"记见"。"散数"，谓用于句末作补足语之数词，其后无名辞；"聚辞"，谓用于名词之前，形容名词之数词，董仲舒《春秋繁露》之《深察名号篇》，亦举此为例，以赞《春秋》曰：

> 《春秋》辨物之理以正其名，名物如其真，不失秋毫之末；故名霣石则后其"五"，言退鹢则先其"六"。圣人之谨于正名如此。"君子之于言，无所苟而已矣"，五石六鹢之辞是也。

此《春秋》正名之第一义也。《春秋》于名字之谨严既如此，故《公羊》、《穀梁》二传之释《春秋》，于其文法词性皆极注意。如"车马曰赗"，"货财曰赙"，"衣服曰襚"之类，名词也；"春曰搜"，"夏曰苗"，"秋曰狝"，"冬曰狩"之类，动词也；"既者何，尽也"，"及者何，累也"，"乃者何，难之也"之类，状词、介词、连词也。故从《春秋》经传中，可以搜集研究我国文法学言语学之资料焉。

2. 定名分　定名分，即所以"辨上下，定民志"也。周之王室，自平王东迁后，陵夷久矣。不但楚吴之君，僭号称王，而诸国之大夫陪臣，亦侈然僭越。《论语·八佾篇》曰："孔子谓季氏八佾舞于庭：'是可忍也，孰不可忍也！'""谓"，批评也。孔子批评此事，有"是可忍孰不可忍"之叹，足以表现其正义感。又曰："三家者以《雍》彻。子曰：'"相维辟公，天子穆穆"，奚取于三家之堂？'"《雍》，《周颂》篇名。天子祭时，歌《雍》以彻。"相维辟公，天子穆穆"二句，即《雍》篇诗句，言为"相"助祭者皆国君公侯也。孔子此评，幽默之至。又曰："子贡欲去告朔之饩羊。子曰：'赐也，尔爱其羊；我爱其礼！'"子贡以告朔之礼，久已不行，而有司犹供其饩羊，故愤而欲去之，非真爱一羊也。孔子则以为告朔之礼虽废，饩羊之供犹在，不犹愈于并此而无之乎？凡此，皆废礼灭度之事，春秋时盖不一而足，故孔子欲正名以定名分，图挽救颓风于万一。如楚吴之君，已僭号称"王"矣，《春秋》仍书之曰"子"；而弱小如宋，反书其爵曰"公"。如僖公二十八年，晋文公为王宫，召周襄王，会诸侯于践土，而《春秋》仍书曰"天王狩于河阳"。周之政令已不行于诸侯，诸侯亦多不复奉其正朔；而《春秋》仍书曰"春王正月"。此皆所以示名分之不可乱耳。

3. 寓褒贬　《太史公自序》引董仲舒曰："夫《春秋》上明三王之道，下辨人事之纪，别嫌疑，明是非，定犹豫，善善恶恶，贤贤贱不肖，……王道之大者也。"善善恶恶，贤贤贱不肖，即褒贬也。《春秋》寓褒贬于记事之文字中，以示"正名"，此其"书法"之精义。故同为弑君，而其书法不同，如隐公四年三月，书"卫州吁弑其君完"；同年，九月，书"卫人杀州吁于濮"。州吁弑君自立，故直书以正其罪。州吁弑君自立，已为卫君，而不称之曰"君"，书之曰

"杀"，不以为君也；且著杀之者曰"卫人"，明为卫人所共弃也；著其地曰"濮"，濮为陈地，明卫人力不能讨贼，而假手于陈也。又如宣公二年九月，书"晋赵盾弑其君夷皋"。弑君者明为赵穿而书赵盾者，以赵盾身为执政，亡不越境，反不讨贼，穿之弑君，盾纵之也。文公元年十月，书"楚世子商臣弑其君頵"（《公羊》、《穀梁》皆作"髡"。此从《左传》）。明商臣不但以臣弑君，且以子弑父也。但文公十八年冬，莒太子仆弑父（据《左传》），而书曰"莒弑其君庶其"，则又与书商臣一条异，盖以示庶其无道，君不君、父不父，故不著弑君父之太子之名也。诸如此类，皆有褒贬之义，寓于其中。故《公羊》、《穀梁》皆谓《春秋》有一字褒贬。《左传》家则谓经承旧史，史承赴告，但录所闻，并无褒贬。盖《春秋》之有褒贬，是作"经"之法；其旨不在记实事，而在"借事明义"，是主观的而非客观的。《左传》之无褒贬，是作"史"之法，其旨在求记事之翔实，而不在作者之见解与评判，是客观的而非主观的。故以《春秋》为史，以作《春秋》之法作史，则只能有主观的历史，而不能有客观的历史；只知讲"书法"，论"正统"之史书，皆有此蔽。以评论史书之法评论《春秋》，则其观念亦根本错误矣。

4. 尊王攘夷　以上所述"正名字"、"定名分"、"寓褒贬"三者，为《春秋》正名之法。而《春秋》大义，又有所谓"尊王攘夷"者，实亦正名而已。隐公元年第一条《春秋经》曰："元年春，王正月。"《公羊传》释之曰："元年者何？君之始年也。春者何？岁之始也。王者孰谓？谓文王也。曷为先言'王'而后言'正月'？王正月也，何言乎'王正月'？大一统也。""大一统"，即尊崇一统，此"尊王"之义也。三代正朔不同，夏正建寅，以寅月（即近尚通行之阴历之正月）为正月；商正建丑，以丑月（阴历前一年之十二月）为正月；周正建子，以子月（十一月）为正月：是谓"三正"，亦称"三统"（建子为"天统"，建丑为"地统"，建寅为"人统"）。此云"王正月"者，即指周王所定之正月而言。其时政令已不统一，告朔之制久废，国自为政，正朔亦不一致。《春秋》记时，仍遵用周王之正朔，以示历法之当划一，此即所谓"大一统"也。民国肇建，已三十年矣；元年时，政府已明令废阴历，用阳历，而民间之沿用阴历者犹多；故今人记月，每明著之曰"国历某月"。《春秋》之书"王正月"，即此类耳。故"王正月"不足异，而以此表示孔子之大一统，则《春秋》"尊王"之义也。成公元年，秋，王师败绩于贸戎。《公羊传》释之曰："孰败之？盖晋败之，或曰贸戎败之。然则曷为不言晋败之？王者无敌，莫敢当也。"论者多以此为《春秋》尊王之据。然细按之，尚不若书"王正月"以大一统，以示尊王之为明著也。僖公四年，楚屈完来盟于师，盟于召陵。《公羊传》曰："……其言盟于师，盟于召陵何？师在召陵也。师在召陵，则曷为再言盟？喜服楚也。何言乎喜服楚？楚，有王者则后服，无王者则先叛，夷狄也，而亟病中国。南夷与北狄交中国，不绝若线。桓公救中国而攘夷狄，卒怗荆，以此为王者之事也。……"成公十五年，叔孙侨如等会吴于钟离。《公羊传》曰："曷为殊会吴？外吴也。曷为外也？《春秋》内其国而外诸夏，内诸夏而外夷狄。"此皆《春秋》攘夷之义也。孔子之主攘夷，亦见于《论语·宪问篇》："子贡曰：'管仲非仁者欤？桓公杀公子纠，不能死，又相之。'子曰：'管仲相桓公霸诸侯，一匡天下，民到于今受其赐。微管仲，吾其被发左衽矣！岂若匹夫匹妇之为谅也，自经于沟渎，而莫之知也？一'"孔子之称管仲，即在其能攘夷狄，正可与《公羊传》互相发明。春秋时，王室不纲，诸国纷争，内乱不已，夷狄交侵；孔子之主尊王攘夷，正冀中国有强固之中央政府，庶可统一内部，以攘夷狄耳。周之王室虽微，以名分论，尚为中国之共主；既有共主之名，当有统一全国之权，故其尊王，仍是正名。楚、吴皆周所封之国也，吴且为泰伯之后矣，而以夷目之者，以其用夷礼故。孔子之作《春秋》也，"诸侯用夷礼，则夷之；进于中国，则中国之"（用韩愈语。所谓"夷"与"中国"，实即今语云野蛮与文明也）。则其攘夷，亦是正名矣。

二、微言

贬乱臣贼子也，大一统也，尊王攘夷也，皆以"正名"为主，皆《春秋》之"大义"也。大义之外，又有所谓"微言"。大义尚可于文字间求之；微言则诚如《列子·说符篇》所谓"不以言言之"矣，不以言言之者，谓不能于文字求之也。故《汉志》曰："昔仲尼殁而微言绝；七十子丧而大义乖。"盖微言非经孔子口授，不能领会；而大义，则孔子弟子尚能即经文以寻绎之耳。然则《春秋》之微言为何耶？何休《春秋文谥例》有所谓"三科九旨"者，即孔子之微言也。何氏谓"新周，故宋，以《春秋》当新王"。此一科三旨也；"所见异辞，所闻异辞，所传闻异辞"，此二科六旨也；"内其国而外诸夏，内诸夏而外夷狄"，此三科九旨也。何氏所谓"一科三旨"即"存三统"，"二科六旨"即"张三世"，"三科九旨"即"异内外"也（宋翔凤以"存三统"、"张三世"、"异内外"为"三科"，时、月、日、王、天王、天子、讥、贬、绝，为"九旨"，与何休略有出入）。

1. 存三统　《春秋繁露·三代改制质文篇》曰："《春秋》上绌夏，下存周，以《春秋》当新王。"《史记·孔子世家》谓《春秋》"据鲁，新周，故宋"；《自序》谓孔子作《春秋》，"当一王之法"。皆与何氏"存三统"之说同。晋王接、宋苏轼，皆疑"黜周王鲁"，《公羊》无明文，何氏为《公羊》罪人。此由未明"存三统"之义故耳。周之王也，以杞、宋，存前代夏、商之后；孔子既以《春秋》当新王，则周亦当在胜代之列，与周时之虞夏商，地位相同矣。周代以夏商与周为三统；新王当以商周与新王为三统，而夏代不复在三统之列矣。《春秋》以鲁君纪年，故有"黜周王鲁"之说。《史记》所云"据鲁、新周、故宋"，《春秋繁露》所云"上绌夏，下存周"，何氏所云"新周、故宋，以《春秋》当新王"，正与此同。孔子以《春秋》当新王，特是假设一新王，以《春秋》之褒贬寓新王之赏罚耳。故《孟子》曰："《春秋》，天子之事也。"孔子言"知我者以《春秋》"，谓后世读《春秋》者知我有此理想的主张也；又言"罪我者以《春秋》"，谓后世之罪我者亦以此也。何休谓"《春秋》以鲁隐公为受命王，黜周为二王后"，尚嫌拘泥形迹。又谓"惟王者改元立号。《春秋》王鲁，故得改元；托王非真，故不得改正朔"，庶几得之。故昔贤多称孔子为"素王"。（《孔子家语》称齐太史子余美孔子曰："天其素王之乎？"董仲舒《对策》曰："孔子作《春秋》，先正王而系以万事，见素王之法焉。"贾逵《春秋序》曰："孔子览史记，就是非之说，立素王之法。"卢钦《公羊传序》曰："孔子自因鲁史而修《春秋》，制素王之法。"）素，空也；谓空设一王之法，即孟子"有王者起，必来取法"之意，非孔子自称王，亦非真称鲁为王也（此清人皮锡瑞说，见《经学通论》）。而郑玄《六艺论》谓"孔子自号素王"；杜预《春秋左传序》又以孔子为素王，左丘明为素臣；其说泥矣！《论语》记孔子答颜渊问为邦，有"行夏之时，乘殷之辂，服周之冕，乐则《韶》舞"之语，损益四代，以立新王之制；又赞"雍也可使南面"；孔子非妄人，岂真欲及身见其弟子颜渊、仲弓王天下哉？观于此，可以悟《春秋》之当新王，不过"借事明义"，藉以见其理想的政治主张；"托之空言，不如见之行事"，故借鲁史所记之事，作《春秋》以见其义而已。顾炎武尝谓"立言不为一代"（见《日知录》）。王夫之尝作《黄山矗梦》，托其政治理想于梦寐中。黄宗羲亦作《明夷待访录》，俟后王之复起（黄氏非以箕子自居，以武王喻清帝，故取《易》"箕子明夷"之语以名其书也）。柏拉图尝著《理想国》。谟耳尝作《乌托邦》。《春秋》之新王，即孔子之"乌托邦"，理想国也，特以托之鲁史往事，故后儒多误会耳。

2. 张三世　《春秋繁露·楚庄王篇》曰："《春秋》分十二世以为三等，有'见'，有'闻'，有'传闻'。有见三世，有闻四世，有传闻五世。故哀、定、昭，君子之所'见'也；襄、成、宣、文，君子之所'闻'也；僖、闵、庄、桓、隐，君子之所'传闻'也。所见六十一年，所闻八十五年，所传闻九十六年。"此"张三世"之说也。

3. 异内外　又《王道篇》曰："内其国而外诸夏，内诸夏而外夷狄，言自近者始也。"此异内外之说也。

隐公元年《公羊传》何休《解诂》曰："于所传闻之世，见治起于衰乱之中，用心尚粗觕，故内其国而外诸夏；于所闻之世，见治升平，故内诸夏而外夷狄；于所见之世，著治太平，故夷狄进至于爵，天下远近大小若一。"则"张三世"与"异内外"相联贯矣。按哀公四年，《春秋》书"晋侯执戎曼子赤归于楚"；十三年，书"公会吴子于黄池"。戎与吴，皆夷狄，而皆称爵，是"所见世"不外夷狄矣。何氏所云"夷狄进至于爵"，盖即指此。所谓"天下远近大小若一"者，所见世著治太平，已至"大同"之世，天下为一家矣。故三世之说，以"所传闻世"为"拨乱世"，拨乱反正之时期也；以"所闻世"为"升平世"，则进至"小康"之治矣；以"所见世"为"太平世"，则更进而为"大同"之治矣。此《公羊》家"三世"之说，与《礼运》之"小康"、"大同"相通者也。"著治太平"句《疏》曰:"当尔之时,实非太平。"春秋初世,齐桓、晋文,尚知尊重王室,兴废继绝,故为五霸之首;及其中叶,楚庄、晋悼亦尚不失为英明之主;及其末世,吴越争衡,强臣僭越,大国兼并;兵祸日益亟,政治日益紊,民生日益困,二百余年间,盖每下而愈况。而《春秋》三世,首拨乱,次升平,末太平,"世愈乱而文愈治"者,亦是借往事以明三世之义,以见孔子理想的政治观而已。孔子以为世运进化,政治当有此三阶段,诛乱臣贼子,尊王攘夷,此拨乱之道也。谨礼著义,刑仁讲让,此致升平小康之道也。至于太平之世,大同之治,则天下为公,选贤与能,中国一人,天下一家矣。此种理想,能否依次实现,固尚属一问题,而孔子之有此理想,则《春秋》、《礼运》所说正相合也。

故"存三统"、"张三世"、"异内外",以《春秋》当新王,以寓其政治理想,此《春秋》之"微言"也,要皆以"借事明义"为旨者也。《公羊传》兼传"大义"、"微言";深于《公羊》,能阐发大义微言者,在西汉有董仲舒,在东汉有何休,在清有刘逢禄,康有为则不免武断夸诞矣。《穀梁》惟传"大义",不传"微言";故《公羊》多"非常可怪之论",而《穀梁》无之。《左传》本非解经之书,而自为记事之史,故并"大义"亦不传焉。今举隐公元年第一条经文及三传之文为例:

[经]元年春,王正月。

[《左传》]元年春,王周正月;不书即位,摄也。

[《穀梁传》]元年春,王正月。虽无事,必举正月,谨始也。公何以不言即位?成公志也。焉成之?言君之不取为公也。君之不取为公,何也?将以让桓也。让桓,正

乎？曰不正。《春秋》成人之美，不成人之恶。隐不正而成之，何也？将以恶桓也。其恶桓何也？隐将让而桓弑之，则桓恶矣。桓弑而隐让，则隐善矣。善，则其不正焉何也？《春秋》贵义不贵惠，信道而不信邪；孝子扬父之美，不扬父之恶。先君之欲与桓，非正也，邪也。虽然，既胜其邪心，以与隐矣；已探先君之邪志而遂以与桓，则是成父之恶也。兄弟，天伦也。为子，受之父；为诸侯，受之君。已废天伦而忘君父，以行小惠，曰小道也。若隐者，可谓轻千乘之国；蹈道，则未也。

[《公羊传》]元年春，王正月。元年者何？君之始年也。春者何？岁之始也。王者孰谓？谓文王也。曷为先言"王"而后言"正月"？王正月也。何言乎王正月？大一统也。公何以不言即位？成公意也。何成乎公之意？公将平国而反之桓。曷为反之桓？桓幼而贵，隐长而卑，其为尊卑也微，国人莫知。隐长，又贤，诸大夫扳隐而立之。隐于是焉而辞立，则未知桓之将必得立也。且如桓立，则恐诸大夫之不能相幼君也。故凡隐之立，为桓立也。隐长，又贤，何以不宜立？立嫡，以长不以贤；立子，以贵不以长。桓何以贵，母贵也。母贵则子何以贵？子以母贵，母以子贵。

此条经文仅"元年春王正月"六字。《左传》仅于"王"字下加一"周"，末加"不书即位摄也"六字以释之。《穀梁传》仅详释不书即位之故。《公羊传》则先释"王正月"为"大一统"，又释不书即位之故。三传释经详略，于此可见。（按今本《左传》，元年之前有传文一条曰："惠公元妃孟子；孟子卒，继室以声子，生隐公。宋武公生仲子。仲子生而有文在其手，曰'为鲁夫人'，故仲子归于我，生桓公，而惠公薨。是以隐公立而奉之。"此条无经之传，疑当在元年传文"不书即位摄也"句之下，所以说明隐公"摄"位之事实者。是《左传》之于经，仍主记事而不主释其"义"也。)《公羊》、《穀梁》释《春秋》不书即位之"义"，虽同云"成隐公之意志"，而《穀梁》以隐之让桓为不正，《公羊》以隐之让桓为合礼，说又不同。《论语》屡记孔子赞伯夷、泰伯之让国，隐公即逆探其父惠公之意，而让之桓公，与伯夷、泰伯何异？《穀梁》以隐之让桓为不正，恐未合孔子本旨。就此例以观，治《春秋》当以《公羊传》为主矣。

第四章　春秋之例

《春秋》之"微言"，不能于文字中求之；其"大义"，则固可于文字中求之矣。于文字中求《春秋》之"义"，则必"属辞比事"，以寻绎《春秋》书法之异同，而发现其所以同异之点，此即所谓"例"也。《汉书·刑法志》颜师古注曰："比，以例相况也。"就《春秋》经文，书法之大同小异者，或事似相同而书法则有异者（如上章所举书弑君各例），以相比况，而发现《春秋》之"义"，于是得其书法之"凡例"焉。此治《春秋》者所谓"例"也。

何休《公羊解诂自序》曰："往者略依胡毋生条例，多得其正。"是胡毋生之治《公羊春秋》有"条例"矣。董仲舒曰："《春秋》无达例。"虽无通于各事之"达例"，然非谓《春秋》绝无"例"也。何休之《公羊文谥例》（见《公羊疏》引），《七录》亦有《公羊传条例》，刘逢禄作《公羊何氏释例》，此《公羊》家治《春秋》有"例"也。《穀梁传》之时月日例，更详于《公羊》。范宁《穀梁集解自序》有"商略名例"语，《疏》称宁别有"略例"百余条。按《杨疏》所引，凡二十余条，王仁俌之《汉魏遗书钞》已钞集之。此《穀梁》家治《春秋》亦有"例"也。《左传》之例，始于郑兴、贾徽，及其子郑众、贾逵，各有"条例"。《孔疏》曰："《春秋》诸事皆不以日月为例，其以日月为义例者，惟'卿卒'及'日食'二事。"据此，则《左传》无日月例矣。但刘逢禄谓《左传》之例，乃刘歆羼入，故例亦有与传不合者。林黄中以为《左传》"君子曰……"，乃刘歆之言。焦循谓歆、预为左氏罪人。盖今文家以为《左传》本非《春秋》之传，自为一纪事之书，故不应有"例"；其有"例"，乃歆与预所羼入耳。然今本《左传》中则明明有"例"矣；《孔疏》谓"先儒以为并出丘明"，杜预甚且以旧例属之周公，新例属之孔子矣。则《左传》家治《春秋》，亦有其所谓"例"也。

朱彝尊《经义考》论崔子方《本例》条，谓"以例说《春秋》，自汉儒始"。盖所谓"例"，为治《春秋》者就《春秋》经传比较归纳而得，非《春秋》经申明著其例；亦非孔子于作《春秋》之前，先定若干书法之凡例，而后据之为标准，以作《春秋》；更非周公定有若干之例，孔子依之以作《春秋》也。洪兴祖曰："《春秋》本无例，学者因行事之迹以求例；犹天本无度，治历者因周天之数以为度也。"此语最为明通。故《春秋》之例，如研究言语文章者就古今人发言行文之习惯，加以比较，分析综合，细译而得语法文法；研究古文字者，就文字之构造，比较归纳，概括而得"六书"；非先有语法文法而后说话作文，先有六书而后创造文字也。

杜预之说，则与此恰相反。其《春秋左氏传序》有曰：

> 仲尼因鲁史策书成文，考其真伪而志其典礼，上以遵周公之遗制，下以明将来之法。其教之所存，文之所害，则刊而正之，以示劝戒；其余则皆即用旧史，史有文质，辞有详略，不必改也。……盖周公之志，仲尼从而明之。左丘明受经于仲尼，以为经者，不刊之书也。故传或先经以

始事，或后经以终义，或依经以辨理，或错经以合异，随义而发。其例之所重，旧史遗文，略不尽举，非圣人所修之要故也。……其发凡以言例，皆经国之常制，周公之垂法，史书之旧章；仲尼从而修之，以成一经之通体。其显微阐幽，裁成义类者，皆据旧例而发义，指行事以正褒贬。诸称"书"、"不书"、"先书"、"故书"、"不言"、"不称"、"书曰"之类，皆所以起新旧，发大义，故谓之"变例"。然亦有史所不书，即以为义者，此盖《春秋》新意，故传不言"凡"，曲而畅之也。其经无义例，因行事而言，则传直言其归趣而已，非"例"也。故发传之体有三，而为例之情有五。一曰"微而显"，文见于此，而起义在彼；"称族尊君命，舍族尊夫人"，"梁亡"，"城缘陵"之类是也。二曰"志而晦"，约言示制，推以知例；"参会不地"，"与谋曰及"之类是也。三曰"婉而成章"，曲从义训，以示大顺；诸所讳避，"璧假许田"之类是也。四曰"尽而不污"，直书其事，具文见意；"丹楹"、"刻桷"、"天王求车"、"齐侯献捷"之类是也。五曰"惩恶而劝善"，求名而亡，欲盖而章；"书齐豹盗"，"三叛人名"之类是也。推此五体以寻经传，触类而长之，附于二百四十二年行事，王道之正，人伦之纪备矣。

杜氏此序，说《左传》释《春秋》之例，可谓详尽，襄公二十七年经曰："夏，叔孙豹会晋赵武、楚屈建、蔡公孙归生、卫石恶、陈孔奂、郑良霄、许人、曹人于宋。"传释之曰："书先晋，晋有信也。"此称"书"之例。隐公元年传曰："不书即位，摄也。"此称"不书"之例。桓公二年经曰："二年春，王正月，戊申，宋督

（华督）弑其君与夷及其大夫孔父。"传曰："二年春，宋督攻孔氏，杀孔父而取其妻。公怒。督惧，遂弑殇公。君子以督为有无君之心，而后动于恶，故先书弑其君。"此称"先书"之例。隐公三年经曰："三月，庚戌，天王崩。"传曰："三年春，王三月，壬戌，平王崩，赴以庚戌，故书之。"此称"故书"之例，隐公元年经曰："夏，五月，郑伯克段于鄢。"传曰："书曰：'郑伯克段于鄢。'段不弟，故不言弟；如二君，故曰'克'；称郑伯，讥失教也。谓之郑志。不言出奔，难之也。"此称"不言"、"书曰"之例。僖公元年经亦不书僖公即位。传曰："元年春，不称即位，公出故也。"此称"不称"之例。又如宣公十年经曰："齐崔氏出奔卫。"传曰："书曰崔氏，非其罪也。且告以族，不以名。"《左传》谓经承旧史，史承赴告。告不以名，故旧史亦不书其名而书"崔氏"；但此正与孔子"无罪见逐不书其名"之义相合。故文虽仍旧，而意则新创矣。其但因行事，直言归趣者，则更无义例可言矣。

所谓"发传之体有三"者，一为"发凡正例"，二为"新意变例"，三为"归趣非例"也。按宣公四年经曰："夏，六月，乙酉，郑公子归生弑其君夷。"传曰："凡弑君，称君，君无道也，称臣，臣之罪也。"又七年经曰："秋，八月，公会诸侯，晋大夫监于扈。"传曰："公后至，故不书所会，凡会诸侯，不书所会，后也。"此皆以"凡××……"释《春秋》之例者，盖以为"达例"。达例，必为"正例"，故曰"发凡正例"，对"新意变例"而言也。至于直言"归趣"者，则《左传》认为并无义例可言矣。

所谓"为例之情"，盖言《春秋》书法之例，有此五种情形，因举诸例以明之。

1. "微而显"之例

成公十四年经曰："秋，叔孙侨如如齐逆女。九月，侨如以夫人姜氏至自齐。"传曰："称族，尊君命也。舍族，尊夫人也。"谓经文一称"叔孙"，一不称"叔孙"也。僖公十九年经曰："梁亡。"传曰："不书其主，自取之也。"亡梁者秦，不云秦灭梁者，谓梁自取灭亡之祸也。僖公十四年经曰："春，诸侯城缘陵。"传曰："不书其主，有阙也。"按杜注谓缘陵为杞邑，迁杞于缘陵，避淮夷也。诸侯迁杞，器用未具，城池未固而去，故不书迁杞之主也。

2. "志而晦"之例

桓公二年经曰："公及戎盟于唐，冬，公至自唐。"传曰："特相会，往来称地，让事也。自参以上，则往称地，来称会，成事也。"公之盟戎，为特往相会，故往来皆称地也。宣公七年经曰："夏，公会齐侯伐莱。"传曰："……不与谋也。凡出师，与谋曰'及'，不与谋曰'会'"。

3. "婉而成章"之例

桓公元年经曰："三月，公会郑伯于垂，以璧假许田。"传曰："元年春，公即位，修好于郑。郑人请复祀周公，卒易祊田。公许之。三月，郑伯以璧假许田，为周公祊故也。"《正义》谓诸侯有大功者，于京师之邑，为往朝时居宿之用，谓之"朝宿之邑"；方岳之下亦受田邑，为从天子巡守时汤沐之用，谓之"汤沐之邑"。"许田"者，周公朝宿之邑也；祊田者，郑武公汤沐之邑也。周室既衰，鲁既不朝，巡守之礼亦废。故郑欲以许田易祊田。假，加也。祊田薄，不足以当许田，故郑人加璧以易之。诸侯不得易天子所赐之田，此但云"以璧假许田"，讳其事也。

4. "尽而不污"之例

庄公二十三年经曰："秋，丹桓宫楹。"二十四年经曰："春，王三月，刻桓宫桷。"传曰："皆非礼也。"丹楹，谓丹漆其柱；刻桷，谓雕刻其椽也。桓公十五年经曰："天王使家父来求车。"传曰："……非礼也。诸侯不贡车服。天子不私求财。"盖车服为上所以赐下者，诸侯职贡有常，天子不当私求之也。庄公三十一年经曰："齐侯来献戎捷。"传曰："……非礼也。凡诸侯有四夷之功，则献于王，王以警于夷；中国则否，诸侯不相遗俘。"齐侯不献戎捷于王而献于鲁，故以为非礼也。

5．"惩善劝恶"之例

昭公二十年经曰："秋，盗杀卫侯之兄絷。"絷，即公孟絷，狎齐豹，夺之司寇与鄄，有役则反之，无则取之。豹以是怨之，乃杀公孟絷。《左传》惟记其事。杜氏注曰："齐豹作而不义，故书曰'盗'，所谓求名而不得也。"襄公二十一年经曰："邾庶其以漆闾丘来奔。"传曰："庶其非卿也，以地来，虽贱必书，重地也。"昭公五年经曰："莒牟夷以牟娄及防兹来奔。"传曰："牟夷非卿而书，尊地也。"三十一年经曰："邾黑肱以滥来奔。"传曰："贱而书名，重地故也。君子曰：名之不可不慎也如是夫！有所有名而不如其已。以地叛，虽贱必书地，以名其人，终为不义，弗可灭已！是故君子动则思礼，行则思义，不为利回，不为义疚。或求名而不得，或欲盖而名章，惩不义也。齐豹为卫司寇，守嗣大夫，作而不义，其书为盗。邾庶其、莒牟夷、邾黑肱，以土地出，求食而已，不求其名；贱而必书。此二物者，所以惩肆而去贪也。……是以《春秋》书齐豹曰盗，三叛人名，以惩不义，数恶无礼，其善志也。……"

杜氏云云，即据此传。倘果如今文家所云，《左传》本别为记事之史，与《国语》合为一书，刘歆始抽取其大部分以为《春秋》之传，则其言《春秋》之书法者，必非原文所有，而为刘歆所窜附，明矣。杜氏此序，就《左传》以发明《春秋》之例，虽言之甚详，亦不足观矣。

自来学者，言《春秋》之例者多矣。除上述诸家外，如颖容之

《左氏释例》，荀爽、刘陶、崔灵恩之《条例》，方范之《经例》，吴略之《说例》，刘献之之《略例》，韩滉、陆希声、胡安国、毕良史之《通例》，啖助、丁副、朱临之《统例》，陆淳、李应龙、戚崇增之《纂例》，韦表微、成元、孙明复、周希孟、叶梦得、吴澄之《总例》，李瑾、曾元生之《凡例》，刘敞之《说例》，冯正符之《忘例》，刘熙之《演例》，赵瞻、陈知柔之《义例》，张思伯之《刊例》，王晳、王日休、敬铉之《明例》，陈德宁之《新例》，王镃、王炫之《门例》，余嘉之《地例》，胡箕之《会例》，范氏之《断例》，李氏之《异同例》，程迥之《显微例》，石公孺、周敬孙之《类例》，家铉翁之《序例》，林尧叟之《括例》，吴迁之《义例》，而梁之简文帝，齐之晋安王子懋，又辑之为《例苑》，孙立节又评议之以为《例论》，张大亨又有《例宗》，刘渊复有《例义》，刁氏又有《例序》——凡此论《春秋》之例之书，其名皆见于朱彝尊之《经义考》。或专就三传之一以详述其例，或兼综三传以较论其例，甚至有舍三传而径论《春秋》之例者，但其书已多不传；盖同论《春秋》之例，不免有叠床架屋之弊也。惟陆淳《纂例》，兼采三传；崔子方本例，多本《公羊》、《穀梁》；为能成一家之言也。赵汸之《春秋属辞》，虽不以"例"名其书，而其论《春秋》之例，颇具独到之见。孔广森之《公羊通义》，即以《春秋属辞》为本。孔氏尝言："知《春秋》者惟赵汸一人。"其推崇可谓至矣。

孔子作《春秋》，寄大义于书法之中，寓微言于书法之外。孔子之殁，微言绝矣；惟董仲舒、何休、刘逢禄、廖平、康有为诸《公羊》家言，尚可见其一二，而廖、康二氏，已不免强孔经以就己意，则《春秋》之微言，诚难明也。盖孔子以《春秋》当一代之新王，藉以见其理想的政治观，而其自拨乱世、升平世以进于太平世，自小康以进于大同之政治理想，在我国海通以前，直可谓为空前绝后者。盖彼目三代之英，禹、汤、文、武、成王、周公六君子之治为小康，则其所憬憧之"大道既行，天下为公"的大同太平之世，直超三代郅治之隆而上之矣。然而为鲁司寇，三月而去，栖栖皇皇，周游列国，终不得行其道。所谓"道大莫能容"者（用颜渊、子贡语。见《史记·孔子世家》），犹今人云理想过高，不能实现也。不得已，乃托之于古，述唐虞尧舜之禅让天下，无为而治，凡《尚书·尧典》及见于他书之"祖述尧舜"的言论，皆是也；廖、康等所谓"托古改制"者也。其作《春秋》也，则又托之近事，所见世之著治见太平是也；前人所谓"非常可怪"者也。若其于文字书法中所可窥见之大义，如诛乱贼，大一统，尊王攘夷等，犹其次焉者耳。然亦以七十子之丧而大义已乖；《公羊》、《穀梁》，口耳相传，已不能无乖异矣。而刘歆、杜预辈又以《左传》乱之；而自来治《春秋》者，又以己意臆度乱之；于是《春秋》大义，乃以治之者之愈多而愈晦矣。窃谓孔子书法之例，既未明言，则吾人读《春秋经》，但当于本文中求之，正不妨仁者见仁，知者见知。即有未能明者，亦当先求之于《公羊传》与何休之注，徐彦之疏，更参之以董仲舒之《春秋繁露》与刘逢禄之《公羊释例》，又以《穀梁传》所释，范宁所注，杨士勋所疏，比较参证，而后断以己意；疑者阙之，不求强解。至于《左传》中所释义例，置之不论不议之列可矣！

第五章　三传之释经

一、《公》、《穀》重义例，《左传》重事实

三传，皆《春秋》之传，皆所以释经者也。而其所以释经者异，《公羊》、《穀梁》重在义例，《左传》重在事实也，其所释之义，亦往往有异同，所谓仁者见之谓之仁，知者见之谓之知也。例如隐公元年经曰："夏，五月，郑伯克段于鄢。"《公羊传》释此条曰：

克之者何？杀之也。杀之，则曷为谓之"克"？大郑伯之恶也。曷为大郑伯之恶？母欲立之，已杀之，如勿与而已矣（如即不如）。段者何？郑伯之弟也。何以不称弟？当国也。其地何？当国也。齐人杀无知，何以不地？在内也。在内，虽当国，不地也；不当国，虽在外，亦不地也。

《穀梁传》释此条曰：

> 克者何？能也。何能也？能杀也。何以不言杀？见段之有徒众也。段，郑伯弟也。何以知其为弟也？杀世子母弟，目君。以其目君，知其为弟也。段，弟也，而弗谓弟；公子也，而弗谓公子，贬之也。段失子弟之道矣。贱段而甚郑伯也。何甚乎郑伯？甚郑伯之处心积虑，成于杀也。于鄢，远也；犹曰取之其母之怀中而杀之尔；甚之也。然则为郑伯者宜奈何？缓追逸贼，亲亲之道也。

《公羊》、《穀梁》，皆训诂之传，传之正体也。而二传所释之经义亦不甚同。段不称弟，《公羊》以为"当国也"，《穀梁》以为"贬之也"。此其一。书鄢之地名，《公羊》亦以"当国"释之，谓当国而又在外，故书其地；《穀梁》以为"于鄢，远也"，追至鄢而杀之，犹取诸母怀而杀之。此其二。《公羊》径训"克"为"杀"，《穀梁》则训"克"为"能"，谓其"能杀"，但《公羊》所云"大郑伯之恶"，即《穀梁》所云"甚郑伯之处心积虑以成于杀"，是大同而小异者。此其三。

《左传》释此，则详叙其事，而后加以解释论断。其文曰：

> 初，郑武公娶于申，曰武姜，生庄公及共叔段。庄公寤生，惊姜氏，故名曰寤生，遂恶之。爱共叔段，欲立之，亟请于武公。公弗许。

此节追叙武公时事，以明姜氏恶庄公而爱段。早有立段之心，为下文张本。又曰：

> 及庄公即位，为之请制。公曰："制，岩邑也，虢叔

死焉；佗邑唯命。"请京，使居之，谓之京城大叔。祭仲曰："都城过百雉，国之害也。先王之制，大都不过参国之一，中五之一，小九之一。今京不度，非制也。君将不堪！"公曰："姜氏欲之，焉辟（同避）害？"对曰："姜氏何厌之有？不如早为之所，无使滋蔓。蔓，难图也。蔓草犹不可除，况君之宠弟乎？"公曰："多行不义，必自毙。子姑待之。"既而大叔命西鄙北鄙贰于己。公子吕曰："国不堪贰，君将若之何？欲与大叔、臣请事之；若弗与，则请除之，无生民心！"公曰："无庸，将自及。"大叔又收贰以为己邑，至于廪延。子封曰："可矣！厚，将得众。"公曰："不义不暱；厚，将崩。"

此节叙庄公即位后事，亦是追叙。又曰：

  大叔完聚，缮甲兵，具卒乘，将袭郑；夫人将启之。公闻其期，曰："可矣。"命子封帅车二百乘以伐京。京叛大叔段。段入于鄢。公伐诸鄢。五月辛丑，大叔出奔共。

此节所叙，方是庄公伐段之事。下乃插入论书法一节曰：

  书曰"郑伯克段于鄢"。段不弟，故不言弟，如二君，故曰"克"。称"郑伯"，讥失教也。谓之郑志。不言出奔，难之也。

此节释《春秋》书法，大意亦与《公羊》、《穀梁》无甚出入。其下又接叙事实曰：

遂寘姜氏于城颍而誓之曰："不及黄泉，无相见也！"既而悔之。颍考叔为颍谷封人。闻之，有献于公。公赐之食。食，舍肉。公问之。对曰："小人有母皆尝小人之食矣，未尝君之羹。请以遗之。"公曰："尔有母遗，繄（同惟）我独无！"颍考叔曰："敢问何谓也？"公语之故，且告之悔。对曰："君何患焉！若阙（同掘）地及泉，隧而相见，其谁曰不然？"公从之，公入而赋，大隧之中，其乐也融融；姜出而赋，大隧之外，其乐也泄泄。遂为母子如初。

此节叙克段后庄公寘姜氏于城颍，后生悔心，因颍考叔之言而后迎姜氏以归。下又述作者之评论曰：

　　君子曰："颍考叔，纯孝也！爱其母，施及庄公。《诗》曰：'孝子不匮，永锡尔类。'其是之谓乎！"

《左传》中常有"君子曰"，说者以为左丘明论事之辞。林黄中则以为是刘歆之辞。朱子亦谓《左传》君子曰最无意思，其间议论有极不是处。盖与上文论书法一节，同是后来羼入者。今文家皆信后说。以本例观之，删去论书法一节，前后文仍可衔接；删去君子曰一节，上文叙事一大段，文意语气亦已完毕。今文家言，似亦持之有故，言之成理也。

　　隐公三年经曰："夏，四月，辛卯，尹氏卒。"《公羊传》释此经曰：

　　尹氏者何？天子之大夫也。其称尹氏何？贬。曷为贬？

讥世卿。世卿，非礼也。外大夫不卒（谓不书其卒）。此何以卒？天王崩，诸侯之主也。（按本年三月庚戌，天王崩）

《穀梁传》释之曰：

尹氏者何也？天子之大夫也。外丈夫不卒。此何以卒之也？于天子之崩，为鲁主，故隐而卒之。

《春秋》特书尹氏之卒，因天王新崩，尹氏乃执政之卿，故曰"诸侯之主"，曰"为鲁主"，此《公羊》、《穀梁》二传释经相同者也。惟《公羊传》又谓称尹氏为贬辞；其所以贬尹氏，则为讥世卿。尹氏世为王室之卿，大权独揽。故至昭公二十三年尹辛、尹圉逐周敬王而立王子朝。尹氏世世为卿，执王室之政权，卒有此变，故孔子反对世卿，特贬尹氏以示其义耳。《左传》所附经文，则"尹氏"作"君氏"与《公羊》、《穀梁》二传之经文异。其传曰：

夏，君氏卒，声子也。不赴于诸侯，不反哭于寝，不祔于姑，故不曰"薨"；不称夫人，故不言葬；不书姓，为公故，曰君氏。

声子者，惠公之继室，隐公之生母也。此与《公羊》、《穀梁》大异。尹氏为王室之大夫；声子为鲁君之生母；其相去殆不可以道里计矣。但称国君之生母曰"君氏'，殊不成词。今文家谓《左传》改经文之"尹氏"为"君氏"，而强为之说，盖刘歆避"讥世卿"之说，为王氏讳耳。西汉末世，王氏为世卿，至王莽，遂弑平帝，篡汉室。刘歆以汉之宗室，佐莽篡汉，故改易经文，增窜传文，以媚王氏也。

又如昭公七年经曰："春，王正月，暨齐平。"《公羊》此条经文下无传。盖以经文已极明白，不必再加解释也。且本年三月，复有经一条曰："叔孙婼如齐涖盟。"则与齐平者明为鲁矣。故《穀梁传》曰：

> 平者，成也。暨，犹暨暨也。暨者，不得已也。以外及内曰暨。

"以外及内"，外指齐，内指鲁；不得已者，鲁为势所逼，不得不与齐言和耳。《左传》则曰：

> 七年春，王正月，暨齐平，齐求之也。癸巳，齐侯次于虢。燕人行成曰："敝邑知罪，敢不听命？先君之敝器，请以谢罪。"公孙皙曰："受服而退，俟衅而动可也。"二月戊午，盟于濡上。燕人归燕姬，赂以瑶罋玉椟斝耳，不克而还。

则以为燕与齐平，与《公羊》、《穀梁》大异矣。《左传》殆因六年十一月有齐伐北燕一事耳。但就经文审之则燕与齐平，决不当但言"暨齐平"；孔子鲁人，《春秋》以鲁为主，故惟鲁与齐平，可省去"鲁"字耳。

观上三例，《左传》不仅详于叙事，与《公羊》、《穀梁》之专主释经者异，而《左传》所记之事，亦有与《公羊》、《穀梁》根本不同者矣。

二、三传记事

《公羊传》、《穀梁传》中，亦非绝无记事之文也。如僖公二年经曰："虞师晋师灭夏阳。"其辞极简。《公羊传》先解经文，后又详记其事曰：

虞，微国也。曷为序乎大国之上？使虞首恶也。曷为使虞首恶？虞受赂，假灭国者道，以取亡焉。其受赂奈何？献公朝诸大夫而问焉。曰："寡人夜者寝而不寐，其意也何？"诸大夫有进对者曰："寝不安欤？其诸侍御有不在侧者欤？"献公不应。荀息进曰："虞、郭（同虢）见欤？"献公揖而进之，遂与之入而谋曰："吾欲攻郭，则虞救之；攻虞，则郭救之。如之何？愿与子虑之。"荀息对曰："君若用臣之谋，则今日取郭而明日取虞尔！君何忧焉？"献公曰："然则奈何？"荀息曰："请以屈产之乘与垂棘之白璧往，必可得也。则宝出之内藏，藏之外府；马出之内厩，系之外厩尔！君何丧焉？"献公曰："诺。虽然，宫之奇存焉，如之何？"荀息曰："宫之奇知则知矣。虽然，虞公贪而好宝；见宝，必不从其言。请终以往。"于是终以往。虞公见宝许诺。宫之奇果谏："记曰：'唇亡则齿寒。'虞、郭之相救，非相为赐。则晋今日取郭而明日虞从而亡尔！君请勿许也！"虞公不从其言，终假之道以取郭。还四年，反，取虞。虞公抱宝牵马而至。荀息见曰："臣之谋何如？"献公曰："子之谋则已行矣。宝则吾宝也；虽然，吾马之齿，亦已长矣！"盖戏之也。夏阳者何？郭之邑也。曷为不系于郭？国之也。曷为国之？君存焉尔。

此其叙事，何尝不详？且其叙献公初欲伐虢时君臣商讨事，亦《穀梁》、《左传》所无。按晋之灭虞，事在僖公五年。经曰："冬，晋人执虞公。"《公羊传》释之曰："虞已灭矣，其言执之何？不与灭也。曷为不与灭？灭者，亡国之善辞也；灭者，上下之同力者也。"盖灭虞事已见僖公二年传，故此但释经文，不复叙其事耳。《穀梁传》僖公二年曰：

非国而曰灭，重夏阳也。虞无师，其曰师，何也？以其先晋，不可以不言师也。其先晋何也？为主乎灭夏阳也。夏阳者，虞虢之塞邑也。灭夏阳而虞虢举矣。虞之为主乎，灭夏阳何也？晋献公欲伐虢。荀息曰："君何不以屈产之乘、垂棘之璧，而借道乎？"公曰："此晋国之宝也。如受吾币而不借吾道，则如之何？"荀息曰："此小国之所以事大国也。彼不借吾道，必不敢受吾币。如受吾币而借吾道，则是我取之中府而藏之外府，取之中厩而置之外厩也。"公曰："宫之奇存焉，必不使受之也。"荀息曰："宫之奇之为人也，达心而懦，又少长于君。达心，则其言略；懦，则不能强谏；少长于君，则君轻之。且夫玩好在耳目之前，而患在一国之后，此中知以上乃能虑之；臣料虞君中知以下也。"公遂借道而伐虢。宫之奇谏曰："晋国之使者，其辞卑而币重，必不便于虞。"虞公弗听，遂受其币而借之道。宫之奇谏曰："语曰：'唇亡则齿寒。'其斯之谓与？"挈其妻子以奔曹。献公亡虢五年，而后举虞。荀息牵马操璧而

> 荀曰："璧则犹是也，而马齿加长矣！"

《穀梁》所叙事实，亦不略于《公羊》；惟谓"马齿加长"云云为荀息语，与《公羊》异耳。晋灭虞事既见于此，故僖公五年传，亦仅释经文曰："执不言所，于地温于晋也。其曰'公'，何也？犹曰其下执之之辞也。其犹下执之之辞何也？晋命行乎虞民矣。虞虢之相救，非为相赐也。今日亡虢而明日亡虞矣。"

《左传》叙此事，则分隶于僖公二年五年两处经文之下。二年传曰：

> 晋荀息请以屈产之乘与垂棘之璧，假道于虞以伐虢。公曰："是吾宝也。"对曰："若得道于虞，犹外府也。"公曰："宫之奇存焉。"对曰："宫之奇之为人也，懦而不能强谏；且少长于君，君暱之，虽谏，将不听。"乃使荀息假道于虞曰："冀为不道，入自颠軨，伐鄍三门。冀之既病，则亦唯君故。今虢为不道，保于逆旅，以侵敝邑之南鄙。敢请假道，以请罪于虢。"虞公许之，且请先伐虢。宫之奇谏，不听，遂起师。夏，晋里克荀息帅师会虞师伐虢，灭下阳。先书虞，贿故也。

五年传曰：

> 晋侯复假道于虞以伐虢。宫之奇谏曰："虢，虞之表也；虢亡，虞必从之。晋不可启；寇不可玩。一之谓甚。其可再乎？谚所谓辅车相依，唇亡齿寒者，其虞虢之谓也。"公曰："晋，吾宗也，岂害我哉？"对曰："太伯、虞仲，

太王之昭也；太伯不从，是以不嗣。虢仲、虢叔，王季之穆也；为文王卿士，勋在王室，藏于盟府。将虢是灭，何爱于虞？且虞能亲于桓、庄乎？其爱之也？桓、庄之族何罪？而以为戮，不惟偪乎？亲以宠偪，犹尚害之；况以国乎？"公曰："吾享祀丰絜，神必据我。"对曰："臣闻之，鬼神非人实亲，惟德是依，故《周书》曰：'皇天无亲，惟德是辅。'又曰：'黍稷非馨，明德惟馨。'又曰：'民不易物，惟德繄物。'如是，则非德，民不和，神不享矣。神所凭依，将在德矣。若晋取虞，而明德以荐馨香，神其吐之乎？"弗听，许晋使。宫之奇以其族行，曰："虞不腊矣！在此行也，晋不更举矣！"八月，甲午，晋侯围上阳，问于卜偃曰："吾其济乎？"对曰："克之。"公曰："何时？"对曰："童谣云：'丙之晨，龙尾伏辰，均服振振；取虢之旂。鹑之贲贲，天策焞焞，火中成军；虢公其奔。'其在九月十月之交乎？丙子旦，日在尾，月在策，鹑火中，必是时也。"冬，十二月，丙子朔，晋灭虢。虢公醜奔京师。师还，馆于虞；遂袭虞，灭之。执虞公；及其大夫井伯，以媵秦穆姬；而修虞祀，且归其职贡于王。故书曰："晋人执虞公。"罪虞，且言易也。

《左传》叙述更详。如二年传记荀息假道之辞，五年传记宫之奇谏虞公，皆较《公羊》、《穀梁》为详。且谓晋之借道伐虢，先后凡二次，第一次灭下阳，第二次方取上阳而灭虢；灭虢已在五年冬十二月丙子朔，还师即灭虞，宫之奇所谓"虞不腊矣，晋不更举矣"，见事甚明。而其记晋侯围上阳，问于卜偃云云，亦为《公羊》、《穀梁》所无。二年传但云"宫之奇谏，弗听"，五年传记宫之奇进谏，与虞公反复辩论之言甚详；且曰"一之谓甚，其可再乎"，明为第二次进谏矣。略于第一次而详于第二次，揆之情理，似未尽善。

总之，三传同叙一事，亦各有详略出入也。参阅互勘，于叙事文之研究，亦大有裨益者也。

释经有异同，叙事有详略，尚可曰作者既非一人，其见解自不同，行文自有异也。最可怪者，《左传》以宣公倭为文公兴之庶于，定公宋为昭公裯之弟，而《公羊传》以文、宣二公为兄弟，昭、定二公为父子。此岂可以己意出入者？

《左传》之记事详矣；而亦有阙之者。如桓公七年经曰："春，二月，己亥，焚咸丘。"《左传》中竟无此事。《公羊传》曰："焚之者何？樵之也。樵之者何？以火攻也。何言乎以火攻？疾始以火攻也。咸丘者何？邾娄之邑也，曷为不系乎邾娄？国之也。曷为国之？君存焉尔。"《穀梁传》："其不言邾咸丘，何也？疾其以火攻也。"二传虽亦语焉不详，但已言咸丘为邾地矣，较《左传》之不着一字，不犹愈乎？

《左传》同年夏，又有"夏，盟向求成于郑，既而背之"一条，"秋，郑人齐人卫人伐盟向；王迁盟向之民于郏"一条，"冬，曲沃伯诱晋小于侯杀之"一条。此三条皆为是年经文所无，《公羊传》、《穀梁传》亦无之。《左传》既为《春秋》经之传，既为经文所无，记之何为？又桓公二年《左传》曰：

> 初，晋穆侯之夫人姜氏，以条之役生太子，命之曰仇；其弟以千亩之战生，命之曰成师。师服曰："异哉，君之名子也！夫名以制义，义以出礼，礼以体政，政以正民，是以政成而民听；易则生乱。嘉耦曰妃，怨耦曰仇，古之命也。今君命太子曰仇，弟曰成师，始兆乱矣！兄其替乎？"

惠之二十四年，晋始乱，故封桓叔于曲沃。靖侯之孙栾宾傅之。师服曰："吾闻国家之立也，本大而末小，是以能固。故天子建国，诸侯立家，卿置侧室，大夫有贰宗，士有隶子弟，庶人工商各有分亲，皆有等差；是以民服事其上，而下无觊觎。今晋，甸侯也，而建国；本既弱矣，其能久乎？"惠之三十年，晋潘叔弑昭侯而立桓叔，不克。晋人立孝侯。惠之四十五年，曲沃庄伯伐翼，弑孝侯。翼人立其弟鄂侯。鄂侯生哀侯。哀侯侵陉庭之田。陉庭南鄙启曲沃伐翼。

《春秋》始自隐公元年；惠公为隐公之父。晋穆侯之名二子，远在春秋之前；且桓二年经文，无与此有关者；《左传》详记此事，将以释何经耶？三年之经亦无晋事，而《左传》又记之曰：

三年春，曲沃武公伐翼，次于陉庭。韩万御戎，梁弘为右，逐翼侯于汾隰；骖絓而止，夜获之，及栾共叔。

此亦无经之传也。至七年，又有"冬，曲沃伯诱晋小子侯杀之"一条。《左传》但欲详记晋事始末耳，初不问《春秋》经文中有其事否。释经之传，岂宜如此？

《公羊》、《穀梁》二传之今文《春秋经》，至哀公十四年"春，西狩获麟"止；《左传》之古文《春秋经》，至哀公十六年夏，"四月己丑，孔丘卒"止；且十六年孔子卒后，《左传》仍续记其事，直至悼公四年为止。经既终矣，而传之记事，赓续至十五年之久。释经之传，岂宜如此？其末一条曰：

悼之四年，晋荀瑶帅师围郑，未至。郑驷弘曰："知伯愎而好胜；早下之，则可行也。"乃先保南里以待之。知伯入南里，门于桔柣之门。郑人俘酅魁垒，赂之以知政；闭其口而死。将门，知伯谓赵孟，入之。对曰："主在此。"知伯曰："恶而无勇，何以为子？"对曰："以能忍耻，庶无害于赵宗乎！"知伯不悛。赵襄子由是慕知伯，遂丧之。知伯贪而愎，故韩魏反而丧之。

此条虽记悼公四年知伯围郑事，而其主旨在说明知伯所以为赵韩魏三家所丧之故。三家之丧知伯，在周贞定王十六年，距《春秋》获麟绝笔之年，已二十八年矣！释经之传，岂宜如此哉！

第六章　左传之文章

一、《左传》非春秋之传

　　《左传》之释经,不如《公羊》、《穀梁》,非特张析所云"有训诂之传(指《公羊》、《穀梁》),有载记之传(指《左传》)。训诂之传主于释经,载记之传主于记事"而已;《左传》者,不主为经发者也(用卢植、王接语)。读《左氏》者,当经自为经,传自为传,不可合而为一(用刘安世语)。其叙事之工,文采之富,不必依傍圣经,可以独有千古(用皮锡瑞语)。盖《左氏》本是太史之流,当与司马迁、班固等列,本非扶助圣言,缘饰经旨者也(用陈商语)。故《左传》与《春秋经》,诚所谓"离之则两美,合之则两伤"矣(用梁启超语)。以经学之地位论,《左传》固不及《公羊》、《穀梁》,而其叙事摛文,则远胜《公羊》、《穀梁》,在史学与文学方面,固有其特殊之地位者也。

二、三传记事比较

《左传》僖公四年记晋献公杀其世子申生曰：

> 初，晋献公欲以骊姬为夫人；卜之不吉，筮之吉。公曰："从筮。"卜人曰："筮短，龟长，不如从长。且其繇曰：'专之渝，攘公之羭。一薰一莸，十年尚犹有臭。'必不可。"弗听。立之，生奚齐；其娣生卓子。及将立奚齐，既与中大夫成谋。姬谓太子曰："君梦齐姜，必速祭之。"太子祭于曲沃，归胙于公。公田。姬寘诸宫六日。公至，毒而献之。公祭之地，地坟；与犬，犬毙；与小臣，小臣亦毙。姬泣曰："贼由太子！"太子奔新城。公杀其傅杜原款。或谓太子："子辞，君必辨焉。"太子曰："君非姬氏，居不安，食不饱。我辞，姬必有罪，君老矣！吾又不乐。"曰："子其行乎？"太子曰："君实不察其罪。被此名也以出，人谁纳我？"十二月戊申，缢于新城。

此事在僖公四年，而《春秋经》书于五年春者，晋至翌年始以杀太子申生告于鲁也。《公羊传》但释经文，不叙此事。《穀梁传》补叙之于僖公十年晋大夫里克杀奚齐卓子时，其文曰：

> ……晋献公伐虢，得丽姬。献公私之，有二子，长曰奚齐，稚曰卓子。丽姬欲为乱，故谓君曰："吾夜者梦夫人趋而来，曰：'吾苦畏。'胡不使大夫将卫士而卫冢乎？"

公曰："孰可使？"曰："臣莫尊于世子，则世子可。"故君谓世子曰："丽姬梦夫人趋而来曰：'吾苦畏。'汝其将卫士而往卫冢乎？"世子曰："敬诺。"筑宫，宫成。丽姬又曰："吾夜者梦夫人趋而来曰：'吾苦饥。'世子之宫已成，则何为不使祠也？"故献公谓世子曰："其祠。"世子祠。已祠，致福于君。君田而不在。丽姬以酖为酒，药脯以毒。献公田来。丽姬曰："世子已祠，故致福于君。"君将食。丽姬跪曰："食自外来者，不可不试也。"覆酒于地，而地贲；以脯与犬，犬死。丽姬下堂而啼，呼曰："天乎！天乎！国，子之国也。子何迟于为君？"君喟然叹曰："吾与汝未有过切，是何与我之深也！"使人谓世子曰："尔其图之！"世子之傅里克谓世子曰："入自明！入自明，则可以生；不入自明，则不可以生！"世子曰："吾君已老矣，已昏矣！吾若此而入自明，则丽姬必死。丽姬死，则吾君不安。所以使吾君不安者吾，不若自死。吾宁自杀以安吾君！以重耳为寄矣。"遂刭脰而死。……

《穀梁》此文，详于《左传》。夫人即齐姜，申生之生母也。其以骊姬为丽姬，为伐虢所得，与《左传》伐骊戎得骊姬异；以卓子为骊姬所生，与《左传》谓卓子为骊姬之娣所生异；以梦见齐姜者为丽姬，与《左传》骊姬告太子，言"君梦齐姜"异；以告申生之人为里克，亦与《左传》异（《檀弓》以为重耳）。三传所记之事，往往有出入，不仅此条而已。惟其记申生答里克，竟谓"吾君已老矣，已昏矣"，则不如《左传》所记得体多矣。以申生之孝，岂忍斥君父之老昏哉？以全节论，《穀梁》文气之冗弱，文笔之拖沓，亦远逊《左传》也。

《公羊传》宣公六年于晋赵盾、卫孙免侵陈一事下，追叙赵盾谏晋灵公之事曰：

……灵公为无道，使诸大夫皆内朝，然后处乎台上，引弹而弹之。已趋而避丸，是乐而已矣。赵盾已朝而出，与诸大夫立于朝。有人荷畚自闺而出者。赵盾曰："彼何哉？夫畚曷为出乎闺？"呼之，不至。曰："子，大夫也，欲视之，则就而视之。"赵盾就而视之，则赫然死人也。赵盾曰："是何也？"曰："膳宰也。熊蹯不熟，公怒，以斗摮（旁击头顶也）而杀之支解；将使我弃之。"赵盾曰："嘻！"趋而入。灵公望见赵盾，愬（惊貌）而再拜。赵盾逡巡，北面再拜稽首，趋而出。灵公心怍焉，欲杀之。于是使勇士某者往杀之。勇士入其大门，则无入门焉者；入其闺，则无人闺焉者；上其堂，则无人焉。俯而窥其户，方食鱼飧。勇士曰："嘻！子诚仁人也。吾入子之大门，则无人焉；入子之闺，则无人焉；上子之堂，则无人焉；是子之易也。子为晋国重卿而食鱼飧，是子之俭也。君将使我杀子；吾不忍杀子也！虽然，吾亦不可复见吾君矣。"遂刎颈而死。灵公闻之，怒，滋欲杀之甚；众莫可使往者。于是伏甲于宫中，召赵盾而食之。赵盾之车右祁弥明者，国之力士也，仡然从乎赵盾而入，放乎堂下而立。赵盾已食。灵公谓盾曰："吾闻子之剑，盖利剑也；子以示我，吾将观焉。"赵盾起，将进剑。祁弥明自下呼之曰："盾！食饱则出，何故拔剑于君所？"赵盾知之，躇阶（不拾级而行也）而走。灵公有周狗，谓之獒。呼獒而属之（随其后也）。獒亦躇阶而从之。祁弥明逆而踆之（以足蹋之也），绝其颔。赵盾顾曰:"君之獒,不若臣之獒也!"然而宫中鼓甲而起。有起于甲中者(谓甲士中有人突起也),抱赵盾而乘之(送其登车也),赵盾顾曰:"吾何以得此于子?"曰:"子某时所食,活我于暴桑下者也。"赵盾曰:"子名为谁?"曰:"吾君孰为介(言为谁兴此甲兵)?子之乘矣,何问吾名?"赵盾驱而出,众无留者。

此其叙事亦详尽矣。《左传》记此事(在宣公二年)曰:

晋灵公不君,厚敛以雕墙。从台上弹人,而观其避丸也。宰夫胹(烹也)熊蹯不熟,杀之,寘诸畚,使妇人载以过朝。赵盾、士季见其手,问其故,而患之。将谏,士季曰:"谏而不入,则莫之继也。会请先;不入,则子继之。"三进,及溜。而后视之,曰:"吾知所过矣;将改之。"稽首而对曰:"人谁无过?过而能改,善莫大焉!"("三进及溜"者,士季;初则佯为不见,士季至溜而后视之,且曰将改者,灵公也。士季闻灵公知过,故稽首对之云云)犹不改,宣子(即赵盾)骤谏。公患之,使鉏麑贼之。晨往,寝门辟矣。盛服将朝;尚早,坐而假寐。麑退,叹而言曰:"不忘恭敬,民之主也!贼民之主,不忠;弃君之命,不信。有一于此,不如死也!"触槐而死。秋,九月,晋侯饮赵盾酒;伏甲,将攻之。其右提弥明知之,趋登曰:"臣侍君宴,过三爵,非礼也。"遂扶以下。公嗾夫獒焉。明搏而杀之。盾曰:"弃人用犬,虽猛何为!"斗且出,提弥明死之。初,宣子田于首山,舍于翳桑。见灵辄饿,问其病。曰:"不食三日矣!"食之,舍其半。问之,曰:"宦三年矣；未知母之存否。今近焉，请以遗之。"使尽之，而为之箪食与肉，置诸橐以与之。既而与为公介（甲士也），倒戟以御公徒而免之。问："何故？"对曰："翳桑之饿人也。"问其名居，不告而退，遂自亡也。

此文与上文所举《公羊传》同记一事。《公羊传》记灵公之弹人也，曰"使诸大夫皆内朝"，然后从台上弹之，观其趋避以为乐；则所弹者，即入内朝之大夫矣；下又曰"赵盾已朝而出"，则灵公从台上弹诸大夫，赵盾亦在其列矣；则何以不于内朝时进谏乎？是不如《左传》泛言"弹人"之为得也。宰夫胹熊蹯不熟而被杀，其置之畚中，使妇人载之出，原欲掩廷臣之耳目；然妇人持畚过朝，赵盾、士季适在，见畚中露人手，故疑而问知其故；《左传》所记，极近情理。苟如《公羊传》所说，则持畚而出于闺，亦粪除之常事，又何至启赵盾之疑乎？赵盾之趋入，将以谏也；奈何灵公再拜，赵盾亦稽首再拜，竟默尔而出？又不若《左传》记士季入谏，灵公自承改过之近情理矣。《公羊》记勇士之贼赵盾也，入门、入闺、升堂，皆无人焉，又见盾方食鱼飧，以为能俭。公羊子，齐人也。齐滨海，多鱼，故以食鱼飧为俭耳。不知晋都在山西腹地，鱼固非常馐也。且勇士言皆称"子"，明向赵盾而发。盾乃坐视勇士之死而无一言以救之乎？《左传》言鉏麑晨往，盾之寝门已辟，朝服假寐以待旦。其公忠之动人，岂仅食鱼飧之比而已乎？触槐而死，固在门外，非盾所目睹也。《公羊》记灵公之宴赵盾，插入索观佩剑一事；《左传》无此穿插。但提弥明之言，则《公羊》所记者，固不如《左传》之合礼也。且赵盾躇阶而下，灵公嗾獒躇阶而从之，岂有不能相及，不为所噬之理？又不如《左传》所记，提弥明扶之以下，为合情理也。《公羊》记盾之言曰："君之獒，不如臣之獒。"是直以提弥明为獒矣。《左传》则曰："弃人用犬，虽猛何为？"口吻亦较合也。且《左传》记提弥明已斗死，使无灵辄倒戟以御公徒，则赵盾危矣。且先追述赵盾田于首山，救翳桑之饿人，以见灵辄报施之有自；文与事皆甚明白。《公羊》既不记提弥明之死，径云"有起于甲中者，抱赵盾而乘之"，而所谓"活我于暴桑下"者，事既不详，意遂大晦；且赵盾既乘驱出，提弥明此时不知亦同载否矣。此《公羊》之叙事，不及《左传》者也。

三、《左传》记城濮之战

《左传》叙事，以记战事为最佳。兹举城濮一役为例。晋楚城濮之战，在僖公二十八年。而《左传》记此战之文，则分载于二十七、二十八两年。二十七年传曰：

> 楚子将围宋，使子文治兵于睽。终朝而毕，不戮一人。子玉复治兵于蒍，终日而毕，鞭七人，贯三人耳。国老皆贺子文。子文饮之酒。蒍贾尚幼，后至，不贺。子文问之。对曰："不知所贺。子之传政于子玉，曰'以靖国也'。靖诸内而败诸外，所获几何？子玉之败，子之举也。举以败国，将何贺焉？子玉刚而无礼，不可以治民；过三百乘，其不能以入矣！苟入而贺，何后之有？"

子玉者，成得臣也，子文所举以自代为令尹者也。子文治兵，不如子玉之严；故国老皆贺子文之举得其人。蒍贾独谓"子玉刚而无礼"，且预测其必败。《左传》记此，盖为翌年城濮之败张本也。又记晋事以资对照曰：

冬，楚子及诸侯围宋。宋公孙固如晋告急，先轸曰："报施，救患，取威，定霸，于是乎在矣！"狐偃曰："楚始得曹，而新婚于卫；若伐曹、卫，楚必救之，则齐、宋免矣。"于是乎搜于被庐，作三军，谋元帅。赵衰曰："郤縠可。臣亟闻其言矣，说礼乐而敦《诗》、《书》。《诗》、《书》，义之府也；礼乐，德之则也；德义，利之本也。《夏书》曰：'赋纳以言，明试以功，车服以庸。'君其试之！"乃使郤縠将中军，郤溱佐之；使狐偃将上军，让于狐毛而佐之；命赵衰为卿，让于栾枝：先轸，使栾枝将下军，先轸佐之；荀林父御戎，魏犨为右。

楚之帅为子玉，子文所举也，而其人"刚而无礼"；晋之帅为郤縠，赵衰所举也，而其人"说礼乐而敦《诗》、《书》"。狐偃、赵衰，均各以让闻；是晋之将帅已优于楚矣。又追叙前事曰：

晋侯始入而教其民；二年，欲用之。子犯（狐偃字）曰："民未知义，未安其居。"于是乎出定襄王，入务利民，民怀生矣；将用之。子犯曰："民未知信，未宣其用。"于是乎伐原以示之信。民易资者，不求丰焉，明征其辞。公曰："可矣乎？"子犯曰："民未知礼，未生其共。"于是乎大搜以示之礼，作执秩以正其官。民听不惑，而后用之。出穀戍，释宋围，一战而霸，文之教也。

此节追叙晋文公之教民。孔子曰："以不教民战，是谓弃之。"又曰："善人教民七年，亦可以即戎矣。"孟子亦曰："不教民而用之，是谓殃民。"故勾践之欲沼吴，生聚十年，又须教训十年。教民之要，可见如此。楚亦未尝不教其民；而子玉治兵，以鞭人贯耳为能，则其教民之法可知。晋则以勤王利民教义，以伐原教信（周襄王以文公勤王之功，赐之原田。原不服，围之，命携三日之粮。既三日，命去之。谍谓原已将降，请待之。文公谓不可失信，卒退师，而原亦降。见僖公二十五年传），以大搜教礼。晋之用人教民如此，其胜楚岂偶然哉？上录二十七年传，可分三节，首节记楚方事，后二节记晋方事。二十八年传曰：

春，晋侯将伐曹，假道于卫。卫人弗许。还，自南河济，侵曹伐卫。正月戊申，取五鹿。二月，晋郤縠卒。原轸（即先轸）将中军，胥臣佐下军，上德也。晋侯、齐侯盟于敛盂。卫侯请盟，晋人弗许。卫侯欲与楚；国人不欲，故出其君以说于晋。卫侯出居于襄牛。公子买戍卫。楚人救卫，不克。公惧于晋，杀子丛（公子买之字）以说焉。谓楚人曰："不卒戍也。"晋侯围曹，门焉，多死。曹人尸诸城上。晋侯患之，听舆人（众人也）之谋曰："称舍于墓。"（扬言移师于曹人之墓地也）师迁焉。曹人凶（同汹）惧，为其所得者，棺而出之。因其凶也而攻之，三月丙午，入曹。数之（数其罪也），以其不用僖负羁，而乘轩者三百人也（重耳出亡，过曹。曹共公乘浴迫观骈胁；僖负羁尝馈盘飨置璧，故德之）。且曰"献状"。令无入僖负羁之宫，而免其族，报施也。魏犨、颠颉怒曰："劳之不图，报于何有！"爇（焚也）僖负羁之宫。魏犨伤于胸。公欲杀之而爱其材，使问，且视之；病，将杀之。魏犨束胸见使者曰："以君之灵，不有宁也。"（不，语词，无义）距跃三百，曲踊三百（距跃即跳远，曲踊即跳高，百音陌；三百，指跃踊之度）。乃舍之，杀颠颉以徇于师；立舟之侨以为戎右（代魏犫也）。

此又记晋方事，叙其侵曹伐卫也。出师未久，而中军将郤縠即卒，乃擢下军佐先轸以将中军，上德也。卫侯以国人不欲与楚而出国。鲁初使公子买戍卫；卫既内变，故杀之以说于晋；而又以"不卒戍"故杀之绐楚，此鲁之首鼠两端也。晋师既入曹，乃报曹共公之辱，僖负羁之惠。晋师之侵入鲁、卫，欲以救宋，且报出亡时之怨耳。又曰：

宋人使门尹般如晋师告急。公曰："宋人告急，舍之则绝；告楚不许，我欲战矣。齐、秦未可，若之何？"先轸曰："使宋舍我而赂齐、秦，藉之告楚。我执曹君而分曹、卫之田，以赐宋人。楚爱曹、卫，必不许也。喜赂怒顽，能无战乎？"公说（同悦）。执曹伯，分曹卫之田以畀宋人。

此仍记晋方事，叙其外交政策。执曹君，分曹、卫之田，以怒楚也；畀之宋人，以慰宋也；使宋赂齐、秦，连齐、秦也。又曰：

楚子入居于申，使申叔去穀（本戍于穀），使子玉去宋；曰："无从晋师！晋侯在外，十九年矣，而果得晋国。险阻艰难，备尝之矣；民之情（同诚）伪，尽知之矣。天假之年而除其害。天之所真，其可废乎？《军志》曰：'允当则归。'又曰：'知难而退。'又曰：'有德不可敌。'此三志者，晋之谓矣。"子玉使伯棼请战曰："非敢必有功也；愿以闲执谗慝之口！"（指蒍贾）王怒，少与之师，唯西广、东宫，与若敖氏之六卒实从之（楚有左右二广，此云西广，仅二分有一；东宫，东宫之甲；若敖，楚之先君；若敖氏之六卒，谓若敖之族六百人）。

此节又记楚方事。楚王不主战，故命子玉无从晋师也。军人多刚愎，往往知进而不知退，知得而不知丧；其能允当则归，知难而退者寡矣。子玉乃悻悻于𦬒贾之言，必欲一战，亦适见其刚愎而已。又曰：

子玉使宛春告于晋师曰："请复卫侯而封曹，臣亦释宋之围。"子犯曰："子玉无礼哉！君取一，臣取二。不可失矣！"先轸曰："子与之！（与，许也）定人之谓礼。楚一言而定三国，我一言而亡之；我则无礼，何以战乎？不许楚言，是弃宋也。救而弃之，谓诸侯何！楚有三施，我有三怨；怨雠已多，将何以战？不如私许复曹、卫以携之，执宛春以怒楚；既战而后图之。"公说。乃拘宛春于卫，且私许复曹、卫。曹、卫告绝于楚。子玉怒，从晋师。晋师退。军吏曰："以君避臣，辱也；且楚师老矣，何故退？"（老谓师久在外）子犯曰："师直为壮，曲为老，岂在久乎？微楚之惠不及此；退三舍（三十里曰一舍）避之，所以报也。背惠食言（言而不践，谓之食言。文公出亡，至楚，楚王礼之；尝言他日晋、楚治兵，遇于中原，当退避三舍以报之），以亢其雠，我曲楚直；其众素饱、不可谓老。我退而楚还，我将何求？若其不还，君退臣犯，曲在彼矣！"退三舍。楚众欲止，子玉不可。夏，四月，戊辰，晋侯、宋公、齐国归父、崔夭、秦小子慭，次于城濮。

此节又记晋方事，亦外交也。拘宛春，所以激怒子玉；许复国，所以离间曹、卫；退三舍避之，楚师欲止而子玉弗许，则楚之军心亦动摇矣。末句言宋、齐、秦皆与晋，以见其外交之成功。又曰：

> 楚师背郤而舍。晋侯患之。听舆人之诵（歌也）曰："原田每每，舍其旧而新是谋。"公疑焉。子犯曰："战也！战而捷，必得诸侯；若其不捷，表里山河，必无害也。"公曰："若楚惠何？"栾贞子（栾枝）曰："汉阳诸姬，楚实尽之。思小惠而忘大耻，不如战也！"晋侯梦与楚子搏，楚子伏己而盬（吮也）其脑，是以惧。子犯曰："吉。我得天，楚伏其罪，我且柔之矣！"

晋侯闻舆人之诵而疑，怀楚惠而不忘，得噩梦而惧，岂真因此三者而不欲战哉？特慎重耳。此节仍记晋方事。又曰：

> 子玉使斗勃请战曰："请与君之士戏！君凭轼而观之；得臣与寓目焉。"晋侯使栾枝对曰："寡君闻命矣！楚君之惠，未之敢忘，是以在此。为大夫退，岂敢当君乎？然不获命矣。敢烦大夫谓二三子：戒尔车乘，敬尔君事。诘朝相见！"

此节记楚请战而晋许之。楚之请战也，曰："请与君之士戏。"此犹曹操与孙权书，言"方与将军会猎于吴也"，其骄矜轻率之气，已露于言表。以视晋之答辞，谦挹敬事，其相去为何如？又曰：

> 晋车七百乘，韅靷鞅靽。晋侯朝登有莘之墟以观师，

曰："少长有礼，其可用也！"遂伐其木，以益其兵。

自篇首至上节之末，皆叙战前双方之情事。楚请战而晋许之，且约以"诘朝相见"矣。而本节又插入晋侯登高观师，伐木益兵数语。可见《左传》之叙战事，全在战前腾挪也。就上文所叙观之，则战事之形势，双方之心理，已昭然若揭；胜负之数，可以不待蓍龟而决矣。

下文方写到战时情形，而叙述反较简略：

己巳，晋师陈于莘北。胥臣以下军之佐当陈、蔡。子玉以若敖之六卒将中军，曰："今日必无晋矣！"子西将左，子上将右。胥臣蒙马以虎皮，先犯陈、蔡，陈、蔡奔，楚右师溃。狐毛设二旆而退之；栾枝使舆曳柴而伪遁。楚师驰之。原轸、郤溱以中军公族横击之；狐毛、狐偃以上军夹攻子西；楚左师溃。楚师败绩。子玉收其卒而止，故不败。

写城濮之战者，实仅此百数十字而已。"今日必无晋矣！"其口吻正与鞌之战，齐顷公"余姑剪灭此而朝食"之语同。方叙楚三军之将，忽插此语，岂闲笔哉？凡以见骄兵之必败耳。马蒙虎皮，曳柴伪遁，此仍斗智，非斗力也。左师右师先溃，而子玉之中军不败，则犹为善战者也。

本篇记战事至此止，以下则叙战后之事矣：

晋师三日馆谷，及癸酉而还。甲午，至于衡雍，作王宫于践土。乡（同曏）役之三月，郑伯如楚致其师；为楚师既败而惧，使子人九行成于晋。晋栾枝入盟郑伯。正月，丙午,晋侯及郑伯盟于衡雍,丁未,献楚俘于王,驷介百乘,徒兵千。郑伯傅王,用平礼也(用平王时之礼)。己酉,王享醴,命晋侯宥(同侑)。王命尹氏及王子虎、内史叔兴父策命晋侯为侯伯(诸侯之长),赐之大辂之服,戎辂(兵车也)之服(此《书》所谓车服以庸也),彤弓一,彤矢百,玈弓矢千,秬鬯一卣,虎贲三百人,曰:"王谓叔父,敬服王命,以绥四国,纠逖王慝!"晋侯三辞,从命,曰:"重耳敢再拜稽首,奉扬天子之丕显休命!"受策以出,出入三觐。卫侯闻楚师败,惧,出奔楚,遂适陈。使元咺奉叔武以受盟。癸亥,王子虎盟诸侯于王庭,要言曰:"皆奖王室,无相害也。有渝此盟,明神殛之!俾队其师(使坠其众也),无克祚国,及其玄孙,无有老幼!"君子谓是盟也,信;谓晋于是役也,能以德攻。

此节叙晋方战胜后事。《尚书》中有《文侯之命》,即周襄王赐晋文公之策命也。下又接叙楚方事曰:

初,楚子玉自为琼弁玉缨,未之服也。先战,梦河神谓己曰:"畀余,余赐汝孟诸之麋。"弗致也。大心与子西使荣黄谏,弗听。荣季(即荣黄)曰:"死而利国,犹或为之。况琼玉乎?是粪土也。而可以济师,将何爱焉?"弗听。出,告二子曰:"非神败令尹;令尹其不勤民,实自败也!"既败,王使谓之曰:"大夫若入,其若申息之老何?"子西、孙伯曰:"得臣将死。"二臣止之曰:"君其将以为戮。"及连穀而死。晋侯闻之,而后喜可知也,曰:"莫余毒也已!"蒍吕臣实为令尹,奉己而已,不在民矣。

子玉梦河神索其琼弁，靳而不与，而荣季谓其自败，似近迷信。实则子玉为三军之帅，并此区区者而亦不肯牺牲，则兵士必致解体矣。以上二节，皆叙战后者也。

综观全篇，叙战前者，几占全篇之五分之四；叙战后者，几占全篇之五分之一；叙战时实事者，竟不及全篇十五分之一焉。《左传》之记战事，往往如此。如宣公十二年邲之战，叙战时者，实仅"车驰卒奔乘晋军"七字，而又为虚写统括之语；其余皆记战前战后者。盖叙战前，可以见战事胜败之原因，叙战后可以见战事胜败之结果。古代战争，不若现代之复杂，若必详叙战争情形，则千篇一律矣。《左传》记外交辞令，亦有妙品，如成公十三年所载吕相绝秦之辞，即其最著者。此类亦不仅一篇。以与经学无大关系，故不复赘述之。总之，谓《左传》为释经之"传"；不如谓《左传》为记事之史；以《左传》作史书读，又不如以《左传》作文章读也。

第七编 论语概论

第一章　论语解题（上）

《汉书·艺文志》著录群书，列《论语》于《六艺略》春秋类后。《鲁共王传》称共王得古文经传于孔子故宅壁中，所谓传者，即指《论语》。故《扬雄传赞》又曰："传莫大于《论语》。"《后汉书·赵咨传》引记曰，丧与其易也宁戚。此《论语·八佾篇》孔子答林放语，是又称《论语》为记矣。故《论语》者，六艺之附庸，经部之传记也。

一、《论语》命名

（一）《论语》书名不始于汉

王充《论衡·正说篇》谓孔安国以授鲁人扶卿，官至荆州刺史，始曰《论语》。似《论语》之名，始于汉武帝世，安国授扶卿时。按《礼记·坊记》："子云：君子弛其亲之故而敬其美。《论语》曰：'三年无改于父之道，可谓孝矣。'"《坊记》决非汉武以后之书，则《论语》之名，不始于安国、扶卿明矣。且《汉书·张禹传》及陆德明《经典释文叙录》，皆云传《论语》者为鲁扶卿，似"鲁"为其人之姓氏。充云鲁人者，岂因所传为鲁论，故有此臆度耶？然《释文叙录》自注曰："郑云扶先。或说，先，先生。"按汉人称先生，或单云生，如董生、贾生是；或单云先，如叔孙先是（《汉书·梅福传》曰："夫叔孙先非不忠也。"叔孙先谓叔孙通）。郑玄称之曰扶先，则扶为其姓氏；扶卿者，犹荀卿、荆卿矣。而以刺史称州牧，则起于西汉末哀帝时。武帝时虽有部刺史，尚非地方官。此二者，原与《论语》无关，可置勿论；但充谓《论语》之名始于扶卿，则不可谓非经术之疏也。

（二）《论语》书名释义

《汉志》曰："《论语》者，孔子应答弟子时人及弟子相与言而接闻于夫子之语也。当时弟子各有所记。夫子既卒，门人相与辑而论纂，故谓之《论语》。"据此，则纂辑成书时，已有《论语》之名矣。《释文叙录》曰："《论语》者，孔子应答弟子及时人所言，或弟子相与言而接闻于夫子之语也，当时弟子各有所记。夫子既终，微言已绝。弟子恐离居以后，各生异见，而圣言永灭，故相与论撰；因辑时贤及古明王之语，合成一法，谓之《论语》。"陆氏所谓古明王之语，当指《尧曰篇》首章所记尧、舜、汤、武之言。惟所谓时贤者，除与孔子或弟子问答之时人外，未明所指，岂以《论语》各篇末所记，如邦君之妻、周有八士诸章，非孔子之言，遂以属之时贤耶？陆氏殆就《汉志》之言而引申之，故其释《论语》名书之义，亦以论为论撰，论撰所记之语，故名其书曰《论语》。此一说也。

刘熙《释名·释典艺》曰："《论语》，记孔子与弟子所语之言也。论，伦也，有伦理也。语，叙也，叙己所欲说也。"《释名》以音训为主，故以伦训论，以叙训语。如刘氏所释，则《论语》以其为有伦理之语而得名，与上述班、陆二氏之说异。皇侃《论语义疏序》，亦用其说。邢昺《论语正义》曰："论者，伦也，纶也，轮也，理也，次也，撰也。以此书可以经纶世务，故曰纶也；圆转无穷，故曰轮也；蕴含万理，故曰理也；篇章有序，故曰次也；群贤集定，故曰撰也。郑玄《周礼注》云：'答述曰语，'以此书所载皆仲尼应答弟子及时人之辞，故曰'语'；而在'论'下者，必经论撰，然后载之，以示非妄也。"邢氏释《论语》一名，盖以刘氏之说为主，而引申为纶、轮、理三义，亦以音为训者，但又兼采《汉志》论为论纂之说。此又一说也。

何异孙《十一经问对》曰："《论语》有弟子记夫子之言者，有夫子答弟子问者，有弟子自相答者，又有时人相言者，有臣对君问者，有师弟子对大夫之问者，皆所以讨论文义，故谓之《论语》。"则又以论为讨论之论，以论语为讨论文义之书矣。此又一说也。

综上所述，释《论语》名书之义，凡有三说，要以《汉志》为较妥。初则弟子各有所记，后乃辑而论纂，写成定本。是《论语》者，谓纂录所闻之善言。故刘向《别录》曰："《鲁论语》二十篇，皆孔子弟子记诸善言也。"则孔门之有《论语》，犹宋明理学家之有"语录"矣。语录之作，说者尝谓出于佛徒。因《唐书·艺文志》已有僧徒之《神清参禅语录》也。但溯其渊源，实以《论语》为最早。《论语》虽于孔子之琐事神情、日常生活、出处事实亦皆有所记，但所记十之九为语言，虽于孔子弟子之言，辑录亦多，但所记十之九为孔子之言也。

（三）单称《论》或《语》

《论语》亦单曰《论》，或单称曰《语》。史游《急就章》曰："宦学讽诵《孝经》《论》。"《汉书·张禹传》曰："欲为《论》，念张文。"皆以《论》为《论语》。但此二者皆为韵句，犹可谓为省文叶韵，事非得已。而董仲舒《春秋繁露》、赵岐《孟子题辞》，凡引《论语》，皆但曰《论》。此单举其上一字也。《后汉书·邴彤传》曰："语曰：'一言可以兴邦。'"此句见《论语·子路篇》。又《桥玄传》曰："语曰：'三军可夺帅，匹夫不可夺志。'"此二句见《论语·子罕篇》。又《崔骃传》曰："语曰：'不患无位，患所以立。'"此二句见《论语·里仁篇》。此单举其下一字也。汉代人称今文《论语》之传自鲁人者曰《鲁论》，传自齐人者曰《齐论》，称古文《论语》曰《古论》，盖亦仅举其上一字耳。

二、《论语》今古文

今文古文之别，前已屡言之。《论语》在汉时亦有今文本与古文本。今文本又有二种：鲁人所传曰《鲁论》，齐人所传曰《齐论》，犹今文《诗》之有《鲁诗》、《齐诗》也。《鲁论》凡二十篇，《齐论》凡二十二篇。《汉志》于"齐二十二篇"下自注曰："多《问王》、《知道》。"如淳曰："《问王》、《知道》，皆篇名也。"晁公武《郡斋读书志》曰："详其名，当是内圣之道，外王之业。'宋翔凤《师法表》谓："《问王》为《春秋》素王之事，《知道》为发挥《尧曰篇》之义蕴。"朱彝尊《经义考》则曰："今逸《论语》见于《说文》、《初学记》、《文选注》、《太平御览》等书，其诠玉之属特详。窃疑《齐论》所逸二篇，其一为《问玉》，非《问王》也。考之篆文，三画正均者为玉，中画近上者为王，初无大异，因讹玉为王耳。王伯厚亦云：'《问王》疑即《问玉》。'亶其然乎！"按《说文》诚有引逸《论语》者，如曰："玉粲之璱兮。"段玉裁注曰："张禹《鲁论》所无，则谓之逸《论语》。如十七篇之外为逸《礼》，二十九篇之外为逸《尚书》也。"《初学记》则仅称孔子曰，不云《论语》，如曰："璠玙，玉之宝也。孔子曰：'美哉璠玙，远而望之，焕若也；近而视之，瑟若也。一则理胜，一则孚胜。'"其余《文选注》、《太平御览》所引诠玉之辞，多与《说文》所引逸《论语》不类。不知朱氏何以并举之也。朱氏斥晁公武说为附会。其实，二篇均亡，谓为《问王》，如晁、宋二氏之说，固是附会；即谓为《问玉》，如朱氏所说，亦是臆度耳，今存《论语》二十篇之篇题，皆取首章第一二句中之二三字为题，皆无义之题，何独于此二篇特为有义之题耶？何晏《论语集解序》曰："《齐论》二十二篇。其二十篇中，章句颇多于《鲁论》。"谓除《问王》、《知道》二篇外，余二十篇章句亦《齐论》较多也，刘宝楠以《汉志》于《鲁论》载《传》十九篇，于《齐论》载《说》二十九篇，疑所谓"章句"，指训释之词，即《鲁论》之《传》，《齐论》之《说》。其说诚是。

　　古文《论语》，相传与古文《尚书》等同出于孔子宅壁中。鲁共王坏孔子宅壁，发见古文经事，前已辨之，兹不复述。《汉志》于"《论语》古二十一篇"下，自注曰："出孔子壁中，有两《子张》。"如淳曰："分《尧曰篇》后子张问何如可以从政为篇，名曰《从政》。"《论语集解序》曰："古论分《尧曰篇》下章子张问以为一篇，有两《子张》，凡二十一篇。篇次不与《鲁论》同。"按依如淳说，则篇名《从政》，不当曰两《子张》矣。若竟以《子张》为篇名，则又与《尧曰篇》前之《子张篇》雷同重复矣。故刘宝楠谓篇题当曰《子张问》。但《尧曰篇》本仅《尧曰》、《子张问从政》及《不知命》三章，其章数之少，在《论语》二十篇中，已觉不伦，若又分之为二篇，世宁有是理乎？皇侃《论语义疏序》曰："古论篇次，以《乡党》为第二，《雍也》为第三；内倒错不可具说。"《集解序》谓古论篇次不与《鲁论》同者，当指此。窃疑古《论》之割裂颠倒，在故意与今文立异，殆以古文《论语》为《易》、《诗》、

《礼》及《尚书》、《左传》诸古文经之陪衬,而诸经之皆有古文,则以证明佐王莽之古文《周官经》为非伪书而已。即《齐论》之多《问王》、《知道》二篇,亦安知非刘歆辈之说,谓今文《论语》亦有不同之本,以为旁证乎?否则,《易》、《书》、《诗》、《礼》、《春秋》五经之今文,虽亦各有不同,但仅字句训解有异,而本经篇数未尝有多少,何以《鲁论》、《齐论》同属今文,独差二篇,而此二篇之篇题又与其他二十篇之篇题迥不相同耶?西晋时,汲郡人发古冢,得竹书十余万言。相传其中亦有《论语》,则又另一古文《论语》也。惟汲冢所出群书,随复散弃,存于后者,惟《逸周书》、《魏史》、《穆天子传》、《琐语》等数种而已。其《论语》,自六朝即皆绝口不称,恐已旋灭矣。

然则今存《论语》,为今文之《鲁论》或《齐论》乎?抑《古论》乎?曰,是俱不然,乃《张侯论》耳。张侯者,西汉末之佞臣,丞相安昌侯张禹,字子文者也。据《汉书》本传、《释文叙录》、《隋书·经籍志》及宋翔凤《今古文师法表》,禹初受《鲁论》于夏侯建、王阳,后又从胶东庸谭受《齐论》,合而考之,择善而从,删其繁惑,除去《问王》、《知道》二篇,从《鲁论》二十篇为定,号为《张侯论》。《张侯论》本兼采《齐》、《鲁》,而其篇数与《鲁论》同,世遂误谓为《鲁论》耳。《汉志》论语类著录《鲁安昌侯说》二十一篇,疑衍"一"字。否则,盖连本经言之,二十篇为本文,而一篇为说也。禹既位尊望重,故《张侯论》后出而为世所尊。诸儒至为之语曰:"欲为《论》,念张文。"自《张侯论》出,而《鲁》、《齐》、《古》三家皆浸微。后汉灵帝时,所刻熹平石经,即用《张侯论》,魏晋间,何晏等作《集解》,亦用《张侯论》。遂成定本而传于世焉。

东汉末之郑玄,为混合今古文之经师。其注《论语》,亦以《张侯论》为主，而兼采《齐》、古者。盖《张侯论》出而三家浸微，郑学出而《齐》、古差见焉。陆德明《论语音义》谓郑注《论语》，以《齐》、《古》读正者，凡五十事。今郑注已亡，刘宝楠谓就郑注逸文考之，只得二十四事。如《八佾篇》，哀公问社于宰我，郑注本从《鲁论》作"问主"，而解曰"社主也"，则兼采《古论》之说。今本作"问社"，则《张侯论》从《古论》也。《宪问篇》，子贡方人，郑注读"方"为"谤"，疑即从《齐论》说也。余如《学而篇》"未若贫而乐"，《古论》"乐"下有"道"字；《乡党篇》"车中内顾"，今作"不内顾"，是从《古论》；《卫灵公篇》"子曰：父在观其志，父没观其行"，郑云"古无此章"，此则今本之章与字不同《古论》而尚可考见者。至于《齐论》；如冯椅《论解》以子张问仁于孔子章特称孔子为《齐论》，卢文弨《钟山札记》以陈成子弑简公章不称《齐》为《齐论》；洪兴祖《论语说》引或说，以《季氏篇》为《齐论》：则似均为揣测之词矣。

《汉志》曰："传《齐论》者，昌邑中尉王吉，少府宋畸，御史大夫贡禹，尚书令五鹿充宗，胶东庸生（名谭），惟王阳（吉字子阳）名家。传《鲁论》者，常山都尉龚奋，长信少府夏侯胜，丞相韦贤，鲁扶卿，前将军萧望之，安昌侯张禹，皆名家；张氏最后，而行于世。"其所著录，亦仅有《齐说》，《鲁夏侯（胜）说》，《鲁安昌侯说》，《鲁王骏（王吉之子）说》，而无古文《论语》之说解。《释文叙录》于传《齐论》者，增琅邪王卿；于传《鲁论》者，增韦贤子玄成及太子少傅夏侯建；于《古论》，则曰："孔安国为传，后汉马融亦注之。"陆氏盖本之何晏《集解序》。《后汉书·马融传》但云融注《论语》，不言所注为古文《论语》。皇侃《论语义疏》及《隋书·经籍志》且谓融所注者亦《鲁论》。至于孔安国作《古文论语传》，亦不见于《汉书》。何氏曰："古文《论语》，唯博士孔安国为之训解，而世不传。"何氏盖又本之王肃。肃撰《孔子家语后序》，称安国考论古今文字，撰众师之义，为《古文论语训》二十一篇。又言成帝时，刘向校书，以为其时所未施行，故《论语》不使安国名家。安国孙衍时为博士，上书争之。会成帝崩，向亦卒，未及论定，遂不果立云云。安国《论语注》，《集解》中常引之。陈鳣《论语古训自序》已疑其不类。沈涛《论语孔注辨伪》则疑其即出于何晏。至丁晏《论语孔注证伪》，乃考明其与伪古文《尚书》孔安国传，同出于王肃之手。孔传既伪，马注亦可疑，则所谓《古文论语》者，传之者谁欤？

今存《论语》既为《张侯论》，而《张侯论》之篇章与《鲁论》同，《汉志》且以为即《鲁论》，其无大差别，亦可想见。《齐论》较《鲁论》增多之《问王》、《知道》二篇，已均亡佚，则其与《鲁论》最大之差异，亦已泯灭。《古论》本不可信。则吾人欲阅读《论语》，亦惟有就现存之《张侯论》，加以探讨而已。

四、《论语》撰人

总上所述，则《论语》命名之义，因此书以记言为主，孔子卒后，始由弟子论次编纂；《论语》在汉时虽有古文本及今文本之《齐论》、《鲁论》，今存者则为张禹所定之《张侯论》，其篇次盖与《鲁论》相同。兹当更进一步，述《论语》之撰人。刘向《别录》谓《论语》皆孔子弟子记诸善言，班固《汉志》仅言弟子各有所记，门人辑而论纂。上文已述及之。赵岐《孟子题辞》曰："七十子之畴，会集夫子所言，以为《论语》。"刘、班、赵三氏皆未明指撰人之名。《论语崇爵谶》曰："子夏六十四人共撰仲尼微言，以当素王。"虽首题子夏之名，仍谓为众手所撰；惟明举其数曰六十四，不知何所依据；谶纬之书，固不足信也。郑樵《通志·艺文略》有《论语撰人》一卷，不标作者。翟灏《四书考异》疑即本之《崇爵谶》。此书早亡，翟氏之说，亦臆测耳。此但泛言《论语》为七十子所记撰者也。

陆德明《释文叙录》引郑玄曰："仲弓、子夏等所撰定。"《论语音义》又引郑玄曰："仲弓、子游、子夏等撰。"二处皆引郑玄说，明举人名，但后者较前者多子游一人。陈鱣《论语古训》、宋翔凤辑郑玄《论语注》逸文，皆采入郑氏《论语序》逸文中。虽由意度，庶几得之。傅休奕《傅子》曰："昔仲尼既没，仲弓之徒追论夫子之言，谓之《论语》。"盖亦本之郑序。意者，《论语》之编撰成书，首由仲弓、子游、子夏三人商定，故传《论语》者能举其名，郑玄尚习闻其说欤？陆九渊《象山语录》曰："郑玄、王肃谓《论语》为子游、子夏所编，亦有可考者。如《学而篇》首章子曰……之次，便载有子曰……一章；又子曰……一章，下便载曾子曰……一章；且皆不名而以子称之。盖子夏辈平昔所尊者，此二人耳。"按陆氏谓王肃说与郑玄同，不知所据。但其所说，则宗郑玄。此以仲弓、子游、子夏为《论语》撰人者也。

柳宗元有《论语辨》二首，前一首即辨《论语》撰人者，兹录之如下：

或问曰："儒者称《论语》孔子弟子所记，信乎？"曰："未然也。孔子弟子，曾参最少，少孔子四十六岁。曾子老而死。是书记曾子之死，则去孔子也远矣。曾子之死，孔子弟子略无存者矣。吾意曾子弟子之为之也，何哉？是书载弟子必以字，独曾子有子不然。由是言之，弟子之号之也。""然则有子何以称子？"曰："孔子之殁也，诸弟子以有子为似夫子，立而师之。其后不能对诸子之问，乃叱避而退，则固尝有师之号矣。今所记独曾子最后死，余是以知之。盖乐正子春子思之徒者为之尔。"或曰："孔子弟子尝杂记其言，然而卒成其书者，曾氏之徒也。"

柳氏之言，可谓甚辨。但所谓有子尝被推为师，因不能对问，被叱退避，盖本之《史记·仲尼弟子传》，《孟子·滕文公篇》曰："他日，子夏、子游、子张以有若似圣人，欲以所事孔子事之，强曾子，曾子不可。"所谓有若似圣人者，当如《檀弓》所记谓其言之似孔子耳。《史记》乃谓状似孔子，已属可笑。且所谓不能答弟子之问者，乃指不能答孔子何以预知天雨，预知商瞿后有五丈夫子。有子无以应。弟子起曰："有子避之！此非子之座也！"则其事竟类顽童之儿戏矣。孔门弟子，何至如此？窃疑子夏辈虽尝有推有子为师之议，终以曾子不可而止；而有子亦必谦让不遑，事遂作罢。则以有子为尝有师之号者，误也。故朱子《论语序说》引程子曰："《论语》之书，成于有子、曾子之门人，故二子独以子称。"则已就柳氏之说，加以修正矣。此以有子、曾子之门人为《论语》撰人也。

自汉以来，言《论语》撰人者，大约有上述三说。按《论语》中，孔子弟子称子者，有子、曾子而外，并非绝无其人。《论语》之例，记孔子语，及其弟子，则直举其名，如"贤哉回也"之类；记君问，亦直举其名，如哀公问于有若之类。余则均书其字。惟《宪问篇》首章第一句，即曰"宪问耻"，不但举其名，且去其姓。此在《论语》中，为仅见之特例。故胡寅《论语详解》、赵顺孙《四书纂疏》，均疑此篇通篇为原宪所记。按以此章为原宪所记，诚为可信。若以此章之故，以为通篇皆原宪所记，则非是。此章列宪问耻章于首，故以"宪问"二字为篇题耳，《公冶长》、《雍也》、

《颜渊》、《子路》、《子张》诸篇，皆径以弟子之名为篇题，亦将以诸篇记者，分属此数人耶？至称子者，如《雍也篇》"冉子予之粟五秉"，《子路篇》"冉子退朝"，称冉子凡二见，《先进篇》"闵子侍侧"，亦称闵子。窃疑称子数章，当出此数人之弟子。书中称有若、曾参，皆曰有子、曾子，且章数亦多，则出二子门人之手者，当亦占多数也。《论语》于哀公、季康子、子服景伯、孟武伯诸人，皆举其谥。而诸人之卒，皆在孔子之后，则其纂录成书，必在孔子卒后可知。《汉志》之言，得其实矣。《泰伯篇》记曾子疾者凡二章。其一，召门弟子启视手足，而曰"而今而后，吾知免夫"。其一，记孟敬子问疾，曾子语之，有云"鸟之将死，其鸣也哀，人之将死，其言也善"。此皆曾子临死时语也。故柳氏以为记曾子之死。则其纂录成书，又在曾子卒后可知。《卫灵公篇》子张问行章末曰："子张书诸绅。"是诸弟子闻孔子之言，辄加记录，此即《汉志》所谓"弟子各有所记"也。而纂辑此书者，则为七十子之门人，而所载则各承其师之笔记或口述。故有同一语而先后重出者，如"巧言令色鲜矣仁"，一见《学而篇》，重见《阳货篇》；有重出而又略异者，如《学而篇》曰："父在观其志，父没观其行；三年无改于父之道，可谓孝矣。"重见《里仁篇》，而无上二句；有同一事而传闻异辞，致俨如两事者，如《述而篇》曰："天生德于予，桓魋其如予何。"与《子罕篇》畏匡章，疑同为一事，且"匡人其如予何"，其言亦正与《述而篇》同（详见下章），其前十篇与后十篇之文体，及对孔子之称谓亦有差异（亦详下章）。此皆《论语》由纂辑成书，非由一人所记，亦非承一先生之言，更非一时辑成之书，而多所附益增续之证也。故《论语》撰人，不能明指其为谁，或何数人，郑玄谓仲弓、子夏、子游等所撰定，不若程子属之曾子、有子之门人；程子确定为二子之门人，又不若《汉志》谓弟子各有所记，孔子卒后，门人相与辑而论纂之为得也。

第二章　论语解题（下）

一、《论语》篇目

《论语》二十篇，各取首章第一二句之二字或三字为题，皆为无义之题，已如前述。兹依次列举二十篇之篇题，及采取篇题之句如下：

（1）《学而》——学而时习之。（2）《为政》——为政以德。（3）《八佾》——孔子谓季氏八佾舞于庭。（4）《里仁》——里仁为美。（5）《公冶长》——子谓公冶长可妻也。（6）《雍也》——雍也仁而不佞。（7）《述而》——述而不作。（8）《泰伯》——泰伯其可谓至德也已矣。（9）《子罕》——子罕言利与命与仁。（10）《乡党》——孔子于乡党恂恂如也。（11）《先进》——先进于礼乐野人也。（12）《颜渊》——颜渊问仁。（13）《子路》——子路问政。（14）《宪问》——宪问耻。（15）

《卫灵公》——卫灵公问陈于孔子。（16）《季氏》——季氏将伐颛臾。（17）《阳货》——阳货欲见孔子。（18）《微子》——微子去之。（19）《子张》——子张曰。（20）《尧曰》——尧曰。

前十篇谓之"上《论》"，后十篇谓之"下《论》"。《论语》之在孔门，犹宋明理学家之语录，以记言为主。上《论》前九篇皆记言，《乡党》一篇则以记孔子日常生活为主，在全书中最为特别。窃意《论语》初次编纂成书，惟此十篇，而以此篇殿之。宋赵普有"以半部《论语》治天下"之语。所谓半部，即指上《论》。所以特推崇此半部者，或因下《论》本为续编耳。下《论》之第九篇曰《子张》，所记皆孔子弟子语，亦与他篇异。窃意续篇既成，以此为殿，犹上《论》之有《乡党》也。末篇《尧曰》，殆后学者以十九篇为奇数，又捃摭所闻附益之，以足二十篇之成数者，故首章"尧曰"，篇幅特长，而所记皆古帝王之言与事，即"谨权量"句以下，亦未标明为孔子之言；朱子引杨时之言，以为历叙尧、舜、汤、武，以明圣学之传者，不过为宋儒道统说臆测之辞而已。末为"知命章"，郑玄曰："《鲁论》无此章。""子张问从政章"，文体亦特殊。孔子答子张，先但说"尊五美，屏四恶"；及子张问"何谓五美"，又但列举"惠而不费，劳而不怨，欲而不贪，泰而不骄，威而不猛"五语；及其再问"何谓惠而不费"一语，乃并下四语而一一解释之。较《阳货篇》"子张问仁章"、"六言六蔽章"，更多一曲折，与他篇孔子答弟子语全不类，《尧曰篇》仅此三章，而三章俱可疑，其为后来羼附，迹颇显然。上下《论》之末，不但各有《乡党篇》、《子张篇》为殿，俨然各为起讫，且下《论》较上《论》驳杂之处亦不一。兹分别述之于下：

1. 对孔子称谓

上《论》十篇，记答定公、哀公之问，皆称"孔子对曰"；至答季康子、孟懿子、孟武伯诸大夫问，皆但称"子曰"。朱注谓系尊君，所以辨上下，别君臣，其说甚是。上《论》记人之问，不论为君大夫，为弟子，皆不言"问于孔子"，盖此书本专记孔子，不必有此烦文也。下《论》则记答大夫之问，亦用"孔子对曰"矣。例如《先进篇》答季康子弟子好学之问，《颜渊篇》答季康子问患盗、问政、问杀无道三章。盖上《论》编者，去圣未远，犹明礼制；而下《论》为后来所续编，其时卿之位益尊而权益重，盖有习于当世之俗，而未尝详考上《论》之体例者也。下《论》之《先进》、《子路》二篇，记人之问，尚不称"问于孔子"。《颜渊篇》三记季康子问，一记齐景公之问政，《卫灵公篇》首记灵公之问陈；皆曰"问于孔子"矣。但记弟子之问，则下《论》前五篇中，除《宪问篇》南宫适问一章外，尚无云"问于孔子"者。《阳货篇》记子张问仁，《尧曰篇》记子张问从政，则皆曰"问于孔子"矣。上《论》及下《论》前五篇，单记孔子之言，均但称"子"，无称之曰"孔子"者。《季氏篇》则始终称"孔子"矣；《微子篇》单称孔子者，亦不少矣。上《论》中，记弟子对孔子面称"子'，惟对他人言及孔子，始曰"夫子"。夫子者，犹今语云"这位先生"也。对面称"夫子"，为战国时之习语，非春秋末人之言。下《论》则《先进篇》"侍坐章"记曾晳问曰："夫子何哂由也？"《阳货篇》"武城章"记子游之言曰："昔者偃也问诸夫子。"皆面称夫子矣。《子张篇》记子贡答卫公孙朝，径称孔子曰仲尼矣。下《论》对孔子之称谓，歧异如此。其驳杂一也。

2. 文体、言论及附缀

下《论》文体，亦有与上《论》迥异者，如《季氏篇》之"三友章"、"三乐章"、"三愆章"、"三戒章"、"三畏章"、"九思章"皆排句也。《阳货篇》"六言六蔽章"、"子张问仁章",《尧曰篇》"子张问从政章",不但用排句,且先总答,待其不知再问而后分疏,文体尤为特异。《微子篇》"楚狂章"、"长沮章"、"荷蓧丈人章"、所载议论,直似道家之言。子路论丈人,分行道与行义而二之,以隐居避世为乱君臣之大伦,亦殊难解。此下《论》文体言论之特异也。《乡党篇》末章曰:"色斯举矣,翔而后集。子曰:'山梁雌雉,时哉,时哉!'子路共之,三嗅而作。"朱注谓有阙文,不可强为之说。崔述《论语余说》亦谓有阙文,且与本篇所记不类,盖后人采他书附之篇末者。其实此章并无阙文,并不难解;且与厩焚退朝、康子馈药等,同记孔子琐事,盖所记为孔子、子路师生郊游事,而其文字亦极生动;读者过于深求,遂觉难解耳。王引之《经传释词》曰:"色斯者,状鸟举之疾也。"以为"色斯"即"色然",为惊骇之貌,引《公羊传》哀六年,"诸大夫见之,皆色然而骇"之何休注为证,并历举汉代人文中"色斯"二字连用之例。按色斯二字为双声连语,犹云"迅速"。"色斯举矣",记雌雉飞举之速;"翔而后集",记鸟翔集之缓;二句义正相对,为写郊游景物之句。所写者,即集于山梁之雌雉也。共,拱执也。"嗅"字,当如朱注引刘聘君说,作"狊",音古阒反,张两翅也。见《尔雅》疏。"狊"字从目,从犬,因形近而讹作"臭",张参《五经文字》正作"狊",可证。唐石经又加"口"作"嗅"耳。《吕氏春秋·审己篇》言"子路撜雉而复释之",即指此事。撜亦执也。但徒手拱执山雉,事不可能;雉见往执,故三狊其翅而飞去耳。《吕氏春秋》谓既撜执而复释之,误。孔子、子路出游郊外,见雌雉迅速飞举,复迟回翔集于山梁,孔子见而叹曰:"时哉,时哉!"亦睹物兴感之常情。子路见而趋往拱执,雉即飞逝,更游戏之常事。且叹者自叹,戏者自戏,子路初不因孔子之叹而执之,或复释之也。自此章之义不明,乃有所谓"烧烤雌鸡"之趣话，意谓孔子羡雉为时鲜，子路猎而供食，孔子三嗅其味，作而不食云云。不知为此说者，正为"烧烤雉鸡"耳。崔述所谓杂采他书，录于篇末，因而羼入者，在下《论》则诚有之。如《季氏篇》末之"邦君章"，《微子篇》末之"太师挚章"、"周公章"、"周有八士章"，则不但非孔子之言，且均与孔门邈不相涉者。其为附缀羼入，皎然可知。其驳杂二也。

3. 事实

下《论》所记事实之驳杂，尤读者所当明辨。例如《阳货篇》之"孺悲章"曰："孺悲欲见孔子。孔子辞以疾。将命者出户，取瑟而歌，使之闻之。"《礼记·杂记》言孺悲尝学士丧礼于孔子，则亦尝在弟子之列矣。斯时如尚未及门耶？则自行束脩，未尝无诲，互乡童子尚可见，何独于孺悲而绝之？如已及门耶？有过，则面斥之可矣。且既托疾以辞，又鼓瑟以示无疾，孔子想不至如此恶作剧也。然此事犹小焉者也。《季氏篇》首章记将伐颛臾事。此事不见于《春秋》经传，且亦无颛臾为鲁附庸之说。子路为季氏宰，在定公世，孔子方为司寇时，冉有为季氏宰，在哀公世，孔子归鲁前后。二子未尝同时事季氏，因此时子路方留仕卫也。则虽有此事，亦与子路无涉，安得诬之？若二子同仕季氏，同预闻此事，孔子又何以独责冉有？冉有必将子路扳入，亦太急赖矣！则此章所记，非向壁虚构，即传闻失实耳！此犹与孔子出处无关也。《微子篇》"齐景公章"曰："齐景公待孔子，曰：'若季氏则吾不能。'以季孟之间待之。曰：'吾老矣，不能用也！'孔子行。"按孔子生平仅一至齐，在昭公二十五年，季平子逐昭公时。此时孔子未尝为鲁司寇，资望未尊也。齐景公何至遽以卿礼待之，且似以"若季氏则吾不能"为歉耶？齐景公此后尚在位二十余年，其年岁度亦不过四五十耳，又何得自称为老耶？"以季孟之间待之"，当非记景公之言，而为记事之文，故下记景公语复加曰字。孔子如果曾为齐卿，位居季孟之间，又何以除此章外，不复见于他处乎？此犹可曰未成事实也。同篇"齐人章"曰："齐人归女乐，季桓子受之。三日不朝，孔子行。"此众所共信为事实者。《史记·孔子世家》记此事，且叙及齐人之惧，犁钼之谋。其书见在，似无可疑。但《春秋》于归俘、归琐、归襚诸事，皆书之。何以独于孔子去就所关之归女乐，并无只字？《孟子》记孔子之去鲁曰："孔子为鲁司寇，不用，从而祭，膰肉不至，不税冕而行。不知者以为为肉也，其知者以为为无礼也。乃孔子则欲以微罪行，不欲为苟去。"如果有归女乐事，孟子何以并不提及？如因受女乐后三日不朝而去，又岂得谓为"以微罪行"乎？但此事虽与孔子出处有关，尚不得谓厚诬之也。其最荒谬者，莫如《阳货篇》之"公山弗扰章"与"佛肸章"。其原文如下：

  公山弗扰以费畔，召，子欲往，子路不悦曰："末之也已！何必公山氏之之也？"子曰："夫召我者，而岂徒哉？如有用我者，吾其为东周乎！"

  佛肸召，子欲往。子路曰；"昔者由也闻诸夫子曰：'亲于其身为不善者，君子不入也。'佛肸以中牟畔，子之往也，如之何？"子曰："然，有是言也。不曰坚乎，磨而不磷？不曰白乎，涅而不缁。吾岂匏瓜也哉？焉能系而不食！"

公山弗扰，《左传》作"公山不狃"。其据费以叛，由于堕费城，事在定公十二年，见《春秋》经传。是时，孔子为鲁司寇，与闻国政，主堕三家之都。先堕叔孙氏之郈。季孙将堕费，公山不狃乃据费以叛。袭定公，矢及公侧，孔子命申句须乐颀伐之。费人北，又追之于姑蔑。公山不狃奔齐，乃堕费。《左传》记之甚详。然则公山之叛，正因反抗孔子，且为孔子所讨平矣。以一叛国之邑宰居然召其所反对之执政，以下令讨叛之执政，乃闻其召而欲往，且以"东周"期之，岂非奇事奇谈？且孔子方为司寇，并未周游，何以子路有"末之也已"之言？《史记·孔子世家》移费之叛于定公九年。则从此至堕费时，公山据费独立，行四年矣；季氏当先谋平费叛，然后得堕其城矣。且此为孔子亲历之事，何以作《春秋》时，竟误记其年耶？至于佛肸之以中牟叛赵，据《韩诗外传》及《列女传》，为赵襄子时事。襄子立于鲁哀公二十年，孔子卒于哀公十六年，佛肸又安得召之？《史记》叙于孔子在卫时，约当定公十四五年。此时中牟尚属范中行氏，不属赵氏。因《左传》明明于哀公五年夏，记赵鞅围中牟而取之也。如以佛肸事为抗赵鞅，则抵抗侵略，又不得谓之叛矣。且其年仍与《史记》不合也。孔子作《春秋》而乱臣贼子惧。今乃闻乱臣贼子之召，而欣然欲往，宁有是理？圣人固磨而不磷，涅而不缁者，但岂有自负其能不磷不缁，而故意磨之涅之者乎？"吾岂匏瓜也哉？焉能系而不食！"其口吻直与后世借口生活困难，甘伍叛逆，甘臣异族者同。而"其为东周"一语，直认一叛国邑宰为中央矣！故此二章，上诬孔子，下误后世，即孔门后学亦断不至因传闻之误，而悖谬至此！岂佞臣张禹所窜入耶？此六章，皆下《论》中所记事实之可疑者。其驳杂三也。

综上所述三端观之，则下《论》不如上《论》纯粹多矣。下《论》中亦有精确者，首推《宪问》、《子张》二篇；次之，如《先进》、《子路》二篇；次之，如《颜渊》、《卫灵公》二篇；次之，如《微子篇》；而以《季氏》、《阳货》二篇为最驳杂；《尧曰篇》为最可疑。盖下《论》十篇，又以前五篇为较可信；后五篇，除《子张》外，多未可信也。上《论》中仅《雍也篇》末"子见南子章"可疑。因南子为卫灵公之夫人，孔子何以往见？朱注虽云"古者仕于其国，有见其小君之礼"，亦为臆测之辞。子路不悦，孔子何以仅对之发誓？皆有可疑之点也。但十篇中仅此一章耳。窃谓吾人读《论语》，当先整理，于绝对可信者，综为内篇，而以《乡党》、《子张》二篇为附；其不可信者，当列为外篇，而重新加以考定焉。

二、《论语》注本

至于《论语》注本，以何晏《论语集解》为最古，朱子《论语集注》为最精，刘宝楠《论语正义》为最博。《隋书·经籍志》、《唐书·艺文志》均以《集解》专属何晏一人，非。《经典释文》著录《论语》训解之书，但云《集解》。自注曰："一本作何晏《集解》。"则唐时已有以《集解》专属何氏者。南朝宋裴松之注《三国志·曹真传》，已称何晏《集解》，则其误又不始于唐。《集解》末《论语序》，末具上此书人姓名，有孙邕、郑冲、曹羲、荀顗、何晏五人。则《集解》当出此五人之手。刘毓崧《通义堂笔记》，言唐宋时，臣下上表列衔，皆尊者居后。何晏官尚书，又尚主，故列最后；世因以《集解》专属之。《释文叙录》谓《集解》于正始中上之。正始为魏主曹芳年号。《晋书·礼志》言魏齐王正始二年，帝讲《论语》云云。意当时诸臣以帝通《论语》，故撰此书以献也。序曰："今集诸家之善记其姓名；有不安者，颇为改易。"《集解》于所集诸儒之说，并举其姓名，可以皇侃《义疏》证之。今注疏本但举其姓，如马为马融，包为包咸，王为王肃，孔为伪孔安国之类。为《集解》作疏者，有梁皇侃及宋邢昺。皇疏多采玄言佛语，盖梁人之风尚。皇疏后佚，清代自日本得之。邢疏随注敷衍，殊少新义。今存《十三经注疏》中。

刘宝楠之《正义》，亦为《集解》作疏。清儒所作诸经新疏，其详核皆远胜旧疏。刘氏荟萃诸家之说，先成长编，加以折衷，纂录成书，极为赅博。末阙数卷，以年老力衰，使其子恭冕续成之。此书经文注文，皆从邢疏本，如汉唐石经及皇侃疏、陆德明释文所载不同之文字，则列入疏中。又据翟灏《四书考异》、冯登府《论语异文疏证》，于诸史及汉唐人说经史注文集所引《论语》，有不同者，亦悉列入，博稽异同，辨证得失。郑玄《论语》注逸文，亦据惠栋、陈鳣、臧镛、宋翔凤诸人所辑列入。清儒之说，亦多所采录。可谓能集汉学家注《论语》之大成。

朱子以《论语》、《孟子》及《礼记》中之《大学》、《中庸》二篇为四子书，盖谓《大学》为曾子所述，《中庸》为子思所作，孔、曾、思、孟道统之传在此也。所为《论语集注》，于义理之阐发独精。谓之《集注》者，盖所集有二程（程颢、程颐兄弟）、张载、范祖禹、吕希哲、吕大临、谢良佐、游酢、杨时、侯仲良、尹焞、周孚先、胡寅、洪兴祖诸人解释《论语》之言。但注中仅云某子、某氏，颇有令人茫然不知谁指之感。朱子以读书为穷理之要，注书甚多，在宋儒中，为偏于道问学者，故业师钱玄同先生谓其学与服郑相近。但宋儒说经，长在义理，自与汉唐诸儒不同也。赵顺孙《四书纂疏》中之《论语纂疏》，为朱注作疏，缀辑宋学诸儒之说，极为详备，可谓为朱注功臣。

何氏《集解》，时有疏漏，而汉人《论语》说解赖以保存者不少。朱注精矣，而亦有承前人之疏误，未及补正者，有求之过深，致入理障者。刘氏《正义》以详赡见长，而时或病其琐曲。故吾人读《论语》于义有未明者，固不得不求之注，而亦未可蔽于前人之注。至如《经义述闻》、《东塾读书记》、《古书疑义举例》、《群经平议》诸书中，涉及《论语》者，时有新义，亦当博览而慎采之也。

第三章　论语论道德

一、仁为道德之中心

《论语》所记孔子之言，论道德者居其大半；即在现代，尚有不磨之价值者也。孔子论道德，以"仁"为中心。仁字从二从人会意，为人与人相接相处之道德之总称。父母之慈，子女之孝，兄弟姊妹之友，夫妇之爱，朋友之信，皆可谓之仁，特以其人地位关系之不同，分化为各种德目而异其名耳。故曰："仁者，人也。"言仁为人之所以为人之道也。人自襁褓至于孩提，初则渐有"我觉"而知我之为我，同时又有"他觉"，知我之外尚有他，于是发现其自我焉，是谓"自我意识"，继则渐由非我之他，认辨其孰为与我不同之"物"，孰为与我相同之"人"，而发现其自我之同类焉，是谓"同类意识'。于是由同类意识发生"同类情感"，此即孟子所谓"恻隐之心"，为仁之端者也。由知自我而知与我同类之"人"，由自我之情感而有为我同类之人而发之情感，其作用全在"推己及人"。自消极方面言之；则我之所不欲不愿者，亦人之所不欲不愿也，故

"己所不欲,勿施于人","施诸己而不愿,亦勿施于人";我之所恶者,亦人之所恶也,故"所恶于下;毋以事上;所恶于上,毋以使下,所恶于前,毋以先后,所恶于后,毋以从前,所恶于左,毋以交于右,所恶于右,毋以交于左",此即所谓"恕"也。自积极方面言之,则我之所欲者,亦人之所欲也,故"己欲立而立人,己欲达而达人";"所求乎子以事父,所求乎臣以事君,所求乎弟以事兄,所求乎朋友先施之",此即所谓"忠"也。曾子曰:"夫子之道,忠恕而已矣。"《中庸》曰:"忠恕违道不远。""道",即人道也,即"仁"也。忠恕未足以尽"仁",而是"为仁之方",故曰"违道不远"耳。不仁者,但知有己,不知有人,但图利己,不恤害人;此由其同类意识由淡漠而至消沉,故其同类情感亦由麻痹而至丧失。医名不知自己肢体痛痒之症曰"麻木不仁",可谓善于形容。不仁者对与自我同类之人,痛痒不复相关,亦正类此。

二、《论语》论仁

今就《论语》各篇,辑录孔子论仁之言如次:

人而不仁,如礼何?人而不仁,如乐何?(《八佾》)

里仁为美;择不处仁,焉得知?

不仁者不可以久处约,不可以长处乐。

苟志于仁矣,无恶也。

君子去仁,恶乎成名?君子无终食之间违仁;造次必于是,颠沛必于是。

(以上《里仁》)

依于仁。(《述而》)

君子而不仁者有矣夫；未有小人而仁者也。

志士仁人，无求生以害仁，有杀身以成仁。

民之于仁也，甚于水火。水火，吾见蹈而死者矣；未见蹈仁而死者也。当仁不让于师。

(以上《卫灵公》)

以上皆言仁之重要。盖仁者，人之所以为人之道也。故人当"里仁"（里仁即处仁），依于仁，志于仁；虽造次颠沛，不可违而去之。去仁，即无以成君子，而易为不仁之小人矣。不仁之小人，久处约则为贫贱所移，长处乐则为富贵所淫；人而不仁，已失其所以为人之道，如礼乐何？人之于仁，甚于其每日生活所需之水火，故当仁，虽师亦不必让也。又谓志士仁人，无求生以害仁，有杀身以成仁；则仁之重要，殆更甚于吾人之生命矣。人能尽其所以为人之道者，亦不易得；虽君子，亦尚有未能仁者矣。故孔子不轻以仁许人。例如：

我未见好仁者，恶不仁者。……有能一日用其力于仁矣乎？我未见力不足者，盖有之矣；我未之见也。(《里仁》)

或曰："雍也，仁而不佞。"子曰："焉用佞？御人以口给，屡憎于人。不知其仁；焉用佞？"(《公冶长》)

子曰："回也，其心三月不违仁。其余，则日月至焉而已矣！"(《雍也》)若圣与仁，则吾岂敢？……(《述而》)

"……克伐怨欲不行焉，可以为仁矣？"曰："可以为难矣；仁，则吾不知也。"(《宪问》)

孔子不敢自承为仁，不肯许其弟子仲弓为仁，不肯许克伐怨欲不行者为仁；且云未见好仁者，恶不仁者，用力于仁者；其门弟子惟颜渊能三月不违仁，余则日月至焉而已。又如《公冶长篇》记答孟武伯之问，许子路能治赋，冉有能为宰，公西华能与宾客，而均云"不知其仁"；答子张之问，许令尹子文为忠，陈文子为清，而云"焉得仁"？则皆未许为仁矣。盖能尽其为人之道者，方可许为仁也。不但孔子如此，其弟子亦未尝轻以仁许人也；故子游以子张为难能，然而未仁；曾子以子张之堂堂乎，难与并为仁。子张，殆亦君子而未仁者也，仁之难能而可贵如此；则伯夷、叔齐，"求仁而得仁，又何怨乎"（答冉有语，见《述而》）？曾子谓士以仁为己任，故其任重；死而后已，故其道远，任重而道远，故不可以不弘毅（见《泰伯》），亦正以其难能而可贵耳！然则所谓"仁"者，究如何乎？《论语》曰：

> 巧言令色，鲜矣仁。（《学而》）
> 唯仁者能好人，能恶人。（《里仁》）
> 仁者先难而后获，可谓仁矣。（答樊迟问）
> 知者乐水，仁者乐山；知者动，仁者静；知者乐，仁者寿。
> 夫仁者，己欲立而立人，己欲达而达人。能近取譬，可谓仁之方也已。
>   （以上《雍也》）
> 知者不惑，仁者不忧，勇者不惧。（《子罕》，并见《宪问》）
> 刚毅木讷近仁。（《子路》）
> 仁者必有勇；勇者不必有仁。（《宪问》）

其答颜渊也以"克己复礼为仁"。而其目为"非礼勿视，非礼勿听，非礼勿言，非礼勿动"。其答仲弓也，以"出门如见大宾，使民如承大祭；己所不欲，勿施于人；在邦无怨，在家无怨"为仁。其答司马牛也，曰："仁者，其言也讱。"其答樊迟也，一则曰："爱人。"（以上均见《颜渊》）再则曰："居处恭，执事敬，与人忠；虽之夷狄，不可弃也。"（见《子路》）其答子路、子贡也，以管仲相桓公九合诸侯，一匡天下，使中国不致沦于夷狄为仁（见《宪问》）。其答子张也以行恭、宽、信、敏、惠五者于天下，为仁，且曰："恭则不侮，宽则得众，信则人任焉，敏则有功，惠则足以使人。"（《阳货》）其论古人也，则微子去之，箕子为之奴，比干谏而死。为殷之三仁（《微子》）。仁为人之所以为人之道，故所包极广。"爱人"为"仁"，此最普通之含义，夫人而知之者也。就其浅近易知者言，则"刚毅木讷"虽非仁而近于仁。木讷近仁，则"巧言令色"之人，仁者鲜矣。仁者知为仁之难，故其言也讱。刚毅近仁，故仁者必有勇；但勇者则未必有仁也。自为仁之方言之，则首在"能近取譬"。己欲立而立人，己欲达而达人，推己以及人也，即能近取譬也，与人忠也；己所不欲勿施于人，亦推己以及人也，亦能近取譬也，与人恕也。次在"克己复礼"，非礼勿视、勿听、勿言、勿动，即克己以复于礼也。次在"修己以敬"。出门如见大宾，使民如承大祭，敬也；居处恭，执事敬，亦敬也。木讷，刚毅，与人忠恕，克己复礼，修己以敬，则近仁矣。惟仁者大公无私，故能好人恶人而无所偏私；惟仁者能尽所以为人之道，故能行恭宽信敏惠五者于天下。仁者爱人，故管仲相桓公九合诸侯，不以兵车，使当时各国之民得稍舒其残喘，虽不死子纠之难，而孔子仍赞其仁；仁者各尽其所以为仁之道，故微子、箕子、比干所以自靖者不同，而孔子同称为仁也。仁者廓然大公，无我见，无利己心，无得失之念，故不忧；不为外物之诱胁所

动,故能静;恬静而不忧,故寿也。《论语》又曰:

> 仁者安仁;知者利仁。
> 我未见好仁者,恶不仁者,好仁者无以尚之;恶不仁者,其为仁矣,不使不仁者加乎其身。有能一日用其力于仁矣乎?我未见力不足者。
>
> (以上《里仁》)

"安仁"者,安而行之者也,此唯"好仁者"能之。"利仁"者,利而行之者也,此则恶不仁者也。"用力于仁者",勉强而行之者也;及其成功,一也。然则吾人欲用力于仁将奈何?孔子答子贡问为仁曰:

> 工欲善其事,必先利其器。居是邦也,事其大夫之贤者,友其士之仁者。(《卫灵公》)

此即曾子所谓"以友辅仁"也。子夏则曰:

> 博学而笃志,切问而近思,仁在其中矣。(《子张》)

此于学问思辨中求仁也。仁须于学问思辨中求之者,以"好仁不好学,其蔽也愚"耳(告子路语,见《阳货》)。仁之蔽,愚;而仁,非愚也。故孔子答宰我:"仁者虽告之曰:'井有仁焉。'其从之也?"之问曰:"何为其然也?君子可逝也,不可陷也;可欺也,不可罔也!"(《雍也》)然仁既为人之所以为人之道,固人人所共由者也。故又曰:

> 仁远乎哉？我欲仁，斯仁至矣！（《述而》）

此即《中庸》"道不远人"之意也。孟子曰："恻隐之心，仁之端也。"恻隐者，即由同类意识所发生之同类情感也。父母、兄弟，为吾人自幼最接近之人，初有同类意识，即对之有同类情感，故"孩提之童，无不知爱其亲；及其长也，无不知敬其兄"（孟子语）。有子曰："孝弟也者，其为仁之本欤。"即此意也。自孝弟推之，则知爱众矣，此"亲亲而仁民"也。更推而广之，则知爱物矣，此"仁民而爱物"也。故能达之，则此人人具有之良知良能可以扩而为"民我同胞，物我同与"（用张载《西铭》语）之怀，而仁覆天下矣。

三、《论语》论孝

孔子论孝之言，载于《论语》者亦不少，兹辑录如下：

> 父在观其志；父没观其行。三年无改于父之道，可谓孝矣。（《学而》）
>
> 孟懿子问孝。子曰："无违。"樊迟御，子告之曰："孟孙问孝于我，我对曰无违。"樊迟曰："何谓也？"子曰："生，事之以礼；死，葬之以礼，祭之以礼。"
>
> 孟武伯问孝。子曰："父母唯其疾之忧。"
>
> 子游问孝。子曰："今之孝者，是谓能养。至于犬马，皆能有养；不敬，何以别乎？"
>
> 子夏问孝。子曰："色难。有事，弟子服其劳；有酒食，先生馔；曾是以为孝乎？"
>
> （以上《为政》）
>
> 子曰：事父母，几谏；见志不从，又敬不违，劳而不

怨。

　　子曰："父母在，不远游，游必有方。"

　　子曰："父母之年，不可不知也；一则以喜，一则以惧。"

（以上《里仁》）

综观上录各条，则"孝"者，不但当不改其父之"道"（汪中《释三九》曰："何以不改也？为其为道也。"见《述学》）体父母爱子之心，且当几谏而喻父母于道；不但当"能养"，且须"能敬"；不但"服劳"，且须和颜悦色；必也人不闲于其父母昆弟之言（用孔子赞闵子语）而后可以为孝也。

父母者，生我者也；兄弟姊妹者，与我同为父母所生者也；故"弟"者，孝之推也。更推而至于我所生之子女，则有"慈"焉；推而至于与我一体之夫妇，则有"义"焉；更推而至于与我相交之朋友，则有"信"焉；推而至于与我同具圆颅方趾之人，与我同有生活机能之物，则有所谓"仁民"、"爱物"焉；推而至于与我休戚相关之国，则有"忠"焉；此皆原于我之同类意识，同类情感，由人与人之相接相处以生者也。质言之，皆统于"仁"者也，皆生于"爱"者也。"亲亲而仁民，仁民而爱物。"莫不自恻隐之心推之。故就孩提之童爱亲敬长之良知良能而扩充之，可以为孝、为悌、为慈、为义、为信、为忠、为民抱物与之博爱，其仁，可以放乎四海，塞乎天地，而无不持载，无不覆帱，以赞化育万物、生生不已之天德焉。大哉"仁"乎！渊渊浩浩，巍巍荡荡，诚无以名之也。姑构一图，以示根于天性之亲亲之爱，扩充而为仁民爱物之爱，皆仁也，皆人之所以为人之道也。

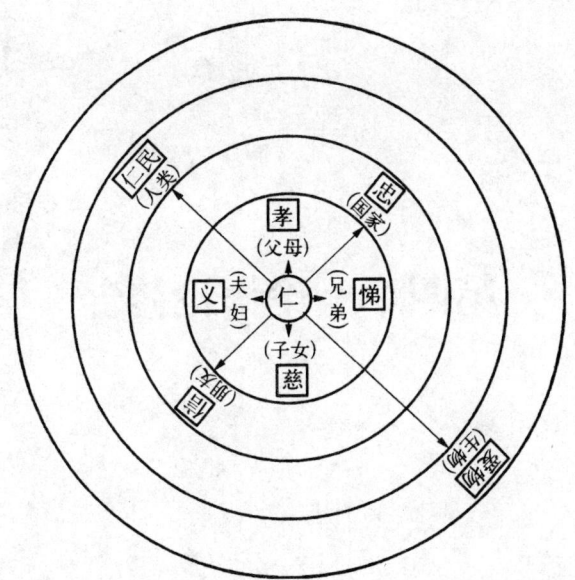

以"爱"言,亦因其所爱对象之不同,而异其名:夫妇之间,则曰"恋爱";亲子兄弟之间,则曰"亲爱";朋友之间,则曰"友爱";至于仁民爱物,则曰"博爱"。其对象愈专一,则其爱愈笃厚;其对象愈广博,则其爱愈淡薄;此亦自然之理也。可以下图示之:

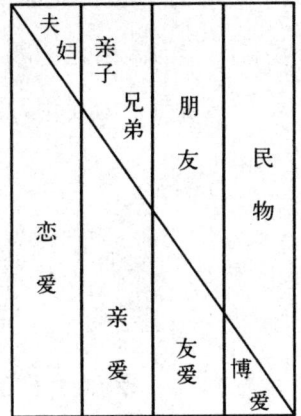

故必能孝亲、慈幼、悌兄弟、顺夫妇、信朋友,以至忠国,仁民,爱物,而为人之道始尽,而仁始完;则信乎其难能而可贵矣!

第四章 论语论修养

一、人格标准

（一）君子

孔子论道德，以"仁"为中心，既如上述；进德之要，全在修养。孔子论修养，以"君子"为人格之标准。但古书中用"君子"一词，有两种不同之含义：一以君子为在位者之称；一以君子为成德之名也。《论语》亦然。如曰：

君子笃于亲，则民兴于仁，故旧不遗，则民不偷。（《泰伯》）

先进于礼乐，野人也；后进于礼乐，君子也。（《先进》）

君子之德风，小人之德草；草上之风，必偃。

君子学道则爱人；小人学道则易使也。

君子有勇而无义为乱；小人有勇而无义为盗。

（以上《阳货》）

君子不施其亲，不使大臣怨乎不以，故旧无大故，则不弃也；无求备于一人。（周公语，《微子》）

皆以"君子"指在位之人。但不多见。其以君子为修养之标准人格者，则成德之名也。《论语》中常以"君子"与"小人"对照。如曰：

君子周而不比；小人比而不周。（《为政》）

君子怀德，小人怀土；君子怀刑，小人怀惠。

君子喻于义；小人喻于利。

（以上《里仁》）

君子坦荡荡；小人长戚戚。（《述而》）

君子成人之美，不成人之恶；小人反是。

君子易事而难悦也；悦之不以道，不悦也；及其使人也，器之。小人难事而易悦也；悦之虽不以道，悦也；及其使人也，求备焉。

君子和而不同；小人同而不和。

君子泰而不骄，小人骄而不泰。

（以上《子路》）

君子而不仁者，有矣夫；未有小人而仁者也。

君子上达；小人下达。

（以上《宪问》）

君子固穷；小人穷斯滥矣。

君子求诸己；小人求诸人。

君子不可小知而可大受也；小人不可大受而可小

知也。

（以上《卫灵公》）

君子有三畏，畏天命，畏大人，畏圣人之言；小人不知天命而不畏也，狎大人，侮圣人之言。（《季氏》）

小人之过也必文。（子夏语）君子之过也，如日月之食焉；过也，人皆见之；更也，人皆仰之。（子贡语，见《子张》）

"周"与"和"类，"比"与"同"类。君子以公理相合，故周而和。小人以私利相合，故比而同；君子泰而不骄，故恒坦荡荡。小人骄而不泰，故长戚戚；君子所喻者义，故怀德，怀刑；小人所喻者利，故怀土，怀惠；惟其如此，故君子固穷，小人穷斯滥也。君子惟知求己，正己而无怨尤，故能坦荡荡；小人惟知求人，患得患失，故长戚戚，君子之于人也，成其美，不成其恶；小人之于人也，成其恶，不成其美。君子之于事也，不可小知而可大受；小人之于事也，不可大受而可小知。君子之有过而改过也，人皆见之；小人之有过也，则必文饰之。至于天命、大人与圣人之言，君子则畏而敬之，小人则轻蔑而狎侮之。此君子小人之不同也。亦有单就君子言之者，如曰：

人不知而不愠，不亦君子乎！

君子务本，本立而道生。孝弟也者，其为仁之本欤？（有子语）

君子不重，则不威；学，则不固；主忠信，无友不如己者；过则勿惮改。

君子食无求饱，居无求安；敏于事而慎于言；就有道而正焉；可谓好学也已！

（以上《学而》）

君子不器。

子贡问君子。子曰："先行其言而后从之。"

（以上《为政》）

君子无所争；必也射乎。揖让而升，下而饮，其争也君子。（《八佾》）

君子去仁，恶乎成名？君子无终食之间违仁，造次必于是，颠沛必于是。

君子之于天下也，无适也，无莫也，义之与比。

君子欲讷于言而敏于行。

（以上《里仁》）

君子周急不继富。

质胜文则野，文胜质则史；文质彬彬，然后君子。

君子可逝也，不可陷也；可欺也，不可罔也。

君子博学于文，约之以礼，亦可以弗畔矣夫。

（以上《雍也》）

君子所贵乎道者三。动容貌，斯远暴慢矣；正颜色，斯近信矣：出辞气，斯远鄙倍矣。（曾子语）

可以托六尺之孤可以寄百里之命；君子人欤？君子人也。

（以上《泰伯》）

君子不忧不惧。（答司马牛）

君子敬而无失，与人恭而有礼。四海之内，皆兄弟也。君子何患乎无兄弟也？（子夏告司马牛）

棘子成曰："君子质而已矣，何以文为？"子贡曰：

"惜乎，夫子之说君子也！驷不及舌。文，犹质也；质，犹文也。虎豹之鞟，犹犬羊之鞟！"

君子以文会友，以友辅仁。（曾子语）

（以上《颜渊》）

君子于其所不知，盖阙如也。（告子路语）

故君子名之必可言也，言之必可行也；君子于其言，无所苟而已矣。

（以上《子路》）

君子思不出其位。（曾子语）

君子耻其言而过其行。

君子道者三，我无能焉：仁者不忧，知者不惑，勇者不惧。

子路问君子。子曰："修己以敬。""修己以安人。""修己以安百姓。"

（以上《宪问》）

君子义以为质，礼以行之，逊以出之，信以成之，君子哉！

君子病无能焉，不病人之不己知也。

君子疾没世而名不称焉。

君子矜而不争，群而不党。

君子不以言举人，不以人废言。

君子谋道不谋食。……君子忧道不忧贫。

君子贞而不谅。

（以上《卫灵公》）

君子疾夫舍曰欲之，而必为之辞。（责冉有语）

君子有三戒：少之时，血气未定，戒之在色；及其壮也，血气方刚，戒之在斗；及其老也，血气既衰，戒之在得。

君子有九思：视思明，听思聪，色思温，貌思恭，言思忠，事思敬，疑思问，忿思难，见得思义。

（以上《季氏》）

君子义以为上。

亲于其身为不善者，君子不入也。（子路引孔子语）

子贡曰："君子亦有恶乎？"子曰："有恶。恶称人之恶者，恶居下流而讪上者，恶勇而无礼者，恶讦以为直者……"

（以上《阳货》）

君子之仕也，行其义也。（子路语，见《微子》）

君子学以致其道。（子夏语）

君子有三变：望之，俨然；即之也，温；听其言也，厉。（子夏语）

君子尊贤而容众，嘉善而矜不能。（子张语）

君子恶居下流，天下之恶皆归焉。（子贡语）

（以上《子张》）

君子惠而不费，劳而不怨，欲而不贪，泰而不骄，威而不猛。

君子正其衣冠，尊其瞻视，俨然人望而畏之，斯不亦威而不猛乎？

不知命，无以为君子也。

（以上《尧曰》）

由上所录各条观之，则"君子"之标准当如下：

（1）仪容庄重。如曰"不重则不威"，"约之以礼"，"动容貌远暴慢，正颜色近信"，"敬而无失，恭而有礼"，"修己以敬"，"礼以行之，逊以出之"，"色思温，貌思恭"，"望之俨然，即之也温"，"正其衣冠，尊其瞻视"，"威而不猛"之类，皆是也。

（2）慎言敏行。如曰"敏于事而慎于言"，"先行其言而后从之"，"欲讷于言而敏于行"，"出辞气，远鄙倍"，"于其所不知，盖阙如也"，"名之必可言，言之必可行，于其言无所苟"，"耻其言而过其行"，"言思忠，事思敬"，"恶称人之恶者，恶居下流而讪上者，恶讦以为直者"，"听其言也厉"之类，皆是也。

（3）好学。如曰"学则不固"，"……就有道而正焉，可谓好学"，"文质彬彬"，"博学于文"，"以文会友"，"学以致其道"之类，皆是也。

（4）崇德。如曰"君子务本"（指孝弟言），"主忠信"，"过则勿惮改"，"无所争"，"无终日之间违仁，造次必于是，颠沛必于是"，"无适无莫，义之与比"，"内省不疚"，"君子道者三，仁者不忧，知者不惑，勇者不惧"，"义以为质，礼以行之，逊以出之，信以成之"，"矜而不争，群而不党"，"谋道不谋食，忧道不忧贫"，"少则戒之在色，壮则戒之在斗，老则戒之在得"，"见得思义"之类，皆是也。

此其荦荦大者。余如"君子疾没世而名不称"，未尝不好名誉，故"恶居下流，天下之恶皆归焉"；但又因"病无能，不病人之不己知"，故能"人不知而不愠"也。君子"以文会友，以友辅仁"，未尝不择友，故"无友不如己者"，"亲于其身为不善者，君子不入"；但又能"尊贤而容众，嘉善而矜不能"，且"不以言举人"，亦"不以人废言"也。君子"矜而不争"，故"周"且"和"；"群而不党",故"不比"、"不同"。君子"上义"不上勇,故"恶勇而无礼者"。"君子之仕,以行其义"也。"惠而不费,劳而不怨,欲而不贪,泰而不骄,威而不猛",则又在上位之君子之"五美"也。"君子不器",故"可大受而不可小知";"及其使人也,器之",故虽难悦而易事;君子可以大受,故"可以托六尺之孤,可以寄百里之命,临大节而不可夺"焉。总之,读者如能就《论语》说"君子"各条,加以研究,综合比较,可以得修养上标准人格之概念焉。

孔子于时人及弟子,许其为君子者,亦不多觏。如曰:

子谓子产有君子之道四焉:其行己也,恭;其事上也,敬;其养民也,惠;其使民也,义。(《公冶长》)

君子哉蘧伯玉,邦有道则仕,邦无道则可卷而怀之。(《卫灵公》)

子谓子贱,君子哉若人!(《公冶长》)

南宫适问于孔子。……夫子不答,南宫适出。子曰:"君子哉若人!尚德哉若人!"(《宪问》)

(二)成人

"君子"之外,又有"成人",亦标准之人格也。如《宪问篇》答子路问成人曰:"若臧武仲之知,公绰之不欲,卞庄子之勇,冉求之艺,文之以礼乐,亦可以为成人矣。"又曰:"见利思义,见危授命,久要不忘平生之言,亦可以为成人矣。"则"成人"亦殊不易为矣。

(三)士

至于"士",亦水平线以上之人格也。《论语》中如:答子贡问曰:"行己有耻;使于四方,不辱君命,可谓士矣。"其次则曰:"宗族称孝焉,乡党称弟焉。"又其次则曰:"言必信,行必果,硁硁然小人哉,抑亦可以为次矣。"又答子路问曰:"切切偲偲,怡怡如也,可谓士矣。朋友切切偲偲,兄弟怡怡。"(以上《子路》)答子张问:士之达者曰:"质直而好义,察言而观色,虑以下人;在邦必达,在家必达。"(《颜渊》)又曰:"士而怀居,不足以为士矣。"(《宪问》)曾子亦曰:"士,不可以不弘毅,任重而道远。"(《泰伯》)子张则曰:"士,见危致命,见得思义,祭思敬,丧思哀,其可已矣。"(《子张》)"士"与"君子"相差亦无几耳。

(四)圣人、善人、有恒者

理想的成德之人,等级亦复不同。如《述而篇》所载:

> 子曰:"圣人吾不得而见之矣;得见君子者,斯可矣。"子曰:"善人吾不得而见之矣;得见有恒者,斯可矣。亡而为有,虚而为盈,约而为泰,难乎有恒矣。"

则"君子"以上,尚有"圣人","君子"以下,尚有"善人"及"有恒者"矣。"善人为邦百年,亦可以胜残去杀矣";"善人教民七年,亦可以即戎矣";"南人有言曰:'人而无恒,不可以作巫医,善夫!'"(并见《子路》)盖必有恒,而后可以言修养;必修养成有用之材,而后可谓之"善人";上之则为"君子";更上之则可以成"圣人"也。

二、修养方法

然则修养之道,当如何乎?一曰"反省"。曾子自言日三省其身:"为人谋而不忠乎?与朋友交而不信乎?传不习乎?"(《学而》)吾人当反省者仅此三者耶?子曰:"不患无位,患所以立;不患莫己知,求为可知也。"(《里仁》)是亦反省也。子曰:"见贤思齐焉,见不贤而内自省也。"是亦反省也。

二曰"改过"。能反省,斯能自知其过,既知其过,当即改之;故曰"过则勿惮改"。能改过,则不贰过。过而不改,是为过矣。若有过而文之,则不免为小人矣。三曰"慎言敏行"。此即上文所录,"敏于事而慎于言"也。孔子答子张曰:"多闻阙疑,慎言其余,则寡尤;多见阙殆,慎行其余,则寡悔。"(《为政》)且"其言之不怍,则为之也难"(《宪问》)。大言不惭者,鲜有能实践者也。四曰"好学"。盖"学则不固"(《学而》),不好学,则仁之蔽愚,知之蔽荡,信之蔽贼,直之蔽绞,勇之蔽乱,刚之蔽狂(《阳货》)。而"以能问于不能,以多问于寡"之"不耻下问",亦即好学也。五曰"守礼"。"克己复礼",为仁之方也。故视听言动,皆当守礼。盖"恭而无礼则劳,慎而无礼则葸,勇而无礼则乱,直而无礼则绞"也(《泰伯》)。且礼以敬为本。能敬,则态度不至轻佻,自庄重矣;则执事不至怠忽,自勤敏矣;对人不至傲慢,自谦挹矣。六曰"择友"。盖"益者三友,损者三友:友直,友谅,友多闻,益矣;友便辟,友善柔,友便佞,损矣"(《季氏》)。友以辅仁:益友可以进我德,损友适足以损我德耳。故曰"无友不如己者"。此六者,皆修养之初步工夫也。而其要莫如"立志"。"志于仁","志于道"，"志于学"，所谓能尚志也。"父在观其志"，观其志，可以知其人；"博学而笃志"，志不笃，不足以言学也。志既立，尤重在"躬行'。故曰"行有余力则以学文"（《学而》）。又曰："躬行君子，则吾未之有得。"足见躬行实践之难矣。

三、修养进程

至于修养之进程，《论语》中亦尝言之。如孔子自述："十五志学，三十而立，四十不惑，五十知天命，六十耳顺，七十从心所欲不逾矩。"（《为政》）此孔子修养之进步也。如曰："可与共学，未可与适道；可与适道，未可与立；可与立，未可与权。"此言人之修养不同，有此四等也。

四、处世之道

至于处世之道，首在"立信"。"人而无信，不知其可也；大车无輗，小车无軏，其何以行之哉？"无信则不能行，不仅交友须有信矣。次在"知人"。能"视其所以，观其所由，察其所安"（《为政》），则足以知人矣。然"不知言，无以知人"（《尧曰》），故欲知人，须先知言。次在"安贫"。君子食无求饱，居无求安（《学而》），不耻恶衣恶食（《里仁》），故能一箪食，一瓢饮，居陋巷而不改其乐（《雍也》）。贫而乐，斯贫而无谄矣（《学而》）。斯视不义之富贵如浮云矣（《述而》）。盖邦有道，贫贱固可耻；邦无道，则可耻者富贵耳（《泰伯》）。修养之道，虽万语千言，亦不能尽；本章但就《论语》，撮述其大略而已。

第五章　论语论教学

孔子开私人讲学之风，为我国教师之鼻祖，故其关于教学之言论，在我国教育史上有特殊之地位。兹就见于《论语》者，加以检讨。

一、教学精神：学不厌，教不倦

"学不厌，教不倦"，为孔子最可钦佩之精神；七十子所以"心悦诚服"者，殆即在此。故《论语》首章即载之：

> 子曰："学而时习之，不亦说（同悦）乎？有朋自远方来，不亦乐乎？人不知而不愠，不亦君子乎？"

悦者，心有所悦怿；乐者，外见于形容辞气者也。师弟子有朋友之道焉（见《白虎通》）；朋来自远，即《史记·孔子世家》所谓"弟子弥众，至自远方"也。朋来之乐即孟子乐"得天下英才而教育之"之意。"人不知而不愠"，《朱注》谓即"遁世无闷"之意，盖不患人之不己知也。窃意此句非谓"人不知我"，乃言"人不知学"；谓弟子既多，或有钝根，不知所学，仍教之无愠色耳。故学而时习之乐，即"学不厌"；"人不知而不愠"，即"教不倦"。《论语》列此章于首，其旨深矣！《述而篇》亦有二章：

> 子曰："默而识之，学而不厌，诲人不倦，何有于我哉？"
>
> 子曰："若圣于仁，则吾岂敢？抑为之不厌，诲人不倦，则可谓云尔已矣。"

若依《朱注》，则前章自谦不敢当，后章自承无所让；此二章同在《述而》一篇中，似不应矛盾如此。按《子罕篇》：

> 子曰："出则事公卿，入则事父兄，丧事不敢不勉，不为酒困，何有于我哉？"

此章末句与上文前一章正同。《朱注》谓其事愈卑，其辞愈谦，非也。"何有于我哉"即"于我何有哉"，犹今语云"这在我有什么"，言其易也。《雍也篇》记孔子答季康子问曰："由也果，于从政乎何有？""赐也达，于从政乎何有？"曰："求也艺，于从政乎何有？""于从政乎何有"，即"何有于从政乎"，与"何有于我哉"语气亦正相同也。《孟子·公孙丑篇》曰：

> 昔者子贡问于孔子曰："夫子圣矣乎？"孔子曰："圣，则吾不能，我学不厌，而教不倦也。"子贡曰："学不厌，智也；教不倦，仁也；仁且智，夫子既圣矣！"

疑此与上录《述而》后一章所记正同。是"学不厌，教不倦"，明为孔子所自承，弟子所景仰矣。叶公问孔子于子路，子路不答。孔子曰："汝奚不曰，'其为人也，发愤忘食，乐以忘忧，不知老之将至'云尔？"夫至于发愤忘食，乐以忘忧，不知老之将至，非"学不厌"而何？颜渊尝谓"夫子循循然善诱人，博我以文，约我以礼"，使其"欲罢不能"；非"教不倦"者，又何以致此？"学不倦"，所以"成己"，己立己达之道也；"教不倦"，所以"成物"，立人达人之道也。学不倦，则"温故而知新，可以为师矣"（《为政》）；教不倦，则循循善诱，可以为良师矣。此孔子教学之精神，看似平常，而未易几及者也。

二、教学方法

1. 启发

至其教学方法，则首重"启发"。《述而篇》云：

> 子曰："不愤，不启。不悱，不发；举一隅，不以三隅反，则不复也。"

此与《学记》所谓"道而弗牵，强而弗抑，开而弗达"，"力不能问，然后语之，语之而不知，虽舍之可也"，正可互发。故孔子之教弟子，不曰汝辈立志当如何如何，而常使各言其志。如《公冶长》曰：

> 颜渊、季路侍。子曰："盍各言尔志？"子路曰："愿车马（衣）轻裘，与朋友共敝之，而无憾。"（衣字衍；与朋友共敝之，当连作一句。见刘宝楠《论语正义》）

> 颜渊曰："愿无伐善，无施劳。"子路曰："愿闻子之志。"子曰："老者安之，少者怀之，朋友信之。"

《先进篇》末"子路、曾晳、冉有、公西华侍坐章"，孔子亦使四子各言其抱负，且曰："以吾一日长乎尔；无吾以也！居则曰'不吾知也'；如或知尔，则何以哉？"假设"如或知尔"，使各陈其"则何以哉"之抱负，可谓善于启发矣。颜渊所以有"欲罢不能"之叹者，正由孔子之"循循然善诱人"也。盖为学之进退，全在学者自己，教者但予以鼓励与启导而已。故《子罕》云：

> 子曰："譬如为山，未成一篑，止，吾止也；譬如平地，虽覆一篑，进，吾往也！"

故唯"不曰如之何，如之何者"，则虽孔子亦无如之何（《卫灵公》）；"饱食终日，无所用心"者，则虽孔子亦叹为"难矣哉"也（《阳货》）。《雍也篇》记冉求自承为力不足。孔子斥之曰："力不足者，中道而废；今汝画！"冉求诿为力不足，自画而不更求进步，此直孟子所斥为"自弃"者；较"见其进而未见其止"之颜渊（《子罕》），为何如乎？孔子之鼓励其弟子，亦云至矣。如曰：

> 我非生而知之者，好古敏以求之者也！（《述而》）
> 十室之邑，必有忠信。如丘者焉，不如丘之好学也！（《公冶长》）

今之教人者，自谓注重"启发"，实则不启不发；观乎此，宜知启发之道矣。——此孔子教学方法之一也。

2. 因材施教

《学记》曰:"教也者,长善而救失者也。"故施教贵乎因材,察其个性所长而启导之,所短而补救之,乃足以长其善而救其失耳。如《为政篇》记孟懿子问孝,孔子答以"无违";孟武伯问孝,孔子答以"父母唯其疾之忧";子游问孝,孔子答以能养并须知敬;子夏问孝,孔子答以"色难":殆以懿子未能尽礼,武伯未能曲体亲心,子游能养而未敬,子夏能服劳奉养而色未善耶?又如《颜渊篇》记司马牛问仁,孔子答以"其言也讱";又问君子,答以"不忧不惧"。试观此二章所记司马牛之言曰:"其言也讱,斯谓之仁已乎?""不忧不惧,斯谓之君子矣乎?"较之前二章颜渊、仲弓之言,"某虽不敏,请事斯语",即可见其言之不讱矣。下章记司马牛忧曰,"人皆有兄弟,我独无",即可见其未能不忧不惧矣。《颜渊篇》又记子张问崇德辨惑,孔子答以主忠信,徙义,为崇德,爱之欲其生,恶之欲其死;既欲其生,又欲其死,为惑。樊迟亦问崇德辨惑,孔子答以先事后得,为崇德,一朝之忿,忘其身以及其亲为惑。子张、樊迟同以"崇德辨惑"为问,而孔子答之不同,亦足见其因材以施教矣。最显著者,莫如《先进篇》记子路问:"闻斯行诸?"孔子答以"有父兄在",冉有问:"闻斯行诸?"孔子答以"闻斯行之"。子路、冉有问语相同,而孔子之答语正相反者,盖求也退,故进之;由也兼人,故退之耳。此因材施教之尤明显者。孔子教学方法之二也。

三、教学项目

1. 诗书礼乐

至其教学之材料,则为《诗》、《书》、《礼》、《乐》。《史记·孔子世家》谓《孔子》以《诗》、《书》、《礼》、《乐》教。

子贡曰："夫子之文章，可得而闻也；夫子之言性与天道，不可得而闻也。"（《公冶长》）"文章"，即指《诗》、《书》、《礼》、《乐》而言也。《季氏篇》曰：

> 陈亢问于伯鱼曰："子亦有异闻乎？"对曰："未也。尝独立，鲤趋而过庭。曰：'学《诗》乎？'对曰：'未也。''不学《诗》，无以言。'鲤退而学《诗》。他日，又独立，鲤趋而过庭。曰：'学《礼》乎？'对曰：'未也。''不学《礼》，无以立。'鲤退而学《礼》。闻斯二者。"陈亢退而喜曰："问一得三，闻《诗》，闻《礼》，又闻君子之远其子也。"

学《诗》，学《礼》，既非异闻，则孔子常以此教诸弟子矣。

2. 文行忠信

《述而》又曰："子以四教，文行忠信。""文"者，文章；"行"者，行为；"忠信"则属于品性矣。《诗》、《书》，教以文也；《礼》，所以训练行为者也；《乐》，所以陶冶品性者也。《史记》、《论语》，正可互证。

四、教学步骤

1. 下学上达

至其步骤，则自"下学而上达"，自"多学而识"而至于"一以贯之"。循序渐进，不躐等而施也；因材施教，不一概而论也。故曰："中人以上，可以语上也；中人以下，不可以语上也。"（《雍也》）《里仁》篇记孔子语曾子曰：参乎！吾道一以贯之。曾子告门人曰:"夫子之道,忠恕而已矣!"则忠恕一贯,惟曾子能知之,而未尝举以语诸弟子矣。

2. 不言之教

禅宗有偈曰:"哑子吃苦瓜,与你说不得;要知此瓜苦,还须自家吃。"悟道须由自己,教者亦为他着力不得也。教者只能以精神感应学者而已,不能借说教以收效也。语曰:"以身教者从,以言教者讼。"说教者直以言教耳。必能以身作则,始可言精神感应。精神感应之至伟大者,乃有所谓"不言之教"。《阳货篇》云:

> 子曰:"予欲无言。"子贡曰:"子如不言,则小子何述焉?"子曰:"天何言哉?四时行焉;百物生焉,天何言哉!"

天不言,而四时自行,百物自生;圣人不言,而精神感应,自足裁成众贤,孟子所谓"有如时雨化之者",即此也。故"见而民莫不敬,言而民莫不信,行而民莫不悦"者,尚是以声色化人,必也"不动而敬,不言而信",庶几潜移而默化耳。

五、有教无类

孔子自言"有教无类",故又曰:"自行束脩以上,吾未尝无诲焉。"(《述而》)其门下有"箪瓢陋巷"之颜渊,"蓬户绳枢"之原宪,亦有"货殖屡中"之子贡;愚如高柴,鲁如曾参,辟如颛孙师,喭如仲由。故东郭子惠有"夫子之门何其杂也"之叹。然此正足见其施教范围之广也。

六、师生情感

孔子于其弟子，情谊至笃。《先进篇》记颜渊死，孔子有"天丧予！天丧予！"之叹，且哭之至恸。门人欲厚葬之。孔子不可！门人卒厚葬之。子曰："回也视予，犹父也；予不得视犹子也！非我也，夫二三子也！"《檀弓》亦有关于孔门师生情感之记载，如：

> 孔子哭子路于中庭；有人吊者，而夫子拜之。既哭，进使者而问故。使者曰："醢之矣！"遂命覆醢。

子路在卫死事之惨，诚足伤孔子之心也。又曰：

> 孔子之丧，门人疑所服。子贡曰："昔者夫子之丧颜渊，若丧子而无服；丧子路，亦然。请丧夫子，若丧父而无服。"
>
> 孔子之丧，二三子皆绖而出。群居则绖，出则否。

此所谓"心丧"也。但虽无服，而云"若丧父"，则孔门师生，情犹父子矣。《孟子》记此更详：

> 昔者孔子殁，三年之外，门人治任将归，入揖于子贡，相向而哭，皆失声，然后归。子贡反，筑室于场，独居三年，然后归。

此在师生如陌路之今日读之，其令人感兴，为如何哉？

七、学重躬行

孔子之教，既略述如上。然则其所谓"学"者何也？《学而篇》云：

> 子曰："弟子，入则孝，出则弟，谨而信，泛爱众，而亲仁；行有余力，则以学文。"
>
> 子曰："君子食无求饱，居无求安，敏于事而慎于言，就有道而正焉，可谓好学也已。"

又记子夏之言，亦以"贤贤易色，事父母能竭其力，事君能致其身，与朋友交言而有信"为学，是所谓"学"者，非单指知识之传授，而其要在于孝弟、谨信、事君、爱众等德行矣。故孔子十五志学，三十而立；"立"者，谓其行有以立耳。

1. 学思并重

即就知识方面言之，则"学"亦当与"思'并重。故《为政》曰：

> 学而不思，则罔；思而不学，则殆。

"学"者，《中庸》所谓"博学之，审问之"也；"思"者，《中庸》所谓"慎思之，明辨之"也；而其终局之目的，仍在"笃行"。《卫灵公篇》曰：

> 吾尝终日不食，终夜不寝，以思，无益，不如学也。

盖徒学而不思，不能有心得，其弊在支离；若徒思而不学，则又流为幻想，终成空妄之人也。汉学以章句训诂为主，其弊为"学而不思'；宋学以心性义理为主，其弊为"思而不学"；而汉学之古文经学派，宋学之陆王派，其偏更甚而弊更显。惟孔子学思并重，为中正而不偏也。

2. 温故知新

至于"学"之工夫，莫要于"温故而知新"。向所未知谓之"新"，向所已知谓之"故"。"知新"者，"日知其所亡"也；"温故"者，"月无忘其所能"（用子夏语，见《子张》）也。能知新，则知识日有增进，不至以故步自封矣；能温故，则不忘所得，不至如寿陵余子之学步邯郸，失其故步矣。譬之军事，知新犹攻城略地以拓土宇，温故犹步步为营，以守所获；譬之理财，知新是开源，所谓"生众为疾"是也；温故是节流，所谓"食寡用舒"是也。《论语》首句曰："学而时习之。""学"是"知新"；"时习"是"温故"也。如以现代为例，则我国固有之文化为"故"，温焊而整理之，是"温故"也；世界各国之文化为"新"，输入而融化之，是"知新"也。且一切学术之发明，莫不因吾人已知之理，推见其所未知。已知者，"故"也，未知者，"新"也。故不但"温故"与"知新"，须兼顾并重而不可偏废，且"温故"即可以"知新"焉。能温故而知新，则学日进而德日新，故曰可以为师也。今之学人，习于故者，则目知新为见异思迁；狃于新者，则斥温故为顽古守旧。实则"知故而不知新，谓之陆沉；知新而不知故，谓之盲瞽"（用王充语）。有所偏者，焉足以言学哉？

3. 为学难易

人之资质不同，其为学之难易亦异。故《季氏篇》曰：

> 生而知之者，上也；学而知之者，次也；困而学之，又其次也；困而不学，民斯为下矣。

故曰："唯上智与下愚不移。"（《阳货》）"上智"，即"生而知之者"；"下愚"，即"困而不学者"。但孔子尚不自承为"生知"，则上智与下愚，终是绝无仅有；若吾辈者，皆"学而知之"与"困而学之"者也。但学而知之，困而知之，所以知之虽殊，及其知之，一也。孔子所最赞赏之弟子为颜渊，而所以赞赏之，则因其好学。尝曰：

> 语之而不惰者，其回也以与！
> 惜乎！吾见其进也，未见其止也！
> （以上《子罕》）

其答哀公与季康子也，皆曰："有颜回者好学，不幸短命死矣！今也则亡，未闻好学者也？"以颜子"闻一知十"之智，而孔子惟称其好学；则进德修业，惟在于"学"可知已！"舜何人也？予何人也？有为者，亦若是。"（用《孟子》引颜渊语）苟能有为，苟能好学，则"人皆可以为尧舜"（用孟子语）矣！

第六章　论语论政治

《论语》所载孔子关于政治之言论，皆为当时而发。孔子之世，去今已远，则宜于古者未必宜于今，亦势所必然者也。然其原理，则有可以贯通古今者焉。

（1）敬信节用爱人

《学而》所云："道千乘之国，敬事而信，节用而爱人，使民以时。"敬事也，信也，节用也，爱人也，使民以时也，即在现代之政府，亦当如此。不敬事，则旷职矣；不信，则朝令暮改，一国三公，民无所适从矣；不节用，则财用竭矣；不爱人，则虐民矣；使民不以时，则违农时，妨生产矣。

（2）庄敬孝慈

《为政篇》云："季康子问：'使民敬忠以（以，而也）劝，如之何？'子曰：'临之以庄，则敬；孝慈，则忠；举善而教不能，则劝。'"欲民之敬己，而不临之以庄；欲民之忠己，而不孝不慈；欲民之劝，而未克举善教不能；岂得遂其愿乎？

（3）礼让

《里仁篇》云："能以礼让为国乎，何有？不能以礼让为国，如礼何？"不以礼让为国，岂将以"争民施夺"为国耶？

（4）博施济众

《雍也篇》答子贡博施济众之问曰："何事于仁？必也圣乎！尧舜其犹病诸？""博施济众"，固尧舜犹病其未能矣；但不能因此而斥博施济众之非也。

（5）斥聚敛

《先进篇》斥冉求为季氏聚敛曰："求，非吾徒也！小子鸣鼓而攻之可也！"其深恶而痛绝之如此。今之长国家而务财用者，固比比皆是；然不当谓聚敛为善政也。

（6）理财

《颜渊篇》记有若答哀公曰："百姓足，君孰与不足；百姓不足，君孰与足？"此更为理财之至理名言。彼敲骨剥髓，聚敛民财，自以为能裕国用者，岂足以知此？

（7）立信

《颜渊篇》又答子贡以"足食，足兵，民信之"三者为要政；必不得已而去，宁先去兵。次去食，以为"自古皆有死，民无信不立"！此说似为迂论。然人民苟不信仰其政府，则虽经济充裕，军备精良，猝遇强敌，亦将不堪一击。衡之近事，固彰彰明甚也。《子路篇》答子路问政曰"先之，劳之"，曰"无倦"；答仲弓问政曰"先有司，赦小过，举贤才"；答叶公问政曰"近者悦，远者来"。诸如此类，岂得谓在今日，皆非为政之要欤？

（8）一言兴丧

> 定公问："一言而可以兴邦，有诸？"孔子对曰："言不可以若是其几也。人之言曰：'为君难，为臣亦不易。'如知为君之难也，不几乎一言而兴邦乎？"曰："一

言而丧邦，有诸？"孔子对曰"言不可以若是其几及也。人之言曰：'予无乐乎为君，唯其言而莫予违也。'如其善而莫之违也，不亦善乎？如不善而莫之违也，不几乎一言而丧邦乎？"

今已易专制为共和，固无所谓"君"矣；然当国者，如知当国之难，则亦可以一言而兴邦；如唯其言，虽不善，亦莫之违，则亦可以一言而丧邦也。

（9）知仁庄礼

《卫灵公篇》又曰："知及之，仁不能守之，虽得之，必失之；知及之，仁能守之，不庄以莅之，则民不敬；知及之，仁能守之，庄以莅之，动之不以礼，未善也。"知不及者，不能得国，仁不足者，不能守国；不庄以莅之者，民不敬；不动以礼者，政未善；此亦古今中外之所同也。

（10）五美四恶

《尧曰篇》答子张问从政曰："尊五美，屏四恶。"以惠而不费，劳而不怨，欲而不贪，泰而不骄，威而不猛，为"五美"。"惠而不费"者，"固民之所利而利之"也；"劳而不怨"者，择可劳而劳之也；"欲而不贪"者，欲仁而得仁也；"泰而不骄"者，无众寡，无小大，无敢慢也；"威而不猛"者，"正其衣冠，尊其瞻视"也。至于"四恶"，则"不教而杀，谓之虐；不戒视成，谓之暴；慢令致期，谓之贼；犹之与人也，出纳之吝，谓之有司。"夫为政者能因民之所利而利之，择可劳而劳之，欲仁得仁而无所贪，对于寡小而不敢慢，正其威仪而不轻佻，虽在今日，不得不谓之"美"也。如不戒而视成，不教而便杀，自慢其令而致人民受延误法令之罚，本须与人而断断焉吝于出纳，虽在今日，亦不得不谓"恶"矣。即如《子张篇》所记子夏之言曰:"君子信而后劳其民;未信,则以为厉己也。"揆之事实,亦极近人情;时有古今,理无二致矣。

(11)庶富教

至如《子路篇》适卫时语冉求,既庶之后,曰"富之";既富之后,曰"教之",亦极合理。孙中山先生说"民族主义",亦尝提及人口问题,而冀吾民族人口之繁盛,此即"先庶"也;其"民生主义",旨在均地权,节资本,欲弭贫富过于不均之患于未然,此即"富之"也;既庶既富,然后加以教训,训政之后,方能实施宪政,此即"教之"也。

(12)均和

《季氏篇》首章有曰:

丘也闻有国有家者,不患贫而患不均,不患寡而患不和;盖均无贫,和无寡,安无倾。"(今本作"不患寡而患不均,不患贫而患不安"。按均不均,以贫富言;和不和,以众寡言;故下文曰"均无贫,和无寡"。其曰"安无倾"者,则兼承上文也。今从俞樾校)

则又推之古今中外而皆准者也。

(13)大一统

《季氏篇》次章云:

孔子曰:"天下有道,则礼乐征伐,自天子出。天下无道,则礼乐征伐,自诸侯出。自诸侯出,盖五世希不失矣;自大夫出,五世希不失矣;陪臣执国柄,三世希不失矣。天下有道,则政不在大夫;天下有道,则庶人不议。"

天子、诸侯、大夫、陪臣，此孔子时封建制度之阶级也。论者每以此章为孔子主张保存封建制度之证。试思：孔子生于春秋之末；孔子之前，虞夏商周以来，行封建之制已四代矣。孔子岂能预知秦之废封建而为郡县哉？则其论政，以前世及当时唯一之封建制度为据，亦何足怪？且所谓"礼乐征伐自天子出"者，正《春秋》大一统之义。"礼乐征伐自诸侯出"，不犹唐末藩镇之专擅、民国初年军阀之跋扈乎？若政在大夫，陪臣执柄，则更等而下之矣。读者不当拘牵名词、求其义于形迹也。

（14）取三代之长

惟《卫灵公篇》答颜渊问为邦曰："行夏之时，乘殷之辂，服周之冕，乐则《韶》舞。放郑声，远佞人；郑声淫，佞人殆。"所说更为具体，似难通之于古今矣。但孔子此言，旨在取三代之长，不拘于一代之制，非谓百世之后，可以一成不变也。孔子为圣之时者，若生于现代，决不至弃世界公用之阳历而行夏之时，弃汽车电车而乘殷之辂，弃现代之衣冠而服周之冕，弃现代之音乐而舞舜之《韶》；惟淫声则在所必放，不但郑音；佞人则在所必远，不问谁何耳。

（15）民可使由不可使知

《泰伯篇》曰："民可使由之，不可使知之。"此语尤为近人所诟病，以为孔子主张愚民之证。梁启超尝为加标点曰："民可，使由之；不可，使知之。"以为凡民意以为可者，则使由之；其以为不可者，则更曲喻详晓，而使知之；正孔子尊重民意之证。此亦曲说。孔子此言，系就事实说明其"然"，非就理论主张其"当然"；故不曰"民当使由之，不当使知之"，而曰"民可使由之，不可使知之"也。孙中山先生论行易知难，尝谓先知先觉者创造之，后知后觉者宣传之，不知不觉者实行之；又谓不知不觉者亦能行。盖以人民之众多，知识之幼稚，欲使全知主义政策之所以然，此为事实所不可能也。以此诟孔子者，殆未注意于"不可"与"不当"之别耳。

以上所述，皆片言只语，尚无关于宏旨。孔子论政，其要旨，在"正名"与"德化"；其理想，在"无为之治"；而此三者，又有连带之关系焉。

1. 正名

《子路篇》记孔子答子路"卫君待子而为政，子将奚先"之问曰："必也正名乎！"因详论正名之要云云，前编第三章《春秋之义》，已引之矣。《论语》中有关于"正名"之言不一而足，兹撮录若干条于下：

> 子曰："觚不觚，觚哉，觚哉！"（《雍也》）
>
> 齐景公问政于孔子，孔子对曰："君君、臣臣、父父、子子。"公曰："善哉！信如君不君，臣不臣，父不父，子不子，虽有粟，吾得而食诸？"
>
> 季康子问政于孔子。孔子对曰："政者，正也；子率以正，孰敢不正？"
>
> （以上《颜渊》）

此三条，前编亦已引述之矣。

《子路篇》记冉子退朝。子问何晏，对曰："有政。"子曰："其事也；如有政，虽不吾以，吾其与闻之。"此条辨"事"与"政"二名之别甚严；《颜渊篇》答子张，辨"在邦必闻在家必闻"之"闻"与"在邦必达在家必达'之"达"，亦甚精，此皆"正名"之"辨同异"也，就此推之，如许子文之"忠"而不许为"仁"，许陈文子之"清"而不许为"仁"，亦在辨"忠"、"清"与"仁"之同异，亦正名之"辨同异"也。

至于"正名"之"定上下"，则有下列各条：

> 孔子谓季氏八佾舞于庭："是可忍也，孰不可忍也！"
>
> 三家者以《雍》彻，子曰："'相维辟公，天子穆穆'，奚取于三家之堂？"
>
> 季氏旅于泰山。子谓冉有曰："汝弗能救欤？"对曰："不能。"子曰："曾谓泰山不如林放乎？"（按上章即记林放问礼之本）
>
> 子曰："管仲之器小哉！"或曰："管仲俭乎？"曰："管氏有三归，官事不摄，焉得俭？""然则管仲知礼乎？"曰："邦君树塞门，管氏亦树塞门；邦君为两君之好有反坫，管氏亦有反坫；管氏而知礼，孰不知礼？"
>
> （以上见《八佾篇》）

三家以《雍》彻，季氏舞八佾，旅泰山，管仲树塞门，有反坫，而孔子深恶痛斥之者，以其僭也。此即"正名"之"定上下"也。

2. 德化

> 子曰："为政以德，譬如北辰，居其所而众星拱之。"
>
> 子曰："道之以政，齐之以刑，民免而无耻；道之以德，齐之以礼，有耻且格。"
>
> （以上《为政》）
>
> 季康子患盗，问于孔子。孔子对曰："苟子之不欲，

虽赏之不窃。"

　　季康子问政于孔子曰："如杀无道，以就有道，何如？"孔子对曰："子为政，焉用杀？子欲善，而民善矣。君子之德，风；小人之德，草；草上之风，必偃。"

（以上《颜渊》）

　　子曰："苟正其身矣，于从政乎何有？不能正其身，如正人何？"（《子路》）

正身以正民，即"德化"之政治也。故"君子笃于亲，则民兴于仁"；"慎终追远"，则"民德归厚"；"临之以庄，则敬；孝慈，则忠"；苟上以德化，则下必如响斯应矣。

3. 无为之治

果能以德化民，则可以致"无为之治"。

　　子曰："无为而治者，其舜也欤！夫何为哉？恭己正南面而已矣。"

　　子曰："大哉，尧之为君也！巍巍乎惟天为大，惟尧则之；荡荡乎民无能名焉。巍巍乎其有成功也；焕乎其有文章！"（《泰伯》）

此赞尧舜无为之治也。尧能则天者，犹上章所述不言之教，能如天之不言，而四时行，百物生也。"恭己正南面而已"者，即《中庸》所云"笃恭而天下平"也。然孔子所谓"无为"岂真无所为乎？《雍也篇》记仲弓之言曰："居敬而行简，以临其民，不亦可乎？居简而行简，无乃太简乎？"

"恭己以正南面"，"笃恭而天下平"，即"居敬而行简"也。

若如道家之仅无为而已，乃"居简而行简"耳！故无为之治，是"德化'之极致，非放任之"无治"也。

4. 禅让

孔子之赞尧舜，不仅以其无为而治也，尤憧憬于"禅让"之局焉。盖唐虞之世，选贤与能，天下为公；较之汤武征诛之局，尤足多也。孔子之称禅让，可于下引三条见之：

> 子谓《韶》，尽美矣，又尽善也；谓《武》，尽美矣，未尽善也。
>
> 子贡问曰："伯夷叔齐何人也。"子曰："古之贤人也。"曰："怨乎？"曰："求仁而得仁，又何怨？"
>
> 子曰："泰伯其可谓至德也已矣，三以天下让，民无得而称焉！"（《泰伯》）

此赞尧舜之让天下，伯夷叔齐与泰伯之让国也。虽然，尧舜之无为而治与禅让之事，果如何乎？古史绵邈，殆已不复可考。韩非《显学》曰："孔子墨子俱道尧舜，而取舍不同；尧舜不复生，将谁使定儒墨之诚乎？"墨子所取，为"茅茨土阶"之俭；孔子所取，即禅让与无为之治也。《淮南·修务》曰："世俗之人多贵古而贱今；故为学者必托之黄帝神农而后能入说。"此诸子所以"托古改制"也。然则尧舜之"禅让"与"无为之治"，殆亦孔子改制之理想，而托之于古者耳。

5. 事君

其论事君也，以尽礼尽忠，勿欺而犯，敬事后食为言。如曰：

> 子曰："事君尽礼，人以为谄也。"

定公问："君使臣，臣事君，如之何？"孔子对曰："君使臣以礼臣事君以忠。"

（以上《八佾》）

子路问事君。子曰："勿欺也，而犯之。"（《宪问》）

子曰："事君，敬其事而后其食。"（《卫灵公》）

时人不知事君之礼，故以尽礼为谄。其实，臣事君，君使臣，皆当以礼。忠者，敬其事也，致其身也。欺谓阿顺逢君；犯谓犯颜直谏也。今虽无所谓君臣，而其义可通于从政之公务员焉。

6. 出处

其论出处也，则以邦之有道无道为标准。所谓"有道"，谓政治清明；"无道"谓政治黑暗也。如云：

子曰："宁武子邦有道则知，邦无道则愚；其知可及也，其愚不可及也。"（《公冶长》）

子曰："笃信好学，守死善道；危邦不入，乱邦不居；天下有道则见，无道则隐。邦有道，贫且贱焉，耻也；邦无道，富且贵焉，耻也。"（《泰伯》）

宪问耻。子曰："邦有道，穀；邦无道，穀；耻也。"（《宪问》）

孔子生当无道之时，而以救世为怀，其用世之心甚切。故栖栖皇皇，周游列国，冀得行其道。然其出处，则又未尝苟也。故尝谓颜渊曰："用之则行，舍之则藏，唯我与尔，有是夫！"（《述而》）子贡问："有美玉于斯，蕴椟而藏诸？求善贾而沽诸？"孔子答之曰：

"沽之哉！沽之哉！我待贾者也！"子贡曰"求善价"，孔子曰"待价"，一"求"一"待"，含义迥殊。所谓"待价"者，待有用之而行其道者耳。

7. 听讼

《论语》论听讼之言不多，如：

　　子曰："听讼，吾犹人也；必也，使无讼乎！"
　　子曰："片言可以折狱者，其由也与？"（均见《颜渊》）

曾子告阳肤，亦曰："上失其道，民散久矣！如得其情，则哀矜而勿喜！"（《子张》）此为一般司法官吏以明察自喜者言之也。子路虽听片言，可以折狱，（"片言"谓一面之辞）较常人已高一等。孔子则以消讼狱于无形为上，此又德化之效矣。

事君也，出处也，听讼也，虽非政治，而与从政有关，故附之于此。

第七章 论语记孔子

《论语》为孔子之语录，故其于孔子，记言多而记行少；且所记孔子事实，不可信者颇多，下《论》尤甚，本编第二章已辨之矣。故欲于《论语》中求孔子之为孔子，当舍所记孔子之事实。而求之于孔子之生活、琐事、态度及孔子自述与时人之评论中，孔子不仅为《论语》一书之主角，且与六经关系至切，故撮录《论语》所记，特立此章，以见其为人之梗概。

一、日常生活

（一）服装

《论语》记孔子之日常生活，以《乡党》为最详。兹先就《乡党》所记，分类摘录如下：

"君子不以绀緅饰，红紫不以为亵服；当暑袗絺绤，必表而出之。"——以绀緅之色为衣之缘饰，类丧服中小祥后之练服，故不以绀緅饰。红紫之服，妇女所用，故不以红紫为亵服。暑时絺绤单衣，易露肌肤，故必表而出之。

"缁衣，羔裘；素衣，麑裘；黄衣，狐裘。"——紫羔色黑，故配以缁衣；麑裘色白，故配以素衣；狐皮色黄，故配以黄衣；此注意服装色彩之调和耳。

"亵裘长，短右袂。必有寝衣，长一身有半。狐貉之厚，以居。去丧，无所不佩。非帷裳，必杀之。羔裘，玄冠，不以吊。吉月，必朝服而朝。斋，必有明衣，布。"——亵裘者，家居所服；长，欲其暖；短右袂，取其便也。（古时袖大，故尔；但非亵裘，亦不能独短右袂）。曰"去丧无所不佩"，则居丧不佩可知；曰"非帷裳必杀之"，则帷裳不杀可知。（杀，谓斜缝之。）羔裘玄冠，吉服也，故不以吊。朝必朝服，敬也；斋有明衣，洁也。（明衣，犹今浴衣，于斋时浴后着之。）

以上所录，皆孔子服装之常，可以常情说之。

（二）饮食

"食不厌精，脍不厌细。"——此二语，说者谓"厌"当训"足"，转训为"极"，言食不极其精，脍不极其细。盖以孔子饭疏饮水，乐在其中，故有此解。但不耻恶食，非必求恶食也；不厌糟糠，非必食糟糠也。食可精，何必厌其精乎？脍可细，何必厌其细乎？有意深求，反失正解矣。

"食饐而餲，鱼馁而肉败，不食；色恶，不食；臭恶，不食；失饪，不食；不时，不食；割不正，不食；不得其酱，不食；肉虽多，不使胜食气。唯酒无量，不及乱。沽酒市脯，不食。不撤姜食，不多食。祭于公，不宿肉；祭肉不出三日，出三日，不食之矣。"——食饐而餲，鱼馁而肉败，与色恶臭恶之食物，沽酒市脯，过宿或出三日之祭肉，所以皆不食者，肉虽多，所以不使胜食气者，皆饮食之卫生也。割不正，谓宰割不得其正者也。如饕餮之徒，每割活鸡之脯肉以作鸡片，鸡片已烹陈于食案，残鸡犹挣扎于庖厨，岂忍食之？姜食固所嗜爱，但亦不多食；饮酒虽无一定之限量，但不因醉而及于乱。

凡此所记，皆孔子饮食之常，亦可以常情说之者也。

（三）起居

"斋，必变食，居必迁坐。"——此记孔子斋时之起居。

"食不语；寝不言。"——此记孔子之寝食。细语则妨食，放言则妨寝也。

"虽疏食菜羹瓜，祭，必斋如也。"——此记孔子之祭，虽祭品不丰，亦必诚敬也。（"瓜"字，《朱注》读作"必"。言食时虽疏食菜羹，亦必以祭云云；似反迂曲）

"席不正，不坐。……寝不尸，居不容。"——此记孔子之平时，正席而坐，敬也。寝不尸，居不容者，纯任自然也。

"乡人饮酒，杖者出，斯出矣。乡人傩，朝服而立于阼阶。"——此记孔子之居乡也。

"问人于他邦，再拜而送之。……朋友死，无所归，曰：'于我殡。'朋友之馈，虽车马，非祭肉，不拜。"——此记孔子之交友。再拜而送使者，不遗远交也；死无所归，曰殡于我者，不倍死友也；祭肉则拜，示敬其先也。

"君赐食，必正席先尝之；君赐腥，必熟而荐之；君赐生，必畜之。侍食于君，君祭，先饭。疾，君视之，东首，加朝服，拖绅。"——此记孔子之事君。食，熟食，或系馐余，故先尝之而不以祭；所赐为腥，则必烹以祀其祖先矣；所赐为生物则畜之矣。侍食而君祭先饭者，示不敢与君平列，且尝食也。病不能兴，故卧而加朝服；东首，则北面矣。

"见齐衰者，虽狎，必变；见冕者与瞽者，虽亵，必以貌；凶服者式之，式负版者；有盛馔，必变色而作；迅雷风烈，必变。"——此记孔子变色起敬之事。变者，肃然变容也；以貌者，敛容而以礼貌待之也。式者，在车中拱而凭轼以示敬也。

"升车，必正立执绥，车中，不内顾，不疾言，不亲指。"——此记孔子之乘车。

（四）态度

"孔子于乡党，恂恂如也，似不能言者。其在宗庙朝廷，便便言，唯谨尔。"——此记孔子在乡与在朝态度之不同。乡党莫如齿；孔子在乡，年辈非尊，故恂恂如似不能言。朝庙议政，则当抒其所见矣，故便便言，但又非不谨也。

"朝，与下大夫言，侃侃如也；与上大夫言，訚訚如也。"——此记孔子对上对下态度之不同。"侃"为"衎"之借字；衎衎，和悦也。訚訚，和乐而诤也。若如旧解，则孔子似谄上而骄下矣。

"君在，踧踖如也，与与如也。"——此记孔子见君时之仪容。既曰"踧踖如"，又曰"与与如"者，敬肃而又自然也。

"君召使摈，色勃如也，足躩如也；揖所与立，左右手，衣前后襜如也。趋进，翼如也。宾退，必复命曰：'宾不顾矣。'"——此记孔子为摈相时之仪容。其色勃如，其足躩如，起敬之容也。摈者不仅一人，故须揖所与立；揖时左右其手，衣之前后襜如矣。翼如者，趋时挺其身，伸其两臂，细步而疾行也。宾退复命，亦摈者之职也。

"入公门，鞠躬如也，如不容；立不中门，行不履阈；过位，色勃如也，足躩如也，其言似不足者；摄齐升堂，鞠躬如也，屏气似不息者。出，降一等，逞颜色，怡怡如也；没阶，趋进，翼如也；复其位，踧踖如也。"——此记孔子入朝时进退之仪容。"如不容"，非真公门不足以容其身，形容其入门时之鞠躬如耳。入朝时，自无中门而立，履阈而行之礼。过位者，过外朝之君位；君虽不在，其起敬如面君时也。古之朝服长，故升堂必鞠躬如以摄其齐，所以防倾跌也。升堂则近君，故屏气如不息也。及出，既降一等，方逞其颜色。没阶，乃趋而进，以复其位，但仍肃然有敬容耳。

"执圭，鞠躬如也，如不胜，上如揖，下如授，勃如战色，足蹜蹜如有循。享礼，有容色；私觌，愉愉如也。"——此记孔子行聘礼之仪容。执圭云云，初见行聘礼时，态度最敬肃也；及享，则有容色矣；及私觌，则愉愉如矣。

《论语》他篇亦有记孔子之态度者，但不多见。如《述而》曰："子之燕居，申申如也，夭夭如也。""子温而厉，威而不猛，恭而安。"即其例也。

（五）琐事

此在《乡党篇》中亦有四条：

> 康子馈药。拜而受之，曰："丘未达，不敢尝。"
>
> 厩焚，子退朝，曰："伤人乎？"不问马。
>
> 入太庙，每事问。（按《八佾篇》曰："子入太庙每事问，或曰：'孰谓鄹人之子知礼乎？'子闻之曰：'是礼也？'"与此条所记，同为一事）
>
> 色斯举矣；翔而后集。子曰："山梁雌雉，时哉，时哉！"子路拱之，三嗅而作。

孔子琐事，亦有散见于各篇者。如：

> 王孙贾问曰："与其媚于奥，宁媚于灶，何谓也？"子曰："不然。获罪于天，无所祷也。"（《八佾》）
>
> 子食于有丧者之侧，未尝饱也。
>
> 子于是日哭，则不歌。
>
> 子之所慎，斋、战、疾。
>
> 子在齐，闻《韶》，三月不知肉味。

子所雅言，《诗》、《书》、执礼，皆雅言也。（"雅言"，犹今之标准国语；此谓孔子于读《诗》、《书》及司仪时皆用标准国语耳）

子不语怪力乱神。

子钓而不纲，弋不射宿。

子与人歌而善，必使反之，而后知之。子曰："有诸。"子路对曰："有之。诔曰：'祷尔于上下神祇。'"

（以上《述而》）

子罕言利与命与仁。

子绝四：毋意，毋必，毋固，毋我。

子畏于匡，曰："文王既殁，文不在兹乎？天之将丧斯文也，后死者不得与于斯文也；天之未丧斯文也，匡人其如予何？"

子疾病。子路使门人为臣。病间曰："久矣哉。由之行诈也！无臣而为有臣；吾谁欺，欺天乎？且予与其死于臣之手也，无宁死于二三子之手乎！且予纵不得大葬，予死于道路乎？"

（以上《子罕》）

子疾病，子路请祷。子曰："丘之祷久矣。"

陈成子弑简公。孔子沐浴而朝，告于哀公曰："陈恒弑其君，请讨之！"公曰："告夫三子。"孔子曰："以吾从大夫之后，不敢不告也；君曰，'告夫三子者！'"之三子告，不可。孔子曰："以吾从大夫之后，不敢不告也！"

原壤夷俟。子曰："幼而不逊弟，长而无述焉，老而不死，是为贼。"以杖叩其胫。

（以上《宪问》）

在陈，绝粮，从者病莫能兴。子路愠见曰："君子亦有穷乎？"子曰："君子固穷，小人穷斯滥矣！"

　　师冕见。及阶，子曰："阶也。"及席，子曰："席也。"皆坐，子告之曰："某在斯，某在斯。"师冕出，子张问曰："与师言之道欤？"子曰："然，固相师之道也。"

（以上《卫灵公》）

　　阳货欲见孔子。孔子不见，归孔子豚。孔子时其亡也，而往拜之，遇诸涂。谓孔子曰："来！予与尔言。曰：'怀其宝而迷其邦，可乎？'曰：'不可。''好从事而亟失时，可谓知乎？'曰：'不可。'日月逝矣，岁不我与！"孔子曰："诺！吾将仕矣。"（《阳货》）

上所辑录，如闻《韶》，畏匡，在陈，责子路，击原壤，见师冕，对阳货，请讨陈恒，皆实事；余则弟子就其行事而记之尔。

　　《论语》所记孔子之服装、饮食、起居、态度、琐事，但记孔子之如此如此，非谓凡人必当如此也。孔子有孔子之个性，孔子有孔子之时代与环境，强人人而同之，且必强后世之人人而同之，此事之必不可，亦情理之不必然者也。故读《论语》，当知孔子是一个活泼泼地的人，而非如后世所想像之泥塑木雕之圣人，而后可得其真意也。

二、孔子自述

　　《论语》所记孔子自述之言，辑录如下：

　　子曰："吾十有五而志于学，三十而立，四十而不

惑，五十而知天命，六十而耳顺，七十而从心所欲不逾矩。"（《为政》）

子曰："十室之邑，必有忠信如丘者焉，不如丘之好学也。"（《公冶长》）

子曰："述而不作，信而好古，窃比于我老彭。"

子曰："默而识之，学而不厌，诲人不倦，何有于我哉？"

子曰："德之不修，学之不讲、闻义不能徙，不善不能改，是吾忧也。"

子曰："饭疏食，饮水，乐亦在其中矣；不义而富且贵，于我如浮云。"

叶公问孔子于子路，子路不对。子曰："汝奚不曰'其为人也，发愤忘食，乐以忘忧，不知老之将至'云尔！"

子曰："盖有不知而作之者，我无是也；多闻，择其善者而从之；多见而识之，知之次也。"

子曰："若圣与仁，则吾岂敢？抑为之不厌，诲人不倦，则可谓云尔已矣。"

（以上《述而》）

综上所辑录，有已见前数章者。孔子盖自承为学不厌而教不倦，自谦为述而不作，且自谓饭疏饮水，乐在其中，视不义之富贵如浮云矣。而其为学之进程，亦可于第一条见之。

三、弟子印象

至于弟子对于孔子之印象如何，见于《论语》者，以子贡之言论为多。例如：

子禽问于子贡曰："夫子至于是邦也，必闻其政。求之欤？抑与之欤？"子贡曰："夫子温良恭俭让以得之。夫子之求之也，其诸异于人之求之欤？"（《学而》）

卫公孙朝问于子贡曰："仲尼焉学？"子贡曰："文武之道，未坠于地，在人；贤者识其大者，不贤者识其小者，莫不有文武之道焉。夫子焉不学？而亦何常师之有？"

叔孙武叔语大夫于朝曰："子贡贤于仲尼。"子服景伯以告子贡。子贡曰："譬之宫墙：赐之墙也及肩，窥见室家之好；夫子之墙数仞，不得其门而入，不见宗庙之美，百官之富。得其门者或寡矣；夫子之云，不亦宜乎？"

叔孙武叔毁仲尼。子贡曰："无以为也；仲尼不可毁也！他人之贤者，丘陵也，犹可逾也。仲尼，日月也，无得而逾焉。人虽欲自绝，其何伤于日月乎？"

陈子禽谓子贡曰："子为恭也，仲尼岂贤于子乎？"子贡曰："君子一言以为知，一言以为不知，言不可不慎也。夫子之不可及也，犹天之不可阶而升也。夫子之得邦家者，所谓立之斯立，道之斯行，绥之斯来，动之斯和；其生也荣，其死也哀；如之何其可及也？"

（以上《子张》）

《子罕篇》亦有一条：

> 颜渊喟然叹曰："仰之弥高，钻之弥坚，瞻之在前，忽焉在后。夫子循循然善诱人，博我以文，约我以礼，欲罢不能，既竭吾才，如有所立卓尔，虽欲从之，末由也已！"

此外，《孟子》亦尝引宰我、子贡、有若三子之言：

> 宰我曰："以我观于夫子，贤于尧舜远矣。"
> 子贡曰："见其礼而知其政，闻其乐而知其德，由百世之后，等百世之王，莫之能违也，自生民以来，未有夫子也！"
> 有若曰："岂惟民哉？麒麟之于走兽，凤凰之于飞鸟，泰山之于丘垤，河海之于行潦，类也；圣人之于民，亦类也。出于其类，拔乎其萃，自生民以来，未有盛于孔子也！"

就上所录观之，则诸弟子之于孔子，可谓心悦而诚服矣。

四、时人评论

至于时人对于孔子之评论，除卫公孙朝、叔孙武叔、陈子禽等，已如上录外，大致皆不以孔子之周游列国，急于用世为然。但亦有推崇之者。例如：

仪封人请见曰:"君子之至于斯也,吾未尝不得见也。"从者见之。出,语人曰:"二三子何患于丧乎?天下之无道也久矣!天将以夫子为木铎。"(《八佾》)

达巷党人曰:"大哉孔子,博学而无所成名。"子闻之,谓门弟子曰:"吾何执,执御乎?执射乎?吾执御矣。"

太宰问于子贡曰:"夫子圣者与?何其多能也。"子贡曰:"固天纵之将圣(即大圣),又多能也。"子闻之曰:"太宰知我乎?吾少也贱,故多能鄙事。君子多乎哉?不多也。"

(以上《子罕》)

微生亩曰:"丘何为是栖栖者欤?无乃为佞乎?"子曰:"非敢为佞也,疾固也。"

子路宿于石门。晨门曰:"奚自?"子路曰:"自孔氏。"曰:"是知其不可而为之者欤?"

子击磬于卫。有荷蒉而过孔氏之门者,曰:"有心哉,击磬乎!"既而曰:"鄙哉,硁硁乎!莫己知也,斯已而已矣!深则厉;浅则揭。"子曰:"果哉?末之难矣。"

(以上《宪问》)

楚狂接舆歌而过孔子曰:"凤兮,凤兮,何德之衰?往者不可谏,来者犹可追。已而,已而,今之从政者殆而!"孔子下,欲与之言。趋而避之,不得与之言。

长沮桀溺耦而耕。孔子过之,使子路问津焉。长沮曰:"夫执舆者为谁?"曰:"为孔丘。"曰:"是鲁孔丘欤?"曰:"是也。"曰:"是知津矣!"问于桀溺。桀溺曰:"子为谁?"曰:"为仲由。"曰:"是鲁孔丘之徒欤？"对曰："然。"曰"滔滔者天下皆是也，而谁以易之？且而与其从避人之士也，岂若从避世之士哉！"耰而不辍。子路行，以告。夫子怃然曰："鸟兽不可与同群，吾非斯人之徒与而谁与？天下有道，丘不与易也！"

　　子路从而后，遇丈人，以杖荷蓧。子路问曰："子见夫子乎？"丈人曰："四体不勤，五谷不分，孰谓夫子？"植其杖而芸。子路拱而立。止子路宿，杀鸡为黍而食之，见其二子焉。明日，子路行，以告。子曰："隐者也。"使子路反见之。至，则行矣。子路曰："不仕无义。长幼之节，不可废也；君臣之义，如之何其废之？欲洁其身而乱大伦。君子之仕也，行其义也。道之不行，已知之矣！"

（以上《微子》）

仪封人，仪之封人也；达巷，党名也；太宰，官名也；楚狂，楚之狂人也（接舆者，谓其高歌迎舆而来耳，非人名。孔子下舆，欲与之言且不得，岂能知其名哉？）；晨门，清晨监门之人也；"长沮"、"桀溺"，二农夫也（沮、溺，言其在田中耦耕，洳污其足；"长"、"桀"形容其躯干之长大，亦非人名）；荷蓧者，丈人而荷蓧者也；除微生亩外，皆避世之隐者，故不能知其姓名而记之。此辈皆不以孔子之急于用世，周游列国为然；但直斥言其"为佞"者，仅一微生亩而已。而晨门所云"知其不可而为之"，最足表现孔子之精神。

五、孔子感叹

　　孔子怀最高之政治理想，热心救世，栖栖皇皇，终不得一展其抱

负,故常喟然兴叹。如:

子曰:"道不行,乘桴浮于海。"

子在陈,曰:"归与,归与!吾党之小子狂简,斐然成章,不知所以裁之!"

（以上《公冶长》）

子曰:"不有祝鮀之佞而（与也）有宋朝之美,难乎免于今之世矣!"（《雍也》）

子曰:"甚矣,吾衰也!久矣,吾不复梦见周公!"

子曰:"富而可求也,虽执鞭之士,吾亦为之。如不可求,从吾所好。"

（以上《述而》）

子欲居九夷。或曰:"陋,如之何?"子曰:"君子居之,何陋之有?"

子曰:"苟有用我者,期月而已可也;三年有成。"（《子路》）

子曰:"莫我知也夫!"子贡曰:"何为其莫知子也?"子曰:"不怨天,不尤人,下学而上达,知我者其天乎?"

公伯寮愬子路于季孙。子服景伯以告曰:"夫子固有惑志于公伯寮;吾力犹能肆诸市朝!"子曰:"道之将行也欤?命也。道之将废也欤?命也。公伯寮其如命何?"

（以上《宪问》）

子曰:"已矣乎,吾未见好德如好色者也!"（《卫灵公》）

观上所录，孔子之郁郁不得志，可以想见。其云乘桴浮海，欲居九夷，岂真欲去中国哉？特以寄慨而已。夫孔子用之则行，舍之则藏，有道则见，无道则隐，安贫乐道，遁世无闷，又何为栖栖皇皇若是？孔子岂亟于干禄，以求浮云之富贵哉？徒以蒿目时艰，欲救斯民于水深火热中而已。章炳麟《诸子学略说》之论儒家，似目孔子为干禄之鄙夫，此特以讥康有为耳！读者不可误信以为斥孔子也。

第八章 孔门弟子（上）

记孔子弟子者，《史记》有《仲尼弟子列传》，《孔子家语》有《弟子解》，又有文翁《弟子图》。《史记》所载，凡七十七人，见于《论语》者二十七人；《家语》亦七十七人，其中与《史记》异者三人，琴张、陈亢、县亶是也；《文翁图》仅七十二人，中有申枨、林放、申堂、蘧伯玉四人，为《史记》、《家语》所无。按琴张见于《孟子》（《尽心》曰："如琴张、曾皙、牧皮者，孔子之所谓狂矣。"），但谓琴张即《论语》之牢（牢曰："子云：'吾不试，故艺。'"见《子罕》），未知所据。陈亢在《论语》中凡三见；两问子贡（见《学而》及《子张》），一问伯鱼（见《季氏》），未尝一问孔子；且其称子贡、伯鱼皆曰"子"，《论语》中门人相称，未有曰"子"者；则亢殆子贡、伯鱼之后辈，非孔子之弟子也。县亶，无可考。申枨见于《论语·公冶长》，前后章皆论弟子为人，而孔子又呼其名，则诚为弟子矣。林放虽见于《论语》（《八佾》），而果为弟子否，则无明文可据。申堂，疑即申枨（"堂"与"枨"同属"阳韵"，且古音声亦相近），至于蘧伯玉，《左传》载其于鲁襄公十四年出近关，是时已为大夫。后八年而孔子始生；度孔子冠时，伯玉已老，安得列于弟子？《史记》所载弟子，并见于《论语》之二十七人中，确实可靠者，亦仅二十人。其余七人，颜路仅以请孔子葬其子一见（《先进》），公冶长仅以孔子妻之一见（《公冶长》），似均未能断其必为弟子；澹台灭明仅以子游称其行不由径云云一见（《雍也》），子游为武城宰时，孔子已老，而此时孔子始知灭明，似不及受业；南容凡三见，一为孔子妻以兄女（《公冶长》），一为三复《白圭》（《先进》），一为问羿、奡不得其死，禹、稷躬稼而有天下（《宪问》），但亦均不足证明其必为弟子；巫马期亦仅一见（《述而》），但在昭公之世，已在朝列，故陈司败揖而进之，以讥孔子，则亦不似弟子矣；公伯寮亦仅一见，且为愬子路于季孙事（《宪问》），是时孔子方为鲁司寇，子路方为季氏宰，相倚以行道，则愬子路即所以攻孔子，其非弟子更明。此七人中，惟子贱虽仅一见于《公冶长》而他书多言为孔子弟子；颜路、公冶长、南容，已在疑似之间；其他四人，决不当在弟子之列。兹就其确实可靠者，分别辑录《论语》所记各章如次：

（一）颜回

颜回，字子渊，鲁人。此为孔子生平最得意之弟子，故《论语》所记，皆赞许之辞。

子曰："吾与回言，终日，不违如愚；退而省其私，亦足以发，回也不愚！"（《为政》）

子谓子贡曰："汝与回也孰愈？"对曰："赐也何敢望回？回也闻一以知十，赐也闻一以知二。"子曰："弗如也！吾与（许也）汝弗如也。"（《公冶长》）

子曰："回也，其心三月不违仁；其余，则日月至焉而已矣。"

> 子曰:"贤哉回也!一箪食,一瓢饮,在陋巷;人不堪其忧,回也不改其乐,贤哉回也!"
>
> (以上《雍也》)
>
> 子谓颜渊曰:"用之则行,舍之则藏,惟我与尔有是夫!"(《述而》)
>
> 子曰:"语之而不惰者,其回也欤!"(《子罕》)
>
> 子曰:"回也,非助我者也,于吾言无所不悦。"
>
> 子曰:"回也,其庶乎!屡空。"
>
> (以上《先进》)

此皆孔子赞颜子之言。《子罕篇》亦载颜子赞孔子之言,上章已引之,不复赘录。

颜子之死,孔子极为悼惜。

> 颜渊死。子曰:"噫!天丧予!天丧予!"
>
> 颜渊死。子哭之,恸。从者曰:"子恸矣!"子曰:"有恸乎?非夫人之为恸而谁为?"
>
> (以上《先进》)

颜子之丧,孔子悼惜如此。但颜子之父颜路请孔子之车,欲卖之以为颜子之椁,而孔子拒之曰:"才不才,亦各言其子也。鲤也死,有棺而无椁,吾不徒行以为之椁;以吾从大夫之后,不可徒行也!"门人厚葬颜子,孔子亦以为不可,且叹曰:"回也视予犹父也,予不得视犹子也!非我也,夫二三子也!"孔子于朋友之丧无所归者,尚慨然曰,"于我殡",何独于颜子而吝其车,且不欲厚葬之?盖以为椁厚葬之非礼耳!颜子卒后,孔子犹常念之:

> 哀公问弟子孰为好学。孔子对曰："有颜回者好学，不迁怒，不贰过，不幸短命矣！今也则亡（同无），未闻好学者也！"（《雍也》）
>
> 季康子问弟子孰为好学。孔子对曰："有颜回者好学，不幸短命死矣，今也则亡！"（《先进》）
>
> 子谓颜渊曰："惜乎！吾见其进也，未见其止也！"（《子罕》）
>
> 曾子曰："以能问于不能，以多问于寡，有若无，实若虚，犯而不校，昔者吾友，尝从事于斯矣！"（《泰伯》）

孔子答哀公与季康子之语，虽有详略，其悼惜之意则同；见其进，未见其止之叹，亦在颜子卒后。曾子所谓"吾友"，指颜子也，而云"昔者"，则亦颜子卒后之言矣。《先进》云：

> 子畏于匡，颜渊后。子曰："吾以汝为死矣！"曰："子在，回何敢死？"

则其师生之谊之笃，诚如父子矣。《论语》载颜子之问，最重要者凡二章：

> 颜渊问仁。子曰："克己复礼为仁。一日克己复礼，天下归仁焉。为仁由己，而由人乎哉？"颜渊曰："请问其目。"子曰："非礼勿视，非礼勿听，非礼勿言，非礼勿动。"颜渊曰："回虽不敏，请事斯语矣。"（《颜渊》）

> 颜渊问为邦。子曰:"行夏之时,乘殷之辂,服周之冕,乐则《韶》舞。放郑声,远佞人;郑声淫,佞人殆。"(《卫灵公》)

孔子之学,莫要于仁;孔子之弟子,莫贤于颜子,而其答颜子为仁之问,曰"克己复礼",其目在非礼之勿视勿听勿言勿动;此即所谓"约之以礼"也,其切实为何如乎?弟子问为政为邦者多矣;孔子答语,亦以此为最伟大而翔实。颜子者,诚孔门弟子中之第一人也。

(二)曾参

曾参,字子舆。《论语》皆称曾子,殆其弟子所记也。《史记》以为南武城人。按南武城为鲁南境之邑,即子游为宰之地。《孟子》载曾子居武城,越寇至而曾子去,寇退而返,曰:"曾子,师也。"则非谓曾子为武城人也。《史记》盖即因此而误。

> 子曰:"参乎!吾道一以贯之。"曾子曰:"唯。"子出,门人问曰:"何谓也?"曾子曰:"夫子之道,忠恕而已矣。"(《里仁》)

宋儒以此章为孔子传道于曾子之证,并谓"一者,万理浑然,非忠恕也,曾子但借学者进修之目,欲人之易晓耳"。按《论语》言为仁之方在"能近取譬",《中庸》言"忠恕违道不远",《大学》言"絜矩之道",皆忠恕也。曾子亲受业于孔子,明言"夫子之道忠恕而已";而数千年后之人,乃妄谓"一非忠恕",究何所据乎?自有此解,于是学者多惮勤求,舍实事,而求孔子之道于玄冥之中,象山阳明乃以禅理为儒宗,顿悟为心法;此不可不辨者也。《论语》所记曾子之言以此为最要。余如:

曾子曰："吾日三省吾身：为人谋而不忠乎？与朋友交而不信乎？传不习乎？"

曾子曰："慎终追远，民德归厚矣。"

（以上《学而》）

曾子曰："可以托六尺之孤，可以寄百里之命，临大节而不可夺也，君子人欤？君子人也。"

曾子曰："士不可以不弘毅，任重而道远。仁以为己任，不亦重乎？死而后已，不亦远乎？"

（以上《泰伯》）

曾子曰："君子以文会友，以友辅仁。"（《颜渊》）

曾子曰："君子思不出其位。"（《宪问》）

曾子曰："吾闻诸夫子：人未有自致者也；必也亲丧乎？"

曾子曰："吾闻诸夫子：孟庄子之孝也，其他可能也，其不改父之臣与父之政，是难能也。"（《子张》）

记曾子之事者，有下列二章：

曾子有疾，召门弟子曰："启予足，启予手。诗云：'战战兢兢，如临深渊，如履薄冰。'而今而后，吾知免夫！小子。"

曾子有疾。孟敬子问之。曾子言曰："鸟之将死，其鸣也哀；人之将死，其言也善。君子所贵乎道者三：动容貌，斯远暴慢矣；正颜色，斯近信矣；出辞气，斯远鄙倍矣。笾豆之事，则有司存。"

（以上《泰伯》）

曾子之父名点（《史记》作"蒧"），字晳，《史记》亦列弟子中。《论语·先进篇》亦记曾晳与子路、冉有、公西华侍坐言志之事。惟孔子问"如或知尔，则何以哉"，故子路等三人所答，皆从政之事。而曾晳所云"浴乎沂，风乎舞雩，咏而归"，衡以孔子"如或知尔"之言，则所答非所问矣。且孔子与诸弟子相问对，而晳独鼓瑟自若，亦不合于对师之礼。在师前，面称"夫子"，为战国时人语，春秋时无之也，《论语》除《阳货篇》与此章外，亦无之也。故崔述疑为道家者流所托。意者当日侍坐言志，本仅子路、冉求、公西华三人，曾晳为后人所增耶？《檀弓》又记季武子死，曾晳倚其门而歌。此事不见于《论语》。按季武子卒于昭公七年，时孔子仅十八岁，曾晳是时不过数岁而已，故更不足信矣。

（三）闵损

闵损，字子骞。《论语》记孔子赞闵子之孝：

> 子曰："孝哉闵子骞！人不间于其父母昆弟之言。"
>
> （《先进》）

盖父母昆弟之言，或不免因溺爱而有所溢美，故必人言无间，乃为可称。世俗传闵子早丧母；父娶后妻，又生二子。后母爱其子而虐闵子，冬季以芦花著其袍。闵子为父推车，寒不能前。父怒，鞭之。衣破而芦花见。父欲出其后妻。闵子泣谏而止。后母感而化之云云。按孔子弟子，闵子、曾子皆以孝著。《檀弓》记曾子告子思，谓"执亲之丧，水浆不入口者七日"。《说苑》记曾子耘瓜，误断其根，曾晳以大杖击之，曾子仆地，有顷始苏。世俗又传曾子采薪于野；有客至，母以手扼其臂，曾子心动而归。诸如此类，皆因二子之孝而附益之，犹以耿直断狱事附益包拯海瑞，以推测事附益诸葛亮刘基而已。《论语》记闵子，尚有下列二章：

> 季氏使闵子骞为费宰。闵子骞曰："善为我辞焉。如有复我者，则吾必在汶上矣。"（《雍也》）
>
> 鲁人为长府。闵子骞曰："仍旧贯，如之何？何必改作？"子曰："夫人不言；言必有中！"（《先进》）

则闵子固颜、曾之流亚也。

（四）冉耕

冉耕，字伯牛。按冉子与颜子、闵子同列"德行"；《孟子》亦称冉牛、闵子、颜渊具体而微；而《论语》记冉子者仅一章：

> 伯牛有疾。子问之，自牖执其手，曰："亡之。命矣夫！斯人也而有斯疾也斯人也而有斯疾也！"（《雍也》）

《史记》谓冉子有恶疾，说《论语》者以恶疾为"厉"。厉者，癞也，犹今云麻风。其病有传染性，故孔子往问，冉子不欲其入室，但隔牖望之，故云"自牖执其手"也。执其手，盖为诊脉耳。曰"亡之"者，言其脉息将绝也。此盖记冉子临终之事。《论语》他无所记者，殆因其早亡欤？

（五）冉雍

冉雍，字仲弓。此亦在"德行"之列者也。《论语》中记仲弓者，有下列各章：

> 或曰："雍也仁而不佞。"子曰："焉用佞？御人以

口给,屡憎于人。不知其仁。焉用佞?"(《公冶长》)

子曰:"雍也可使南面。"仲弓问子桑伯子。子曰:"可也,简。"仲弓曰:"居敬而行简,以临其民,不亦可乎?居简而行简,无乃太简乎?"子曰:"雍之言然。"

子谓仲弓曰:"犁牛之子,骍且角;虽欲勿用,山川其舍诸?"

(以上《雍也》)

仲弓问仁。子曰:"出门如见大宾,使民如承大祭;己所不欲,勿施于人;在邦无怨,在家无怨。"仲弓曰:"雍虽不敏,请事斯语矣。"(《颜渊》)

仲弓为季氏宰,问政。子曰:"先有司,赦小过,举贤才。"曰:"焉知贤才而举之?"曰:"举而所知;尔所不知,人其舍诸?"(《子路》)

孔子以南面许仲弓,则其才在治赋为宰者上也。问仁一章,答以"敬"、"恕",亦似非诸弟子所及。惟曾仕于季氏,则又未逮闵子耳。犁牛之子一章,注家谓"仲弓父贱而行恶,故以此譬之"。但称其父之恶以彰其子之善,似非人情。或据《论衡·自记》"伯牛寝疾,仲弓洁全"二语,以为指其父有恶疾,且其父即为冉伯牛。按《家语》谓仲弓为伯牛之宗族。谓系父子,未有据也。

(六)端木赐

端木赐,端木,复姓,字子贡,卫人。《论语》中记子贡者特多,摘录如下:

子贡曰:"贫而无谄,富而无骄,何如?"子曰:"可也,未若贫而乐(一本"乐"下多一"道"字),富而好礼者也。"子贡曰："《诗》云：'如切如磋，如琢如磨'，其斯之谓欤？"子曰："赐也，始可与言《诗》已矣；告诸往，而知来者。"（《学而》）

子贡问君子。子曰："先行其言而后从之。"（《为政》）

子贡欲去告朔之饩羊。子曰："赐也，尔爱其羊，我爱其礼。"（《八佾》）

子贡问曰："赐也何如？"子曰："汝器也。"曰："何器也？"曰："瑚琏也。"

子贡曰："我不欲人之加诸我也，我亦欲无加诸人。"子曰："赐也，非尔所及也。"

子贡曰："夫子之文章，可得而闻也；夫子之言性与天道，不可得而闻也。"

子贡曰："孔文子，何以谓之文也？"子曰："敏而好学，不耻下问，是以谓之文也。"

（以上《公冶长》）

子贡曰："有美玉于斯，韫匵而藏诸？求善价而沽诸？"子曰："沽之哉！沽之哉！我待贾者也。"（《子罕》）

赐不受命，而货殖焉，亿则屡中。（《先进》）

子贡问政。子曰："足食，足兵，民信之矣。"子贡曰："必不得已而去，于斯三者何先？"曰："去兵。"子贡曰："必不得已而去，于斯二者何先？"曰："去食。自古皆有死，民无信不立。"

棘子成曰："君子质而已矣，何以文为？"子贡曰："惜乎，夫子之说君子也，驷不及舌！文，犹质也；质，犹文也。虎豹之鞟，犹犬羊之鞟。"

子贡问友。子曰:"忠告而善道之;不可则止,毋自辱焉!"

(以上《颜渊》)

子贡问士。子曰:"行己有耻,使于四方,不辱君命,可谓士矣。"曰:"敢问其次。"曰:"宗族称孝焉,乡党称弟焉。"曰:"敢问其次。"曰:"言必信,行必果,硁硁然小人哉,抑亦可以为次矣。"曰:"今之从政者何如?"子曰:"噫!斗筲之人,何足算也?"(《子路》)

子贡问曰:"乡人皆好之何如?"子曰:"未可也。""乡人皆恶之何如?"子曰:"未可也。不如乡人之善者好之,其不善者恶之。"(《子路》)

子贡曰:"管仲非仁者欤?桓公杀公子纠;不能死,又相之。"子曰:"管仲相桓公,霸诸侯,一匡天下;民到于今受其赐。微(无也)管仲,吾其被发左衽矣!岂若匹夫匹妇之为谅也,自经于沟渎,而莫之知也?"

子曰:"君子道者三,我无能焉:仁者不忧,知者不惑,勇者不惧。"子贡曰:"夫子自道也!"

子贡方人。子曰:"赐也贤乎哉?夫我则不暇!"

(以上《宪问》)

子曰:"赐也,汝以予为多学而识之者欤?"曰:"然,非欤?"子曰:"非也;予一以贯之。"

子贡问为仁。子曰:"工欲善其事,必先利其器。居是邦也,事其大夫之贤者,友其士之仁者。"

子贡问曰:"有一言而可以终身行之者乎?"子曰:"其恕乎!己所不欲,勿施于人。"

(以上《卫灵公》)

子贡曰："君子亦有恶乎？"子曰："有恶。恶称人之恶者，恶居下流而讪上者，恶勇而无礼者，恶果敢而窒者。"曰："赐也亦有恶乎？"

"恶徼以为知者，恶不逊以为勇者，恶讦以为直者。"（《阳货》）

子贡曰："纣之不善，不如是之甚也；是以君子恶居下流，天下之恶皆归焉。"

子贡曰："君子之过也，如日月之食焉：过也，人皆见之；更也，人皆仰之。"

（以上《子张》）

其答孔子问与回也孰愈，及两答陈子禽，两评叔孙武叔，一答卫公孙朝，因前章已引之，不复重见。右所录者，已有二十余条矣。子贡闻孔子"汝以予为多学而识者欤"之问，而答曰"然，非与"，是疑而不能决也。但因此而遽谓子贡不得闻道，惟曾子直应曰唯，为能得一贯之传，则又未是。记曾子之"唯"，乃为下文门人不解而问张本耳。若删"曾子曰唯"四字，则文气不接矣。孔子又谓子贡货殖，亿则屡中，故《史记·货殖传》首载子贡。盖春秋末年，商业已渐兴矣。又按子贡之事，见于《左传》者，如论邾隐公及定公执玉受玉（定公十五年），为季康子辞吴太宰嚭之召（哀公七年），为叔孙对吴王（十一年），为哀公却太宰嚭请寻盟（十二年），说太宰韶释卫君（同上），为子服景伯对陈恒（十五年），及季康子思子贡（二十七年），凡七条，皆以善为说辞著。盖子贡在孔门本以"言语"见长也。然如《史记·弟子传》所谓佐陈恒以篡齐，欺夫差而亡国，因以存鲁、乱齐、亡吴、强晋、霸越，则决非事实耳。

（七）有若

有若，《论语》称有子，盖亦其弟子所记。《史记·弟子传》所载，孔子卒后，尝被推为师，又被叱避而退，不可信为实录，本编第一章已辨之矣。

有子曰："其为人也孝弟，而好犯上者鲜矣；不好犯上而好作乱者，未之有也。君子务本；本立而道生。孝弟也者，其为仁之本欤？"

有子曰："礼之用，和为贵。先王之道，斯为美，小大由之。有所不行，知和而和，不以礼节之，亦不可行也。"

（以上《学而》）

哀公问于有若曰："年饥，用不足，如之何？"有若对曰："盍彻乎？"曰："二，吾犹不足，如之何其彻也？"对曰："百姓足，君孰与不足；百姓不足，君孰与足？"（《颜渊》）

《论语》中记有子之言仅此三章。而"务本"、"贵和"，咸能发孔道之蕴；"百姓足君孰与不足，百姓不足君孰与足"二语，尤为理财之名言。则有子必有过人者矣。

（八）原宪

原宪，字子思。《论语》记原思事不多。《雍也篇》曰：

原思为之宰。与之粟九百，辞。子曰："毋，以与尔邻里乡党乎！"

此记原思为孔子宰,想当在孔子为鲁司寇时。孔子与原思之粟,仅云"九百",未明言其量,故说者不同。但亦只能阙疑而已。《宪问篇》曰:

> 宪问耻。子曰:"邦有道,穀,邦无道,穀,耻也。""克伐怨欲不行焉,可以为仁矣?"子曰:"可以为难矣。仁,则吾不知也。"

穀,禄也。言不问邦之有道无道,但以干禄为志,乃可耻也。《史记》言子贡结驷连骑,往见原思于穷巷。原思摄敝衣冠见之。子贡耻之,曰:"夫子岂病乎?"原思答以"贫也,非病也,无财谓之贫,学道而不能行谓之病"云云。子贡惭而去。《韩诗外传》、《新序》并载此事。按子贡知"贫而无谄,富而无骄",何至以贫为耻?此乃战国时以贫贱骄人之士所依托,不足信也。而原思之贫,则可由此见之。

(九)宓不齐

宓(亦作"虙")不齐,字子贱。《论语》仅《公冶长篇》中一见:

> 子谓子贱,君子哉若人!鲁无君子者,斯焉取斯?"

此赞子贱能亲仁取友,以成其为君子耳。《史记》载子贱为单父宰,反命孔子曰:"此邑有贤于不齐者五人,教不齐所以治者。"《吕览》及《韩诗外传》记子贱治单父,能任人,故鸣琴不下堂而单父治;《说苑》说子贱治单父,父事者三人,兄事者五人,所友者十一人。是子贱宰单父,当实有其事,惟诸传记所载,则不无增益也。

（十）言偃

言偃，字子游。《史记》以为吴人。按吴去鲁远，若不远数千里而北学于中国，传记何以不一及之？且孔子没后，悼公吊有若，则子游傧；武叔丧母，子游尚在鲁；且其子言思亦居鲁。疑是鲁人，《礼记·礼运》疑即子游所记，则亦孔门之高弟矣。

子游曰："事君数，斯辱矣？朋友数，斯疏矣。"（《里仁》）

子游为武城宰。子曰："汝得人焉耳乎？"曰："有澹台灭明者，行不由径，非公事，未尝至于偃之室也。"（《雍也》）

子之武城，闻弦歌之声。夫子莞尔而笑曰："割鸡焉用牛刀？"子游对曰："昔者偃也闻诸夫子曰：'君子学道则爱人，小人学道则易使'也。"子曰："二三子，偃之言是也；前言戏之耳。"（《阳货》）

或疑孔子既闻弦歌而喜，何以不奖之而反戏之？不知孔子"割鸡焉用牛刀"之言，正所以奖之也。惟子游对孔子称"夫子"，则与《先进篇》"侍坐章"记曾点语，同一可疑耳。《子张篇》尚有二章：

子游曰："子夏之门人小子，当洒扫应对进退，则可矣，抑末也；本之则无，如之何？"子夏闻之曰："噫！言游过矣！君子之道，孰先传焉？孰后倦焉？譬诸草木，区以别矣。君子之道，焉可诬也？有始有卒者，其唯圣人乎？"

子游曰："吾友张也，为难能也，然而未仁。"

《论语》之记子游，仅此五章而已。

第九章　孔门弟子（下）

（一）卜商

卜商，字子夏。此与子游并以文学著者也。《论语》记子夏者亦不少。如：

子夏问曰："'巧笑倩兮，美目盼兮'，何谓也？"子曰："绘事后素。"曰："礼后乎？"子曰："起予者商也，始可与言《诗》已矣。"（《八佾》）

子谓子夏曰："汝为君子儒；毋为小人儒！"（《雍也》）

子夏为莒父宰，问政。子曰："无欲速，无见小利。欲速则不达，见小利则大事不成。"（《子路》）

子夏曰："虽小道，必有可观者焉。致远恐泥，是以君子不为也。"

子夏曰："日知其所亡，月无忘其所能，可谓好学也已矣。"

子夏曰："博学而笃志，切问而近思，仁在其中矣。"

子夏曰:"百工居肆以成其事;君子学以致其道。"

子夏曰:"小人之过也必文。"

子夏曰:"君子有三变:望之,俨然,即之也,温;听其言也,厉。"

子夏曰:"君子信而后劳其民,未信,则以为厉己也;信而后谏,未信,则以为谤己也。"

子夏曰:"大德不逾闲;小德出入可也。"

子夏曰:"仕而优,则学;学而优,则仕。"

(以上《子张》)

子夏在孔门为传经之弟子,《史记》言其居西河教授,故汉儒传经,其源多出于子夏。《檀弓》记其哭子丧明,为曾子所责云云。其丧明,殆由年老体衰,不胜哀痛之故,若谓其丧子哀过于丧亲,则谬矣。至若《说苑》记孔子无盖,以子夏吝不肯之借,则不足信也。

(二)仲由

仲由,字子路,卞人。在孔门为政事之才。《论语》记子路者颇多:

子曰:"道不行,乘桴浮于海!从我者其由欤?"子路闻之喜。子曰:"由也,好勇过我;无所取材!"

子路有闻,未之能行,唯恐有闻。

(以上《公冶长》)

子曰:"衣敝缊袍,与衣狐貉者立,而不耻者,其由也欤?'不忮不求,何用不臧?'"子路终身诵之。子曰:"是道也,何足以臧?"(《子罕》)

季路问事鬼神。子曰:"未能事人,焉能事鬼?"曰:

"敢问死。"子曰:"未知生,焉知死?"(《先进》)

子路问政。子曰:"先之,劳之。"请益。曰:"无倦。"

子路问曰:"何如斯可谓之士矣?"子曰:"切切偲偲怡怡如也。朋友切切偲偲,兄弟怡怡。"

(以上《子路》)

子路问成人。子曰:"若臧武仲之知,公绰之不欲,卞庄子之勇,冉求之艺,文之以礼乐,亦可以为成人矣。"曰:"今之成人者何必然?见利思义,见危授命,久要不忘平生之言,亦可以为成人矣。"

子路曰:"桓公杀公子纠,召忽死之,管仲不死。曰:未仁乎?"子曰:"桓公九合诸侯,不以兵车,管仲之力也;如其仁,如其仁?"

子路问事君。子曰:"勿欺也,而犯之。"

子路问君子。子曰:"修己以敬。"曰:"如斯而已乎?"曰:"修己以安人。"曰:"如斯而已乎?"曰:"修己以安百姓。修己以安百姓,尧舜其犹病诸?"

(以上《卫灵公》)

子路曰:"君子尚勇乎?"子曰:"君子义以为上。君子有勇而无礼,为乱;小人有勇而无义,为盗。"(《阳货》)

《论语》中有关于子路之记载不仅此。如《雍也篇》末"子见南子章",《阳货篇》"公山弗扰章"、"佛肸召章",子路皆不悦。《季氏篇》"颛臾章"记季氏将伐颛臾时与冉求告孔子。但此四章均不可信。《子罕篇》记孔子病,子路使门人为臣,《述而篇》记孔子病，子路请祷，《先进篇》记其使子羔为费宰，及鼓瑟事，《子路篇》记其以孔子正名为迂，《卫灵公篇》记其在陈因绝粮而愠见，常见责于孔子，似学养犹有未纯者。又如《卫灵公篇》记其遇晨门，《微子篇》记其遇长沮，桀溺，荷蓧丈人。至与其他弟子同见于一章者，亦不胜枚举。按孔子为鲁司寇时，实由子路为季桓子宰，相与表里，乃得小试。则子路固孔子得力之弟子矣。

（三）冉求

冉求，字子有。《论语》记冉有，常与子路同举，因其并以政事著也。其单记冉有者，如：

> 季氏旅于泰山。子谓冉有曰："汝弗能救欤？"对曰："不能。"子曰："呜呼！曾谓泰山不如林放乎？"（《八佾》）
>
> 子华使于齐。冉子为其母请粟。子曰："与之釜。"请益。曰："与之庾。"冉子与之粟五秉。子曰："赤之适齐也，乘肥马，衣轻裘。吾闻之也，君子周急不继富。"
>
> 冉求曰："非不说子之道，力不足也。"子曰："力不足者，中道而废；今汝画！"
>
> （以上《雍也》）
>
> 季氏富于周公，而求也为之聚敛，而附益之。子曰："求，非吾徒也！小子鸣鼓而攻之可也！"（《先进》）
>
> 冉子退朝。子曰："何晏也？"对曰："有政。"子曰："其事也？如有政，虽不吾以，吾其与闻之。"（《子路》）

冉有与子路同为政事之材。而其见责于孔子，则甚于子路。鸣鼓之攻，尤非小过。子路为季氏宰，而劝之隳费；冉有为季氏宰，而为之聚敛；即此，已足见二人之优劣矣。

（四）颛孙师

颛孙师，字子张。《史记》以为陈人。按子张为颛孙之后，而颛孙于庄公二十二年自齐奔鲁，则子张明为鲁人矣。其先世出自陈，犹孔子先世出自宋也。《论语》记子张者，有下列各章：

子张学干禄。子曰："多闻，阙疑，慎言其余，则寡尤；多见，阙殆，慎行其余，则寡悔。言寡尤，行寡悔，禄在其中矣。"

子张问："十世可知也！"子曰："颜因于夏礼，所损益可知也；周因于殷礼，所损益可知也；其或继周者，虽百世可知也。"

（以上《为政》）

子张问曰："令尹子文三仕为令尹，无喜色；三已之，无愠色；旧令尹之政，必以告新令尹。何如？"子曰："忠矣。"曰："仁矣乎？"曰："未知。焉得仁？""崔子弑齐君。陈文子有马十乘，去而违之。之一邦，则曰：'犹吾大夫崔子也。'违之。之一邦，则又曰：'犹吾大夫崔子也。'违之。何如？"子曰："清矣。"曰："仁矣乎？"曰："未知。焉得仁？"（《公冶长》）

子张问善人之道。子曰："不践迹,亦不入于室。"（《先进》）

子张问崇德辨惑。子曰："主忠信，徙义，崇德也；爱之欲其生，恶之欲其死既欲其生，又欲其死，是惑也。"

子张问："士何如，斯可谓之达矣？"子曰："何哉，尔所谓达者？"子张对曰："在邦必闻，在家必闻。"子曰："是闻也，非达也。夫达也者，质直而好义，察言而观色，虑以下人，在邦必达，在家必达。夫闻也者，色取仁而行违，居之不疑，在邦必闻，在家必闻。"

（以上《颜渊》）

子张曰："《书》云：'高宗谅阴，三年不言。'何谓也？"子曰："何必高宗？古之人皆然。君薨，百官总己以听于冢宰三年。"（《宪问》）

子张问行。子曰："言忠信，行笃敬，虽蛮貊之邦行矣；言不忠信，行不笃敬，虽州里行乎哉？立，则见其参于前也；在舆，则见其倚于衡也，夫然后行。"子张书诸绅。

师冕见。及阶，子曰："阶也。"及席，子曰："席也。"皆坐，子告之曰："某在斯，某在斯。"子张问曰："与师言之道欤？"子曰："然，固相师之道也。"

（以上《卫灵公》）

子张曰："士，见危致命，见得思义，祭思敬，丧思哀，其可已矣。"

子张曰："执德不弘，信道不笃，焉能为有，焉能为亡？"

子夏之门人问交于子张。子张曰："子夏云何？"对曰："子夏曰：'可者与之，其不可者拒之。'"子张曰："异乎吾所闻。君子尊贤而容众，嘉善而矜不能。我之大贤欤？于人何所不容？我之不贤欤？人将拒我，如之何其拒人也？"

（以上《子张》）

《尧曰篇》尚有记子张问从政一章，已见前章，不赘录。子游尝曰："吾友张也，为难能也，然而未仁。"曾子又曰："堂堂乎张也，难与并为仁矣。"（均见《子张篇》）似于子张皆有微辞。《先进篇》："子贡问：'师与商也孰贤？'子曰：'师也过，商也不及。'曰：'然则师愈欤？'子曰：'过犹不及。'"师之过，商之不及，亦犹由之进，求之退也。

（五）宰予

宰予，字子我。《论语》记宰我诸章如下：

> 哀公问社于宰我。宰我对曰："夏后氏以松，殷人以柏，周人以栗，曰，使民战栗'。"子闻之曰："成事不说，遂事不谏，既往不咎！"（《八佾》）
>
> 宰予昼寝。子曰："朽木不可雕也，粪土之墙不可圬也；于予与，何诛？"
>
> 子曰："始吾于人也，听其言而信其行；今吾于人也，听其言而观其行，于予与。改是！"
>
> （以上《公冶长》）
>
> 宰我问曰："仁者虽告之曰，'井有仁焉'。其从之也？"子曰："何为其然也？君子可逝也，不可陷也；可欺也，不可罔也！"（《雍也》）
>
> 宰我问三年之丧："期已久矣。君子三年不为礼，礼必坏；三年不为乐，乐必崩。旧谷既没，新谷既升，钻燧改火，期可已矣！"子曰："食夫稻，衣夫锦，于汝安乎？"曰："安。""汝安，则为之！夫君子之居丧，食旨不甘，闻乐不乐，居处不安，故不为也。今汝安，则为之！"宰我出。子曰："予之不仁也！子生三年，然后免于父母之

怀。夫三年之丧，天下之通丧也。予也有三年之爱于其父母乎？"（《阳货》）

综观《论语》所记，殆皆为孔子所不满焉。然《史记》谓其为临菑大夫，与田常作乱，则因阚止亦字子我而误。宰我不至有此也。白居易诗云："退之服硫黄，一病讫不痊。"此谓卫退之耳。而宋人误以为韩愈事，正与此同。

（六）樊须

樊须，字子迟，《论语》记樊迟者凡五：

> 孟懿子问孝。子曰："无违。"樊迟御。子告之曰："孟孙问孝于我，我对曰无违。"樊迟曰："何谓也！"子曰："生，事之以礼；死，葬之以礼，祭之以礼。"（《为政》）

> 樊迟问知。子曰："务民之义，敬鬼神而远之，可谓知矣。"问仁。子曰："仁者先难而后获，可谓仁矣。"（《雍也》）

> 樊迟从游于舞雩之下，曰："敢问崇德修慝辨惑。"子曰："善哉问！先事后得，非崇德欤？攻其恶，无攻人之恶，非修慝欤？一朝之忿，忘其身以及其亲，非惑欤？"

> 樊迟问仁。子曰："爱人。"问知。子曰："知人。"樊迟未达。子曰："举直错诸枉，能使枉者直。"樊迟退，见子夏曰："乡也吾见于夫子而问知。子曰：'举直错诸枉，能使枉者直。'何谓也？"子夏曰："富哉言乎！舜有天下，选于众，举皋陶，不仁者远矣；汤有天下，选于众，举伊尹，不仁者远矣。"

（以上《颜渊》）

樊迟请学稼。子曰："吾不如老农。"请学为圃。子曰："吾不如老圃。"樊迟出。子曰："小人哉，樊须也！上好礼，则民莫敢不敬；上好义，则民莫敢不服；上好信，则民莫敢不用情（诚也）；夫如是，则四方之民襁负其子而至矣！焉用稼？"（《子路》）

观其稼圃之请，举错二语之疑，似亦人道未深也。

（七）南宫适

南宫适，"适"《史记》作"括"，字子容。《论语》中南容凡三见：

子谓南容："邦有道，不废；邦无道，免于刑戮。"以其兄之子妻之。（《公冶长》）

南容三复《白圭》。孔子以其兄之子妻之。（《先进》）

南宫适问于孔子曰："羿善射，奡荡舟，俱不得其死然。禹稷躬稼而有天下。"夫子不答。南宫适出。子曰："君子哉，若人！尚德哉若人！"（《宪问》）

《朱注》曰："南容，名缁，又名括，谥敬叔，孟懿子之兄。"此本之郑玄《礼记注》及司马贞《史记索隐》。但敬叔名说，见《左传》，非南容。崔述《洙泗考信余录》辨之甚明。

（八）公西赤

公西赤，字子华。在《论语》中凡三见。一在《雍也篇》，子华使于齐，冉有为其母请粟。此章侧在记冉有，已引见冉有条。一在

《公冶长篇》，答孟武伯之问；一在《先进篇》"侍坐章"；皆与仲由子路等并举。但就后二章所记观之，盖以应对使命见长者也。

（九）高柴

高柴，字子羔（亦作"皋"）。在《论语》仅二见，俱在《先进篇》，一则子曰"柴也愚"，一则"子路使子羔为费宰"也。而其事见于《左传》者二（哀公十五年、十七年），见于《檀弓》者二，见于《说苑》者一。殆以年少，孔子卒后，方著于鲁欤？

（十）司马耕

司马耕，字子牛。《论语》中凡三见，皆在《颜渊篇》：

> 司马牛问仁。子曰："仁者其言也讱。"曰："其言也讱，斯谓之仁矣乎？"子曰："为之难，言之得无讱乎？"
>
> 司马牛问君子。子曰："君子不忧不惧。"曰："不忧不惧，斯谓之君子矣乎？"子曰："内省不疚、夫何忧何惧？"
>
> 司马牛忧曰："人皆有兄弟，我独无！"子夏曰："商闻之矣：死生有命；富贵在天。君子敬而无失，与人恭而有礼，四海之内，皆兄弟也；君子何患乎无兄弟也？"

司马牛为宋人，司马桓魋之兄也。桓魋之败，奔齐，奔吴，终卒于鲁郭门之外。见《左传》哀公十四年。

（十一）漆雕开

漆雕开，字子开。《论语》中仅一见。《公冶长篇》曰："子使漆雕开仕。对曰：'吾斯之未能信。'子悦。"他书亦无所见。

（十二）公冶长

公冶长，字子长。《史记》以为齐人。按襄公归自楚，季孙使公冶问。长为公冶之后，则亦鲁人矣。仅一见于《公冶长篇》之首章："子谓：'公冶长，可妻也。虽在缧绁之中，非其罪也。'以其子妻之。"俗传长通鸟语，有虎负羊于山中。长闻鸟语，往取之。失羊者以为窃羊，讼之吏，遂陷缧绁中。此齐东野人之语也。或取以释《论语》，谬矣！

（十三）申枨

申枨，此《史记·弟子传》所无，而《文翁图》有之，仅一见于《论语》。《公冶长》篇曰："子曰：'吾未见刚者。'或对曰：'申枨。'子曰：'枨也欲，焉得刚？'"

上列二十三人，皆可考者。余如孟懿子、孟武伯虽亦尝问业，而《论语》均载其谥！似非弟子；林放虽有"礼本"之问，牢虽述"不试故艺"之言，是否弟子，亦不可考矣。

（十四）总记诸弟子

《论语》中有总记诸弟子者，如《先进篇》云：

> 德行，颜渊、闵子骞、冉伯牛、仲弓；言语，宰我、子贡；政事，冉有、季路；文学，子游、子夏。

说者因谓孔子教人，设此四科。其实，《论语》记者因孔子有"从我于陈蔡者皆不及门"之言，因就此十人之长而分记之耳。否则，有子、曾子……何以均不列入乎？《先进篇》又云：

> 柴也愚，参也鲁，师也辟，由也喭。子曰："回也其

庶乎？屡空。赐不受命而货殖焉，亿则屡中。"

此殆记孔子平日评诸弟子之言也，又云：

闵子侍侧，訚訚如也，子路行行如也，冉有子贡侃侃如也，子乐。"若由也，不得其死然！"

此记诸大弟子之态度者也。又云：

季子然问："仲由、冉求，可谓大臣欤？"子曰："吾以子为异之问，曾由与求之问！所谓大臣者，以道事君，不可则止。今由与求也，可谓具臣矣。"曰："然则从之者欤？"子曰："弑父与君，亦不从也！"

子路、冉有，皆以政事见长，故季子然有此问。但可使从政者。不仅此二人也。故《雍也篇》云：

季康子问："仲由可使从政也欤？"子曰："由也果，于从政乎何有？"曰："赐也可使从政也欤？"曰："赐也达，于从政乎何有？"曰："求也可使从政也欤？"曰："求也艺，于从政乎何有？"

《公冶长篇》亦云：

孟武伯问："子路仁乎？"子曰："不知也。"又问。子曰："由也，千乘之国，可使治其赋也；不知其仁也。""求也何如?"子曰:"求也,千室之邑,百乘之家,可使为之宰也;不知其仁也。""赤也何如?"子曰:"赤也,束带立于朝,可使与宾客言也;不知其仁也。"

治赋,为宰,与宾客言,各有所长,则皆从政之才矣。子路、冉有、公西华亦尝自言之,见《先进篇》末"侍坐言志章":

> 子路曰:"千乘之国,摄乎大国之间,加之以师旅,因之以饥馑;由也为之,比及三年,可使有勇,且知方也。"
> 冉有曰:"方六七十,如(或也)五六十;求也为之,比及三年,可使足民;如其礼乐,以俟君子。"
> 公西华曰:"非曰能之,愿学焉。宗庙之事,如会同;端章甫(礼冠),愿为小相焉。"

此即治赋为宰,与宾客言也。他如颜渊闻一知十,子贡闻一知二;由也兼人,求也退;师也过,商也不及;已见上引,不复赘录。

综观上述,孔门弟子,似以颜子为首屈一指:而曾子、闵子、伯牛、仲弓、有若,次之;孔子于子贡、子路、子夏、樊迟、宰我等皆不无贬辞,而莫甚于冉有。子游、曾子皆未满于子张,子夏亦未满于子游。然读者不应以此轻视诸贤也。孔子得子贡而其道益彰,得子路而始能小试于鲁,得冉有而始得反鲁,得曾子而传其道于后世,得子夏而传其经于后世,则固皆有翊赞之功矣。

第八编　孟子概论

第一章　孟子解题

一、《孟子》在经子之间

《汉书·艺文志·诸子略》儒家中有《孟子》十一篇。《汉志》以刘歆之《七略》为蓝本。由此，可知刘、班二氏皆目《孟子》为子书。就其书名观之，亦与墨翟、庄周、荀况之书称《墨子》、《庄子》、《荀子》者同。但诸子之书，皆集长篇之议论文而成，其篇题虽间有无义者（《庄子》外篇、杂篇，题皆无义，如《马蹄篇》即取首句"马、蹄可以践霜雪"之首二字为题。内篇篇题，则皆有义），但终以有义者为多。《孟子》七篇之题，皆取首章第一二句中二三字，皆为无义之题，各章篇幅虽多较《论语》为长，但所记皆孟子之言，或与时人及门弟子问答之语；其仅记数语为一章者，亦正不少，故就其篇章体例观之，固与《论语》极相似，而与其他诸子不类也。赵岐《孟子题辞》一则曰："孟子退自齐、梁，述尧、舜之道而著作焉；此大贤拟圣而作者也。"再则曰："《论语》者，五经之錧鎋，六艺之喉舌也；孟子之书则而象之。"其说甚是。故汉儒著述，凡称《孟子》，亦皆谓之传。例如王充《论衡·对作篇》曰："杨、墨不乱传义，则孟子之传不造。"《汉书·刘向传》引传曰："圣人者出，其间必有名世者。"《后汉书·梁冀传》引传曰："以天下与人易，为天下得人难。"《说文解字》引传曰："箪食壶浆。"徐幹《中论·夭寿篇》引传曰："所好有甚于生者，所恶有甚于死者。"是两汉学者俱置《孟子》一书于"传"之列矣。王应麟《五经通义说》曰："美哉汉之尊经乎！儒五十三家莫非贤传也，而《孟子》首置博士。"王氏盖谓诸子儒书五十三家皆贤人所作之"传"，而《孟子》一书首置博士也。赵岐《孟子题辞》曰："孝文皇帝欲广游学之路，《论语》、《孝经》、《孟子》、《尔雅》，皆置博士。后罢传记博士，独立五经而已。'此王氏之说所本。是西汉文帝时，《孟子》已与《论语》、《孝经》、《尔雅》三书并列为传记，且特置博士矣。传记博士之罢，焦循《孟子正义》谓当在武帝、建武五年，置五经博士时。但博士虽罢，而诸儒说经论事，每引《孟子》为证。如《盐铁论》载贤良文学对丞相御史，多取《孟子》之言，郑玄注《礼》笺《诗》，许慎作《说文解字》，亦皆引之；余如邹阳引"不藏怒，不宿怨"，终军引"枉尺直寻"，倪宽引"金声玉振"，贡禹引"民饥马肥"，梅福引"位卑言高"，李淑引"缘木求鱼"，班彪引"《梼杌》、《春秋》"，申屠蟠引"处士横议"，傅燮引"浩然之气"……散见于《史记》，两《汉书》者，更不一而足，故《孟子》一书，两汉时，在古籍中之地位，已在《论语》之次，经子之间，传记之列矣。

二、《孟子》入经部

南宋孝宗时，朱子取《小戴礼记》中《大学》、《中庸》二篇，为作章句，又作《论语》、《孟子》二书集注，定为四书。朱子之意以为《大学》为曾子所述，《中庸》为子思所作，此四书恰足以代表孔子、曾子、于思、孟子一脉相传之道统也。盖宋儒喜言心性，大抵宗孟子性善之说，故特加提倡，而《大学》言心，《中庸》言性，又为孟子学说渊源所自。本列子部之《孟子》，乃从此一跃而入于经部。一般人殆认此为《孟子》地位增高之原因。宋代于十二经中增入《孟子》一书，成为十三经，亦以此故（唐文宗开成间石刻十二经于国子学，尚无《孟子》）。按汉文帝时，《孟子》与《论语》、《孝经》、《尔雅》三书，同置传记博士，已如上述。三书既列经部，则《孟子》自亦得附六艺之末。五代时，蜀主孟昶命毋昭裔楷书《易》、《书》、《诗》、三《礼》、《春秋》三传、《论语》、《孟子》十一经刻石，是为蜀石经。宋太宗翻刻之，是为北宋石经。此十一经中，无《孝经》、《尔雅》二书，而《孟子》独列入焉。是朱子定四书以前，《孟子》已正式列入经部矣。特自朱子四书出，明清又以四书文取士，《孟子》乃成家弦户诵之书耳。

三、《孟子》内外篇

按《汉志》，《孟子》凡十一篇，而《史记·孟荀列传》则云"作《孟子》七篇"。《风俗通·穷通篇》言孟子作书中外十一篇。是七篇为中，四篇为外也。赵岐《孟子章句》仅注七篇，其《题辞》有曰："又有外书四篇，性善辨文说孝经为政，其文不能宏深，不与内篇相似，似非孟子本真，后世依放而托也。"则外书四篇，东汉末犹存，赵氏犹及见之，司马迁殆亦知为伪托，故但云七篇耳。顾炎武《日知录》谓《史记》、《法言》、《盐铁论》诸书所引《孟子》，今《孟子》七篇中无其文者，疑即在外篇中，理或然也。《隋书·经籍志》有梁綦毋邃《孟子注》九卷，较他家注本多二卷。岂外书四篇，梁时尚存其二，而綦毋邃并注之欤？但綦毋邃之书，李善《文选注》中犹引用之，似曾流行于唐代，而其有无外书，唐人绝无片言提及，则又难以质言矣。宋孙弈《履斋示儿编》曰："昔尝闻前辈有云：'亲见馆阁中有《孟子》外书四篇，曰《性善辨》，曰《文说》，曰《孝经》，曰《为政》。'"赵岐《孟子章句》，不注外书，嗣后传《孟子》者，悉以赵氏《章句》为本，外书遂亡。南宋去赵氏千余年，馆阁中岂能完全保存？孙氏亦仅得之耳闻，而当时在馆阁诸公，未尝有详言目击之者，似不足信也。且《论衡·本性篇》云，"孟子作性善之篇"，似"性善"二字为篇名，下无"辨"字；"孝经"另有一书，《孟子》中篇名，亦不当与之完全相同；外书四篇之名，似当为（一）《性善》，（二）《辨文》，（三）《说孝经》，（四）《为政》，孙氏所称似亦未可为据。刘昌诗《芦浦笔记》又曰："予乡新喻谢氏多藏古书，有《性善辩》一帙。"谢氏所藏，刘氏似曾亲见之矣，但或出后人依放而作，非外书本真，亦未可知。明季姚士粦传《孟子外书》四篇，云是熙时子注，友人吴骞版行熙时子，相传即宋刘攽，字贡父，号公非者。前有马廷鸾序。清人丁杰已条驳之，见《小酉山房集》中。此则伪中之伪者也。总之，《孟子》七篇，篇题皆无义，不应外书四篇，反取有义之题。司马迁、赵岐皆明知其非孟子本真，今又亡佚。吾侪今日，但当取内书七篇读之尔。

《史记·孟荀列传》曰："孟轲所如不合，退与万章之徒，序《诗》、《书》，述仲尼之意，作《孟子》七篇。"是以七篇为孟子自作也。赵岐《孟子题辞》曰："此书，孟子之所作也，故总谓之《孟子》。"又曰："于是退而论集所与高弟弟子公孙丑、万章之徒难疑答问，又自撰其法度之言，著书七篇。"集难疑答问者，谓七篇中解疑答问诸章也；自撰其法度之言者，谓七篇中不由问答，直记言辞而冠以"孟子曰"诸章也。阎若璩《孟子生卒年月考》亦谓七篇为孟子自作。并云："《论语》成于门人之手，故记圣人容貌甚悉。七篇成于己手，故但记言语或出处耳。"按《孟子》书中记所见时君，如梁惠王、梁襄王、齐宣王、邹穆公、滕文公、鲁平公……皆称其谥。如系孟子自著，岂所见时君皆先孟子而卒乎？又记孟子弟子，如乐正子、公都子、屋庐子，皆以"子"称；如陈臻、徐辟，亦间称"子"；孟仲子，注家皆以为孟子之弟，学于孟子者，而亦称"子"。如系孟子自著，岂有称弟子为子之理乎？全书记孟子之言行，皆曰"孟子"。周秦诸子中，凡称某子者，多出门人所记，与后世文人于文中自称某子某先生者不同。孟子自著之书，亦无连篇累牍，自称孟子之理也。故《孟子》一书，殆由孟子弟子记录其师之言行，于孟子卒后，仿孔门弟子之辑《论语》，纂辑成书耳。书中所记问答之语，以公孙丑、万章二人为最多，且于二子均直书其名，未尝一称为"子"。窃疑记录多出二人之手，编次成书亦由此二人也。

四、《孟子》无今古文

赵岐《孟子题辞》又谓："亡秦焚灭经术，坑戮儒生，孟子徒党尽矣。其书号为诸子，故篇籍得不泯绝。"按《史记》载始皇焚书事，有云："诸子之言纷然淆乱。至秦患之，乃燔灭文章，以愚黔首。"则诸子之书当然亦在焚禁之列。《汉书·河间献王传》称《孟子》为献王所得。似亦遭秦焚禁，至汉武时复出者。然文帝时《孟子》已立博士矣，韩婴之《诗外传》，董仲舒之《春秋繁露》已多引《孟子》矣，则《孟子》似非至武帝时始复出，赵氏所云，书号诸子，故篇籍得不泯绝者，殆可信也。逢行珪注《鬻子》叙云："遭秦暴乱，书记略尽。《鬻子》虽不与焚烧，编帙由此残缺。"窃谓诸子若不与焚烧，编帙何至由此残缺。疑秦时焚书，诸子虽亦与焚烧，而民间藏书势难尽焚，故篇籍得不泯绝，逢氏之言，恐适与当时事实相反。特以书号诸子，故不为造古文经者窜乱，无今文古文之纷歧耳。《孟子》一书，无所谓今文古文之分，得保其真面目者，亦以号为诸子故也。

五、《孟子》篇目

《孟子》七篇，各分上下，其目如次：（一）《梁惠王》上下，（二）《公孙丑》上下，（三）《滕文公》上下，（四）《离娄》上下，（五）《万章》上下，（六）《告子》上下，（七）《尽心》上下。赵氏《题辞》曰："于是乃述己所闻，证以经传，为之章句，具载本文，章别其指，分为上下，凡十四卷。"是七篇之又分上下，始于赵氏也。

六、《孟子》注本

赵氏之前，亦有专治《孟子》者。如《东观汉纪》言章帝以《孟子》赐黄香。惟香能读之传人与否，已不可知。《后汉书·儒林传》云："程曾，字升秀，豫章南昌人，作《孟子章句》。建初三年，举孝廉，迁海西令。"建初为章帝年号，则程氏亦章帝时人，而其《孟子章句》不传。与赵氏同时相先后者，如高诱《吕氏春秋》叙自言正《孟子章句》；诱所注《战国策》、《吕氏春秋》、《淮南子》均存，而所正之《孟子章句》则亡。《隋书·经籍志》有汉郑玄《孟子注》七卷，今亦不存，且《后汉书》本传中详列所著书，亦不言有

《孟子注》。故今存《孟子》注本，当以赵岐《孟子章句》为最早。《十三经注疏》即用此本。其疏，旧题宋孙奭撰。《朱子语录》则谓为邵武士人伪托，并云蔡季通识其人。按《宋史·邢昺传》称昺于成平二年受诏，与杜镐、舒雅、孙奭、李慕清、崔偓佺等校定《周礼》、《仪礼》、《公羊》、《穀梁》、《春秋传》、《孝经》、《尔雅》、《论语义疏》，不云有《孟子正义》。《涑水纪闻》载奭所定著，有《论语》、《孝经》、《尔雅正义》，亦不闻有《孟子正义》。且其疏皆敷衍语气，如乡塾讲章。故《朱子语录》谓其"全不似疏体，不曾解出名物制度，只绕缠赵岐之说。至岐注好用古事为比，疏多不得其根据。如注谓非礼之礼，若陈质娶妻而长拜之，非义之义，若藉交报仇，此诚不得其出典（案"藉交报仇"，谓藉交游之力以报仇，如朱家、郭解之类）。至于单豹养其内而虎食其外，事出《庄子》，亦不能举，则拿陋太甚"云云。朱彝尊《经义考》亦摘其欲见西施者人输金钱一文事，诡称《史记》。纪昀《孟子正义提要》亦云："赵注以尾生为不虞之誉，陈不瞻为求全之毁，疏亦并称《史记》。尾生事实见《庄子》，陈不瞻事实见《说苑》，皆《史记》所无。"则此疏之非孙奭所作，彰彰明甚。故吾侪读《孟子》，不当再用此伪孙奭疏。焦循之《孟子正义》亦疏赵注，其渊博远出伪孙疏上，惟初学者或病其过于博，未能骤得其要领耳。盖《孟子》之有焦循《正义》，犹《论语》之有刘宝楠《正义》也。朱子之《孟子集注》，简而明，精而核，于义理尤多所发挥。赵顺孙之《孟子纂疏》，其有功于朱子之《孟子集注》，亦与《论语纂疏》同。惟朱注有时似不免于理障。如《尽心下》末章，于尧舜、汤、文王，谓皆有见而知之，闻而知之者，以其能得天子之位，可以见之行事，议礼制度考文，后世亦得闻而知之也。孔子圣人，有其德，无其位，不能见之行事，不能议礼制度考文。孟子虽近圣人之居，若此其甚，去圣人之世，若此其未远，尚能私淑诸人，与乎闻知之列；而道终不行，则此闻而知之者，仍不得施之天下，见之行事；其时杨墨之言盈天下，邪说横行，圣人道息，后世且将并闻而知之者亦无之矣。孟子此言，所以志慨，义本显然。而朱注以为此孟子以道统之传自任，且引程颐序其兄颢墓记之言，以确指道统之传，惟二程能上接孟子，则适为宋代理学家言，非复《孟子》此章之旨矣。

清代汉学家，最为理学诸儒所不满者，莫如戴震。戴氏之受攻击，殆因《孟子字义疏证》一书。盖宋儒喜言天理人欲之辨，以为"天理与人欲不并立，惟人欲净尽，斯天理流行"。戴氏则云："古人所谓天理，不外絜民之求，遂民之欲，必求之人情而无憾，然后即安。理也者，即情欲之不爽失者也。故理即寓于欲之中。盖一人之欲，即千万人所同欲也。自宋儒以意见为理，舍是非而论顺逆，然后以空理祸斯民。故人死于法，犹有怜之者；死于理，其谁怜之？"戴氏此书，诚如梁启超《清代学术概论》所谓直欲自创一种情感哲学，为作者而不仅述者矣。其书就《孟子》字义开示来学，谓："区而别之是谓理，血气心知是谓性，智能所别是谓才，人伦日用是为道，生生之德是谓仁，义该于仁，智该于仁义礼，据真实而言则曰诚，就经事而言则曰权。"字各为篇，为之疏证。戴氏以为"宋儒言性，言理，言道，言才，言诚，言权，言仁义礼智，皆非六经孔孟之言，而以异学之言糅之"（戴氏别有《答彭允升书》论宋儒之学出于释、老，与儒家之言不同，当使陆、王不得冒程、朱，程、朱不得冒孔、孟，释氏之说不得冒儒家，可以参阅）。故排众论而为此书。虽名"疏证"，实已非笺疏考证所能范围矣。又有《原善》三篇，以性为主，以仁义礼为性所生，显之为天，明之为命，实之为化，顺之为道，循之有常曰理，合此斯数端，斯名曰善。又由性生材，因材施教，亦成为善。人性既善，则得于心者为诚信，应于事者为道德矣。

是书可与《孟子字义疏证》互相印证，亦足以阐发孟子之学说。读《孟子》者，当以此二书为参考，不当以其为理学家所痛斥，而遂屏弃之也。至如康有为之《孟子微》，就《孟子》全书，分类辑录，绅绎其大旨，加以发挥，为读《孟子》之良法；但其所论，纯凭主观；谓为康氏之主张则可；谓为孟子之微言则不可也。

第二章 论 性

一、孔子论性

　　《孟子·滕文公》首章记滕文公为世子时，将之楚，过宋见孟子；孟子道性善，言必称尧舜。"性善论"为孟子一切主张之根本观念；读《孟子》者首宜注意于此。《论语》中记孔子论性之言不多。《阳货篇》曰："性相近也；习相远也。""唯上智与下愚不移。"《雍也篇》曰："中人以上，可以语上也；中人以下，不可以语上也。"《季氏篇》曰："生而知之者，上也；学而知之者，次也；困而学之，又其次也；困而不学，民斯为下矣。"似以生而知之者为"上智"；困而不学者为"下愚"；学而知之，困而学之者，为"中人"。但细按之，则困而不学者，乃"自暴自弃"之类；"下愚"非但"不学"，且亦不能学者，当更等而下之。《述而篇》曰："我非生而知之者，好古敏以求之者也。"是孔子亦自承为"学知"，而非"生知"矣。颜子在弟子中首屈一指，而孔子称之，但曰"好学"，但曰"见其进未见其止"，则亦以颜子为"学知"矣。是所谓"生知"，仅为理想的"上智"，世上实无其人；所谓"下愚"，亦与白痴相类；一般人皆所谓"中人"也，虽有"学而知之"，"困而学之"，"困而不学"三等，而其生来具有之"性"，则固相近矣，徒以"学"之不齐而造诣不同，"习"之相异而善恶各殊耳。故曰"性相近，习相远"也。故孔子论性，但言其相近，未尝断言其为善为恶也。

二、子思论性

子思作《中庸》，乃曰："天命之谓性，率性之谓道，修道之谓教。"

又曰："喜怒哀乐之未发，谓之中，发而皆中节，谓之和。中也者，天下之大本也；和也者，天下之达道也。致中和，天地位焉，万物育焉。"喜怒哀乐，情也；其未发之中，即天命之性也；发皆中节之和，则率性之道也。修道之教，即所以致其未发之中，已发之和也，即所谓"尽其性"也。故又曰："唯天下至诚，为能尽其性；能尽其性，则能尽人之性；能尽人之性，则能尽物之性；能尽物之性，则可以赞天地之化育；可以赞天地之化育则可以与天地参矣。"率性之谓道，尽性则可以与天地参，则天命之性之本善可知也。孟子承子思之学（《史记·孟子荀卿列传》谓孟子"受业于子思之门人"，王劭以"人"为衍字。以子思、孟子之年考之孟子不及亲受业于子思，故云），其性善论，盖渊源有自矣。

三、孟子时之性论

孟子时，学者论"性"，说各不同。其见于《孟子》者，为《告子篇》公都子所引述：

告子曰："性，无善，无不善也。"

同篇记告子之言曰：

性，犹杞柳也；义，犹桮棬也；以人性为仁义，犹以杞柳为桮棬。

又曰：

性，犹湍水也，决诸东方则东流，决诸西方则西流。人性之无分于善不善也，犹水之无分于东西也。

又曰：

生之谓性。

孟子驳杞柳桮棬之喻曰：子能顺杞柳之性而以为桮棬乎？将戕贼杞柳而后以为桮棬也？如将戕贼杞柳而以为桮棬，则亦将戕贼人以为仁义欤？率天下之人而祸仁义者，必子之言夫！又驳湍水之喻曰：水，信无分于东西，无分于上下乎？人性之善也，犹水之就下也；人无有不善，水无有不下。今夫水，搏而跃之，可使过颡；激而行之，可使在山。是岂水之性也哉？其势则然也。人之可使为不善，其性亦犹是也。又驳生之谓性曰：生之谓性也，犹白之谓白欤？曰："然。"白羽之白也，犹白雪之白，白雪之白，犹白玉之白欤？

曰："然。""然则犬之性犹牛之性，牛之性犹人之性欤？"孟子之意，谓以杞柳为桮棬，必以斧斤斫削，非顺其本性而为之，故与"率性"、"尽性"以为仁义不同。且人性之向善，犹水性之向下；向下之水，可搏之激之，使逆其性而向上，犹人性本向善，受逼迫或刺激，亦可使为不善也。"生之谓性"者，言性即生，生即性，无所谓善或不善。故孟子以牛之性、犬之性、犹人之性折之。

> 或曰："性，可以为善，可以为不善。是故文武兴，则民好善；幽厉兴，则民好暴。"
>
> 或曰："有性善，有性不善。是故以尧为君而有象，以瞽瞍为父而有舜，以纣为兄之子，且以为君，而有微子启、王子比干。"

孟子于此二说，未明加驳斥，但答公都子曰：

> 乃若其情，则可以为善矣；乃所谓善也。若夫为不善，非才之罪也。恻隐之心，人皆有之；羞恶之心，人皆有之；恭敬之心，人皆有之；是非之心，人皆有之。恻隐之心，仁也；羞恶之心，义也；恭敬之心，礼也；是非之心，智也。仁义礼智，非由外铄我也，我固有之也，弗思耳矣！故曰，求则得之，舍则失之。或相倍蓰而无算者，不能尽其才者也。《诗》云："天生烝民，有物有则；民之秉彝，好是懿德。"孔子曰："为此诗者，其知道乎！"故有物必有则，民之秉彝也，故好是懿德。

按《春秋繁露·深察名号篇》曰："如其生之自然之资谓之性。

性者，质也。"又曰："天地之所生，谓之性情。……情亦性也。""情"与"性"，分言则别，混言则同。"才"同"材"，亦质也。《告子篇》"牛山章"曰："人见其濯濯也，以为未尝有'材'焉，此岂山之'性'也哉？"又曰："人见其禽兽也，而以为未尝有'才'焉者，是岂人之'情'也哉？""材"与"才"，"性"与"情"互用，是其证。孟子所谓"性善"指"其性可以为善"而言；若夫为不善，则非其材质之罪矣。所以谓"其性情可以为善"者，以人皆有恻隐、羞恶、恭敬、是非之心，故仁义礼智为我性所固有，非由外铄。此即《诗》所谓"民之秉彝"，盖天生烝民，有物必有则也。孟子此论，又见于《公孙丑篇》，其言曰：

> 所以谓人皆有不忍人之心者，今人乍见孺子将入于井，皆有怵惕恻隐之心；非所以内（同纳）交于孺子之父母也，非所以要誉于乡党朋友也，非恶其声而然也。由是观之，无恻隐之心，非人也；无羞恶之心，非人也；无辞让之心，非人也；无是非之心，非人也。恻隐之心，仁之端也；羞恶之心，义之端也；辞让之心，礼之端也；是非之心，智之端也。人之有是四端也，犹其有四体也。有是四端而自谓不能者，自贼者也；谓其君不能者，贼其君者也。

此以乍见孺子匍匐将入井，人皆无所为而动其怵惕恻隐之心，趋而救之，证恻隐之心为人所同具。因以推之羞恶辞让是非之心，亦为人人所同具也。四者为仁义礼智四德之端，扩而充之，即可成德，故人之性皆可以为善者，因其同有善端也。此其一。

孟子又谓"心"与耳目口等官能为人所同具，人与圣人又同为人类，人与圣人其他官能既同，则其"心"亦有所"同然"。《告子篇》曰：

> 故凡同类者，举相似也；何独至于人而疑之？圣人与我同类者。龙子曰："不知足而为屦，我知其不为蒉也。"屦之相似，天下之足同也。口之于味也，有同耆（同嗜）也；易牙，先得我口之所耆者也。如使口之于味也，其性与人殊，若犬马之与我不同类也，则天下何耆皆从易牙之于味也？至于味，天下期于易牙，是天下之口相似也。惟耳亦然，至于声，天下期于师旷，是天下之耳相似也。惟目亦然，至于子都，天下莫不知其姣也；不知子都之姣者，无目者也。故曰：口之于味也，有同耆焉，耳之于声也，有同听焉，目之于色也，有同美焉。至于心，独无所同然乎？心之所同然者，何也？谓理也，义也。圣人先得我心之所同然耳。故理义之悦我心，犹刍豢之悦我口。

此以足之相同及口有同嗜，耳有同听，目有同美，喻人心之有同然。人心之所同然，既为理义，则人性皆善可知矣。此其二。

仁义礼智四端既为"我固有之，非由外铄"，而人人之心，又有所同然，故人人具有"良知良能"。《尽心篇》曰：

> 人之所不学而能者，其良能也；所不虑而知者，其良知也。孩提之童，无不知爱其亲也；及其长也，无不知敬其兄也。亲亲，仁也；敬长，义也；无他，达之天下也。

亲亲之仁，敬长之义，为人人同具之良能良知，不待学而后能，不待虑而后知，则为人性所固有矣。能扩而充之，达之于天下，则为圣人，为大人。故《离娄篇》曰："大人者，不失其赤子之心者也。"而此赤子之心，固人人所同具，故《告子篇》曰："人皆可以为尧舜。"此孟子性善论之根据也。

然则何以有不善之人乎？曰由于不能"尽其才"。上文引孟子对公都子云："若夫为不善，非才之罪也；……或相倍蓰而无筭者，不能尽其才者也。"然则何以不能尽其才乎？或由于外力之影响，或由于内在之原因。《告子篇》曰：

> 富岁子弟多赖（同懒），凶岁子弟多暴。非天之降才尔殊也，其所以陷溺其心者然也。今夫麰麦，播种而耰之，其地同，树之时又同，浡然而生，至于日至之时，皆熟矣。虽有不同，则地有肥硗，雨露之养，人事之不齐也。

子弟之性本同，而富岁多懒，凶岁多暴者，乃由不同之环境陷溺其心，此以事实证明外力之影响也。麰麦之种子同，树之之时又同，而其收获有不同者，因土地有肥有瘠，雨露有均有不均，农工人事有惰有勤耳。此以比喻说明外力之影响也。上文所引驳告子性犹湍水之说，谓水性就下，搏而跃之，激而行之，亦可使之向上，亦以比喻说明外力之影响，可以改变人性，使之为恶也。

其属于内在之原因者，或由于自暴自弃，或由于以小害大，以贱害贵。《离娄篇》曰：

> 自暴者，不可与有言也；自弃者，不可与有为也。言非礼义，谓之自暴也；吾身不能居仁由义，谓之自弃也。

则"有是四端而自谓不能"之"自贼"，即自暴自弃者也。《告子篇》曰：

> 牛山之木尝美矣；以其郊于大国也，斧斤伐之，可以为美乎？是其日夜之所息，雨露之所润，非无萌蘖之生焉；牛羊又从而牧之，是以若彼濯濯也。人见其濯濯也，以为未尝有材焉，此岂山之性也哉？

此以牛山为喻；牛山非本如此濯濯也，因在齐郊，故木材常为斧斤所伐，即有萌蘖之生，又为牛羊所啮食，所蹂躏，故濯濯若此。又曰：

> 虽存乎人者，岂无仁义之心哉？其所以放其良心者，亦犹斧斤之于木也，旦旦而伐之，可以为美乎？其日夜之所息，平旦之气，其好恶与人相近也者几希。则其旦昼之所为，有（同又）梏亡之矣。梏之反覆，则其夜气不足以存；夜气不足以存，则其违禽兽不远矣。人见其禽兽也，而以为未尝有才焉者，是岂人之情也哉？

此节方说到人之良心，旦旦被伐，亦犹牛山之木。即有平旦夜气，亦因白昼所为，又时时梏亡之，以至澌灭净尽，乃去禽兽不远耳。又曰：

> 故苟得其养，无物不长；苟失其养，无物不消。孔子曰："操则存，舍则亡，出入无时，莫知其乡。"惟心之谓欤！

此节总结上文。言凡物之消长，皆在得养与否。故心者，操之则存，舍之则亡。自暴自弃者，不知操存，则"失其养"矣。《告子篇》又曰：

> 仁，人心也；义，人路也；舍其路而弗由，放其心而不知求，哀哉！人有鸡犬放，则知求之；有放心而不知求。学问之道无他，求其放心而已矣。

放其心者，即自暴自弃，不知操存者也。又曰：

> 拱把之桐梓，人苟欲生之，皆知所以养之者。至于身，而不知所以养之者，岂爱身不若桐梓哉？弗思甚矣。

爱其身而不知所以养之者，亦即自暴自弃，而失其养者也。虽然，"养"岂易言哉？《告子篇》又曰：

> 人之于身也，兼所爱。兼所爱，则兼所养也；无尺寸之肤不爱焉，则无尺寸之肤不养也。所以考其善不善者，岂有他哉，于己取之而已矣。体有贵贱，有小大。无以小害大，无以贱害贵。养其小者为小人；养其大者为大人。今有场师，舍其梧槚，养其樲棘，则为贱场师焉。养其一指而失其肩背，而不知也，则为狼疾人也。饮食之人，则人贱之矣，为其养小以失大也，饮食之人，无有失也，则口腹岂适（疑当为"啻"字）为尺寸之肤哉？

此言人人知爱其身，知养其身，但不知其身有贵贱，有小大耳。故或养其一指而失其肩背，或养其口腹而失其心。"心"为吾身之最大最贵者，而世人多不之知，故有无名之指，屈而不伸，虽非疾痛害事，苟有能伸之者，则不远秦楚之路而往求之。此所谓养其一指者也。心不若人，乃不知所以养之，则养小而失大矣。徒知养其口腹而不知养其心者，亦此类也。故又曰："从其大体为大人，从其小体为小人。"又曰："先立乎其大者，则其小者不能夺也。"所谓"大体"，所谓"大者"，即指心而言也。或自暴自弃而不知养；或知养其身，而不能辨其大小贵贱，致养小者而失其大者；皆无以保全其本善之性，而况于扩充之乎？

故人之所以有不善，或由外力，环境之陷溺，物欲之诱惑，事势之逼迫刺激是也；或由内因，自暴自弃者不知养，养小失大者不知所以养，皆是也。但外力之影响虽大，苟不自暴自弃，且知养其大者，则可以无害于本性之善。故《尽心篇》曰：

> 舜之居深山之中，与木石居，与鹿豕游，其所以异于深山之野人者几希。及其闻一善言，见一善行，若决江河，沛然莫之能御也。

此以舜为例，明环境之影响不足以妨舜之为善也。本性之善，凡人所同，故曰："圣人与我同类者。"《离娄篇》："储子曰：'王使人瞷夫子，果有以异于人乎？'孟子曰：'何以异于人哉？尧舜与人同耳！'"尧舜与人同者，同具此本善之性也。人与尧舜既同具此性，故"人皆可以为尧舜"也。《滕文公篇》引成覸，谓齐景公曰："彼，丈夫也；我，丈夫也；吾何畏彼哉？"此犹言富贵者与吾人同也。又引颜渊曰："舜何，人也；予何，人也。有为者亦若是。"此则直言舜与我同为人，我苟有为，亦可以成舜矣。

第三章 论 政

孟子论政治，以性善论为根据。故曰："人皆有不忍人之心。先王有不忍人之心，斯有不忍人之政矣。以不忍人之心，行不忍人之政，治天下可运之掌上。"（《公孙丑》）不忍人之心，仁心也；不忍人之政，"仁政"也。无仁政，无以行仁心；无仁心，亦不能行仁政；故曰："徒善不足以为政，徒法不能以自行。"仁心，犹离娄之明，公输子之巧，师旷之聪也；仁政，犹成方圆之规矩，正五音之六律也。相辅而行，不可缺一者也。然则孟子所谓"仁政"者何也？是尝以告梁惠王与齐宣王矣。其言曰：

五亩之宅，树之以桑，五十者可以衣帛矣；鸡豚狗彘之畜，无失其时，七十者可以食肉矣；百亩之田，勿夺其时，数口之家，可以无饥矣；谨庠序之教，申之以孝悌之义，颁白者不负戴于道路矣。七十者衣帛食肉，黎民不饥不寒，然而不王者，未之有也。（《梁惠王篇》凡两见，又见《尽心》，大同小异）

此即孔子先富后教之义也。所以者何？孟子告齐宣王曰：

> 无恒产而有恒心者，惟士为能。若民，则无恒产，因无恒心；苟无恒心，放僻邪侈，无不为已。及陷于罪，然后从而刑之，是罔民也！焉有仁人在位，罔民而可为也？是故明君制民之产，必使仰足以事父母，俯足以畜妻子，乐岁终身饱，凶年免于死亡；然后驱而之善，故民之从之也轻。今也制民之产，仰不足以事父母，俯不足以畜妻子，乐岁终身苦，凶年不免于死亡；此惟救死而恐不赡，奚暇治礼义哉？（《梁惠王》）

此先富后教之理由也。

一、井田

孟子所谓明君制产之法，即"井田制"。

> 方里而井，井九百亩。其中为公田，八家皆私百亩，同养公田。（《滕文公》）

盖以九百亩田为一井，画分之，作"井"字状，则为百亩之田九区，中区为公田，其四周八区，皆私田也。公田收入，即为赋税，此所谓"助"也。又曰：

> 夏后氏五十而贡，殷人七十而助，周人百亩而彻；其实，皆什一也。彻者，彻也；助者，藉也。龙子曰："治地

莫善于助，莫不善于贡。"贡者校数岁之中以为常。乐岁粒米狼戾，多取之而不为虐，则寡取之；凶年粪其田而不足，则必取盈焉。为民父母，使民盻盻然，将终岁勤动，不得以养其父母，又称贷而益之，使老稚转乎沟壑，恶在其为民父母也。

孟子又引《诗》云："雨我公田，遂及我私。"以为"惟助为有公田"，故由所引之《诗》观之，则虽周亦行助法矣。孟子所说井田制，殷周果曾实行否？固是疑问；孟子时究可见之实行否，亦是疑问；但孟子论政，注意民生，则由此可见。然此犹只加惠于农民，仅为仁政之一端。他如"市，廛而不征，法而不廛"，"关，讥而不征"，"廛，无夫里之布"，"泽梁无禁"，"数罟不入洿池"，"斧斤以时入山林"……所以加惠于商贾行旅居民者，亦皆从人民生计着眼。故孟子仁政之旨，凡在"保民"而已。

二、教育

民生既无问题，然后可以施教。《滕文公》曰：

> 设为庠序学校以教之。庠者，养也；校者，养也；序者，射也。夏曰"校"，殷曰"庠"，周曰"序"；"学"则三代共之；皆所以明人伦也。人伦明于上，小民亲于下。

此即所谓"谨庠序之教，申之以孝悌之义"也；"壮者以暇日修其孝弟忠信"也。孟子所谓"仁政"，如斯而已。而其本在于推其"不忍人"之心。故《梁惠王》曰：

老吾老以及人之老，幼吾幼以及人之幼，天下可运于掌。《诗》云："刑于寡妻，至于兄弟，以御于家邦。"言举斯心，加诸彼而已。故推恩足以保四海，不推恩无以保妻子。古之人所以大过人者，无他焉，善推其所为而已矣。

齐宣王不忍见牛之觳觫，以羊易之，而不能保其民者，由不知"推恩"而已。夫"不忍人"之心，即人所同具之恻隐也。故曰孟子论政，亦以性善论为根据也。

三、民本主义

孟子论政，以民为本，故不仅仁政以"保民"为旨也。如云文王经营灵台，而民欢乐之者，与民同之也；好音乐，好田猎，而民欣欣然有喜色者，与民同之也；文王之囿方七十里，民犹以为小者，与民同之也；太王好色，而民无旷怨，与民同之也；公刘好货而居有积仓，行有裹粮者，与民同之也（均见《梁惠王》）；与民同之，则皆仁政也。不宁惟是，其进贤也，必国人皆曰贤，然后察而用之；其去不肖也，必国人皆曰不可，然后察而去之；其杀有罪也，必国人皆曰可杀，然后察而杀之（亦见《梁惠王》）。即尧之禅舜，舜之禅禹，所谓"天与之"者，亦由讼狱讴歌觇民心之向之耳。《泰誓》曰："天视自我民视，天听自我民听。"（见《万章》）则民意即天意矣。故曰："得乎丘民而为天子。""民为贵，社稷次之，君为轻。"（均见《尽心》）是孟子在数千年前，已有民权思想之萌芽矣。惟然，故于君臣之际，亦有其特殊之平等的观念。如告齐宣王曰："君之视臣如手足，则臣视君如腹心；君之视臣如犬马，则臣视

君如国人；君之视臣如土芥，则臣视君如寇雠。"（见《离娄》）

故孟子之政治理论，可以谓之"民本主义"。以民为本，故凡殃民者，皆孟子所深恶而痛疾。故曰：

庖有肥肉，厩有肥马，民有饥色，野有饿莩，此率兽而食人也！兽相食，且人恶之；为民父母行政，不免于率兽而食人，恶在其为民父母也？仲尼曰："始作俑者、其无后乎！"为其象人而用之也。如之何其使斯民饥而死也？

贼仁者谓之贼；贼义者谓之残。残贼之人谓之一夫。闻诛一夫纣矣，未闻弑君也！

（以上《梁惠王》）

争地以战，杀人盈野；争城以战，杀人盈城；此所谓率土地而食人肉，罪不容于死！故善战者服上刑，连诸侯次之，辟（同闢）草莱任土地者次之。（《离娄》）

不教民而用之，谓之殃民。殃民者不容于尧舜之世！

今之事君者，皆曰"我能为君辟土地，充府库。"今之所谓良臣，古之所谓民贼也！君不乡道，不志于仁，而求富之，是富桀也！"我能为君约与国，战必克。"今之所谓良臣，古之所谓民贼也！君不乡道，不志于仁，而求为之强战，是辅桀也！由今之道，无变今之俗，虽与之天下，不能一朝居也！

（以上《告子》）

梁惠王以土地之故，糜烂其民而战之；大败，将复之，恐不能胜，又驱其所爱子弟以殉之。是之谓以其所不爱，及其所爱也。

有人曰："我善为阵，我善为战。"大罪也！

> 古之为关也，将以御暴；今之为关也，将以为暴。
>
> （以上《尽心》）

孟子之时，纵横捭阖，战祸连年，横征暴敛，民不聊生，而在上者奢侈放荡，故孟子愤而嫉之也。

四、义利之辨

孟子论政，以利民为先，而其辨"义""利"则甚严。如《梁惠王》首章云：

> 孟子见梁惠王。王曰："叟，不远千里而来，亦将有以利吾国乎？"孟子对曰："王，何必曰利？亦有仁义而已矣！王曰'何以利吾国'，大夫曰'何以利吾家'，士庶人曰'何以利吾身'，上下交征利，而国危矣。万乘之国，弑其君者，必千乘之家；千乘之国，弑其君者，必百乘之家。万取千焉，千取百焉，不为不多矣；苟为后义而先利，不夺不餍。未有仁而遗其亲者也，未有义而后其君者也。王亦曰仁义而已矣，何必曰利！"

《告子》又云：

> 宋牼将之楚。孟子遇于石丘，曰："先生将何之？"曰："吾闻秦楚构兵，我将见楚王，说而罢之。楚王不悦，我将见秦王，说而罢之。二王，我将有所遇焉。"曰："轲也，请无问其详，愿闻其指；说之，将何如？"曰："我将

言其不利也。"曰："先生之志则大矣，先生之号则不可！先生以利说秦楚之王；秦楚之王悦于利，以罢三军之师；是三军之士乐罢而悦于利也。为人臣者怀利以事其君，为人子者怀利以事其父，为人弟者怀利以事其兄；是君臣父子兄弟，终去仁义，怀利以相接，然而不亡者，未之有也。先生以仁义说秦楚之王；秦楚之王，悦于仁义，以罢三军之师；是三军之士乐罢而悦于仁义也。为人臣者怀仁义以事其君，为人子者怀仁义以事其父，为人弟者怀仁义以事其兄；是君臣父子兄弟，去利，怀仁义以相接；然而不王者，未之有也。"

此二章之辨"义""利"，可谓严明矣。孟子之仁政，颇近于乐利主义；而又反对言"利"者，盖仁政在予最大多数以最大乐利，《大学》所谓"以义为利"也；"上下交征利"、"怀利以相接"之利，则是为个人之利而不恤损害最大多数之乐利者；《大学》所谓"以利为利"者也。必明乎此，方可了解孟子之政治理论也。

五、王霸之辨

"仁政"者，王道之治也。孟子于"王""霸"之辨，亦极分明，如《公孙丑》曰：

以力假仁者霸，霸必有大国；以德行仁者王，王不待大，汤以七十里，文王以百里。以力服人者，非心服也，力不赡也；以德服人者，中心悦而诚服也，如七十子之服孔子也。《诗》云："自西自东，自南自北，无思不服。"此之谓也。

《尽心》曰：

> 霸者之民，骥虞如也；王者之民，皞皞如也。杀之而不怨，利之而不庸，民日迁善而不知为之者。

盖王者"以生道杀民，虽死不怨杀者"，故曰杀之而不怨；因民之所利而利之，故曰利之而不庸也。能行仁政，则民仰之如父母，望之如云霓矣。孟子常以汤武之事为例以说明之：

> 《书》曰："汤一征，自葛始。"天下信之，东面而征西夷怨，南面而征北狄怨，曰："奚为后我？"民望之，若大旱之望云霓也。归市者不止，耕者不变，诛其君而吊其民，若时雨降，民大悦。《书》曰："徯我后，后来其苏。"（《梁惠王》、《滕文公》、《尽心》凡三见）
>
> 武王之伐殷也，革车三百乘，虎贲三千人。王曰："无畏，宁尔也。"若崩厥角稽首。（《尽心》）

盖能行仁政，则民仰之如父母；率其子弟，攻其父母，固未有能济者；而父母往征虐其子弟之独夫，则如摧枯拉朽，可不战而定；故曰"仁者无敌"。故曰"可使制梃以挞秦楚之坚甲利兵"也。反之，则"城非不高，池非不深，甲兵非不坚利，米粟非不多，委而去之"，则亦望风而溃耳！

孔子论政，以"政者正也"之"正名"说为中心；孟子则以注重民众乐利之"仁政"为主；故近人胡适谓孔子所主张者，为要人正经规矩之"爸爸政策"(Paternalism);孟子所主张者,为要人快活享乐之"妈妈政策"(Maternalism)。以为此乃孔孟之不同,儒家政治学说之进化。但孟子谓桀纣是"一夫"而非"君",何尝非正名?其曰"君仁莫不仁,君义莫不义",何尝非"德化"?即其首重民生经济,以为必"乐岁终身饱,凶年免于死亡,然后驱而之善",又何尝非孔子"先富后教"之旨?特孔子之言简单含蓄,未尽发挥,而孟子则有较详较具体之办法而已。

六、爵禄之制

孟子生当战国之时,封建制度,已崩溃矣;但亦尝略述周室班爵禄之制,以答北宫锜。其言曰:

> 天子一位,公一位,侯一位,伯一位,子男同一位,凡五等;君一位,卿一位,大夫一位,上士一位,中士一位,下士一位,凡六等(以上爵位之制);天子之制地方千里,公侯皆方百里,伯七十里,子男五十里,凡四等,不能五十里,不达于天子,附于诸侯,曰附庸;天子之卿受地视侯,大夫受地视伯,元士受地视子男(以上受地之制)。大国地方百里(即公侯国),君十卿禄,卿禄四大夫,大夫倍上士,上士倍中士,中士倍下士,下士与庶人在官者同禄,禄足以代其耕也;次国地方七十里(即伯国),君十卿禄,卿禄三大夫,大夫倍上士,上士倍中士,中士倍下士,下士与庶人在官者同禄,禄足以代其耕也。小国地方五十里,君十卿禄,卿禄二大夫,大夫倍上士,上士倍中士,中士倍下士,下士与庶人在官者同禄,禄足以代其耕也。耕者之所

获，一夫百亩，百亩之粪（谓粪治百亩之所得）。上农夫食九人，上次食八人，中食七人，中次食六人，下食五人。庶人在官者，其禄以是为差（以上颁禄之制）。（《万章》）

孟子答慎子又曰：

天子之地方千里，不千里，不足以待诸侯；诸侯之地方百里，不百里，不足以守宗庙之典籍，周公之封于鲁也，为方百里也，地非不足也，而俭于百里；太公之封于齐也，亦为方百里也，地非不足也，而俭于百里。（《告子》）

此可以证"公侯皆方百里"之说。《滕文公篇》又云："卿以下必有圭田，圭田五十亩，余夫二十五亩。"此可以补制禄分田之说。孟子之答北宫锜也，曰"诸侯恶其害己而皆去其籍"，故"其详不可得闻"。而其所述爵禄封建之制，与《周礼》异，与《王制》合。或《王制》作者为孟子之徒，习闻其说，因取以写其理想之制度欤？

第四章　论修养与教学

一、修养

（一）存心

孟子论修养，亦以性善论为根据。盖人性既同具善端，同有良知良能，人心之所同然既为理义，故修养之要，惟在存心。《告子篇》曰："学问之道无他，求其放心而已矣。"《尽心篇》曰："养心莫善于寡欲。其为人也寡欲，虽有不存焉者寡矣；其为人也多欲。虽有存焉者寡矣。""求放心"与"养心"，皆所以"存心"也。盖心者，"出入无时，莫知其乡"者也；"操则存，舍则亡"者也，求之养之，即操之使存耳。《尽心篇》又曰："尽其心者知其性也；知其性，则知天矣。存其心，养其性，所以事天也；妖寿不贰，修身以俟之，所以立命也。"能求其放心，养其心，以操存其心，方能更进而尽其心。尽其心者，扩充吾性之善端以致其极也。故非知其本善之性者，不足以语此。性者，天所命也；故知性即知天，存心养性即事天也。

（二）尽性俟命

君子存心养性以修其身，居易俟命，无间夭寿，此即所以立命也。然修身以俟者，俟其正命也；故又曰："莫非命也，顺受其正。是故知命者不立乎岩墙之下。尽其道而死者，正命也；桎梏死者，非正命也。"立乎岩墙之下而死，桎梏而死，皆非其正；君子所顺受者为正命，故虽俟命，而不可以不修身。换言之，则"古之人修其天爵而人爵从之"，是正命也；"今之人修其天爵以邀人爵，既得人爵而弃其天爵"，非正命也（天爵指仁义，人爵指富贵。用《告子篇》语）。盖仁义礼智，吾所固有，性也；死生富贵，权不在我，命也。故《尽心篇》又曰："广土众民，君子欲之，所乐不存焉；中天下而立，定四海之民，君子乐之，所性不存焉，君子所性，虽大行不加焉，虽穷居不损焉，分定故也。君子所性，仁义礼智根于心；其生色也睟然，见于面，盎于背，施于四体，［四体］不言而喻。"（从俞樾校，删"四体"二字）广土众民，君子所凭以成其大业者也，故"欲"之；但非得此以为"乐"也。"中天下而立，定四海之民"，君子所成之大业也，故"乐"之；但非君子之所"性"也。君子所性，根于吾心之仁义礼智而已。达而在上，无所加也。穷而在下，无所损也。及其养之既至，则"诚于中而形于外"，睟然生色，见于面，盎于背，施于四体，不言而喻矣。盖君子能得"广土众民"以成其"中天下而立，定四海之民"之大业与否，是有命焉；而仁义礼智，则为吾性所固有，无待外求者也。故又曰："口之于味也，目之于色也，耳之于声也，鼻之于臭也，四肢之于安佚也，性也，有命焉，君子不谓性也。仁之于父子也，义之于君臣也，礼之于宾主也，知之于贤者也，天道之于圣人也（原文作"圣人之于天道也"，以上文四句例之，疑"天道"与"圣人"误倒）命也，有性焉，君子不谓命也。"此节言口喜美味，目喜美色，耳喜佳音，鼻喜香气，四肢喜安佚，此亦人性之同然，但能得之与否，则有命焉；君子不曰此为人性所同然，而求必得之也。父子有仁，君臣有义，宾主有礼，贤者有智，圣人合于天道，果能如此与否，亦有命焉（如舜以孝子而遇顽父嚚瞍，孔子圣人，而天道不偶，终不能伸其志之类）。但仁义礼智本吾性所固有，君子不诿之于命，遂弃而不之顾也。故又曰："求则得之，舍则失之，是求有益于得也，求在我者也。求之有道，得之有命，是求无益于得也，求在外者也。"仁义礼智，求在我者也；富贵利达，求在外者也。在我者，则尽吾力以求之；在外者，则居易以俟之而已。故"尽性"、"俟命"，为修养之要旨；而其本乃在于"存心。"能存其心，尤贵能扩充之。故《尽心篇》又曰："人皆有所不忍，达之于其所忍，仁也；人皆有所不为，达之于其所为，义也。人能充无欲害人之心，而仁不可胜用也；人能充无穿窬之心，而义不可胜用也；人能充无受尔汝之实，无所往而不为义也。"盖恻隐之心，人皆有之，故人皆有不忍人之心，皆有无欲害人之心；羞恶之心，人皆有之，故人皆有不愿为穿窬之心，皆有不愿受尔汝之称之心；此仁义之端，人人所同具也。苟能充之，则仁义不可胜用矣。《公孙丑篇》曰："凡有四端于我者，知皆扩而充之矣。若火之始然，泉之始达；苟能充之，足以保四海；苟不充之，不足以事父母。"其意正与此同。又如箪食豆羹，如呼尔蹴尔而与之，即得之则生，弗得则死，亦不肯受；至万钟之禄，则不辨礼义而受之。亦以其不能充不受箪食豆羹之羞恶心耳。所以不能充此心者，为宫室之美，妻妾之奉，所识穷乏者得我耳（用《告子篇》"鱼我所欲也章"语）。故曰"养心莫善于寡欲"也。此孟子修养论之大概也。

（三）人格标准

《论语》以"君子"、"成人"为理想人格之标准。孟子则曰"大人"，曰"大丈夫"。《离娄篇》曰："非礼之礼，非义之义，大人弗为。"又曰:"大人者,言不必信,行不必果,惟义所在。"又曰:"大人者,不失其赤子之心者也。"《尽心篇》曰:"居恶在,仁是也;路恶在,义是也;居仁由义,大人之事备矣。是大人者,能居仁由义,而不失其赤子之心者也;言行皆合于义者也。"《滕文公篇》曰:"居天下之广居,立天下之正位,行天下之大道,得志与民由之,不得志独行其道,富贵不能淫,贫贱不能移,威武不能屈,此之谓大丈夫。"居广居,行大道,即居仁由义矣。得志,与民由之,即达不离道,兼善天下,而泽加于民也;不得志独行其道,即穷不失义,修身见于世,而独善其身也(用《尽心篇》"宋勾践章"语)。修养之工夫有深浅,则其人格亦有高下。《尽心下篇》答浩生不害问曰:"可欲之谓'善',有诸己之谓'信',充实之谓'美',充实而有光辉之谓'大',大而化之之谓'圣',圣而不可知之之谓'神'。"孟子以乐正子为"善人",为"信人",更等而上之,则为"大人",为"圣人",为"神人",是人有四等也。人之个性不同,大别之,有"中道"、"狂"、"狷"三类。《尽心篇》答万章问曰:"孔子不得中道而与之,必也狂狷乎?狂者进取,狷者有所不为也。"狂与狷,虽有所偏,而修养所至,亦可以成圣人。伊尹,圣之任者也,进取之狂也;伯夷,圣之清者也,有所不为之狷也;孔子,圣之时者也;不可多得之中道也(见《公孙丑》及《万章》)。孟子言"乃所愿则学孔子",则以时中之圣为其修养之鹄的矣。

(四)不动心

孟子尝自谓"四十不动心",此即《论语》孔子所云"四十而不惑"也。孟子又曰:"告子先我不动心。"然告子之不动心,则与孟子不同。兹先录孟子与公孙丑论告子不动心一节于下:

（公孙丑）"敢问夫子之不动心与告子之不动心；可得闻欤？"

（孟子）告子曰："不得于言，勿求于心；不得于心，勿求于气。"不得于心，勿求于气，可；不得于言，勿求于心，不可。夫志，气之帅也；气，体之充也。夫志至焉，气次焉；故曰持其志，无暴其气。

（公孙丑）"既曰志至焉，气次焉；又曰持其志，无暴其气者，何也？"

（孟子）曰："志壹则动气；气壹则动志也。今夫蹶者趋者，是气也，而反动其心。"

"心"、"志"，犹今云理智；"气"犹今云情感意气也。"不得于心，勿求于气"者，谓理智尚未明白，勿求助于情感而徒逞其意气也，故曰"可"。"不得于言，勿求于心"者，谓于人言尚未明白，不复思索以求解之也，故曰"不可"。告子之不动心，殆庄子所谓"身如槁木，心若死灰"，佛家所谓"离心意识参"耳。夫充吾体者，皆气也，而志为之帅。志为气之帅者，犹云以理智为情感意气之主宰也。故志之所至，气即随之。而修养之要诀，即在把持其志，而勿使情感意气暴乱而不听命于理智。盖志专壹，则能动其气；气专壹，亦能动其志。持其志者，使志壹而不分也；无暴其气者，使气听命于志，而不得动摇其志也。蹶者，踬蹶，谓挫折失败也。趋者，进趋，谓顺利前进也，蹶则气沮，趋则气扬；气沮者志易灰颓，气扬者志易骄纵；是心志为感情意气所动矣（此解与《赵注》、《朱注》俱异。读者试细按之）。

下文方论到孟子之不动心，有"养气"、"知言"二种工夫。

（公孙丑）"敢问夫子恶乎长？"

（孟子）曰："我知言。我善养吾浩然之气。"

（公孙丑）"敢问何谓浩然之气？"

（孟子）曰："难言也。其为气也，至大至刚，以直养而无害，则塞于天地之间。其为气也，配义与道：无是，馁也。是集义所生者，非义，袭而取之也；行有不慊于心，则馁矣。我故曰，告子未尝知义，以其外之也。必有事焉而勿忘；（原文作"正心"二字，倪思谓系"忘"字误作二字，甚是）勿忘，勿助长也。无若宋人然。宋人有悯其苗之不长而揠之者，芒芒然归，谓其人曰：'今日病矣，予助苗长矣！'其子趋而往视之，苗则槁矣。天下之不助苗长者寡矣。以为无益而舍之者，不耘苗者也；助之长者，揠苗者也，非徒无益而又害之！"

此节论"养气"，"浩然之气"，即配义与道之"正气"也。所谓"以直养"，即是"集义"。如其非义，则是虚骄之气；行偶有不慊于心，则内省自惭，而气馁矣。"必有事焉"者，即"勿忘"也；但虽勿忘，又须勿助长。以农事为喻，不耘苗是"忘"；揠苗是"助长"。助长者，非徒无益而有害者也。故集义养气，一刻不容少懈，而又不可求其速效。此情感之修养也。

（公孙丑）"何谓知言？"

（孟子）曰："诐辞知其所蔽；淫辞知其所陷，邪辞知其所离，遁辞知其所穷。生于其心，害于其政；发于其政，害于其事。圣人复起，不易吾言矣。"

此节论"知言"。诐,偏颇也;凡偏颇之言,必有所蔽(《荀子·解蔽篇》亦谓诸子之说各有所蔽)。淫,放荡也;凡放荡之辞必有所陷(有所陷溺,故溢为浮辞)。邪说则不合于理矣。遁辞则有所穷矣。但非有真知灼见者,不能知之。此有待于知识之修养者也。

(五)与人为善

他如"与人为善"亦修养之要道。《公孙丑篇》曰:

> 子路人告之以有过则喜;禹闻善言则拜。大舜有(同又)大焉,善与人同,舍己从人,乐取于人以为善;自耕稼陶渔以至为帝,无非取诸人者。取诸人以为善,是与人为善者也。故君子莫大乎与人为善。

则"与人为善",即是"取诸人以为善",而闻过则喜,闻善则拜,特其初步耳。人苟有自是之心,拒善饰非,未有能取诸人以为善者矣。苟不自是,必能自反。故又曰:

> 爱人不亲反其仁,治人不治反其智,礼人不答反其敬,行有不得者,皆反求诸己。……

故虽横逆之来,亦必自反。如自反而仁、而忠、而有礼,其横逆犹是,则亦不必与之校矣(见《离娄篇》)。

(六)知耻

"知耻"之要,孟子亦尝言之。如《尽心篇》曰:"人不可以无耻;无耻之耻,无耻矣。"又曰:"耻之于人大矣!为机变之巧者,无所用耻焉。不耻不若人,何若人有?"是所谓"知耻"者,知"无耻"之可耻,一也;知不若人之可耻,二也。耻无耻,则能充其羞恶之心矣；耻不若人，则不至自暴自弃矣。能如此，则必能"鸡鸣而起，孳孳为善"，如"流水"之"不盈科不行"，志道而成章矣。《尽心篇》曰："有为者譬若掘井；掘井九仞而不及泉，犹为弃井也。"此与《论语》为山之譬，义正相同也。

二、教学

孟子论教学，亦以其性善论为根据，故重"自得"。《离娄篇》曰：

> 君子深造之以道，欲其自得之也。自得之，则居之安；居之安，则资之深；资之深，则取之左右逢其原：故君子欲其自得之也。

但虽重自得，亦必示以标准，予以规矩。故曰：

> 羿之教人射，必志于彀，学者亦必志于彀；大匠诲人，必以规矩，学者亦必以规矩。（《告子》）
> 大匠不为拙工，改废绳墨；羿不为拙射，变其彀率。
> 君子引而不发，跃如也，中道而立，能者从之。
> 梓匠轮舆，能与人规矩，不能使人巧。
>
> （以上《尽心》）

盖规矩虽可予人，而运用之妙，存乎一心，则又在学者之自得矣。又总论教法五种曰：

> 君子之所以教者五：有如时雨化之者；有成德者；有达财（同材）者，有答问者，有私淑艾者：此五者，君子之所以教也。

教重自得，故以"时雨之化"为第一也。五教中前四项皆亲授业者，以答问为下乘。但如"挟贵而问，挟贤而问，挟长而问，挟有勋劳而问，挟故而问"，则皆所不答（见《尽心篇》）。五者之外，又有"不屑教诲"之教焉。故曰：

> 教亦多术矣；予不屑之教诲也者，是亦教诲之而已矣。（《告子》）

惟于父子之间，则不主责善。故《离娄篇》云：

> 公孙丑曰："君子之不教子，何也？"孟子曰："势不行也。教者必以正，以正不行，继之以怒；继之以怒，则反夷矣。'夫子教我以正，夫子未出于正也！'则是父子相夷也。父子相夷，则恶矣。古者易子而教之。父子之间不责善，事善则离，离则不祥莫大焉。"（《离娄》）

父子主恩；如父怒责其子，子又反唇相稽，则父子之感情伤矣。"但教我以正而未出于正"，则虽师之教弟子，亦易有"以言教者讼"之流弊也。孟子之教弟子，责善亦严矣。如乐正子从子敖之齐，则有"徒铺啜"之面责；舍馆定而后求见，则有"子亦未见我乎"之面责（见《离娄篇》）。然其于弟子之问难，则必细为辨论，不复如孔子之不答；而其辩才无碍，尤与孔子之语有含蓄者不同也。

第五章　论处世

处世不外二端，曰出处去就，曰辞让取与。孟子最重气节，故大之出处去就，小之辞让取与，律己甚严。盖就性中人人同具之"羞恶之心"，扩充为"义"，以为出处去就，辞让取与之标准者也。则亦以其"性善论"为根据矣。兹分二节述之。

一、出处去就

孟子虽谓禹、稷之己溺己饥，三过其门而不入，因当平世，颜子之陋巷箪瓢，不改其乐，因当乱世，禹稷颜子，易地则皆然（见《离娄》）；而其救世之忱，用世之心，则无异于孔子。故以为士之仕，犹农夫之耕，孔子三月无君，则皇皇如，其出疆必载质（同贽），犹农夫之出疆不舍耒耜（见《滕文公》）；其游齐、梁、滕、鲁，亦正与孔子之周游列国，志在用世以救世相同。但孔子以无上下之交，阨于陈、蔡之间，甚至绝粮（见《尽心》），孟子则后车数十乘，从者数百人，传食于诸侯，不以为泰（见《滕文公》），孔子或称管仲相桓公，九合诸侯，一匡天下之功，孟子则云"以齐王，犹反手"，薄管仲为曾西所不为（见《公孙丑》）；此则因孔子生春秋之末，孟子当战国之时，情势不同，风气不同之故耳。孟子之游齐梁，其迹颇似苏、张游说之士。然苏张之游说，阿谀取容，"以顺为正者，妾妇之道也"；但求富贵，不由其道，"钻穴隙相窥，逾墙相从"之苟合也（并见《滕文公》）。孟子则恶仕而不由其道。此可于答陈代之问见之：

> 陈代曰："不见诸侯，宜（通疑）若小然。今一见之，大则以王，小则以霸。且志曰：枉尺而枉寻，宜若可为也。"孟子曰："昔齐景公田，招虞人以旌，不至，将杀之。'志士不忘在沟壑，勇士不忘丧其元。'孔子奚取焉？取非其招不往也（招虞人当以皮冠，今以旌，是非其招也。见《万章》）。如不待其招而往，何哉？且夫枉尺而直寻者，以利也；如以利，则枉寻直尺而利，亦可为欤？……且子过矣，枉己者，未有能直人者也！"（《滕文公》）

《万章篇》万章又问"不见诸侯何义"。孟子答以"庶人不传质为臣，不敢见于诸侯，礼也"；故往役则"义"，往见则"不义"。亦可与此章互发。

《公孙丑篇》记孟子在齐不肯朝王之故事曰：

> 孟子将朝王。王使人来曰："寡人如就见者也；有寒疾，不可以风，朝将视朝，不识可使寡人得见乎？"对曰："不幸而有疾，不能造朝。"明日，出吊于东郭氏。公孙丑曰："昔者辞以疾，今日吊，或者不可乎？"曰："昔者疾，今日愈，如之何不吊？"王使人问疾，医来。孟仲子对

曰:"昔者有王命,有采薪之忧,不能造朝。今病小愈,趋造于朝;我不识能至否乎?"使数人要于路曰:"请必无归,趋造于朝!"不得已而之景丑氏宿焉。

此即"君欲见之,召之,则不往见"之实事也。孟子之答景丑氏也,曰:"将大有为之君,必有所不召之臣","故汤之于伊尹,桓公之于管仲,皆学焉而后臣之";不敢召也,"管仲且犹不可召,而况不为管仲者乎"?孟子不欲枉己以求苟合,故其为卿于齐而出吊于滕也,齐王嬖臣盖大夫王驩为辅,往反齐滕间,王驩朝暮见,而未尝与之言行事;公行子之丧子也,王驩为右师,往吊,入门,有进而与右师言者,有就右师之位而与右师言者,孟子独不与右师言;盖不欲阿嬖幸权贵以取容也。孟子以阿谀取富贵为最可耻之事,故尝设一寓言以喻之:

> 齐人有一妻一妾而处室者。其良人出,则必餍酒食而后反,其妻问所与饮食者,则尽富贵也。其妻告其妾曰:"良人出,则必餍酒肉而后反;问其与饮食者,尽富贵也,而未尝有显者来。吾将瞷良人之所之也。"蚤(同早)起,施(同迤)从良人之所之;遍国中,无与立谈者。卒之东郭墦间之祭者,乞其余,不足,又顾而之他;此其为餍足之道也。其妻归,告其妾曰:"良人者,所仰望而终身也,今若此!"与其妾讪其良人,而相泣于中庭。而良人未之知也,施施从外来,骄其妻妾。由君子观之,则人之所以求富贵利达者,其妻妾不羞也,而不相泣者,几希矣!

世之求富贵利达者,乃与墦间乞食者相同,宁非可耻之尤?墦间乞食，人皆知其可耻，此羞恶之心，人皆有之之证。而乞怜昏夜，骄人白日莫知其为可耻者，不能充其羞恶之心耳！

孟子之出处去就，以义为准者也，故难进而易退。其去齐也，虽三宿而出昼，有欲为王留行者，则不应隐几而卧；尹士讥之，则答以千里见王，是予所欲，不遇故去，为不得已，但又不欲如小丈夫之悻悻而去；充虞问之，则告以"如天欲平治天下，则当今之世，舍我其谁，何为不豫？"（均见《公孙丑》）此与鲁平公欲往见孟子，为嬖人臧仓所沮，而告乐正子曰，"吾之不遇鲁侯，天也；臧氏之子，焉能使予不遇"同一义旨。盖孔孟之周游，志在行道以救世，而道之将行将废，世之得救不得救，则均有命于天也。故谓宋句践曰："子好游乎？吾语子游。人知之，亦嚣嚣；人不知，亦嚣嚣。"又曰："尊德乐义，则可以嚣嚣矣。故士穷不失义，达不离道。穷不失义，故士得己焉；达不离道，故民不失望焉。古之人，得志，泽加于民；不得志，修身见于世；穷，则独善其身，达，则兼善天下。"此即孔子"有道则见，无道则隐"，"用之则行，舍之则藏"（均见《论语》），"可以仕则仕，可以止则止，可以久则久，可以速则速"之义也。

此出处去就之道也。

二、辞让取与

孟子尝曰："可以取，可以无取，取伤廉；可以与，可以无与，与伤惠。"（见《离娄》）故辞让取与之间，亦不可以苟。伊尹，圣之任者也；思尧舜其君，尧舜其民，自谓先知先觉，以觉后知觉后觉为己任者也。而其耕于有莘之野也，非其道，非其义，则禄之以天下而弗顾，系马千驷而弗视，一介不以与人，一介不以取诸人；此其耿介为何如乎?(见《万章》)故孟子致为臣而归时,齐王谓时子,愿养弟子以万钟而弗受,以为是垄断富贵之贱丈夫所为(见《公孙丑》)。此无他,以其不当受也。《公孙丑篇》记其与陈臻问答,此义更显:

> 陈臻问曰:"前日于齐,王馈兼金一百而不受;于宋,馈七十镒而受;于薛,馈五十镒而受。前日之不受是,则今日之受非也;今日之受是,则前日之不受非也。夫子必居一于是矣。"孟子曰:"皆是也。当在宋也,予将有远行;行者必以赆,辞曰馈赆,予何为不受?当在薛也,予有戒心;辞曰闻戒,故为兵馈之,予何为不受?若于齐,则未有处也;无处而馈之,是货之也。焉有君子而可以货取乎?"

无故而予人以财者,欲"货取"之耳!君子不可以货取,则不宜妄受之矣。虽然,其交也以道,其馈也以礼,则"却之为不恭",亦可以受之(见《万章》)。而既受之后,报与不报,则当视其仪礼如何以为断。故《告子》曰:

> 孟子居邹,季任为任居守,以币交,受之而不报;处于平陆,储子为相,以币交,受之而不报。他日,由邹之任,见季子;由平陆之齐,不见储子。屋庐子喜曰:"连得间矣。"问曰:"夫子之任见季子,之任不见储子,为其为相欤?"曰:"非也。《书》曰:'享多仪,仪不及物,曰不享,惟不役志于享。'为其不成享也。"屋庐子悦。或问之。屋庐子曰:"季子不得之邹,储子得之平陆。"

盖季子为任君居守，责任重大，不得离任至邹；平陆，齐邑储子为相，可以来而不来，则是仪不及物也。至于国君，"周之则受，赐之则不受"者，以君之于民，本有周恤之义，而无常职以受上赐，则是不恭也。至为寓公，托于诸侯，则为失国诸侯之礼，又非士所敢当矣。充其至，则虽箪食豆羹为生死所关，亦不当妄受。《告子》云：

> 鱼，我所欲也；熊掌，亦我所欲也；二者不可得兼，舍鱼而取熊掌者也。生，我所欲也；义，亦我所欲也；二者不可得兼，舍生而取义者也。生，亦我所欲；所欲有甚于生者，故不为苟得也。死，亦我所恶；所恶有甚于死者，故患有所不辟（同避）也。如使人之所欲，莫甚于生，则凡可以得生者，何不用也？使人之所恶，莫甚于死者，则凡可以辟患者，何不为也？由是则生，而有不用也；由是则可以辟患，而有不为也。是故所欲有甚于生者，所恶有甚于死者，非独贤者有是心也；人皆有之，贤者能勿丧耳！一箪食，一豆羹，得之则生，弗得则死；嘑尔而与之、行道之人弗受；蹴尔而与之，乞人不屑也。万钟，则不辨礼义而受之。万钟与我何加焉？为宫室之美，妻妾之奉，所识穷乏者得我与（同欤）？乡（同嚮）为身死而不受，今为宫室之美为之；乡为身死而不受，今为妻妾之奉为之；乡为身死而不受，今为所识穷乏者得我而为之；是亦不可以已乎？此之谓失其本心。

孟子"舍生取义"之说，与孔子"杀身成仁"之说，意正相类。今人于所重视者，辄曰"第二生命"；孔、孟则视"仁""义"特重，竟为"生命第二"矣。箪食豆羹，得之生，弗得死，乃以嚤蹴而与，宁死不受；《礼记·檀弓》所载，不肯受黔敖嗟来之食而饿死者，正其类也。此宁饿死而不受辱之心，即"所欲有甚于生，所恶有甚于死"之心也；亦即人人同具之羞恶之心也，人类之本心也。惟于万钟之富贵则为宫室妻妾等物质之享受，不辨礼义而受之，此非失其羞恶之本心乎？孟子尝曰："人皆有所不为；达之于其所为，义也。"又曰："充无穿窬之心，而义不可胜用也。"（见《尽心》）穿窬之盗，人所不为；求富贵利达，人之所为也；能充不为穿窬之心，而知求富贵利达之可耻，则义不可胜用矣。故万钟之富，一介之微，可受与否，皆当以义为断，与《礼记》"临财毋苟得"，《论语》"见得思义"之旨正同。此辞让取与之道也。

以上二者，为处世之大端，而其道则在"知耻"。知耻，则有所不为矣。"人有不为也，而后可以有为。"（见《离娄》）出处去就，辞让取与不以义，则其余不足观矣！

三、取友

其次则曰"取友"。友者，所以辅仁；故益友万不可少。故"一乡之善士，斯友一乡之善士，一国之善士，斯友一国之善士；天下之善士，斯友天下之善士"。孟子尝引故事以明"端人之取友必端"。

> 逢蒙学射于羿，尽羿之道；思天下惟羿为愈己，于是杀羿。孟子曰："是亦羿有罪焉！"公明仪曰："宜若无罪焉。"曰："薄乎云尔；恶得无罪？郑人使子濯孺子侵卫，卫使庾公之斯追之。子濯孺子曰：'今日我疾作，不可以执弓；吾死矣夫！'问其仆曰：'追我者谁也？'其仆曰：

> '庾公之斯也。'曰:'吾生矣!'其仆曰:'庾公之斯,卫之善射者也。夫子曰"吾生",何谓也?'曰:'庾公之斯学射于尹公之他,尹公之他学射于我。尹公之他,端人也;其取友必端矣。'庾公之斯至,曰:'夫子何为不执弓?'曰:'今日我疾作,不可以执弓。'曰:'小人学射于尹公之他,尹公之他学射于夫子。我不忍以夫子之道,反害夫子。虽然,今日之事,君事也;我不敢废。'抽矢叩轮,去其金,反乘矢而后反。"

端人取友必端;则取友不端者必非端人矣。则取友可不慎欤?然友道亦难矣。孟子答万章曰:"不挟长,不挟贵,不挟兄弟而友。友也者,友其德也,不可以有挟也。"(《万章》)

故孟献子以鲁之大夫,有友五人,而此五人者,能无献子百乘之家;费惠公以小国之君,而师子思;友颜般,而于思颜般亦忘其为小国之君;晋平公以大国之君,而友亥唐,入云则入,坐云则坐,食云则食,虽疏食菜羹,不敢不饱;推而至于尧之馆甥于贰室,与舜迭为宾主,则竟以天子而友匹夫矣;此皆能不挟贵者也。盖古之贤王侯大夫好善而忘势,与之交者,亦乐其道而忘人之势,故能相友耳。鲁缪公问子思曰:"古千乘之国以友士,何如?"子思不悦曰:"古之人有言曰'事之'云尔,岂曰'友之'云乎?"子思之不悦,盖曰"以位,则子君也,我臣也,何敢与君友也?以德,则子事我者也,奚可与我友"?"友也者,友其德也"。岂可以挟贵而友乎?若富贵能挟富贵以与人交,与之交者亦羡其富贵而交之,尚有友道之可言乎?"一死一生,乃见交情;一贵一贱,交情乃见。"此为世俗势利之交言之耳!以势利交,故不能久。又何怪其"翻手作云覆手雨"哉?故与其作论于绝交之后(嵇康有《绝交论》,刘孝标有《广绝交论》),何如择友于订交之前?此亦处世之道之端已!

第六章　论古与辟异

一、尚友古人

孟子答万章问友又曰:"以友天下之善士为未足,又尚论古之人。颂其诗,读其书,不知其人可乎?是以论其世也,是尚友也。"尚友古人为广义之"取友",即《易》所谓"多识前言往行以畜其德"也。孟子常论伯夷、伊尹、柳下惠、孔子数人,如曰:

> 非其君不事,非其民不使,治则进,乱则退,伯夷也。何事非君,何使非民,治亦进,乱亦进,伊尹也。可以仕则仕,可以止则止,可久则久,可以速则速,孔子也。(《公孙丑》)

> 伯夷目不视恶色,耳不听恶声;非其君不事,非其民不使;治则进,乱则退;横政之所出,横民之所止,不忍居也;思与乡人处,如以朝衣朝冠坐于涂炭也;当纣之时,居北海之滨,以待天下之清也。故闻伯夷之风者,顽夫廉,懦

夫有立志。伊尹曰："何事非君；何使非民？"治亦进；乱亦进。曰："天之生斯民也，使先知觉后知，使先觉觉后觉；予，天民之先觉者也，予将以斯道觉斯民也。"思天下之民，匹夫匹妇，有不与被尧舜之泽者，若已推而纳之沟中；其自任以天下之重也如此。柳下惠不羞污君，不辞小官，进不隐贤，必以其道，遗佚而不怨，阨穷而不悯；与乡人处，由由然不忍去也。"尔为尔，我为我；虽袒裼裸裎于我侧，尔焉能浼我哉？"故闻柳下惠之风者，鄙夫宽，薄夫敦。孔子之去齐，接淅而行；去鲁，曰"迟迟吾行也"，去父母国之道也。可以速而速，可以久而久，可以处而处，可以仕而仕，孔子也。（《万章》）

《公孙丑》、《尽心》二篇所记，与此略同，但缺伊尹耳。孟子又加以评论曰："伯夷，圣之清者也；伊尹，圣之任者也；柳下惠，圣之和者也；孔子，圣之时者也。"（见《万章》）又曰："伯夷隘；柳下惠不恭。隘与不恭，君子不由也。"此孟子之尚友古人也。

孟子之论伯夷也，又常与太公并举。如曰：

伯夷辟（同避）纣，居北海之滨；闻文王作，兴曰："盍归乎来？吾闻西伯善养老者。"太公避纣，居东海之滨；闻文王作，兴曰："盍归乎来！吾闻西伯善养老者。"（《离娄》、《尽心》两见）

《滕文公篇》谓孟子"言必称尧舜"。孟子之称尧舜，见于本书者，诚不一而足。如《公孙丑》言舜善与人同，舍己从人，与人为善。《离娄》言"尧舜之道，不以仁政，不能平治天下"；欲尽君道臣道，皆当法尧舜；舜事瞽瞍，能尽事亲之道；舜为东夷之人；《告子》言人皆可以为尧舜；《尽心》言尧舜性之。皆是也。他如禹、稷、汤、太王、文王、武王、周公，以及子产、管仲、晏婴、齐景公、越勾践等，亦莫不屡见称引；而以孔子、曾子、子思及孔门弟子之言行为尤多。是皆所谓尚论古人也。

二、批评古人

孟子尚论古人，不皆引述之以为论证，亦常评论其得失。故称伯夷为圣之清，而病其隘，称柳下惠为圣之和，而病其不恭。其尤显而易见者，如论子产曰：

> 子产听郑国之政，以其乘舆济人于溱洧。孟子曰："惠而不知为政！岁十一月，徒杠成，十二月，舆梁成，民未病涉也。君子平其政，行辟人可也；焉得人人而济之？故为政者，每人而悦之，日亦不足矣！"（《离娄》）

三、论《诗》、《书》

孟子不但评论古人也，于古书亦有其独到之见解，如曰：

> 尽信《书》，则不如无《书》！吾于《武成》，取二三策而已矣。以至仁伐至不仁，而何其血之流杵也？
> 　　　　　　　　　　　　（《尽心》）

《武成》曰："前徒倒戈，攻于后以北，血流漂杵。"此极言杀人流血之多耳，但北土干燥，血即入土，何由积而漂杵？杵以舂米，军中有现粮，携杵何为？况纣之徒，既闻武王之言，若崩厥角稽首矣，则倒戈之后，谁复抗之？此言大不近情；孟子疑之，是也。但古书之不可信者，岂仅《武成》？岂仅此语乎？

《孟子》论《诗》，亦有可取者。如咸丘蒙引《诗》曰："普天之下，莫非王土；率土之滨，莫非王臣。"问舜既为天子，瞽瞍何以非臣。孟子答之曰：

> 是《诗》也，非是之谓也。劳于王事，而不得养父母也。曰："此莫非王事，我独贤劳也。"故说《诗》者，不以文害辞，不以辞害志；以意逆志是谓得之。如以辞而已矣，《云汉》之诗曰："周馀黎民，靡有孑遗。"信斯言也，是周无遗民也。（《万章》）

"以意逆志"，确是读《诗》要诀。《诗》多夸饰形容之语，如拘执于文辞，则均不可解矣。《告子》又云：

> 公孙丑曰："高子曰：'《小弁》、小人之《诗》也。'"孟子曰："何以言之？"曰："怨。"曰："固哉，高叟之为《诗》也！有人于此，越人关（同弯）弓而射之，则己谈笑而道之；无他，疏之也。其兄关弓而射之，则己垂涕泣而道之；无他，戚之也。《小弁》之怨，亲亲也；亲亲，仁也。固矣夫，高叟之为《诗》也。"曰："《凯风》何以不怨？"曰："《凯风》，亲之过小者也；《小弁》，亲之过大者也。亲之过大而不怨，是愈疏也；亲之过小而怨，是不可矶（激也）也。愈疏，不孝也；不可矶，亦

不孝也。……"

观此，可以悟《小弁》、《凯风》一怨一不怨之故，此即所谓"以意逆志"也。

以上三则，可云孟子所论古书之读法。

四、辨古事真伪

孟子与其弟子谈论古事，不但评其得失，亦且辨其真伪。如万章问舜放象事，孟子以为是封之有庳，但使吏治其国，象不得暴其人民，故或谓之放；咸丘蒙谓舜南面为天子，尧与瞽瞍皆北面而朝之，孟子以为此乃齐东野人之语，特尧老而舜摄耳；万章问尧舜传贤，禹传子，禹德不如尧舜，孟子以为天与贤则与贤，天与子则与子，而天意由民意表示之；又问伊尹以割烹要汤，百里奚自鬻于秦养牲者，以要秦穆公，孟子皆力辨其非。诸如此类，皆古有此种传说者也。而孟子弟子甚至假设事实以为问难，例如：

> 桃应问曰："舜为天子，皋陶为士，瞽瞍杀人，则如之何？"孟子曰："执之而已矣。""然则舜不禁与？"曰："夫舜恶得而禁之？夫有所受之也。""然舜如之何？"曰："舜视弃天下，犹弃敝屣也。窃负而逃，遵海滨而处，终身䜣然，乐而忘天下。"

桃应之问，孟子之答，皆假设之辞。师生如此问答，《论语》之所无也。

五、辟异端

孔子为我国聚徒讲学之第一人，开周秦诸子之先河；同时虽有老子，而其学以自隐无名为务，且道家尚未成一学派。故《论语》中虽有楚狂、晨门、荷蒉、长沮、桀溺及荷蓧丈人诸避世之士，孔子亦未尝以其主张不同，辞而辟之。孟子之时，诸子争鸣，儒家仅为诸子中之一派，故毅然以"正人心，息邪说"为己任，此因所处之时代不同，非孔孟对于"异端"态度有不同也。孟子之时，足与儒家抗衡者为杨朱、墨翟二派，故孟子之辟异端，亦以拒杨、墨为最力。如曰：

> 杨朱墨翟之言盈天下；天下之言，不归杨，则归墨。杨氏为我，是无君也（犹云极端的个人主义者无国家观念）；墨氏兼爱，是无父也；无父无君，是禽兽也！……杨墨之道不息，孔子之道不著，是邪说诬民，充塞仁义也；仁义充塞，则率兽食人，人将相食！吾为此惧，闲先圣之道，距杨墨，放淫辞。邪说者不得作，作于其心，害于其事；作于其事，害于其政；圣人复起，不易吾言矣！……能言距杨墨者，圣人之徒也。（《滕文公》）杨子取为我，拔一毛而利天下，不为也；墨子兼爱，摩顶放（至也）踵，利天下，为之；子莫执中，执中为近之；执中无权，犹执一也。所恶执一者，为其贼道也，举一而废百也。

> 逃墨必归于杨，逃杨必归于儒，归斯受之而已矣。今之与杨墨辩者，如追放豚，既入其苙（豕圈），又从而招之。
> （以上《尽心》）

其与墨者夷之辩，先就厚葬其亲有违墨子薄葬之道一事，启发其爱亲之良知良能，使之怃然而悟，与力辩以求胜者不同（见《滕文公》）。其辟陈仲子也，则斥其避兄离母，居于于陵，以为充仲子之操，则必蚓而后可（同上）。而其最著者，则为辟农家许行之言。兹录此章之全文如下：

有为神农之言者许行，自楚之滕，踵门而告文公曰："远方之人，闻君行仁政，愿受一廛而为氓。"文公与之处，其徒数十人，皆衣褐，捆屦织席以为食。陈良之徒陈相与其弟辛，负耒耜而自宋之滕，曰："闻君行圣人之政，是亦圣人也；愿为圣人氓。"陈相见许行而大悦，尽弃其学而学焉。

陈相见孟子，道许行之言曰："滕君则诚贤君也；虽然，未闻道也。贤者与民并耕而食，饔飧而治。今也滕有仓廪府库，则是厉民而以自养也，恶得贤？"

孟子曰："许子必种粟而后食乎？"

曰："然。"

"许子必织布而后衣乎？"

曰："否。许子衣褐。"

"许子冠乎？"

曰："冠。"

曰："奚冠。"

曰："冠素。"

曰："自织之欤？"

曰："否，以粟易之。"

曰:"许子奚为不自织!"

曰:"害于耕。"

曰:"许子以釜甑爨,以铁耕乎?"

曰:"然。"

"自为之欤?"

曰:"否,以粟易之。"

"以粟易械器者,不为厉陶冶;陶冶亦以其械器易粟者,岂为厉农夫哉?且许子何不为陶冶,舍皆取诸其宫中而用之?("舍",语词,俗作"啥",为"什么"之合音。言无论什么皆可取之于其室中而用之也。)何为纷纷然与百工交易?何许子之不惮烦?"

曰:"百工之事,固不可耕且为也。"

"然则治天下独可耕且为欤?有大人之事,有小人之事。且一人之身而百工之为备;如必自为而后用之,是率天下而路也!(言如必自为而后用之,则宫室衣服皆将一无所有,是率天下之人而暴露裸体也。)故曰:或劳心,或劳力;劳心者治人,劳力者治于人;治于人者食人,治人者食于人;天下之通义也。当尧之时,天下犹未平,洪水横流,泛滥于天下,草木畅茂,禽兽繁殖,五谷不登,禽兽逼人,兽蹄鸟迹之道,交于中国。尧独忧之,举舜而敷治焉。舜使益掌火。益烈山泽而焚之,禽兽逃匿。禹疏九河,瀹济漯,而注诸海,决汝汉,排淮泗,而注诸江,然后中国可得而食也;当是时也,禹八年于外,三过其门而不入,虽欲耕,得乎?后稷教民稼穑,树艺五谷,五谷熟而民人育。人之有(同道)道也,饱食暖衣,逸居而无教,则近于禽兽。圣人有(同又)忧之,使契为司徒,教以人伦;父子有亲,君臣有义，夫妇有别，长幼有序，朋友有信。放勋曰："劳之，来之，匡之，直之，辅之，翼之，使自得之，又从而振德之。"圣人之忧民如此，而暇耕乎？尧以不得舜为己忧，舜以不得禹皋陶为己忧。夫以百亩之不易（治也）为己忧者，农夫也。分人以财谓之惠，教人以善谓之忠，为天下得人者谓之仁。是故以天下与人易，为天下得人难。孔子曰：'大哉尧之为君，惟天为大，惟尧则之，荡荡乎民无能名焉！君哉舜也，巍巍乎有天下而不与焉！'尧舜之治天下，岂无所用其心哉？亦不用于耕耳！吾闻用夏变夷者，未闻变于夷者也！陈良，楚产也，悦周公、仲尼之道，北学于中国。北方之学者未能或之先也，彼所谓豪杰之士也。子之兄弟事之数十年，师死而遂倍（同背）之。昔者孔子殁，三年之外，门人治任将归，入揖于子贡，相向而哭，皆失声，然后归。子贡反，筑室于场，独居三年，然后归。他日，子夏、子游、子张以有若似圣人，欲以所事孔子事之，强曾子。曾子不可，曰：'江汉以濯之，秋阳以暴之，皓皓乎不可尚已！'今也南蛮鴃舌之人，非先王之道；子倍子之师而学之，亦异于曾子矣！吾闻出于幽谷，迁于乔木者，未闻下乔木而入于幽谷者。《鲁颂》曰：'戎狄是膺（击也），荆、舒是惩。'周公方且膺之，子是之学，亦为不善变矣！"

"从许子之道，则市贾（同价）不贰，国中无伪，虽使五尺之童适市，莫之或欺。布帛长短同，则贾相若；麻缕丝絮轻重同，则贾相若；五谷多寡同，则贾相若；屦大小同，则贾相若。"

曰："夫物之不齐，物主情也，或相倍蓰，或相什百，或相千万；子比而同之，是乱天下也。巨屦小屦同贾，人岂为之哉？从许子之道，相率而为伪者也；恶能治国家？"

许行为战国时之农家，其云"为神农之言"，盖托古而以神农为号者也。孟子直云"非先王之道"，斥其托神农之非真，惟儒家所言尧舜为先王之道耳。许行之学说，以"并耕而治"为其主旨，故以滕有仓廪府库为厉民自养，殆欲废治人与被治于人之阶级者，实由道家之无治主张蜕化而出，先师钱玄同先生论周秦诸子，谓农家为道家之支流，诚是。孟子驳许行之"并耕而治"，全以"分工"之理折之，故曰"或劳心，或劳力，劳心者治人，劳力者治于人；治于人者食人，治人者食于人"；"一人之身而百工之所为备，如必自为而后用之，是率天下而路也"。中间引尧、舜、禹、益、稷、契之治天下，尚分工为之，以为治天下不可耕且为之之证。故农夫以耕为专职，天子以为天下得人为专职，治天下者各有专职，百工亦各有专职，分工合作乃可致治。"吾闻用夏变夷者……亦为不善变矣"一节，则又以感情动之；引孔门弟子对孔子之情谊及曾子不肯背师为证；且以下乔木入幽谷喻陈相之背弃陈良而从许行。末一节，又折陈相"从许子之道，则市价不贰"之说。许行之划一物价，但论量，不论质，故曰布帛长短同，麻缕丝絮轻重同，五谷多寡同，屦大小同，则其价皆相若。孟子从"质"方面着眼，故以为物之不齐，或相倍蓰，或相什百，或相千万，不能比而同之。"巨屦小屦同价，人岂为之哉"，是反诘语。屦有大小，价不能同，故许行有"屦大小同则价相若"之主张。屦有大小，若强其同价，则谁肯制巨屦者？但屦之质亦贵贱悬殊，若徒以大小为标准而划一其价，如何可通？读《孟子》者，不知此语乃就陈相之言作反诘，谓陈相已明言"屦大小同则价相若"，孟子乃曰"巨屦小屦同价"，说不可通，亦太粗心矣！

孟子论古事，辟异端，几占全书之半，而其言又洋洋洒洒，口若悬河，故时人讥其"好辨"。公都子尝以此问之。孟子自言非好辩，其距杨墨，放淫辞，旨在"闲先圣之道"，以"禹抑洪水而天下平，周公兼夷狄，驱猛兽，而百姓宁，孔子成《春秋》而乱臣贼子惧"自喻其辩说为不得已。故孔子不辟老子，孟子必距杨墨，乃所处时代不同之故，非局量有宽狭也。即以文辞论，《孟子》之波澜翻腾，光芒万丈，亦与《论语》之简朴含蓄不同；此亦时代先后不同，孔孟个性不同之故，非二书有优劣也。

图书在版编目（CIP）数据

蒋伯潜 十三经概论：全2册/蒋伯潜著.—长春：吉林出版集团股份有限公司, 2017.3（2022.2 重印）
（中国学术名著丛书）
ISBN 978-7-5581-2263-7

Ⅰ.①蒋… Ⅱ.①蒋… Ⅲ.①十三经—研究 Ⅳ.①Z126.27

中国版本图书馆 CIP 数据核字（2017）第 052555 号

蒋伯潜 十三经概论：全 2 册

著　　者	蒋伯潜
出版策划	杜贞霞
责任编辑	滕　林
封面设计	映象视觉
开　　本	710mm × 1000mm　1/16
字　　数	518 千
印　　张	40.5
版　　次	2017 年 6 月第 1 版
印　　次	2022 年 2 月第 3 次印刷

出版发行　吉林出版集团股份有限公司
电　　话　总编办：010-63109269
　　　　　发行部：010-63109269
印　　刷　众鑫旺（天津）印务有限公司

ISBN 978-7-5581-2263-7　　　　定价：98.00 元（全 2 册）
版权所有　　侵权必究